Responsabilidade Civil dos Pais na Reprodução Humana Assistida

O GEN | Grupo Editorial Nacional – maior plataforma editorial brasileira no segmento científico, técnico e profissional – publica conteúdos nas áreas de concursos, ciências jurídicas, humanas, exatas, da saúde e sociais aplicadas, além de prover serviços direcionados à educação continuada.

As editoras que integram o GEN, das mais respeitadas no mercado editorial, construíram catálogos inigualáveis, com obras decisivas para a formação acadêmica e o aperfeiçoamento de várias gerações de profissionais e estudantes, tendo se tornado sinônimo de qualidade e seriedade.

A missão do GEN e dos núcleos de conteúdo que o compõem é prover a melhor informação científica e distribuí-la de maneira flexível e conveniente, a preços justos, gerando benefícios e servindo a autores, docentes, livreiros, funcionários, colaboradores e acionistas.

Nosso comportamento ético incondicional e nossa responsabilidade social e ambiental são reforçados pela natureza educacional de nossa atividade e dão sustentabilidade ao crescimento contínuo e à rentabilidade do grupo.

Carlos Alexandre Moraes

Responsabilidade Civil dos Pais na Reprodução Humana Assistida

Prefácio
Flávio Tartuce

- A EDITORA FORENSE se responsabiliza pelos vícios do produto no que concerne à sua edição (impressão e apresentação a fim de possibilitar ao consumidor bem manuseá-lo e lê-lo). Nem a editora nem o autor assumem qualquer responsabilidade por eventuais danos ou perdas a pessoa ou bens, decorrentes do uso da presente obra.

  Todos os direitos reservados. Nos termos da Lei que resguarda os direitos autorais, é proibida a reprodução total ou parcial de qualquer forma ou por qualquer meio, eletrônico ou mecânico, inclusive através de processos xerográficos, fotocópia e gravação, sem permissão por escrito do autor e do editor.

  Impresso no Brasil – *Printed in Brazil*

- Direitos exclusivos para o Brasil na língua portuguesa
  Copyright © 2019 by
  EDITORA FORENSE LTDA.
  Uma editora integrante do GEN | Grupo Editorial Nacional
  Rua Conselheiro Nébias, 1384 – Campos Elíseos – 01203-904 – São Paulo – SP
  Tel.: (11) 5080-0770 / (21) 3543-0770
  faleconosco@grupogen.com.br / www.grupogen.com.br

- O titular cuja obra seja fraudulentamente reproduzida, divulgada ou de qualquer forma utilizada poderá requerer a apreensão dos exemplares reproduzidos ou a suspensão da divulgação, sem prejuízo da indenização cabível (art. 102 da Lei n. 9.610, de 19.02.1998). Quem vender, expuser à venda, ocultar, adquirir, distribuir, tiver em depósito ou utilizar obra ou fonograma reproduzidos com fraude, com a finalidade de vender, obter ganho, vantagem, proveito, lucro direto ou indireto, para si ou para outrem, será solidariamente responsável com o contrafator, nos termos dos artigos precedentes, respondendo como contrafatores o importador e o distribuidor em caso de reprodução no exterior (art. 104 da Lei n. 9.610/98).

- Capa: Fabricio Vale

- Fechamento desta edição: 28.09.2018

- **CIP – BRASIL. CATALOGAÇÃO NA FONTE.**
  SINDICATO NACIONAL DOS EDITORES DE LIVROS, RJ.

  M819r
  Moraes, Carlos Alexandre

  Responsabilidade Civil dos Pais na Reprodução Humana Assistida / Carlos Alexandre Moraes; coordenação Giselda Maria Fernandes Novaes Hironaka, Flávio Tartuce. – 1. ed. – Rio de Janeiro: Forense; São Paulo: MÉTODO, 2019.

  Inclui bibliografia
  ISBN 978-85-309-8292-8

  1. Direito civil – Brasil. 2. Responsabilidade (Direito) – Brasil. 3. Direito comparado. 4. Tecnologia da reprodução humana – Legislação – Brasil. 5. Responsabilidade dos pais – Aspectos morais e éticos – Brasil. I. Hironaka, Giselda Maria Fernandes Novaes. II. Tartuce, Flávio. III. Título. IV. Série.

  18-52630   CDU: 347.5(81)

  Vanessa Mafra Xavier Salgado – Bibliotecária – CRB-7/6644

Coordenação

Giselda Maria Fernandes Novaes Hironaka
Flávio Tartuce

Títulos

- **Responsabilidade civil dos pais na reprodução humana assistida**
  Carlos Alexandre Moraes

- **Direito sucessório do cônjuge e do companheiro**
  Inacio de Carvalho Neto

- **Função social dos contratos – do CDC ao Código Civil de 2002**
  Flávio Tartuce

- **Revisão judicial dos contratos – do CDC ao Código Civil de 2002**
  Wladimir Alcibíades Marinho Falcão Cunha

- **Danos morais e a pessoa jurídica**
  Pablo Malheiros da Cunha Frota

- **Direito contratual contemporâneo – a liberdade contratual e sua fragmentação**
  Cristiano de Sousa Zanetti

- **Direitos da personalidade e clonagem humana**
  Rita Kelch

- **Responsabilidade civil objetiva pelo risco da atividade – uma perspectiva civil-constitucional**
  Ney Stany Morais Maranhão

- **Regime de bens e pacto antenupcial**
  Fabiana Domingues Cardoso

- **Obrigações de meios e de resultado – análise crítica**
  Pablo Rentería

- **Responsabilidade civil objetiva e risco – a teoria do risco concorrente**
  Flávio Tartuce

- **Da responsabilidade civil do condutor de veículo automotor – uma abordagem sob as perspectivas da teoria do risco**
  Marcelo Marques Cabral

- **Responsabilidade civil dos prestadores de serviços no Código Civil e no Código de Defesa do Consumidor**
  Silvano Andrade do Bomfim

- **Responsabilidade civil pela perda de uma chance: a álea e a técnica**
  Daniel Amaral Carnaúba

- **Negócio fundacional: criação de fundações privadas**
  Daniel Pires Novais Dias

"A justiça humana não pode tolerar que as ofensas fiquem sem reparação". (Giorgio Giorgi. *Teoria dele obbligazioini*. 5. ed. Florença: Casa Editrice, 1990. v. 5, p. 1.989)

Dedico este trabalho à minha linda esposa, **Lilian Rosana dos Santos Moraes**, pela sua presença constante em minha vida, com amor, sem o qual seria impossível a realização desta empreitada e o que tem me ajudado a transformar sonhos em realidade.

À **Isabela dos Santos Moraes**, que, durante este trabalho, deu-me o privilégio de ficar uma semana comigo em São Paulo. Ela é um pedaço do meu coração, me ensina o sentido da palavra amor e, quando sorri, consegue me fazer o homem mais feliz do mundo. Certamente, um presente de Deus.

Vocês duas são a razão da minha existência e por vocês é que luto e estudo diariamente.

À minha mãe, **Telma de Oliveira Kendrick**, que, com amor, humildade e simplicidade, abdicou muitas vezes de condições melhores de vida para me proporcionar códigos, livros e cursos, apoiando-me sempre para a concretização dos meus sonhos. Na falta da presença do meu pai, se multiplicou para amenizar as consequências da ausência dele na minha vida.

À minha avó materna, **Débora de Oliveira Kendrick**, a pessoa que mais me influenciou a continuar os estudos e a mudar o meu destino.

AGRADECIMENTOS

Fazer o bem a algumas pessoas é uma expressão de nobreza de caráter. Contudo, ser agradecido e externar a gratidão é o dever de todo ser humano sadio e lúcido.

Quero registrar aqui os meus sinceros agradecimentos a várias pessoas que, de uma maneira ou de outra, me ajudaram na elaboração deste trabalho.

A Deus, por permanecer constantemente ao nosso lado, guiando nossos passos, concedendo-nos saúde e disposição para caminharmos.

Ao meu orientador, **Professor Doutor Flávio Tartuce**, faço um especial agradecimento por ter tido a honra de ser seu orientando. Para mim é um privilégio, pois já o admirava muito tempo antes de o conhecer pessoalmente. Acreditou em meu potencial e me guiou da melhor maneira. Tive a oportunidade de ser seu aluno em duas disciplinas e aprendi muito com seus ensinamentos. Hoje, além de meu orientador, tornou-se meu amigo. Minha eterna gratidão.

À Professora Doutora Giselda Maria Fernandes Novaes Hironaka, pela capacidade e competência como gestora do Programa de Pós-graduação *stricto sensu* da Faculdade Autônoma de Direito de São Paulo – Fadisp.

Ao meu irmão, Fábio Moraes, que não se limitou a ser apenas meu irmão, foi muito além. Considero-o meu amigo, sempre estando ao meu lado em todas as situações, independentemente de eu estar certo ou errado. Foi com ele que dividi meus primeiros abraços de tristeza e alegria.

Ao grande amigo Professor Doutor Fabio Ricardo Rodrigues Brasilino, que muito me auxiliou durante o doutorado, e a essa amizade, iniciada no primeiro dia de seleção de ingresso na Fadisp. Vibramos juntos com nossa aprovação, juntos fizemos todas as disciplinas e pudemos compartilhar todas as dificuldades em conciliar estudo, trabalho e viagens de ônibus até São Paulo. Juntos, nesse período, publicamos artigos e capítulos de livros. Sem dúvida, uma amizade para a vida toda.

À amiga Professora Doutora Marta Beatriz Tanaka Ferdinandi, pelos inúmeros artigos que publicamos em coautoria, um dos requisitos para a obtenção do título de Doutor.

Aos Professores Doutora Debora Vanessa Caús Brandão, Doutora Giselda Maria Fernandes Novaes Hironaka, Doutor João Aguirre e Doutor Mário Luiz Delgado, que realizaram competente análise da tese e ofereceram preciosas sugestões e correções para esta publicação.

Ao tio Francisco Carlos Barbosa, que supriu a ausência de meu pai, mesmo não tendo sido essa a sua intenção.

Aos meus professores, que me proporcionaram muito aprendizado. Agradeço aos Professores Doutor Georges Abboud, Doutor Henrique Garbellini Carnio, Doutor José Fernando Simão, Doutor Mário Luiz Delgado, Doutor Ricardo Castilho e Doutor Rui Piva.

Ao Centro Universitário Cesumar – UniCesumar, nas pessoas do reitor, Professor Mestre Wilson de Matos Silva, do vice-reitor, Professor Mestre Wilson de Matos Silva Filho, e do presidente da Mantenedora, Professor Mestre Cláudio Ferdinandi, pelo constante incentivo aos estudos e pelo apoio financeiro.

À Professora Mestra Ludhiana Ethel Kendrick de Matos Silva, diretora de pesquisa do UniCesumar, que, por meio do "Programa de Apoio ao Desenvolvimento Profissional: Capacitação Docente e Técnica", financiou as mensalidades deste curso de doutorado.

Aos alunos e às alunas de ontem e de hoje do UniCesumar e da Fatecie, com os quais tenho desfrutado a imensa alegria da convivência diária.

Ao amigo Professor Doutor Ricardo Daher Oliveira, pela sua fundamental participação em meu ingresso no doutorado.

À secretária Jéssica Franciele Fidélis da Silva, pela dedicação e eficiência com que desempenha suas funções junto à Secretaria dos Cursos de Mestrado e Doutorado da Fadisp.

Aos professores da Escola Estadual Santa Maria Goretti, na cidade de Maringá-PR, que tanto se esforçaram para que eu estudasse. Acredito que esse esforço não foi em vão.

A "Dada" (*in memoriam*), que foi minha companhia em um momento muito difícil da minha vida – o qual coincidiu com a produção desta tese – e acompanhou minha dor em silêncio, contudo, ao meu lado.

HOMENAGEM PÓSTUMA

Ao grande amigo, Ezaquel Elpidio dos Santos. Foi um ser humano e profissional extraordinário que deixou contundentes lições de coragem e exemplos de luta pelo direito, trabalhando sempre de forma ética e responsável.

NOTA DOS COORDENADORES

> *De nossa parte, temos a ponderar que, considerados especialmente os termos do preceito em vigor sobre a matéria [...], a tese positivista não encontra nenhum alicerce. Na verdade, o nosso legislador, invocando os Princípios Gerais do Direito, quando a lei for omissa, está em tudo e por tudo confessando a omissão, isto é, a imprecisão, a insuficiência da Lei. Como, pois, apelar para a mesma Lei, na pesquisa dos princípios em apreço? Por outro lado, a atitude positivista implica uma orientação reacionária, pois, se aplicada – e, na verdade, povo culto nenhum jamais a aplicou restritivamente –, tolheria a natural evolução do Direito, gradativamente levada a cabo pela Doutrina e pela Jurisprudência, no seu cotidiano afã de adaptar as normas gerais do Sistema à multifária casuística das relações da vida* (LIMONGI FRANÇA, Rubens. *Princípios gerais do direito*. 2. ed. São Paulo: RT, p. 160).

A crítica formulada por Rubens Limongi França ao positivismo, no texto acima, reflete o tom crítico e a inegável atualidade de suas obras.

Limongi França foi um revolucionário e estaria muito feliz se estivesse entre nós, vivificando a verdadeira revolução pela qual passa o Direito Civil brasileiro. Estaria feliz com o surgimento do sistema de cláusulas gerais, que confere maior efetividade ao sistema jurídico. Estaria feliz com o diálogo interdisciplinar, com o diálogo das fontes, com a análise do Direito Privado a partir da Constituição Federal. Estaria feliz com esse Direito Civil que mais se preocupa com a pessoa humana, relegando o aspecto patrimonial das relações a um posterior plano.

Como Limongi França infelizmente não está mais entre nós, coube a esses coordenadores, e ao selo Método, a ideia de lançar uma série editorial monográfica com o seu nome, trazendo trabalhos e estudos de novos e já consagrados juristas sobre esta nova face do Direito Privado.

Muito nos honra esta coordenação, e trabalharemos no sentido e em razão de honrar o nome desse grande jurista, para que se perpetue ainda mais no meio jurídico nacional.

Assim, esperamos, e desejamos, que a presente coleção reflita, consagre e encaminhe para o futuro toda a magnitude da obra de Limongi França, bem como todo o anseio pela mudança e pelo avanço que eram difundidos e esperados pelo saudoso Mestre.

Boa leitura a todos.

São Paulo, dezembro de 2006.

PREFÁCIO

Tenho a grande honra de prefaciar a presente obra do Professor Carlos Alexandre Moraes, intitulada *Responsabilidade Civil dos Pais na Reprodução Humana Assistida*, fruto de sua belíssima tese de doutorado defendida na Faculdade Autônoma de Direito no ano de 2017, sob a minha orientação.

O trabalho foi escolhido como melhor tese da Fadisp naquele ano e indicada para concorrer ao Prêmio Capes 2018. Participaram da banca, além de mim, os Professores Giselda Hironaka (USP e Fadisp, coordenadora do programa), Mario Luiz Delgado (Fadisp), Débora Brandão (Faculdade de Direito de São Bernardo) e João Aguirre (Mackenzie).

Essa menção honrosa já demonstra a magnitude do trabalho, um dos melhores que pude orientar até o presente momento da minha trajetória acadêmica. Trata-se, sem dúvida, de uma verdadeira *tese*, inovadora e profunda, que procura resolver alguns dos graves problemas práticos decorrentes da reprodução assistida. A obra está dividida em três capítulos, assim como a tese original.

No primeiro deles, o autor analisa o direito ao planejamento familiar e o exercício da parentalidade responsável. São abordados os fenômenos da *Constitucionalização do Direito Privado* – seguindo uma das linhas de pesquisa do nosso programa de doutorado –, os princípios constitucionais e infraconstitucionais aplicados à família e o tema que dá título a esta primeira seção.

No segundo capítulo, o autor estuda a reprodução assistida como instrumento legítimo para a realização do projeto parental, com um *mergulho doutrinário* nas principais técnicas e dos problemas que delas derivam, caso da inseminação artificial homóloga, da inseminação artificial heteróloga, da fertilização *in vitro* (FIV), da gestação de substituição, da inseminação *post mortem*, da doação de embriões excedentários e das correspondentes regulamentações no Brasil e em outros países.

O terceiro e último capítulo traz o *coração da tese*, com os seguintes subitens a respeito da responsabilidade civil dos pais em decorrência da reprodução humana assistida, entre outros: *a)* abandono do embrião; *b)* comercialização de embriões; *c)* coisificação do embrião (doação de embriões excedentários); *d)* congelamento de embriões; *e)* diagnóstico genético pré-implantatório; *f)* utilização do embrião para experiências científicas; *g)* responsabilidade civil da mãe diante de questões nutricionais durante a gravidez; *h)* redução embrionária; *i)* uso de embriões em pesquisas e terapias específicas; *j)* abandono do nascituro; *k)* comercialização de material residual para a fabricação de sabão e cosméticos; *l)* condutas inapropriadas da gestante; *m)* consumo de bebidas alcoólicas, cigarro, drogas ilegais e legais pela gestante; *n)* infecções e doenças maternas; *o)* negligência dos genitores durante a gestação, inclusive quanto à vacinação; *p)* recusa da gestante em ingerir medicamentos ou de se submeter a tratamentos cirúrgicos ou médicos em benefício do nascituro; *q)* submissão a tratamentos à base de radiações durante a gestação; *r)* coisificação da pessoa no "bebê medicamento"; *s)* contaminação pelo vírus HIV; *t)* filho indesejado; *u)* parto prematuro; *v)* ato de gerar filhos premeditadamente e com deficiências; *w)* impossibilidade de se conhecer e de se conviver com os pais biológicos, nas hipóteses de reprodução assistida *post mortem*; *x)* impossibilidade de ser herdeiro legítimo, em decorrência da técnica; *y)* danos em decorrência do fato de ter sido gerado em laboratório e *z)* questões nutricionais da lactante, após o nascimento. Os temas, como se pode perceber, preenchem um alfabeto inteiro, o que evidencia toda a riqueza do trabalho.

O autor se revela um defensor da teoria concepcionista, propondo uma interpretação restritiva do uso das técnicas de reprodução assistida, diante dos graves danos que elas podem gerar, repercutindo para o âmbito da responsabilidade civil.

Além dessa descrição do trabalho, não poderia deixar de destacar que o Professor Carlos Moraes é uma liderança e referência docente no norte do Paraná, tendo sido coordenador do curso de Direito da Unicesumar, em Maringá, onde inicia o seu estágio pós-doutoral. Hoje coordena o novo curso de Direito da UniFatecie (Faculdade de Tecnologia e Ciências do Norte do Paraná), em Paranavaí, procurando sempre incrementar o desenvolvimento acadêmico da região.

Espero que o autor continue se destacando entre os civilistas do seu Estado e que atinja projeções para além do Paraná. Que esta obra ganhe o destaque que merece ter, pelas grandes contribuições que traz para um dos temas mais desafiadores do Direito Privado contemporâneo.

Aclimação, São Paulo, setembro de 2018.

Flávio Tartuce.
Doutor em Direito Civil pela USP. Professor Titular permanente do programa de mestrado e doutorado da Fadisp. Coordenador e professor dos cursos de pós-graduação *lato sensu* da Escola Paulista de Direito. Advogado e consultor jurídico. Autor de obras jurídicas pelo Grupo GEN.

SUMÁRIO

INTRODUÇÃO 1

1   DO DIREITO AO PLANEJAMENTO FAMILIAR E DO EXERCÍCIO DA PARENTALIDADE RESPONSÁVEL......................... 5
1.1   Considerações iniciais 5
1.2   Da constitucionalização do direitodas famílias............................ 9
1.3   Dos princípios constitucionais e infraconstitucionais aplicados à família 16
    1.3.1   Princípio de proteção da dignidade da pessoa humana ... 18
    1.3.2   Princípio da solidariedade familiar 24
    1.3.3   Princípio da igualdade entre filhos....................................... 26
    1.3.4   Princípio da igualdade entre cônjuges e companheiros ... 28
    1.3.5   Princípio da não intervenção ou da liberdade 30
    1.3.6   Princípio do melhor interesse da criança, do adolescente e do jovem 31
    1.3.7   Princípio da afetividade 35
    1.3.8   Princípio da função social da família 45
    1.3.9   Princípio da proteção ao idoso 47
    1.3.10 Princípio da pluralidade familiar 48
    1.3.11 Princípio do planejamento familiar e da responsabilidade parental 50
1.4   Do direito ao planejamento familiar e do exercício da parentalidade responsável 54

2 DA UTILIZAÇÃO DA REPRODUÇÃO HUMANA ASSISTIDA PARA A REALIZAÇÃO DO PROJETO PARENTAL 63

2.1 Considerações iniciais 63
2.2 Do conceito de reprodução humana assistida 66
2.3 Das técnicas de reprodução humana assistida para a realização do projeto parental 68
    2.3.1 Da inseminação artificial 70
        2.3.1.1 Da inseminação artificial homóloga 71
        2.3.1.2 Da inseminação artificial heteróloga 72
    2.3.2 Da fertilização *in vitro* (FIV) ou "bebê de proveta" 75
        2.3.2.1 Da fertilização *in vitro* homóloga 76
        2.3.2.2 Da fertilização *in vitro* heteróloga 77
    2.3.3 Da gestação de substituição ou "barriga de aluguel" 78
    2.3.4 Da inseminação *post mortem* 84
    2.3.5 Da doação de embriões excedentários 88
    2.3.6 Da regulamentação das técnicas de reprodução humana assistida na legislação brasileira 89
    2.3.7 Da regulamentação das técnicas de reprodução humana assistida na legislação comparada 108

3 DA RESPONSABILIDADE CIVIL DOS PAIS NA REPRODUÇÃO HUMANA ASSISTIDA 119

3.1 Considerações iniciais 119
3.2 Das hipóteses que podem ensejar danos em decorrência da parentalidade irresponsável na reprodução humana assistida 123
3.3 Das possíveis causas de danos produzidos no embrião 130
    3.3.1 Abandono do embrião 135
    3.3.2 Comercialização de embriões 138
    3.3.3 Coisificação do embrião – doação de embriões excedentários 139
    3.3.4 Congelamento dos embriões 143
    3.3.5 Diagnóstico genético pré-implantatório 145
    3.3.6 Objeto de experiências científicas 148
    3.3.7 Questões nutricionais da mulher e a saúde do embrião ... 151

		3.3.8	Redução embrionária	152
		3.3.9	Uso de embriões em pesquisas e terapias específicas	156
3.4	Das possíveis causas de danos produzidos no nascituro			160
		3.4.1	Considerações iniciais	160
		3.4.2	Abandono do nascituro – dano moral em ricochete	164
		3.4.3	Comercialização para a fabricação de sabão e cosméticos	165
		3.4.4	Condutas inapropriadas para gestantes	168
		3.4.5	Consumo de bebidas alcoólicas	171
		3.4.6	Consumo de cigarro	175
		3.4.7	Consumo de drogas ilegais	181
		3.4.8	Consumo de drogas legais (medicamentos)	182
		3.4.9	Durante o diagnóstico pré-natal	188
		3.4.10	Infecções e das doenças maternas	190
		3.4.11	Negligência dos genitores – cirurgia fetal	193
		3.4.12	Negligência na vacinação	194
		3.4.13	Questões nutricionais da gestante – parentalidade irresponsável	195
		3.4.14	Recusa da gestante em ingerir medicamentos ou de se submeter a tratamentos cirúrgicos ou médicos em benefício do nascituro	198
		3.4.15	Terapias à base de radiações	199
		3.4.16	Uso em pesquisas e das intervenções cirúrgicas	202
3.5	Das possíveis causas de danos produzidos no filho			204
		3.5.1	Considerações iniciais	204
		3.5.2	Coisificação da pessoa no "bebê medicamento"	207
		3.5.3	Contaminação do vírus HIV	213
		3.5.4	Filho indesejado	215
		3.5.5	Parto prematuro	218
		3.5.6	Gerar filhos premeditadamente com deficiências	219
		3.5.7	Impossibilidade de conhecer os pais biológicos	222
		3.5.8	Impossibilidade de conhecer e conviver com os pais (inseminação homóloga *post mortem*, produção independente heterossexual e homossexual)	228

3.5.9 Impossibilidade de ser herdeiro legítimo – inseminação homóloga *post mortem* 248

3.5.10 Ser gerado em laboratório 251

3.5.11 Questões nutricionais da lactante – parentalidade irresponsável 254

3.5.12 Uso de remédios durante a amamentação 255

CONCLUSÃO 258

REFERÊNCIAS 271

INTRODUÇÃO

O avanço da engenharia genética, da biotecnologia e da medicina trouxe certos benefícios para a humanidade, como a possibilidade de superação de uma enfermidade que atormenta a sociedade há milhares de anos, ou seja, a dificuldade de colocar em prática o projeto parental. Em razão das inúmeras causas de infertilidade e esterilidade, a utilização de técnicas tornou-se uma opção para as pessoas com (ou sem) dificuldades para gerar uma criança; contudo, essa possibilidade tem motivado discussões acerca das implicações que tais formas de fecundação podem acarretar para a sociedade.

Tem-se que, após a promulgação da Constituição Federal de 1988, as relações privadas no País, em especial a dignidade da pessoa humana e as relações familiares, passaram a sofrer influência das normas constitucionais. Por meio do § 7º do art. 226 da Constituição Federal, foi consagrado o livre direito ao planejamento familiar, sendo que este deverá estar fundado nos princípios da dignidade da pessoa humana, da parentalidade responsável e, em especial, do melhor interesse da criança, do adolescente e do jovem. Assim, torna-se indispensável a análise do assunto a partir de uma revisão bibliográfica, da legislação comparada e de um levantamento jurisprudencial.

As principais técnicas utilizadas são a inseminação artificial (homóloga e heteróloga), a fertilização *in vitro* (homóloga e heteróloga), a gestação de substituição, a inseminação *post mortem* e a doação de embriões excedentários, que não estão regulamentadas pelo ordenamento jurídico brasileiro, entretanto são normatizadas pela resolução do Conselho Federal de Medicina.

Ocorre que as técnicas de reprodução humana assistida não estão limitadas a facilitar a gestação, mas também possibilitam: a manipulação genética, tanto com o intuito de prevenir doenças quanto com fins eugênicos positivos ou negativos; a redução embrionária; a inseminação *post mortem*; a fabricação do bebê medicamento; a utilização de embriões em pesquisas, entre outros procedimentos.

Dessa forma, a problemática em torno da situação apresentada refere-se à análise do seguinte questionamento: os pais podem vir a ser condenados por danos causados aos filhos (embrião, nascituro ou pessoa nascida) oriundos das técnicas de reprodução humana assistida, tendo como referencial a dignidade da pessoa humana, da parentalidade responsável e do melhor interesse da criança, do adolescente e do jovem?

Para alcançar o objetivo estabelecido, são necessárias inúmeras reflexões, a começar pelas seguintes indagações: Quando começa a vida humana? A vida humana nascida é mais importante do que a vida humana que está por nascer? A partir de quando o direito deve tutelar a vida? Quantas vidas humanas (embriões humanos) são descartadas para a realização do projeto parental? É possível falar em dano causado antes da concepção, com a escolha de sêmen ou óvulo defeituoso? A produção independente feita por uma mulher visa o bem-estar da criança, do adolescente e do jovem? Gerar uma criança propositadamente com deficiência cumpre com o princípio do melhor interesse da criança, do adolescente e do jovem? Há limites para a maternidade e/ou paternidade a partir das novas tecnologias? Quem é o dono do sêmen ou do óvulo da pessoa morta? Os embriões concebidos em laboratório são portadores de vida humana? É possível uma relação de afeto entre um homem, uma mulher e um embrião humano? O "pré-embrião" tem vida pessoal? Quanto à produção do bebê medicamento, trata-se de uma pessoa-coisa? Afinal, foi produzido para ser utilizado como um meio ou um fim? É possível afirmar que há violação da integridade física já na concepção?

Essas e outras perguntas serão analisadas, considerando-se que o embrião, o nascituro e a pessoa são titulares de personalidade jurídica e, dessa forma, possuem direito à vida e à integridade física, tomando-se por fundamento o princípio da dignidade da pessoa humana e do melhor interesse da criança, do adolescente e do jovem.

Para isso, o trabalho foi estruturado em três capítulos.

No primeiro capítulo, é feita uma rápida abordagem sobre a evolução histórica da família, desde o seu surgimento como o primeiro agrupamento humano de que se tem notícia, suas transformações, passando pela antiguidade (Babilônia, Lei das XII Tábuas, o direito grego, romano e hindu, o povo hebreu e o direito canônico) e pelo sistema patriarcal, até a pavimentação de uma nova concepção de família, fundamentada nas relações de afeto. É apresentada uma nova forma de análise dos institutos de Direito Privado, com base na Constituição Federal e sob a visão da Escola de Direito Civil Constitucional. Dessa forma, os princípios constitucionais passam a ter um papel fundamental no Direito de Família.

No segundo capítulo o enfoque é a utilização das técnicas de reprodução humana assistida para a realização do projeto parental, sendo apresentadas lições preliminares sobre o tema. São expostas as técnicas mais utilizadas e mais controvertidas, ou seja, a inseminação artificial (homóloga e heteróloga), a fertilização *in vitro* (homóloga e heteróloga), a gestação de substituição, a inseminação *post mortem* e a doação de embriões. Discute-se como a forma com que a reprodução humana assistida está regulamentada pela legislação brasileira e em alguns países.

Já o terceiro capítulo versa sobre a responsabilidade civil e sua faceta em relação à reprodução humana, faz-se referência às hipóteses que podem ensejar danos em decorrência da parentalidade irresponsável quando da utilização das técnicas de reprodução humana para a concretização do projeto parental. Para isso, foram estabelecidas algumas possíveis causas de danos ao embrião (abandono do embrião, comercialização e doação dos excedentários, seu congelamento, questão nutricional da gestante, redução embrionária, entre outras), ao nascituro (comercialização para a indústria de sabão e de cosméticos, condutas imprudentes, consumo de bebidas alcoólicas e de cigarros, negligência no pré-natal, terapias à base de radiação, entre outras) e ao filho (produção do bebê medicamento, contaminação pelo vírus HIV, geração de filho premeditadamente com deficiência, impossibilidade de conhecer os pais biológicos, impossibilidade de conhecer e conviver com os pais na inseminação homóloga *post mortem*, na produção independente heterossexual e homossexual, entre outras).

Alguns dos danos causados ao embrião, ao nascituro e ao filho que serão abordados na presente tese não são exclusivos das técnicas de reprodução humana assistida. Contudo, por causarem danos aos provenientes daquelas técnicas, também serão tratados.

Na conclusão, serão abordados os principais tópicos desenvolvidos na presente tese, com o intuito de demonstrar que devem ser responsabilizados os pais que se utilizam das técnicas de reprodução humana assistida para realizar o planejamento familiar sem o devido respeito aos princípios constitucionais e infraconstitucionais relacionados ao direito de família – em especial o da dignidade da pessoa humana, do melhor interesse da criança, do adolescente e do jovem, da afetividade e da parentalidade responsável – e que, dessa forma, causam danos ao embrião, ao nascituro ou ao filho.

Por fim, cabe registrar que, para a realização deste trabalho, foram utilizados os métodos: histórico, por meio de um escorço evolutivo da família, das técnicas de reprodução humana assistida e da responsabilidade civil; teórico, pela pesquisa bibliográfica em doutrinas, legislações e jurisprudências; e comparativo, ao serem analisadas as legislações, a aplicabilidade das técnicas de reprodução humana assistida e a responsabilidade civil.

Entre as situações danosas que podem ser apontadas em relação ao embrião estão: abandono, comercialização, coisificação na doação dos excedentários, congelamento, diagnóstico genético pré-implantatório, negligência dos genitores na cirurgia genética, experiências científicas, questões nutricionais da mulher, redução embrionária e uso em pesquisas e terapias. Em relação ao nascituro: abandono – dano moral em ricochete –, comercialização para a indústria de sabão e de cosméticos, condutas inapropriadas para a gestante, consumo de bebidas alcoólicas, cigarros, drogas ilegais e legais (medicamentos) durante o diagnóstico pré-natal, infecções e doenças maternas, negligência na vacinação, negligência dos genitores – cirurgia fetal, questões nutricionais da gestante –, parentalidade irresponsável, recusa da gestante em ingerir medicamentos ou de se submeter a tratamentos cirúrgicos ou médicos em benefício do nascituro, terapias à base de radiações e uso em pesquisas e das intervenções cirúrgicas. Em relação ao filho: coisificação da pessoa na produção do "bebê medicamento", contaminação pelo vírus HIV, gerar filho indesejado, parto prematuro, gerar filho premeditadamente com deficiência, impossibilidade de conhecer os pais biológicos, impossibilidade de conhecer e conviver com os pais na inseminação homóloga *post mortem*, produção independente heterossexual e homossexual, impossibilidade de ser herdeiro legítimo na inseminação homóloga *post mortem*, ser gerado laboratório, questões nutricionais da lactante e uso de remédios durante a amamentação.

DO DIREITO AO PLANEJAMENTO FAMILIAR E DO EXERCÍCIO DA PARENTALIDADE RESPONSÁVEL

1.1 CONSIDERAÇÕES INICIAIS

A família é o primeiro agrupamento humano que surgiu como fenômeno social[1]. Ao longo do tempo, o conceito de família foi se adequando às mudanças ocorridas na sociedade; por essa razão, Flávio Tartuce destaca o surgimento de "novas manifestações familiares (*novas famílias*)"[2].

Giselda Maria Fernandes Novaes Hironaka explana que a família "(...) é uma entidade histórica, ancestral como a história, interligada com os rumos e desvios da história, ela mesma mutável na exata medida em que mudam as estruturas e a arquitetura da própria história através dos tempos (...)"[3].

Inúmeras foram as causas dessas mudanças. As transformações ocorridas na sociedade após a Revolução Industrial, em especial o ingresso das mulheres no mercado de trabalho, fizeram com que elas começassem a deixar de serem economicamente dependentes de seus maridos, tendo início uma mudança na participação de todos os membros nas decisões familiares. Até mesmo o número de membros da família vem sofrendo alterações, sendo raras as

---

[1] Além disso, Giselda Maria Fernandes Novaes Hironaka ensina que sociologicamente não se pode atribuir à família um "é", mas sim um "vir a ser" (HIRONAKA, Giselda Maria Fernandes Novaes. O conceito de família e sua organização jurídica. In: PEREIRA, Rodrigo da Cunha (Org.). *Tratado de direito das famílias*. Belo Horizonte: IBDFAM, 2015. p. 53).

[2] TARTUCE, Flávio. *Direito civil*: direito de família. 11. ed. São Paulo: Método, 2015. v. 5, p. 4.

[3] HIRONAKA, Giselda Maria Fernandes Novaes. Família e casamento em evolução. *Revista Brasileira de Direito de Família*, Porto Alegre: Síntese, n. 1, abr./jun. 1999. p. 7.

famílias formadas por uma prole numerosa. Além disso, atualmente o próprio conceito de família normalmente se restringe aos pais e aos filhos, não sendo mais englobados os avós, tios, primos, entre outros, como era anteriormente.

A alteração quanto ao número de filhos pode estar ligada à preocupação dos pais em relação ao futuro deles, no sentido de poder propiciar-lhes qualidade de vida, principalmente no que diz respeito à formação educacional e social. Preparar um filho de forma adequada para uma vida profissional de sucesso demanda alto investimento financeiro e, se a família for numerosa, isso pode se tornar muito difícil, inclusive na atual realidade familiar, na qual ambos os cônjuges normalmente possuem atividade profissional.

Fica evidente que "a família é o elemento ativo; nunca permanece estacionária"[4]. Para isso, basta comparar a formação e a participação de cada membro da família romana com a atual. Naquela, o pai tinha um poder de decidir sobre a vida e a morte de um filho; na de hoje, todos os membros estão em situação de igualdade.

Não se pode esquecer de que a carreira profissional das pessoas também colabora para a alteração da estrutura familiar, no que diz respeito à função procriacional, pois muitos têm optado por não ter filhos, preferindo dedicar-se ao alcance do sucesso profissional.

É indiscutível a influência da família na vida de cada um de seus membros, pois é nela que provavelmente ocorrerão os fatos elementares da vida de uma pessoa, os primeiros sentimentos de alegria, vitória, tristeza e amargura, entre outros. É na família que se aprende o certo e o errado, que são estabelecidos limites, que se recebem as influências para uma atividade profissional.

Na antiguidade, prevaleceu o sistema patriarcal, sendo o poder concentrado no *pater familias*. Praticamente a única função da mulher na sociedade era a procriação[5], e ela não podia demonstrar prazer durante o ato sexual[6]. Por exemplo, na Babilônia era permitido ao marido ter uma segunda esposa, se a primeira não pudesse lhe dar um filho, ou em caso de doença grave[7].

---

[4] ENGELS, Friederich. *A origem da família, da propriedade e do estado*. Trad. Leandro Konder. 13. ed. Rio de Janeiro: Bertrand Brasil, 1995. p. 30.
[5] ROSA, Letícia Carla Baptista. *Da vulnerabilidade da criança oriunda da reprodução humana assistida quando da realização do projeto homoparental*. Dissertação (Programa de Mestrado em Ciências Jurídicas), Centro Universitário de Maringá, Maringá, 2013. p. 13.
[6] WALD, Arnoldo. *O novo direito de família*. 16. ed. rev. com a colaboração da professora Priscila M. P. Corrêa da Fonseca. São Paulo: Saraiva, 2005. p. 13.
[7] VENOSA, Sílvio de Salvo. *Direito civil*: direito de família. São Paulo: Atlas, 2001. p. 17.

A mulher era considerada um ser inferior, nos direitos grego, romano e hindu. Quando casada, era tida por parte integrante do marido, não podia se autogovernar, não seria dona de um lar, e seu marido, antes da morte, tinha poder para lhe nomear um tutor ou até mesmo outro marido. A mulher era sempre dependente de um homem (pai, marido, filho, ou até mesmo dos parentes mais próximos do marido)[8].

A Lei das Doze Tábuas (*Lex Duodecim Tabularum*), apesar de ser uma das primeiras legislações que eliminavam as diferenças de classes, tratava a mulher como um patrimônio do marido. Na Tábua VI, estão as normas relacionadas à propriedade e à posse; o Capítulo 5 trata *De dominio et de possessione* (Do domínio e da posse); e o Item VI prescreve que: "A mulher que residir durante um ano em casa de um homem, como se fora sua esposa, será adquirida por esse homem e cairá sob o seu poder, salvo se se ausentar da casa por três noites"[9].

Em relação à vida familiar do povo hebreu, as mulheres deviam ser submissas aos maridos, e essa submissão evidencia uma situação de inferioridade[10].

José Carlos Moreira Alves ensina que o Estado não intervinha nos assuntos familiares. Tal atribuição ficava a cargo do *pater familias*: "o Estado, em verdade, não interfere nas questões surgidas no seio da família, as quais são soberanamente decididas pelo *pater familias*, com a assistência, em certos casos, de um conselho familiar"[11]. Lembra o mencionado autor de que ao *pater familias* era dado o poder de decidir sobre a vida e a morte de todos os membros da família[12].

Com a evolução da família romana, o pater teve sua autoridade diminuída, mulher e filhos passaram a ter certa autonomia e o *ius vitae necisque* (direito de vida e morte) deixou de existir[13]. Por meio das constituições imperiais, ao filho foi permitido o pedido de proteção ao Estado, contra ações violentas de seu pai[14].

---

[8] COULANGES, Fustel de. *A cidade antiga*. Trad. Pietro Nassetti. São Paulo: Martin Claret, 2002. p. 46-47 e 94.
[9] LEI das XII Tábuas. Disponível em: <http://www.dhnet.org.br/direitos/anthist/12tab.htm>. Acesso em: 21 jan. 2016.
[10] ROSA, Letícia Carla Baptista. *Da vulnerabilidade da criança oriunda da reprodução humana assistida quando da realização do projeto homoparental*, cit., p. 14.
[11] ALVES, José Carlos Moreira. *Direito romano*. 16. ed. Rio de Janeiro: Forense, 2014. p. 604.
[12] ALVES, José Carlos Moreira. *Direito romano*, cit., p. 605.
[13] WALD, Arnoldo. *O novo direito de família*. São Paulo: Saraiva, 2002. p. 10.
[14] ALVES, José Carlos Moreira. *Direito romano*, cit., p. 607.

Saliente-se que em Roma, a partir do Império, a mulher passou a gozar de certa autonomia, em decorrência do longo período de ausência de homens durante as guerras, participando assim da vida social e política[15].

Carlos Alberto Bittar ensina que "no casamento é que a família encontra a sua origem e a sua base de sustentação"[16]. E completa: "assim, sob o aspecto social, é o casamento instituidor de família"[17].

No Direito Canônico, o casamento não é visto apenas como um acordo de vontade realizado entre as partes, mas como uma união realizada por Deus que os homens não podem desfazer[18]. No período entre o século X e o século XV, o único casamento conhecido é o religioso, por isso as relações familiares são regidas pelo direito canônico, e aquele é considerado indissolúvel, com exceção em relação aos infiéis[19]. Em 1767, na França, "(...) o problema das minorias não católicas levou o Estado a admitir, ao lado do casamento religioso (...)"[20], o casamento civil.

Com o passar do tempo, a família patriarcal é substituída por uma nova concepção de família, em que o casamento não pode ter como único fim a procriação. Torna-se um ambiente de companheirismo, a hierarquia deixa de existir[21]. Eduardo de Oliveira Leite complementa que "(...) os membros da família nuclear têm um aguçado sentimento de viver num clima afetivo privilegiado que os protege contra qualquer intrusão, isolando-os atrás do muro da privacidade"[22]. O distanciamento entre Estado e Igreja muito colabora para essa nova concepção de família no Brasil.

Na ótica de Flávio Tartuce, o Direito de Família deve ser sempre analisado "do ponto de vista do afeto, do amor que deve existir entre as pessoas, da ética, da valorização da pessoa e da sua dignidade, do solidarismo social e da isonomia constitucional"[23]. Assim, a família deve existir fundamentada nas relações de afeto entre seus membros.

---

[15] WALD, Arnoldo. *O novo direito de família*, cit., p. 12.
[16] BITTAR, Carlos Alberto. *Direito de família*. 2. ed. Rio de Janeiro: Forense Universitária, 1993. p. 53.
[17] BITTAR, Carlos Alberto. *Direito de família*, cit., p. 53.
[18] WALD, Arnoldo. *O novo direito de família*, cit., p. 12.
[19] WALD, Arnoldo. *O novo direito de família*, cit., p. 13.
[20] WALD, Arnoldo. *O novo direito de família*, cit., p. 16.
[21] LEITE, Eduardo de Oliveira. *Temas de direito de família*. São Paulo: RT, 1994. p. 18.
[22] LEITE, Eduardo de Oliveira. *Temas de direito de família*, cit., p. 18.
[23] TARTUCE, Flávio. *Direito civil*: direito de família, cit., 11. ed., v. 5, p. 5.

1.2 DA CONSTITUCIONALIZAÇÃO DO DIREITO DAS FAMÍLIAS

A Constituição Federal brasileira, promulgada em 5 de outubro de 1988, deu origem a grandes transformações no campo do Direito Civil e, consequentemente, no do Direito de Família.

Dada a sua importância, alguns temas que permeiam o Direito de Família foram abordados na Constituição Federal. São eles: a dignidade da pessoa humana (art. 1º, III, e art. 226, § 7º), a igualdade entre homens e mulheres (art. 5º, I, e art. 226, § 5º), o direito de herança (art. 5º, XXX e XXXI), a prisão por dívida de pensão alimentícia (art. 5º, LXVII), a proteção da família pelo Estado (art. 226), a celebração do casamento (art. 226, §§ 1º e 2º), o reconhecimento da união estável (art. 226, § 3º), o reconhecimento da entidade familiar (art. 226, § 4º), a dissolução do casamento (art. 226, § 6º), o planejamento familiar e a paternidade responsável (art. 226, § 7º) e a assistência à família e a criação de medidas para coibir a violência familiar assegurada pelo Estado (art. 226, § 8º).

São temas também de Direito de Família que estão elencados na Constituição Federal: a garantia do desenvolvimento integral da criança, do adolescente e do jovem (art. 227), o atendimento especializado às pessoas portadoras de deficiências (art. 227, § 1º, II), a igualdade entre filhos (art. 227, § 6º), a inimputabilidade dos menores de 18 anos (art. 228), o dever de solidariedade dos pais com os filhos menores e destes com aqueles na velhice, carência ou enfermidade (art. 229) e a proteção das pessoas idosas (art. 230).

Todavia, nem sempre foi assim. Historicamente, o constituinte parece não se preocupar com a proteção da família, uma vez que a primeira Constituição brasileira não fez menção alguma a essa instituição e a segunda apenas enfatizou que o casamento era a única forma de constituí-la.

A Constituição de 1824 (Constituição Imperial), o mais próximo que chegou de tratar do termo "família" foi regulamentar a sucessão do trono da família Imperial (dinastia: poder hereditário e vitalício), caracterizada por caráter não intervencionista, mas não estabeleceu normas de proteção à família[24].

A primeira Constituição brasileira não considerava a família como célula *mater* da sociedade; preocupava-se mais com o individual do que com

---

[24] OLIVEIRA, José Sebastião. *Fundamentos constitucionais de direito de família*. São Paulo: RT, 2002. p. 32.

o social; e problemas relacionados a família e trabalho, entre outros, não estavam entre as prioridades do Estado[25].

A chegada de inúmeros imigrantes europeus, principalmente luteranos e católicos, levou o Estado a publicar novas leis, com o intuito de resolver a união de pessoas que não fossem católicas[26]; o País adotou a religião católica[27], e o casamento era instituto regulado e controlado pela Igreja.

Em 24 de fevereiro de 1891, foi promulgada a primeira Constituição da República dos Estados Unidos do Brasil, que, da mesma forma que a Constituição Imperial, não trouxe um capítulo específico dedicado à família. Entretanto, reconheceu o casamento civil como a única forma de constituição da família, como já previa o Decreto nº 181, de 24 de janeiro de 1890. Retirou da Igreja Católica o controle do casamento, não reconhecendo o casamento exclusivamente religioso[28], o que causou revolta na sociedade da época, uma vez que era majoritariamente formada por católicos.

A Constituição promulgada em 16 de julho de 1934 foi a primeira Constituição brasileira que dedicou um capítulo especial à família, inclusive estabeleceu uma tutela especial por parte do Estado[29], e essa proteção passou a ser utilizada por todas as outras Constituições. Também possibilitou o reconhecimento dos filhos naturais não adulterinos, mas em relação às uniões se limitou a proteger a família oriunda do casamento[30]. Manteve o casamento como a única forma de constituir família.

A Constituição outorgada em 10 de novembro de 1937, apesar de autoritária e de violar vários direitos fundamentais, também dedicou um capítulo à família. De acordo com seus arts. 124 a 127, a família seria constituída pelo

---

[25] OLIVEIRA, José Sebastião de. O direito de família e os novos modelos de família no direito civil e constitucional brasileiro. *Revista Jurídica Cesumar*, v. 5, n. 1, p. 99-114, 2005. Disponível em: <http://www.cesumar.br/pesquisa/periodicos/index.php/revjuridica/article/ viewFile/338/210>. Acesso em: 9 fev. 2016.

[26] OLIVEIRA, José Sebastião de. O direito de família e os novos modelos de família no direito civil e constitucional brasileiro. *Revista Jurídica Cesumar*, cit., p. 99-114.

[27] ARAÚJO, Luiz Alberto David; NUNES JÚNIOR, Vidal Serrano. *Curso de direito constitucional*. 10. ed. São Paulo: Saraiva, 2006. p. 91.

[28] OLIVEIRA, José Sebastião de. *Fundamentos constitucionais de direito de família*, cit., p. 35.

[29] Título V, Capítulo I. Cf. texto integral da Constituição de 1934. Disponível em: <http://www.planalto. gov.br/ccivil_03/Constituicao/Constituicao34.htm>. Acesso em: 31 ago. 2009.

[30] LÔBO, Paulo Luiz Netto. A repersonalização das relações de família. In: BITTAR, Carlos Alberto (Coord.). *O direito de família e a Constituição de 1988*. São Paulo: Saraiva, 1989. p. 60.

casamento, que permanecia indissolúvel, com proteção especial do Estado, com compensações em relação aos encargos, tendo influência do regime autoritário vigente no País.

Estabeleceu como dever dos pais garantir a educação dos filhos, inclusive com o auxílio do Estado. Foi mantida a facilidade do reconhecimento dos filhos naturais, que seriam equiparados aos legítimos. Deu garantias especiais à infância e à juventude, visando-se uma vida sã e assegurando-se condições físicas e morais para isso[31].

A Constituição dos Estados Unidos do Brasil promulgada em 18 de setembro de 1946 dedicou ao tema família apenas 3 (três) artigos (163 a 165), disciplinando que a constituição da família continuava possível apenas pelo casamento e que este era indissolúvel, com direito à proteção especial do Estado; que o casamento seria civil e sua celebração gratuita, permitiu ao casamento religioso os efeitos civis. Estaria garantida a assistência à maternidade, à infância e à adolescência e a famílias de prole numerosa. Seria regulada pela lei brasileira a vocação para suceder em bens de estrangeiro existentes no Brasil, assim como em benefício do cônjuge ou de filhos brasileiros, sempre que lhes não fosse mais favorável a lei nacional do *de cujus*[32].

A Constituição do Brasil promulgada pelo Congresso Nacional em 24 de janeiro de 1967 limitou o tema "família" a 1 (um) artigo (art. 167) e a seus quatro parágrafos e não trouxe nenhuma inovação. O casamento continuou sendo a única forma de se constituir família protegida pelo Estado, bem como indissolúvel. Por fim, com relação à proteção da família, determinava que a lei instituísse a assistência à maternidade, à infância e à adolescência[33].

A Constituição da República Federativa do Brasil com origem na Emenda Constitucional 1, promulgada em 17 de outubro de 1969, também não trouxe nenhuma novidade em relação às Constituições anteriores. O casamento continuou a ser a única forma para se constituir uma família e indissolúvel.

As Constituições anteriores garantiram proteção especial do Estado às famílias provenientes do casamento, todavia não estendiam essa proteção às

---

[31] Texto da Constituição de 1937. Disponível em: <http://www.planalto.gov.br/ccivil_03/Constituicao/Consti tuicao37.htm>. Acesso em: 12 fev. 2016.

[32] Título VI, Capítulo I. Cf. texto integral da Constituição de 1946. Disponível em: <http://www.planalto. gov.br/ccivil_03/constituicao/Constituicao46.htm>. Acesso em: 9 fev. 2016.

[33] Título IV, art. 167. Cf. texto da Constituição de 1967. Disponível em: <http://www.planalto.gov.br/ccivil_ 03/ constituicao/Constituicao67.htm>. Acesso em: 9 fev. 2016.

relações consideradas informais[34]. O Poder Judiciário, daquele período até a Constituição de 1988, passou a regular os efeitos de muitas uniões livres, reconhecendo a existência desses relacionamentos e aplicando-lhes efeitos. Inúmeras demandas requeriam o reconhecimento da posse do estado de casado.

A Constituição da República Federativa do Brasil promulgada em 5 de outubro de 1988 deu início à queda da supremacia do homem sobre a mulher, revogando todas as disposições legais que previam tratamentos discriminatórios[35]. Com isso, as mulheres buscaram o reconhecimento de seus direitos[36] e mais espaço na sociedade, por meio das atividades laborais, inclusive as cumulando com as atividades domésticas.

A Constituição Federal de 1988 manteve o que havia sido conquistado pelas Constituições anteriores; a família continuou a ser a base da sociedade e a contar com especial proteção do Estado[37]; e o constituinte, por fim, reconheceu a necessidade de proteger não apenas a dignidade da pessoa, mas a igualdade dos membros da família. O Estado passou a tutelar as relações familiares, mas também a proteger o indivíduo, destacando que a família é quem dá a primeira formação para a pessoa, por isso o Estado lhe garante proteção especial[38].

O casamento é civil, sua celebração é gratuita e o casamento religioso tem efeito civil, conforme os ditames da lei[39].

O positivismo contribuiu para que a disciplina legal das relações familiares não evoluísse; por isso a sociedade, por meio de suas práticas e costumes, acabava por estar sempre à frente do direito. Apresentou-se um novo conceito de família, agora mais amplo, que não restringe ao matrimônio a forma de se constituir família. Foi a Constituição de 1988 que rompeu com o sistema

---

[34] BRASIL. Constituições de 1934, 1946 e 1949. Título V, Capítulo I. Cf. texto integral da Constituição de 1934. Disponível em: <http://www4.planalto.gov.br/legislacao/legislacao-historica/constituicoes-anteriores-1#content> Acesso em: 9 fev. 2016.

[35] Por exemplo, o art. 233 do Código Civil de 1916: "Art. 233. O marido é o chefe da sociedade conjugal". Disponível em: <http://www.planalto.gov.br/ccivil_03/leis/L3071impressao.htm>. Acesso em: 26 abr. 2016.

[36] SAPKO, Vera Lucia da Silva. *Do direito a paternidade e maternidade dos homossexuais*: sua viabilização pela adoção e reprodução assistida. Curitiba: Juruá, 2005. p. 39.

[37] BRASIL. Constituição Federal de 1988. Disponível em: <http://www.planalto.gov.br/ccivil_03/Constituicao/Constituicao.htm>. Acesso em: 9 fev. 2016.

[38] PEREIRA JR., Antônio Jorge. Comentários à Constituição Federal de 1988. In: BONAVIDES, Paulo; MIRANDA, Jorge; AGRA, Walber de Moura (Coord.). *Comentários ao artigo 226 da Constituição Federal*. Rio de Janeiro: Forense, 2009. p. 2.370.

[39] BRASIL. Constituição Federal de 1988. Disponível em: <http://www.planalto.gov.br/ccivil_03/Constituicao/Constituicao.htm>. Acesso em: 9 fev. 2016.

patriarcal e garantiu proteção às entidades familiares[40] diversas do casamento (união estável entre pessoas de sexos opostos, família monoparental e as outras que estavam por vir).

A união estável foi reconhecida pelo § 3º do art. 226 da Constituição Federal: "Para efeito da proteção do Estado, é reconhecida a união estável entre o homem e a mulher como entidade familiar, devendo a lei facilitar sua conversão em casamento". Todavia, após o Supremo Tribunal Federal julgar a ADI 4.277 e a ADPF 132, a união estável homoafetiva também passou a ter proteção do Estado, pois um dos requisitos acabou sendo alterado, ou seja, a exigência de união estável entre "homem e mulher" passou a ser "relação entre pessoas".

A partir de então a família homoafetiva deixou de viver à margem da sociedade e teve seus direitos e deveres reconhecidos pelo Judiciário, apesar do preconceito que ainda enfrentam.

A Constituição de 1988 consagrou a igualdade entre homem e mulher na administração da família; acabou com as diferenças entre o filho oriundo e o filho não oriundo do casamento; e estabeleceu a dignidade da pessoa humana protegida pelo Estado.

Essa Constituição teve um papel muito importante quanto ao direito de família, pois acabou unificando as diversas legislações sobre o tema e ampliando o conceito de família[41].

Segundo Paulo Luiz Netto Lôbo, a grande evolução da família ocorreu com a restauração da primazia da pessoa humana, que, "nas relações civis, é a condição primeira de adequação do direito à realidade social e aos fundamentos constitucionais"[42].

---

[40] "Novas configurações familiares. Alta relevância social e jurídico constitucional. O Direito das Famílias, ao receber o influxo do Direito Constitucional, foi alvo de uma profunda transformação. O princípio da igualdade ocasionou uma verdadeira revolução ao banir as discriminações que existiam no campo das relações familiares. Num único dispositivo, o constituinte espancou séculos de hipocrisia e preconceito. Além de alargar o conceito de família para além do casamento, foi derrogada toda a legislação que hierarquizava homens e mulheres, bem como a que estabelecia diferenciações entre os filhos pelo vínculo existente entre os pais. A Constituição Federal, ao outorgar a proteção à família, independentemente da celebração do casamento, vinculou um novo conceito, o de entidade familiar, albergando vínculos afetivos outros. (...)" (STF, RE 477.554/MG, Rel. Min. Celso de Mello, j. 01.07.2011).

[41] FACHIN, Rosana Amara Girardi. *Em busca da família do novo milênio*: uma reflexão crítica sobre as origens e as perspectivas do direito de família brasileiro contemporâneo. Rio de Janeiro: Renovar, 2001. p. 130.

[42] LÔBO, Paulo Luiz Netto. Direito ao estado de filiação e direito à origem genética: uma distinção necessária. In: FARIAS, Cristiano Chaves de (Coord.). *Temas atuais de direito e processo de família*. Rio de Janeiro: Lumen Juris, 2004. p. 331.

A atual Constituição trouxe profundas mudanças no Direito de Família: tornou a família plural, e não mais singular; não fez diferenciação acerca dos filhos[43]; e estabeleceu a igualdade entre homens e mulheres.

A Constituição Federal de 1988 deu origem a um novo conceito de família, baseado simplesmente na afetividade[44], no amor, no perdão, na paciência, entre outros valores que colaboram para uma vida saudável e feliz. O assunto já foi tema de decisão histórica do Supremo Tribunal Federal, no julgamento do Recurso Extraordinário 898.060[45] e da análise da Repercussão

---

[43] PEREIRA, Rodrigo da Cunha. Direito das famílias no século XXI. In: FIUZZA, César; SÁ, Maria de Fátima Freire de; NAVES, Bruno Torquato de Oliveira (Coord.). *Direito civil*: atualidades. Belo Horizonte: Del Rey, 2003. p. 233-234.

[44] José Fernando Simão defende que o afeto é fator decisivo na relação entre pai e filho: "o parentesco contém elementos biológicos, afetivos e jurídicos. Criada está a noção de parentalidade socioafetiva e esse é o valor jurídico do afeto. Pai não é, necessariamente, o doador de material genético, mas sim aquele que cria, cuida, ama e se preocupa, perdendo noites de sono com as doenças dos filhos, chorando com seus sucessos e conquistas, e esperando, quem sabe um dia, que em sua velhice, ocorra a retribuição" (*O valor jurídico do afeto: a arte que imita a vida*. Disponível em: <www.ibdfam.org. br>. Acesso em: 31 maio 2016).

[45] "Agravo regimental no recurso extraordinário. Recurso contra despacho sem conteúdo decisório. Não cabimento. Precedentes. Agravo regimental não conhecido. Deferimento de pedido de vista dos autos. Admissão de ingresso de entidade no feito, na qualidade de *amicus curiae*. Decisão: Trata-se de agravo regimental interposto por F G contra despacho de minha relatoria, cuja ementa transcrevo: 'Recurso extraordinário. Direito Civil. Repercussão geral reconhecida. Tema 622. Prevalência da paternidade socioafetiva em detrimento da paternidade biológica. Substituição de paradigma. Juntada de manifestação. Intimações. Vista à Procuradoria-Geral da República.' A agravante alega, em síntese, que 'ao determinar que o presente recurso fosse aceito como *leading case*, o STF, na prática, conheceu do recurso extraordinário, pois acabará julgando-lhe o mérito. Os requisitos intrínsecos, que não foram analisados até agora, não serão mais analisados em momento algum; o 'despacho' equivale, em tudo, a uma decisão monocrática que conheceu do recurso.' Em atendimento ao despacho exarado em 15/10/2015, a Associação de Direito de Família e das Sucessões – ADFAS apresentou manifestação, na qual requereu vista dos autos, que tramitam em segredo de justiça, para que avalie o seu interesse em ingressar no feito na qualidade de *amicus curiae* (eDocs 36 e 51). O Instituto Brasileiro de Direito de Família – IBDFAM, por meio da Petição n. 60.528/2015, pleiteou a sua admissão nos autos, na qualidade de amicus curiae (eDoc 47). É o relatório. Decido. Em que pesem os argumentos expendidos no agravo, não merece ele ser conhecido. Isso porque a jurisprudência desta Corte firmou-se no sentido de que é incabível recurso contra despacho que não é provido de caráter decisório, como ocorre no caso, nos termos do artigo 504 do CPC. Com efeito, o despacho impugnado não se enquadra nas hipóteses de ato decisório ou sentencial, previstas no artigo 162, parágrafos 1º e 2º, do CPC, *verbis*: 'Art. 162 – Os atos do juiz consistirão em sentenças, decisões

Geral 622, que reconheceu a paternidade socioafetiva concomitantemente com a de origem biológica, sem grau de hierarquia entre elas.

A função de procriação que estava enraizada no antigo conceito de família já não é mais prioridade. O sucesso profissional do casal muitas vezes vem na frente do projeto de ser pai ou mãe; inclusive há casais que optam por não ter filhos, fato que ainda choca parte da sociedade.

No que diz respeito ao afeto, Maria Berenice Dias chega a destacar que o respeito mútuo e a liberdade individual são preservados por essa nova configuração de família[46]. E promove a ideia de que a família deve ser um

---

interlocutórias e despachos. § 1º Sentença é o ato do juiz que implica alguma das situações previstas nos arts. 267 e 269 desta Lei. § 2º Decisão interlocutória é o ato pelo qual o juiz, no curso do processo, resolve questão incidente.' Confiram-se, a título de exemplo, alguns precedentes desta Corte: 'Agravo regimental no recurso extraordinário. Recurso contra despacho sem conteúdo decisório. Cabimento. Impossibilidade. Precedentes. 1. Não cabe agravo regimental contra despacho de mero expediente, despido de conteúdo decisório, por se tratar de simples ato procedimental. 2. Agravo regimental não provido' (RE 630.492-AgR, Rel. Min. Dias Toffoli, Primeira Turma, *DJe* de 1/8/2013) 'Agravo regimental em agravo de instrumento. Processual civil. Indeferimento de condenação em litigância de má-fé. Despacho desprovido de caráter decisório. Agravo regimental. Não cabimento. Art. 317, *caput* e art. 504, do CPC. Agravo improvido. I – A jurisprudência desta Corte firmou-se no sentido de que é incabível agravo regimental contra despacho que não é provido de caráter decisório, como ocorre no caso (art. 317, *caput*, do RISTF e art. 504, do CPC). Precedentes. II – Agravo regimental improvido' (AI 779.969-AgR-AgR, Rel. Min. Ricardo Lewandowski, Primeira Turma, *DJe* de 26/11/2010). Quanto aos pedidos de ingresso nos autos na qualidade de amicus curiae, o Supremo Tribunal Federal tem entendido que as suas participações, no momento em que se julgará a questão constitucional cuja repercussão geral foi reconhecida, não só é possível como é desejável. Ademais, a pertinência do tema a ser julgado por este Tribunal com as atribuições institucionais do requerente legitima a sua atuação, razão pela qual admito o ingresso do Instituto Brasileiro de Direito de Família – IBDFAM no feito, na qualidade de amicus curiae. Defiro, ainda, o pedido de vista dos autos formulado pela Associação de Direito de Família e das Sucessões – ADFAS (Petição nº 57.177/2015), pelo prazo de 10 (dez) dias. Por fim, não conheço o agravo regimental interposto, por ser manifestamente incabível (artigo 317, *caput*, do RISTF e artigo 504 do CPC). À Secretaria para as devidas providências. Publique-se. Brasília, 15 de março de 2016. Ministro Luiz Fux Relator. Documento assinado digitalmente" (RE 898.060 AgR, Rel. Min. Luiz Fux, j. 15.03.2016, *DJe*-051, divulg. 17.03.2016, public. 18.03.2016). Disponível em: <http://www.stf.jus.br/portal/jurisprudencia/visualizarEmenta.asp?s1=000261360&base=base Monocraticas>. Acesso em: 29 mar. 2017.

[46] DIAS, Maria Berenice. *Manual de direito de famílias*. 5. ed. São Paulo: RT, 2009. p. 44.

ambiente de afeto, de responsabilidades recíprocas e de igualdade, não necessitando da ingerência excessiva do Estado em relação à vida das pessoas[47].

O afeto, como assunto do ordenamento jurídico brasileiro, não pode ser considerado um tema recente. Desde a década de 1970, João Baptista Vilella já defendia a teoria do afeto por meio da expressão "desbiologização da paternidade", que nada mais é do que a valorização do afeto em detrimento dos laços biológicos nas relações familiares[48].

O afeto deveria ser uma realidade intrínseca nas relações familiares, pois em razão da afetividade muitas decepções são superadas, problemas são resolvidos e realizações pessoais são alcançadas. O afeto dos outros membros da entidade familiar é capaz de fazer o indivíduo superar toda a adversidade, portanto o Poder Judiciário não pode ignorar a afetividade nas relações familiares.

A Constituição de 1988 foi uma das maiores conquistas no Direito de Família, pois demonstrou a importância que o constituinte deu para a família e reconheceu a evolução pela qual a família passou[49]. Ao olhar-se para a família, vislumbra-se um novo caminho, pautado em novos paradigmas, em relações edificantes.

1.3 DOS PRINCÍPIOS CONSTITUCIONAIS E INFRACONSTITUCIONAIS APLICADOS À FAMÍLIA

Os princípios são os pilares de sustentação de um sistema, são "as linhas mestras, os grandes nortes, as diretrizes magnas do sistema jurídico"[50]. Sobre eles, Celso Antônio Bandeira de Mello apregoa tratar-se do "dispositivo fundamental que se irradia sobre diferentes normas compondo-lhes o espírito e servindo de critério para sua exata compreensão e inteligência exatamente por definir a lógica e a racionalidade do sistema normativo (...)"[51].

Os princípios assumem *status* de normas jurídicas, apresentam razões para as decisões do caso concreto[52] e determinam o caminho que deverá ser

---

[47] DIAS, Maria Berenice. *Manual de direito de famílias*, cit., 5. ed., p. 55.
[48] VILELLA, João Baptista. Desbiologização da paternidade. *Revista Forense*, Rio de Janeiro: Forense, n. 271, p. 45-51, jul./set. 1980.
[49] OLIVEIRA, José Sebastião de. *Fundamentos constitucionais de direito de família*, cit., p. 223.
[50] ATALIBA, Geraldo. *República e Constituição*. São Paulo: RT, 1985. p. 6.
[51] BANDEIRA DE MELLO, Celso Antônio. *República e Constituição*. São Paulo: RT, 1985. p. 6.
[52] GUERRA, Marcela Gorete Rosa Maia. *Dos limites bioéticos e jurídicos quando do exercício do planejamento familiar: uma análise da maternidade substitutiva e do bebê medicamento*. Dissertação (Mestrado), 2015, p. 16.

aplicada pelo julgador. Explica Robert Alexy, com precisão, que os princípios são "(...) normas que ordenam que algo seja realizado na maior medida possível dentro das possibilidades jurídicas e fáticas existentes. (...)"[53].

Os institutos de Direito Privado devem ser analisados a partir da Constituição Federal[54], e, dessa forma, os princípios constitucionais passam a ter um papel fundamental no Direito de Família. Doutrina e jurisprudência reconhecem a existência dos princípios constitucionais (explícitos e implícitos) que estão atrelados às relações familiares[55].

Por meio do art. 5º, § 1º, da Constituição Federal, o Brasil adotou a aplicação imediata dos direitos e garantias constitucionais nas relações privadas; e dessa forma vêm decidindo os tribunais pátrios, por exemplo, na impenhorabilidade do bem de família da pessoa solteira, antes mesmo da publicação da Súmula 364 do Superior Tribunal de Justiça.

A Constituição Federal apresenta princípios que são gerais, como é o caso do princípio da dignidade da pessoa humana, da igualdade, da liberdade, da proteção da criança e do adolescente, entre outros que não são exclusivos do direito de família. Mas oferece também alguns que são específicos do direito de família[56].

Como forma de complementar os princípios mencionados, está no Congresso Nacional o Projeto de Lei 470/2013 (Estatuto das Famílias), que pretende introduzir de forma expressa o princípio da "(...) solidariedade familiar, a igualdade de gêneros, de filhos e das entidades familiares, a convivência familiar, o melhor interesse da criança e do adolescente e a afetividade[57]".

Os princípios constitucionais causaram uma revolução no Direito Civil, em especial no Direito de Família. Como se verá na sequência, alterou a forma de administração da família, estabeleceu a igualdade entre os cônjuges e companheiros, o dever de solidariedade entre seus membros, a igualdade entre os filhos, a proteção integral e o melhor interesse da criança, a proteção do idoso, entre outros.

---

[53] ALEXY, Robert. *Teoria dos direitos fundamentais*. Trad. Virgílio Afonso da Silva. São Paulo: Malheiros, 2008. p. 90.
[54] TARTUCE, Flávio. *Direito civil*: direito de família, cit., 11. ed., v. 5, p. 5.
[55] DIAS, Maria Berenice. *Manual de direito das famílias*. 6. ed. São Paulo: RT, 2010. p. 61.
[56] DIAS, Maria Berenice. *Manual de direito das famílias*, cit., 6. ed., p. 61.
[57] Projeto de Lei 470/2013 (Estatuto das Famílias).

1.3.1 Princípio de proteção da dignidade da pessoa humana

O termo "dignidade" já esteve ligado a um *status* social superior, como um título de nobreza, podendo ser relacionado com privilégios; por exemplo, segundo o art. 7º da Declaração dos Direitos do Homem e do Cidadão, de 1789, os cidadãos são "igualmente admissíveis a todas as dignidades, cargos e empregos públicos"[58]. Nos dias atuais, tem outro significado, assenta-se "sobre o pressuposto de que cada ser humano possui um valor intrínseco e desfruta de uma posição especial no universo"[59].

A verdade é que a humanidade se desviou da sua própria finalidade. O homem foi criado para ter vida e vida em abundância, contudo se tornou capaz de condutas brutais contra seu semelhante, como a tortura, a escravidão e o holocausto. E foi por situações como essas, de desrespeito, injustiça e brutalidade, que as nações se preocuparam em garantir a tutela da pessoa humana, em especial o direito à vida, e esta com dignidade.

Cármen Lúcia Antunes Rocha afirmou que "sem Auschwitz talvez a dignidade da pessoa humana não fosse, ainda, princípio matriz do direito Contemporâneo"[60].

A dignidade da pessoa humana[61] é elemento essencial para o desenvolvimento integral da personalidade; trata-se da qualidade que identifica a própria pessoa, pois é inerente a todo ser humano.

---

[58] ROCHA, Cármen Lúcia Antunes. *O princípio da dignidade da pessoa humana e a exclusão social*. (s/d), p. 5. Disponível em: <http://egov.ufsc.br/portal/sites/default/files/anexos/32229-38415-1-PB.pdf>. Acesso em: 2 fev. 2017.

[59] BARROSO, Luís Roberto. *A dignidade da pessoa humana no direito constitucional contemporâneo*: a construção de um conceito jurídico à luz da jurisprudência mundial. Trad. Humberto Laport de Mello. Belo Horizonte: Fórum, 2014. p. 14.

[60] ROCHA, Cármen Lúcia Antunes. *O princípio da dignidade da pessoa humana e a exclusão social*, cit., p. 4.

[61] Sobre dignidade da pessoa humana, Ingo Wolfgang Sarlet ensina que: "Tem-se por dignidade da pessoa humana a qualidade intrínseca e distintiva reconhecida em cada ser humano que o faz merecedor do mesmo respeito e consideração por parte do Estado e da comunidade, implicando, neste sentido, um complexo de direitos e deveres fundamentais que assegurem a pessoa tanto contra todo e qualquer ato degradante e desumano, como venham a lhe garantir as condições existenciais mínimas para uma vida saudável, além de propiciar e promover sua participação ativa e corresponsável nos destinos da própria existência e da vida em comunhão com os demais seres humanos" (SARLET, Ingo Wolfgang. As dimensões da dignidade da pessoa humana: construindo a compreensão jurídico-constitucional necessária e possível. In: SARLET, Ingo Wolfgang (Org.). *Dimensões da dignidade*: ensaios de filosofia do direito e do direito constitucional. 2. ed. Porto Alegre: Livraria do Advogado, 2009. p. 37).

O princípio da dignidade da pessoa humana pode ser chamado de o princípio dos princípios, o maior entre os princípios, e todos os demais devem ser interpretados a partir dele. Nesse ponto, bem explica Flávio Tartuce que, "na concepção de dignidade humana, deve-se ter em mente a construção de Kant, segundo a qual se trata de um *imperativo categórico* que considera a pessoa humana como um ser racional, um fim em si mesmo"[62].

A dignidade da pessoa humana é um direito fundamental, garantida a todas as pessoas humanas de forma geral e individualmente, que tem início na concepção e se estende até para depois da morte do indivíduo; trata-se de direitos invioláveis inatos e que tem por fim preservar a pessoa humana da violação e da brutalidade praticadas pelo próprio indivíduo contra o seu semelhante.

Elimar Szaniawski parte da premissa de que todos os outros direitos fundamentais da pessoa se originam desse princípio, que vincula tanto o poder público quanto os particulares[63]. A dignidade da pessoa humana está relacionada a uma proteção e a um respeito que são essenciais a todos os membros de uma família; todavia, na relação familiar nem sempre foi assim[64].

No Brasil, a Constituição Federal de 5 de outubro de 1988 também estabeleceu de forma expressa a proteção da dignidade da pessoa humana, elevando-a a princípio fundamental, uma vez que proclama no seu art. 1º, III, que: "A República Federativa do Brasil, formada pela união indissolúvel dos Estados e Municípios e do Distrito Federal, constitui-se em Estado Democrático de Direito e tem como fundamentos: (...) III – a dignidade da pessoa humana"[65].

Em seu art. 1º, a Constituição Portuguesa proclama que "Portugal é uma República soberana, baseada na dignidade da pessoa humana e na vontade popular e empenhada na construção de uma sociedade livre, justa e solidária"[66].

---

[62] TARTUCE, Flávio. *Direito civil*: direito de família, cit., 11. ed., v. 5, p. 5.
[63] SZANIAWSKI, Elimar. *Direitos da personalidade e sua tutela*. São Paulo: RT, 2005. p. 142.
[64] Paulo Lôbo destaca que: "Na família patriarcal, a cidadania plena concentrava-se na pessoa do chefe, dotado de direitos que eram negados aos demais membros, a mulher e os filhos, cuja dignidade humana não podia ser a mesma" (LÔBO, Paulo Luiz Netto. *Direito civil*: famílias. 2. ed. São Paulo: Saraiva, 2009. p. 38).
[65] BRASIL. *Constituição Federal*. Disponível em: <http://www.planalto.gov.br/ccivil_03/Constituicao/ Constituicao.htm>. Acesso em: 19 fev. 2016.
[66] Disponível em: <http://www.parlamentp.pt/LEGISLACAO/Paginas/Constituicao-RepublicaPortugues.aspx>. Acesso em: 2 fev. 2017.

Da mesma forma, a Constituição espanhola determina: "1. La dignidad de la persona, los derechos inviolables que le son inherentes, el libre desarrollo de la personalidad, el respeto a la ley y a los derechos de los demás son fundamento del orden político y de la paz social"[67].

Quanto ao fato de a dignidade da pessoa humana ter sido elevada a um dos princípios fundamentais, Giselda Maria Fernandes Novaes Hironaka afirma que "não poderia ser concedida importância maior à dignidade da pessoa humana, portanto. Sua inclusão entre os princípios que devem guiar a vida civil no Brasil (...)"[68].

O constituinte de 1988 tratou a dignidade da pessoa humana como o "epicentro axiológico da ordem constitucional, irradiando efeitos sobre todo o ordenamento jurídico e balizando não apenas os atos estatais, mas também toda a miríade de relações privadas que se desenvolvem no seio da sociedade civil e no mercado"[69]. A pessoa passou a ser o centro de todo o ordenamento jurídico, que deverá garantir-lhe promoção e proteção integral, tratando-a como seu valor máximo.

Por isso, o princípio constitucional da dignidade da pessoa humana é aquele que "(...) representa a superação da intolerância, da discriminação, da exclusão social, da violência, da incapacidade de aceitar o outro, o diferente, na plenitude de sua liberdade de ser, pensar e criar"[70]. Pode-se afirmar que se trata dos direitos fundamentais da pessoa, como a vida (com dignidade), a integridade física e a igualdade.

Nas técnicas de reprodução humana assistida, parece que o mencionado princípio é violado quando analisado o tratamento dado ao embrião concebido em laboratório, pois a inviolabilidade da integridade física, o direito à vida e o tratamento igualitário não lhe são respeitados em sua totalidade, em especial no caso de embriões excedentários.

No que concerne à proteção da vida, Giselda Maria Fernandes Novaes Hironaka ensina que, "(...) além de fundamental para as relações entre as

---

[67] Disponível em: <http://www.boe.es/buscar/doc.php?id=BOE-A-1978-31229>. Acesso em: 2 fev. 2017.
[68] HIRONAKA, Giselda Maria Fernandes Novaes. *Responsabilidade pressuposta*. Belo Horizonte: Del Rey, 2005. p. 164.
[69] SARMENTO, Daniel. *Direitos da personalidade nas relações privadas*. Rio de Janeiro: Lumen Juris, 2004. p. 109.
[70] BARROSO, Luís Roberto. *Curso de direito constitucional contemporâneo*: os conceitos fundamentais e a construção do novo modelo. São Paulo: Saraiva, 2009. p. 252.

pessoas e para a postura do Estado com quem quer que seja, é a própria realização da dignidade, ou da *dignidade da pessoa humana*"[71].

A utilização das técnicas de reprodução humana assistida é uma "garantia constitucional", contudo tais técnicas devem estar limitadas à ordem constitucional, em especial a dois princípios: o da dignidade da pessoa humana e o do melhor interesse da criança, que, muitas vezes, acaba sendo interpretado de forma equivocada.

Faz-se necessário, ainda, conceituar a expressão "dignidade da pessoa humana", que por si só apresenta um conceito jurídico indeterminado. Segundo os ensinamentos de Karl Engisch, "por conceito jurídico indeterminado entendemos um conceito cujo conteúdo e extensão são em larga medida incertos"[72].

A dignidade da pessoa humana está relacionada às questões mínimas que a pessoa necessita para viver com dignidade e para que sejam propiciadas condições para o seu desenvolvimento[73]. Corresponde à qualidade intrínseca da pessoa física que lhe garante o respeito por parte do Estado e da própria sociedade e que acaba lhe garantindo uma qualidade mínima de vida digna[74].

Cármen Lúcia Antunes Rocha destaca que é o "princípio havido como superprincípio constitucional, aquele no qual se fundam todas as escolhas políticas estratificadas no modelo de Direito plasmado na formulação textual da Constituição"[75].

Assim, é possível constatar que não existe um conceito único para a expressão "dignidade da pessoa humana", entretanto se evidencia sempre uma conotação de respeito ao ser humano. Nesse sentido, a dignidade é "qualidade integrante e irrenunciável da própria condição humana, pode e (deve) ser reconhecida, respeitada, promovida e protegida"[76].

---

[71] HIRONAKA, Giselda Maria Fernandes Novaes. *Responsabilidade pressuposta*, cit., p. 171.

[72] ENGISCH, Karl. *Introdução ao pensamento jurídico*. Trad. J. Baptista Machado. 6. ed. Lisboa: Fundação Calouste Gulbenkian, 1983. p. 208.

[73] FARIAS, Edilsom Pereira de. *Colisão de direitos*: a honra, a intimidade, a vida privada e a imagem *versus* a liberdade de expressão e a informação. 2. ed. Porto Alegre: Sergio Antonio Fabris, 2000. p. 61.

[74] SARLET, Ingo Wolfgang. *Dignidade da pessoa humana e direitos fundamentais na Constituição Federal de 1988*. 4. ed. Porto Alegre: Livraria do Advogado, 2006. p. 60.

[75] ROCHA, Cármen Lúcia Antunes. O princípio da dignidade da pessoa humana e a exclusão social. *Revista de Interesse Público*, Rio de Janeiro, v. 4, 1999, p. 33.

[76] SARLET, Ingo Wolfgang. *Dignidade da pessoa humana e direitos fundamentais na Constituição Federal de 1988*, cit., 4. ed., 2006, p. 41.

Bem por isso, Elimar Szaniawski, captando essas linhas de pensamento, percebe que é desse princípio que nascem todos os direitos fundamentais da pessoa[77]. A pessoa humana é a destinatária da proteção tanto do Estado quanto de qualquer pessoa, sendo-lhe garantidas condições existenciais mínimas[78]. E isso já é suficiente para que os demais princípios constitucionais estejam em conformidade com esse princípio, que garante aos cidadãos condições mínimas de vida com dignidade, não se limitando à atuação do Estado[79].

Na esteira desse raciocínio, de sólida base constitucional, foi proclamada a ideia de proteção do princípio da dignidade da pessoa humana aplicado ao Direito de Família. No entender de Flávio Tartuce, "não há ramo do Direito Privado em que a dignidade da pessoa humana tenha mais ingerência ou atuação do que o Direito de Família"[80]. A pessoa está individualizada nas relações familiares, e a ela deve ser garantida a dignidade, independentemente da forma de constituição da família.

Segundo Immanuel Kant, a pessoa jamais pode ser utilizada como meio. Mas é isso que vem acontecendo quando da utilização das técnicas de reprodução humana assistida, como no caso do bebê medicamento. O filósofo lembra que se deve agir "de modo a utilizar a humanidade, seja em relação à tua própria pessoa ou a qualquer outra, sempre e todo o tempo como um fim, e nunca meramente como um meio"[81]. E, complementando o raciocínio, Kant destaca que:

> No reino dos fins tudo tem ou um preço ou uma dignidade. Quando uma coisa tem um preço, pode pôr-se em vez dela qualquer outra como equivalente; mas quando uma coisa está acima de todo o preço, e, portanto, não permite equivalente, então tem ela dignidade (...). Esta apreciação dá pois a conhecer como dignidade o valor de uma forma de disposição de espírito e põe-na infinitamente acima de todo o preço. Nunca ela poderia

---

[77] SZANIAWSKI, Elimar. *Direitos da personalidade e sua tutela*, cit., p. 142.
[78] A despatrimonialização do direito privado dá mais ênfase à dignidade da pessoa do que a suas relações patrimoniais. Súmula 364 do STJ: "O conceito de impenhorabilidade de bem de família abrange também o imóvel pertencente a pessoas solteiras, separadas e viúvas". Disponível em: <http://www.legjur.com/sumula/ busca?tri=stj&num=364>. Acesso em: 9 fev. 2016.
[79] SARMENTO, Daniel. *Direitos da personalidade nas relações privadas*, cit., p. 113-116.
[80] TARTUCE, Flávio. Princípios constitucionais e direito de família. In: SIMÃO, José Fernando; FUJITA, Jorge Shiguemitsu; CHINELLATO, Silmara Juny de Abreu; ZUCCHI, Maria Cristina (Org.). *Direito de família no novo milênio*: estudos em homenagem ao professor Álvaro Villaça Azevedo. São Paulo: Atlas, 2010. p. 42.
[81] KANT, Immanuel. *Fundamentação da metafísica dos costumes*. Trad. Paulo Quintela. Lisboa: Edições 70, 2007. p. 69.

ser posta em cálculo ou confronto com qualquer coisa que tivesse um preço, sem de qualquer modo ferir a sua santidade[82].

No entender de Luís Roberto Barroso, os pensamentos de Kant podem ser resumidos considerando-se que "(...) todo homem é um fim em si mesmo, e não deve ser instrumentalizado por projetos alheios; os seres humanos não têm preço nem podem ser substituídos, pois eles são dotados de um valor intrínseco absoluto, ao qual se dá o nome de dignidade"[83].

A dignidade representa os direitos fundamentais mínimos de toda pessoa, a fim de que possa desenvolver livremente sua personalidade.

A dignidade humana garante à pessoa proteção, por parte do Estado e da comunidade, contra atos degradantes e desumanos, com a finalidade de oferecer-lhe as condições mínimas para uma vida de qualidade[84]. Além de ser princípio constitucional, possui caráter normativo, garantindo mais eficácia e efetividade[85].

Esse princípio deve servir de parâmetro para a aplicação de todos os demais princípios constitucionais e infraconstitucionais relacionados às relações familiares, especialmente quando da utilização das técnicas de reprodução humana assistida.

Como bem lembra Giselda Maria Fernandes Novaes Hironaka, na "(...) Fundamentação da metafísica dos costumes, Kant é explícito em seus termos: o valor intrínseco que faz do homem um ser superior às coisas – estas podem se submeter a um preço – é a dignidade"[86]. E complementa a autora que o ser humano "(...) não pode ser tratado ou avaliado como coisa", o que "implica conceber uma denominação mais específica ao próprio homem: pessoa"[87].

---

[82] KANT, Immanuel. *Fundamentação da metafísica dos costumes*, cit., p. 77-78.
[83] BARROSO, Luís Roberto. *A dignidade da pessoa humana no direito constitucional contemporâneo*: a construção de um conceito jurídico à luz da jurisprudência mundial, cit., p. 72.
[84] SARLET, Ingo Wolfgang. *Dignidade da pessoa humana e direitos fundamentais na Constituição Federal de 1988*, cit., 2001, p. 60.
[85] SARLET, Ingo Wolfgang. *Dignidade da pessoa humana e direitos fundamentais na Constituição Federal de 1988*, cit., 2001, p. 73-74.
[86] HIRONAKA, Giselda Maria Fernandes Novaes. *Responsabilidade pressuposta*, cit., p. 174.
[87] HIRONAKA, Giselda Maria Fernandes Novaes. *Responsabilidade pressuposta*, cit., p. 174.

Dessa forma, deve ser rechaçada qualquer tentativa de coisificação do ser pertencente à espécie humana, qualquer que seja seu nível de desenvolvimento: embrião, nascituro ou pessoa.

1.3.2 Princípio da solidariedade familiar

O inciso I do art. 3º da Constituição Federal estabelece o princípio da solidariedade como premissa geral do comportamento humano. Explana Flávio Tartuce que a solidariedade social tem como objetivo a busca de uma sociedade livre, justa e solidária; sendo a família um ambiente de solidariedade, esse princípio acaba sendo considerado inerente às relações familiares[88].

Segundo Maria Berenice Dias, a solidariedade tem teor ético e sua origem está nos vínculos afetivos, compreendendo a fraternidade e a reciprocidade entre as pessoas[89].

A solidariedade é destacada no capítulo destinado à família na Constituição Federal: o art. 226 prescreve que a família merece proteção especial do Estado; o art. 227 prevê a tutela da criança, do adolescente e do jovem; e, por seu turno, o art. 230 lembra o amparo à pessoa idosa.

O sentimento de solidariedade que paira sobre a entidade familiar fica evidenciado também no art. 229 da Constituição Federal, que prescreve que "Os pais têm o dever de assistir, criar e educar os filhos menores, e os filhos maiores têm o dever de ajudar e amparar os pais na velhice, carência ou enfermidade". Surge também como proteção às pessoas idosas[90].

Pode-se afirmar que o princípio da solidariedade[91] caracteriza a queda do individualismo ante os interesses dos membros da família. As relações

---

[88] TARTUCE, Flávio. Novos princípios do direito de família brasileiro. In: TEIXEIRA, Ana Carolina Brochado; RIBEIRO, Gustavo Pereira Leite (Coord.). *Manual de direito das famílias e das sucessões*. Belo Horizonte: Del Rey/Mandamentos, 2008. p. 40-41.

[89] DIAS, Maria Berenice. *Manual de direito das famílias*. 11. ed. de acordo com a Lei 12.344/2010 (regime obrigatório de bens). São Paulo: RT, 2016. p. 51.

[90] BRASIL. *Constituição Federal*. "Art. 230. A família, a sociedade e o Estado têm o dever de amparar as pessoas idosas, assegurando sua participação na comunidade, defendendo sua dignidade e bem-estar e garantindo-lhes o direito à vida". Disponível em: <https://www.planalto.gov.br/ccivil_03/Constituicao/ Constituicao.htm>. Acesso em: 9 fev. 2016.

[91] Flávio Tartuce lembra que, por questões óbvias, a solidariedade deve existir nas relações familiares (TARTUCE, Flávio. *Direito civil*: direito de família, cit., 10. ed., v. 5, p. 13).

familiares e afetivas só se mantêm e se desenvolvem em um ambiente de reciprocidade, no qual as partes se ajudam mutuamente[92].

O princípio da solidariedade estabelece o cuidado, a assistência entre os membros da família, uma oferta de ajuda. A solidariedade é uma forma de se evidenciar a proteção da dignidade da pessoa humana. Na família, a solidariedade ocorre entre os cônjuges e companheiros como forma de assistência moral, material e espiritual. Da mesma forma, o cuidado dos pais para com os filhos e, mais tarde, destes para com aqueles. Flávio Tartuce adverte que "a solidariedade não é só patrimonial, é afetiva e psicológica"[93]. Trata-se de uma preocupação com o bem-estar e o sucesso pessoal e profissional de cada membro do núcleo familiar, buscando-se a assistência, a colaboração, a generosidade, o cuidado e o apoio mútuo.

No Código Civil brasileiro, são várias as normas que decorrem do princípio da solidariedade familiar: a comunhão plena de vida, em razão da igualdade dos cônjuges (art. 1.511); a intangibilidade da comunhão familiar (art. 1.513); a mútua assistência como dever dos cônjuges (art. 1.566, III); a administração da sociedade conjugal exercida em conjunto e em colaboração entre os cônjuges (art. 1.567); a adoção como algo espontâneo, uma atitude de amor (art. 1.618); o dever de cuidado com os filhos menores (art. 1.630); o dever de prestar alimentos aos parentes (art. 1.694); a prestação de alimentos entre ascendentes e descendentes (arts. 1.696 e 1.697); o dever de prestar alimentos, que podem ser transmitidos aos herdeiros do devedor, no limite dos bens recebidos (art. 1.700); a prestação de alimentos entre cônjuges separados (art. 1.704); e a existência de respeito, assistência etc. nas relações entre companheiros (art. 1.724).

Diversos tribunais têm reconhecido o princípio da solidariedade familiar, entre eles o Tribunal de Justiça do Distrito Federal, o Tribunal de Justiça do Estado de Santa Catarina e o Tribunal de Justiça do Estado de Pernambuco. Viver em família é fazer um persistente exercício de alteridade, colocando-se no lugar do outro para acertar o rumo do todo. No afeto, encontra-se o espírito do princípio da solidariedade nas relações familiares[94].

---

[92] MADALENO, Rolf. *Curso de direito de família*. Rio de Janeiro: Forense, 2008. p. 64.
[93] TARTUCE, Flávio. *Direito civil*: direito de família, cit., 11. ed., v. 5, p. 15.
[94] TARTUCE, Flávio. Princípios constitucionais e direito de família. In: SIMÃO, José Fernando; FUJITA, Jorge Shiguemitsu; CHINELLATO, Silmara Juny de Abreu; ZUCCHI, Maria Cristina (Org.). *Direito de família no novo milênio*: estudos em homenagem ao professor Álvaro Villaça Azevedo. São Paulo: Atlas, 2010. p. 45.

1.3.3 Princípio da igualdade entre filhos

O conceito de filiação De Plácido e Silva apresenta como aquela "(...) fundada no fato da procriação, pelo qual se evidencia o estado de filho, indicativo do vínculo natural ou consanguíneo, firmado entre o gerado e seus progenitores"[95] – já não é adequado à atual realidade. Além da filiação legal e presumida estabelecida pelo Código Civil, há aquela proveniente das técnicas de reprodução humana assistida; e ainda a filiação socioafetiva, que nasce nas relações afetivas pela posse do estado de filho.

Quanto ao assunto, Luiz Edson Fachin chega a destacar que "no fundamento da posse de filho é possível encontrar a verdadeira paternidade, que reside antes no serviço e no amor que na procriação"[96].

A posse do estado de filho ocorre quando uma pessoa assume as responsabilidades que são inerentes aos pais, o que se exterioriza como a relação que se espera existir entre pai/mãe e filho, apesar de não existir uma relação de sangue (biológica) entre eles. É o que João Batista Vilela chamou de "desbiologização da paternidade", que nada mais é do que a valorização do afeto em detrimento dos laços biológicos nas relações familiares[97].

Contudo, nem sempre essa foi a realidade envolvendo o tema filiação no Brasil. As normas anteriores à promulgação da Constituição Federal de 1988 eram discriminatórias em relação aos filhos que não eram provenientes do casamento dos pais, principalmente os denominados adulterinos ou incestuosos.

Anteriormente a Constituição Federal de 1988 era o Código Civil de 1916 que estabelecia a forma da filiação, que era classificada como filhos: legítimos ou ilegítimos (naturais e espúrios), e ainda os adulterinos ou incestuosos.

Os filhos legítimos eram os concebidos na constância do casamento, conforme dispunha o art. 338 do mencionado código; e os filhos ilegítimos eram nascidos de relação fora do casamento, sendo divididos em: naturais, que eram filhos de pessoas sem impedimento para casar-se; ou espúrios, filhos de pessoas que estavam impedidas de casar-se. Havia ainda os filhos adulterinos, oriundos de relacionamentos extraconjugais; e os incestuosos,

---

[95] SILVA, De Plácido. *Vocabulário jurídico*. 11. ed. Rio de Janeiro: Forense, 1993. p. 297.
[96] FACHIN, Luiz Edson. *Estabelecimento da filiação e paternidade presumida*. Porto Alegre: Sergio Antonio Fabris, 1992. p. 163.
[97] VILELLA, João Baptista. Desbiologização da paternidade. *Revista Forense*, Rio de Janeiro: Forense, n. 271, p. 45-51, jul./set. 1980, p. 45-51.

que eram filhos de pessoas que estavam impedidas de casar-se entre si, em razão do laço de parentesco.

Por meio do art. 227, § 6º, da Constituição Federal de 1988, reproduzido pelo art. 20 do Estatuto da Criança e do Adolescente e pelo art. 1.596 do Código Civil de 2002, consagrou-se o princípio da igualdade entre filhos: "Os filhos havidos ou não da relação de casamento ou por adoção, terão os mesmos direitos e qualificações, proibidas quaisquer designações discriminatórias relativas à filiação".

Com a Constituição Federal de 1988, o princípio da igualdade entre filhos talvez seja a grande mudança relacionada ao Direito de Família. A discriminação foi proibida, independentemente da forma de filiação existente, sendo garantido a todos o direito a ter uma família.

Não há diferença entre os filhos, independentemente da origem, se biológicos ou não, oriundos do casamento ou não; enfim, não se admite tratamento discriminatório para com eles.

No mesmo sentido, Rosa Maria de Andrade Nery alerta que "a igualdade de tratamento entre filhos foi o ponto alto da transformação que a CF/1988 imprimiu no sistema jurídico de direito de família"[98]. Flávio Tartuce faz menção aos termos discriminatórios que já foram utilizados para identificar os filhos não oriundos do casamento: "filho adulterino, incestuoso, filho espúrio e filho bastardo"[99].

Não se pode esquecer de que o Código Civil de 1916 discriminava os filhos que não eram provenientes do casamento (denominados filhos ilegítimos), uma vez que não possibilitava o seu reconhecimento, o que vigorou até a promulgação da Lei 7.841, de 17 de outubro de 1989, que revogou o art. 358 daquele Código.

A Lei 8.560, de 29 de dezembro de 1992, regula a investigação de paternidade dos filhos havidos fora do casamento, lembrando-se do princípio da igualdade entre filhos: "No registro de nascimento não se fará qualquer referência à natureza da filiação, à sua ordem em relação a outros irmãos do mesmo prenome, exceto gêmeos, ao lugar e cartório do casamento dos pais e ao estado civil destes"[100]. Da mesma forma, estabeleceu que nas certidões

---

[98] NERY, Rosa Maria de Andrade. *Manual de direito civil*: família. São Paulo: RT, 2013. p. 103.
[99] TARTUCE, Flávio. *Direito civil*: direito de família, cit., 11. ed., v. 5, p. 16.
[100] BRASIL. Lei 8.560, de 29 de dezembro de 1992. Disponível em: <http://www.planalto.gov.br/ ccivil_03/LEIS/L8560.htm>. Acesso em: 27. abr. 2016.

de nascimento não deve constar se o filho é proveniente de relação extraconjugal[101].

Em razão dessa igualdade, os filhos (naturais, adotivos, socioafetivos e os provenientes das técnicas de reprodução humana assistida, independentemente de homóloga ou heteróloga) possuem os mesmos direitos e deveres, inclusive de convivência com seus pais. Para não deixar dúvidas, o art. 1.609 do Código Civil de 2002 prevê que o reconhecimento dos filhos é um ato irrevogável, independentemente da sua origem.

1.3.4 Princípio da igualdade entre cônjuges e companheiros

O *caput* do art. 5º da Constituição Federal já consagra serem todos iguais perante a lei, sem distinção de qualquer natureza. Assim, e só por isso, não há que se falar em tratamento desigual na sociedade conjugal ou entidade familiar, estando-se diante do princípio da igualdade entre cônjuges e companheiros.

Mas, para não deixar dúvidas quanto ao fim do *pater familias*, o § 5º do art. 226 da Constituição Federal prescreve que os direitos e deveres referentes à sociedade conjugal são exercidos pelo homem e pela mulher, fato extensivo aos companheiros, não se podendo esquecer de que a mulher sempre sofreu discriminação.

A esse respeito, José Afonso da Silva afirma que a mulher sempre sofreu discriminação; que pelo simples fato de ser mulher foi tratada com inferioridade pelas leis; e que a Constituição Federal de 1988 foi um avanço na tentativa de acabar com essa discriminação[102].

Colaborando com a igualdade entre cônjuges e companheiros, o art. 1.511 do Código Civil prevê que o casamento deve ter como base a igualdade de direitos e deveres dos cônjuges. E o art. 1.565 dispõe que homem e mulher são os responsáveis pelos encargos da família e, dessa forma, "(...) pode-se utilizar a expressão despatrimonialização do Direito de Família, uma vez que a figura paterna não mais exerce o poder de dominação do

---

[101] BRASIL. Lei 8.560, de 29 de dezembro de 1992. "Art. 6º Das certidões de nascimento não constarão indícios de a concepção haver sido decorrente de relação extraconjugal". Disponível em: <http://www. planalto.gov.br/ccivil_03/LEIS/L8560.htm>. Acesso em: 27 abr. 2016.
[102] SILVA, José Afonso da. *Curso de direito constitucional positivo*. 16. ed. São Paulo: Malheiros, 1999. p. 226-227.

passado (...)"[103]. Assim, a igualdade é um respeito ao princípio da dignidade da pessoa humana.

O art. 100, I, da Lei 5.869, de 11 de janeiro de 1973 (Código de Processo Civil), estabelecia foro privilegiado para a mulher casada, quando da "ação de separação dos cônjuges e a conversão desta em divórcio, e para a anulação de casamento"[104]. O novo CPC não reproduziu a referida norma, como forma de respeito ao princípio da isonomia entre os cônjuges. Para as ações que julgarem divórcio, separação, anulação de casamento e reconhecimento ou dissolução de união estável será competente o foro do domicílio do guardião de filho incapaz, do último domicílio do casal e do domicílio do réu, se nenhum dos cônjuges estiver residindo no local que servia de domicílio do casal.

Uma vez que homens e mulheres foram equiparados constitucionalmente em direitos e deveres, não se justificava o foro privilegiado para a mulher, e, dessa forma, o Código de Processo Civil (Lei 13.105, de 16 de março de 2015[105]) aboliu, de forma correta, aquele benefício.

É exemplo da aplicação do princípio o caso relacionado ao direito de pleitear alimentos, uma vez que tanto ex-marido (ex-companheiro), ex-esposa (ex-companheira) podem requerer alimentos um do outro.

Reforçando esse entendimento, em diversos artigos percebe-se a outorga de decisões aos pais sobre a pessoa dos filhos e, em caso de divergência, não há previsão de prevalência de um deles, mas sim de submissão ao Poder Judiciário da decisão, conforme o art. 1.631, parágrafo único, do Código Civil.

Desse modo, tanto a Constituição Federal quanto o Código Civil garantem a igualdade de direitos e deveres para os cônjuges ou companheiros na direção da entidade familiar.

---

[103] TARTUCE, Flávio. Princípios constitucionais e direito de família. In: SIMÃO, José Fernando; FUJITA, Jorge Shiguemitsu; CHINELLATO, Silmara Juny de Abreu; ZUCCHI, Maria Cristina (Org.). *Direito de família no novo milênio*: estudos em homenagem ao professor Álvaro Villaça Azevedo, cit., p. 50.

[104] BRASIL. Lei 5.869, de 11 de janeiro de 1973. Disponível em: <http://www.planalto.gov.br/ccivil_03/ LEIS/L5869.htm>. Acesso em: 20 maio 2017.

[105] BRASIL. Lei 13.105, de 16 de março de 2015 (Código de Processo Civil). Disponível em: <http://www.planalto.gov.br/ccivil_03/_Ato2015-2018/2015/Lei/L13105.htm>. Acesso em: 20 maio 2017.

Quanto à figura dos cônjuges ou companheiros, Luiz Edson Fachin ministra que, em razão do princípio da igualdade, é proibida qualquer forma de discriminação em razão da orientação sexual das pessoas[106].

1.3.5 Princípio da não intervenção ou da liberdade

O princípio da não intervenção ou da liberdade garante às pessoas a constituição, a modificação e a extinção da entidade familiar. O Estado não deve interferir no ambiente familiar, mas proteger e apoiar. A esse respeito, escreveu com precisão Rodrigo da Cunha Pereira que o Estado assume uma atitude de protetor-provedor-assistencialista, deixando para trás aquela antiga imagem de protetor-repressor e às vezes assumindo o papel da própria família quanto à educação e à saúde, sendo sua função proteger a entidade familiar[107].

Conforme o art. 1.513 do Código Civil, é proibido que qualquer pessoa, seja de direito público ou privado, intervenha na comunhão de vida instituída pela família. Mas isso não impede que os órgãos do Poder Judiciário intervenham na estrutura familiar, quando regulam, por exemplo, interesses de filhos menores.

Relacionada ao princípio, é permitida ao filho maior a liberdade de recusar o reconhecimento voluntário da paternidade feito por seu pai biológico, preferindo ficar apenas com o nome da mãe em seu registro de nascimento, conforme dispõe o art. 1.614 do Código Civil.

O Estado acaba desempenhando papel de auxiliador nas relações familiares. Com base nessa perspectiva, José Sebastião de Oliveira didaticamente descreve que: "O Estado atual, nos moldes traçados pela Constituição Federal, está estruturado para garantir liberdade e felicidade e jamais poderia atingir este desiderato através de ingerências na família"[108]. Nesse mesmo sentido, João Ricardo Brandão Aguirre explica que "Ao Estado cabe a preservação dos valores que fundamentam a família, a fim de se assegurar sua proteção

---

[106] FACHIN, Luiz Edson. *Elementos críticos do direito de família*: curso de direito civil. Rio de Janeiro: Renovar, 1999. p. 95.
[107] PEREIRA, Rodrigo da Cunha. *Princípios fundamentais norteadores do direito de família*. Belo Horizonte: Del Rey, 2006. p. 157.
[108] OLIVEIRA, José Sebastião de. *Fundamentos constitucionais de direito de família*, cit., p. 281.

e assistência, sem que isso signifique interferir na liberdade individual de seus integrantes"[109].

O art. 1.597 do Código Civil também garante aos cônjuges a liberdade de utilização da inseminação artificial heteróloga, desde que autorizada pelo marido.

Da mesma forma, o art. 1.639, § 2º, do CC permite a alteração do regime de casamento durante a vigência do matrimônio, o que evidencia mais liberdade nas relações familiares. É a necessária adequação às alterações vividas na vida conjugal.

1.3.6 Princípio do melhor interesse da criança, do adolescente e do jovem

A Constituição Federal de 1988 revolucionou a situação da criança e do adolescente no seio familiar, tornando-os os principais atores nas relações familiares, o que se efetivou por meio da Lei 8.069, de 13 de julho de 1990 (Estatuto da Criança e do Adolescente – ECA), essa legislação se caracterizou por ser uma norma de proteção integral aos direitos da criança, do adolescente e dos jovens.

Em razão das mudanças ocorridas no ambiente familiar nos últimos anos, o menor passou a ter uma posição de destaque. Vários fatos colaboraram para isso, entre eles a valorização da pessoa humana nas relações jurídicas e a condição de vulnerabilidade das crianças e dos adolescentes, uma vez que estão em processo de formação de personalidade.

Fortalece esse raciocínio Rosana Amara Girardi Fachin ao ensinar que cabe aos pais "(...) assegurar aos filhos todos os cuidados necessários para o desenvolver de suas potencialidades para a educação, formação moral e profissional"[110].

Nesse sentido, a Organização das Nações Unidas tem uma participação fundamental na construção dos direitos e garantias das crianças e dos adolescentes. Em 20 de novembro de 1959, proclamou a Declaração Universal dos Direitos da Criança, documento que foi aprovado por unanimidade por

---

[109] AGUIRRE, João Ricardo Brandão. O dano moral pela infidelidade. In: MADALENO, Rolf; BARBOSA, Eduardo (Coord.). *Responsabilidade civil no direito de família*. São Paulo: Saraiva, 2015. p. 237.

[110] FACHIN, Rosana Amara Girardi. Da filiação. In: PEREIRA, Rodrigo da Cunha; DIAS, Maria Berenice (Coord.). *Direito de família e o novo Código Civil*. Belo Horizonte: Del Rey, 2001. p. 111.

seus Estados-membros. Destaca-se o preâmbulo do documento, que proclama "(...) que a humanidade deve à criança o melhor de seus esforços"[111]. E complementa:

> (...) visando que a criança tenha uma infância feliz e possa gozar, em seu próprio benefício e no da sociedade, os direitos e as liberdades aqui enunciados e apela a que os pais, os homens e as mulheres em sua qualidade de indivíduos, e as organizações voluntárias, as autoridades locais e os Governos nacionais reconheçam estes direitos e se empenhem pela sua observância mediante medidas legislativas e de outra natureza (...).

Estão contidos na Declaração dez princípios protetivos para a criança[112], traduzidos nos seguintes direitos: à igualdade; a proteção especial; ao nome e a uma nacionalidade; a alimentação, recreação e assistência médica; a tratamento especial em caso de deficiências; ao afeto; à educação gratuita e ao lazer; à prioridade no momento de receber proteção e socorro; à proteção contra quaisquer formas de negligência, crueldade e exploração; e à proteção contra discriminações. Esses princípios foram primordiais para que no Brasil fosse constituído o princípio do melhor interesse da criança, do adolescente e do jovem.

A Convenção sobre os Direitos da Criança foi promulgada no País por meio do Decreto 99.710, de 21 de novembro de 1990, constando em vários de seus artigos a expressão "melhor interesse da criança".

O princípio do melhor interesse da criança, do adolescente e do jovem está instituído no art. 227[113] da Constituição Federal, cabendo à família, à sociedade e ao Estado uma proteção prioritária não só a ela, mas também ao adolescente, conforme a Convenção Internacional dos Direitos da Criança. O constituinte procurou assegurar que os direitos deles sejam garantidos, inclusive cabendo ao Estado garantir a sua efetivação[114], que foi regulamentada por meio do Estatuto da Criança e do Adolescente.

---

[111] Declaração Universal dos Direitos da Criança, 1959. Disponível em: <http://www.direitoshumanos.usp.br/ index.php/Crian%C3%A7a/declaracao-dos-direitos-da--crianca.html>. Acesso em: 30 dez. 2016.

[112] Declaração Universal dos Direitos da Criança, 1959. Disponível em: <http://www.direitoshumanos.usp.br/ index.php/Crian%C3%A7a/declaracao-dos-direitos-da--crianca.html>. Acesso em: 30 dez. 2016.

[113] BRASIL. *Constituição Federal*. Disponível em: <https://www.planalto.gov.br/ ccivil_03/ Constituicao/ Constituicao.htm>. Acesso em: 9 fev. 2016.

[114] BARROSO, Luís Roberto; BARCELLOS, Ana Paula de. Regime jurídico da participação de crianças e adolescentes em programas de televisão. *Revista Trimestral de Direito Civil*,

O art. 3º do ECA prevê que "A criança e o adolescente gozam de todos os direitos fundamentais inerentes à pessoa humana, sem prejuízo da proteção integral de que trata esta Lei (...)", sendo-lhes garantido "(...) o desenvolvimento físico, mental, moral, espiritual e social, em condições de liberdade e de dignidade"[115].

É possível verificar que o Estatuto, por inúmeras vezes, utiliza a expressão "proteção integral" referindo-se à proteção da criança. Para Paulo Afonso Garrido de Paula, trata-se de uma "expressão designativa de um sistema onde crianças e adolescentes figuram como titulares de interesses subordinantes frente à família, à sociedade e ao Estado"[116].

As decisões envolvendo o menor devem ser tomadas considerando-se o que for melhor para ele, privilegiando-o no momento da solução de problemas que coloquem em risco seu desenvolvimento. Flávio Tartuce destaca que a proteção à criança deve ser integral[117]; para que isso ocorra, os interesses das crianças e dos adolescentes devem prevalecer em detrimento dos interesses dos pais. Os interesses dos menores estão diretamente relacionados com os direitos humanos e com a dignidade da pessoa humana[118].

A criança deixou de ser tratada como "objeto", nas relações paterno-materno-filiais, passando a ser a pessoa que será tratada com privilégios em relação aos demais membros da família de que faz parte[119].

Paulo Lôbo destaca que "o princípio não é uma recomendação ética, mas diretriz determinante nas relações da criança e do adolescente com seus pais, com sua família, com a sociedade e com o Estado"[120].

---

n. 7, v. 2, jul./set. 2001, p. 91.

[115] BRASIL. Lei 8.069, de 13.07.1990. Estatuto da Criança e do Adolescente. Disponível em <http://www. planalto.gov.br/CCIVIL_03/leis/L8069.htm>. Acesso em: 28 jul. 2015.

[116] PAULA, Paulo Afonso Garrido de. *Direito da criança e do adolescente* – tutela jurisdicional diferenciada. São Paulo: RT, 2002. p. 23.

[117] TARTUCE, Flávio. *Direito civil*: direito de família. 10. ed. Rio de Janeiro: Forense: 2015. v. 5, p. 22.

[118] MORAES, Maria Celina Bodin de. O conceito de dignidade humana: substrato axiológico e conteúdo normativo. In: SARLET, Ingo W. (Org.). *Constituição, direitos fundamentais e direito privado*. Porto Alegre: Livraria do Advogado, 2006. p. 117.

[119] GAMA, Guilherme Calmon Nogueira da. *A nova filiação*: o biodireito e as relações parentais de acordo com o novo Código Civil. Rio de Janeiro: Renovar, 2003. p. 456-457.

[120] LÔBO, Paulo Luiz Netto. *Famílias*, cit., 2. ed., p. 55.

Os Tribunais Brasileiros também têm aplicado em seus julgados o princípio do melhor interesse da criança, do adolescente e do jovem, cuja orientação é no sentido de que se deve buscar sempre atender, às necessidades e aos interesses da criança e do adolescente, inclusive quando da interpretação da lei.

Assim, pode-se afirmar que os interesses da criança e do adolescente deverão prevalecer sobre os interesses dos pais; todavia, ver-se-á que nem sempre isso acontece. Como exemplos, pode-se questionar: a produção independente feita por uma mulher visa o bem-estar da criança? Tirar o direito da criança de conviver com um pai está de acordo com o princípio do melhor interesse da criança, do adolescente e do jovem? Da mesma forma, cumpre com o princípio mencionado gerar uma criança propositadamente com deficiência auditiva, como fez um casal de lésbicas americanas?[121]

Sobre o princípio em comento, apregoa Guilherme Calmon Nogueira da Gama que o menor é "(...) a pessoa humana merecedora de tutela do ordenamento jurídico, mas com absoluta prioridade comparativamente aos demais integrantes da família de que ele participa"[122].

Percebe-se a importância que foi dada à criança, ao adolescente e ao jovem, uma vez que o ECA estabelece serem eles titulares dos direitos fundamentais inerentes à pessoa, garantindo-lhes proteção integral. Dessa forma, encontram-se em situação privilegiada em comparação aos adultos. A lei assegura também as melhores condições para que o desenvolvimento (físico, mental, moral, espiritual e social) não somente ocorra, mas que se faça em condições de liberdade e dignidade. Em conformidade com o princípio da igualdade, o Estatuto proíbe que criança ou adolescente sofra qualquer tipo de discriminação.

Como bem afirmou Rodrigo da Cunha Pereira sobre a concretização do melhor interesse da criança, do adolescente e do jovem em relação à necessidade do filho de conviver com ambos os genitores, "zelar pelo melhor interesse do menor, portanto, é garantir que ele conviva o máximo possível

---

[121] Público. *Casal de lésbicas norte-americanas surdas concebeu um bebê intencionalmente surdo*. Disponível em: <http://www.publico.pt/ciencia/noticia/casal-de-lesbicas-norteamericanas-surdas-concebeu-um-bebe-in tencionalmente-surdo-126822>. Acesso em: 4 jan. 2017.
[122] GAMA, Guilherme Calmon Nogueira da. *A nova filiação*: o biodireito e as relações parentais de acordo com o novo Código Civil, cit., p. 451.

com ambos os genitores – desde que a convivência entre eles seja saudável, isto é, que não exista nada que os desabone"[123].

Dessa forma, o presente trabalho visa também verificar se as técnicas de reprodução humana estão sendo realizadas levando-se em consideração o princípio do melhor interesse da criança, do adolescente e do jovem e sua proteção integral.

1.3.7 Princípio da afetividade

O afeto (afetividade) nem sempre foi elo nas relações familiares. Na família antiga[124], por exemplo, a base "não era encontrada no afeto natural. Tanto o direito grego quanto o romano não levavam em conta este sentimento"[125].

Ricardo Calderón menciona que, na Idade Média, a formação da "família" era regida pelos dogmas da Igreja; faziam parte da família do "senhor" sua mulher, seus filhos, escravos e servidores; e o casamento era uma instituição religiosa, que seguia as regras estabelecidas pela religião[126]. Percebe-se que nem mesmo o critério biológico era utilizado para identificar os membros de uma família; o coletivo era priorizado em detrimento do indivíduo e, por isso, seus sentimentos não eram considerados.

Depois da Revolução Francesa, os jovens passaram a dar mais valor para seus sentimentos e a escolher seus cônjuges, ignorando de certa forma a vontade de seus pais[127].

A pretensão dos franceses de estabelecer condições de igualdade e liberdade acabou por influenciar até mesmo a forma de viver das famílias e, com isso, a mulher conquistou mais respeito na entidade familiar e na sociedade. Outra importante aquisição foi a possibilidade do divórcio[128].

---

[123] PEREIRA, Rodrigo da Cunha. *Princípios fundamentais norteadores do direito de família*, cit., p. 157.
[124] CALDERÓN, Ricardo Lucas. *Princípio da afetividade no direito de família*. Rio de Janeiro: Renovar, 2013. p. 193.
[125] COULANGES, Fustel de. *A cidade antiga*. Trad. Heloisa da Graça Burati. São Paulo: Rideel, 2005. p. 30.
[126] CALDERÓN, Ricardo Lucas. *Princípio da afetividade no direito de família*, cit., p. 194.
[127] LEITE, Eduardo de Oliveira. *Tratado de direito de família*: origens e evolução do casamento. Curitiba: Juruá, 1991. p. 277.
[128] CALDERÓN, Ricardo Lucas. *Princípio da afetividade no direito de família*, cit., p. 197.

Teve influência sobre inúmeros países o Código Civil de Napoleão (1804), que estabelecia que a família legítima era aquela oriunda do casamento. Pode-se afirmar que, naquela época, teve origem uma abertura à subjetividade, a qual pode ser considerada o gênesis da esfera afetiva nas relações familiares[129].

Eduardo de Oliveira Leite menciona o surgimento de uma nova família a partir do século XX, a que denominou "família nuclear" ou sociedade conjugal, em detrimento à "grande família", aquela que era formada em função de um ancestral em comum. Segundo o autor, "Perdia-se em quantidade de membros, ganhava-se na qualidade de afeto entre o reduzido círculo da família conjugal"[130].

O surgimento da família nuclear altera as relações entre seus membros, "torna-se mais sentimental, igualitária e liberal"; a religião vai perdendo a sua influência, e o indivíduo passa a ter mais liberdade de escolher a forma de estabelecer sua vida familiar[131].

Diogo Leite de Campos faz referência à família nuclear formada por "(...) pais e filhos, ligados intimamente pelos laços de amor"[132]. O século XX testemunhou o amor triunfar sobre as demais questões, tanto que os casais acabaram por romper com as obrigações impostas pela sociedade ou pela família, estabelecendo laços afetivos entre os membros da família nuclear, ou seja, o pai, a mãe e os filhos[133]. Nesse sentido, Ricardo Lucas Calderón crava que "Não imperavam mais outras instâncias a decidir pelo destino afetivo e matrimonial das pessoas; o indivíduo, no exercício da sua individualidade e subjetividade, livremente, exerceria a escolha"[134].

O afeto passa a assumir papel preponderante nas relações familiares, fazendo um caminho da periferia para o centro dessas questões, a ponto de influenciar na formação da personalidade do indivíduo. Nesse sentido, Beatrice Marinho Paulo afirma que "Cada vez mais se reconhece que, em

---

[129] CALDERÓN, Ricardo Lucas. *Princípio da afetividade no direito de família*, cit., p. 198-199.
[130] LEITE, Eduardo de Oliveira. *Tratado de direito de família*: origens e evolução do casamento, cit., p. 337.
[131] CALDERÓN, Ricardo Lucas. *Princípio da afetividade no direito de família*, cit., p. 200.
[132] CAMPOS, Diogo Leite de. A nova família. In: TEIXEIRA, Sálvio de Figueiredo (Coord.). *Direito de família e do menor*: inovações e tendências – doutrina e jurisprudência. 3. ed. rev. e ampl. Belo Horizonte: Del Rey, 1993. p. 23.
[133] LEITE, Eduardo de Oliveira. *Tratado de direito de família*: origens e evolução do casamento, cit., p. 103.
[134] CALDERÓN, Ricardo Lucas. *Princípio da afetividade no direito de família*, cit., p. 200.

nossa cultura, é a ligação socioafetiva que se tem com a criança que se mostra verdadeiramente importante na estruturação da personalidade e no desenvolvimento do sujeito (...)"[135].

O início deste século ficará marcado pela força da afetividade nas relações familiares, aquela não vem para substituir os vínculos já existentes (biológicos, matrimonial ou registral), mas para complementá-los. Contudo, em vários casos, é possível a identificação do afeto como um dos vínculos familiares mencionados; e, em outros casos, é possível identificar apenas o afeto como vínculo de parentesco, como nas uniões livres, nas filiações socioafetivas e em algumas situações provenientes de técnicas de reprodução humana assistida[136].

O reconhecimento das uniões estáveis, antes mesmo da Constituição Federal de 1988, é uma clara homenagem ao prestígio do afeto para a construção das famílias.

O afeto passou a ter papel fundamental. Pode-se dizer mais, trata-se de um elemento imprescindível para a existência da família moderna, o qual gera vínculo entre as pessoas, com reconhecimento jurídico, como é o caso da adoção socioafetiva, ou do padrasto que registra como sua a filha da esposa ou companheira. No mesmo sentido, a união estável surge em razão da relação de afeto entre as pessoas e hoje é reconhecida como entidade familiar pela norma jurídica, inclusive pela Constituição Federal de 1988. Contudo, nem sempre foi assim; no século passado, era considerada imoral a união entre um homem e uma mulher que não eram oficialmente casados.

A afetividade ocupa um novo posto na família atual. Trata-se de uma função afetiva que fez desaparecer ou diminuir a importância das funções anteriores, ou seja, a "econômica, política, religiosa e procracional"[137].

Sobre a importância do afeto nas questões familiares, buscam-se os ensinamentos de Giselda Maria Fernandes Novaes Hironaka:

> O afeto, reafirme-se, está na base de constituição da relação familiar, seja ela uma relação de conjugalidade, seja de parentalidade. O afeto está também, certamente, na origem e na causa dos descaminhos desses relacionamentos. Bem por isso, o afeto deve ser e permanecer presente, no trato dos conflitos, dos desenlaces, dos desamores, justamente

---

[135] PAULO, Beatrice Marinho. Ser mãe nas novas configurações familiares: a maternidade psicoafetiva. *Revista Brasileira de Direito das Famílias e Sucessões*, Porto Alegre: Magister; Belo Horizonte: IBDFAM, v. 9, abr./maio 2009, p. 57.
[136] CALDERÓN, Ricardo Lucas. *Princípio da afetividade no direito de família*, cit., p. 205-206.
[137] LÔBO, Paulo Luiz Netto. *Direito civil*: família. São Paulo: Saraiva, 2008. p. 15.

porque ele perpassa a transpassa a serenidade e o conflito, os laços e os desenlaces; perpassa e transpassa, também, o amor e os desamores. Porque o afeto tem um quê de respeito ancestral, tem um quê de pacificados temporal, tem um quê de dignidade essencial. Este é o afeto de que se fala. O afeto-ternura; o afeto-dignidade. Positivo ou negativo. O imorredouro do afeto[138].

Ante os ensinamentos de Giselda Hironaka e sua clareza na exposição, é fácil perceber que o afeto representa o elemento principal das relações familiares. Não podem ser ignorados os demais vínculos, todavia o afeto deve ser visto como o fator basilar, não só naquelas situações, mas na maioria das relações interpessoais.

Apesar de não constar de forma explícita na Constituição Federal, o princípio da afetividade pode ser constatado implicitamente nos artigos do Capítulo VII, que trata "Da Família, da Criança, do Adolescente, do Jovem e do Idoso", e no princípio da dignidade da pessoa humana.

A importância dada à afetividade pela doutrina não foi acompanhada na mesma velocidade pela legislação, contudo o mundo jurídico foi obrigado a rever seus conceitos relacionados a questões familiares, quebrando paradigmas quanto à forma de constituição de família e, assim, o afeto passou a assumir o papel principal nessas relações[139]. A família vai se perpetuar na história por meio dos laços de afeto[140].

No Brasil, foi João Baptista Villela o primeiro a abordar o tema da afetividade, inclusive afirmando que "a paternidade em si mesma não é um fato da natureza, mas um fato cultural"[141]. Para o autor, o vínculo de parentesco não tem origem apenas em questões biológicas, tanto que diferenciou a figura de genitor e a de pai, afirmando que "uma coisa, com efeito, é a responsabilidade pelo ato da coabitação sexual, de que pode resultar a

---

[138] HIRONAKA, Giselda Maria Fernandes Novaes. Sobre peixes e fetos: um devaneio acerca da ética no direito. In: PEREIRA, Rodrigo da Cunha (Org.). *Anais do V Congresso Brasileiro de Direito de Família*. São Paulo: IOB Thomson, 2006. p. 436.
[139] CALDERÓN, Ricardo Lucas. *Princípio da afetividade no direito de família*, cit., p. 212-213.
[140] LÔBO, Paulo Luiz Netto. *Direito civil*: famílias, cit., 2008. p. 1.
[141] VILELLA, João Baptista. Desbiologização da paternidade. *Revista da Faculdade de Direito da Universidade Federal de Minas Gerais*, Belo Horizonte, UFMG, n. 21, ano XXVII, maio 1979, p. 402.

gravidez. Outra, bem diversa, é a decorrente do estatuto da paternidade"[142]. E complementou:

> Qual seria, pois, esse *quid* específico que faz de alguém um pai, independentemente de geração biológica? Se se prestar atenta escuta às pulsações mais profundas da longa tradição cultural da humanidade, não será difícil identificar uma persistente intuição que associa a paternidade antes com o serviço que com a procriação. Ou seja, ser pai ou ser mãe não está tanto no fato de gerar quando na circunstância de amar ou servir[143].

Para Ricardo Calderón, a "desbiologização da paternidade é uma das prenunciadoras da relevância da afetividade quando da análise das questões de parentesco"[144]. No Brasil, a partir de João Baptista Villela e de Luiz Edson Fachin[145], a doutrina da afetividade começou a ser relacionada ao Direito de Família[146].

Nos dias atuais, já não é mais aceito afirmar que a família é composta apenas por elos biológicos, pois o afeto é um elemento psicológico inafastável e de elevada relevância jurídica[147]. Ao tratar da afetividade, Arnaldo Rizzardo explica que "(...) tem mais relevância o sentimento afetivo que o mero convívio (...)"[148].

Pela falta de amor, muitos casamentos se mantêm apenas por questões sociais ou dependência financeira, principalmente quando a mulher não

---

[142] VILELLA, João Baptista. Desbiologização da paternidade. *Revista da Faculdade de Direito da Universidade Federal de Minas Gerais*, cit., p. 409-409.
[143] VILELLA, João Baptista. Desbiologização da paternidade. *Revista da Faculdade de Direito da Universidade Federal de Minas Gerais*, cit., p. 408-409.
[144] CALDERÓN, Ricardo Lucas. *Princípio da afetividade no direito de família*, cit., p. 214.
[145] "A efetiva relação paterno-filial requer mais que a natural descendência genética e não se basta na explicação jurídica dessa informação biológica. Busca-se, então, a verdadeira paternidade. Assim, para além da paternidade biológica e da paternidade jurídica, à completa integração pai-mãe-filho agrega-se um elemento a mais. Esse outro elemento se revela na afirmação de que a *paternidade se constrói*; não é apenas um dado: ela se faz. O pai já não pode ser apenas aquele que emprestou sua colaboração na geração genética da criança; também pode não ser aquele a quem o ordenamento jurídico presumidamente atribui a paternidade. Ao dizer que a paternidade se constrói, toma lugar de vulto, na relação paterno-filial, uma verdade socioafetiva, que, no plano jurídico, recupera a noção da posse de estado de filho" (FACHIN, Luiz Edson. *Estabelecimento da filiação e paternidade presumida*, cit., p. 23).
[146] CALDERÓN, Ricardo Lucas. *Princípio da afetividade no direito de família*, cit., p. 219.
[147] WELTER, Belmiro Pedro. *Teoria tridimensional do direito de família*. Porto Alegre: Livraria do Advogado, 2009. p. 72.
[148] RIZZARDO, Arnaldo. *Direito de família*. 8. ed. Rio de Janeiro: Forense, 2011. p. 12.

trabalha (ou está desempregada) e depende economicamente do marido ou companheiro, ou vice-versa. Rodrigo da Cunha Pereira alerta que a família não deve ser mantida por questões econômicas, uma vez que se trata de um ambiente de afeto e solidariedade mútuos[149].

Nas atribuições do dia a dia, no desenvolvimento das ciências, nas descobertas que permitem mais conhecimento, demonstrando a necessidade do afeto para a estruturação do ser humano, o direito não pode – tampouco deve – deixar de conhecer e reconhecer a afetividade nas relações familiares.

Em contrapartida, apesar da importância do afeto nas relações familiares, não se pode defender que a filiação advém apenas da afetividade, conforme declara Paulo Luiz Netto Lôbo[150]. Questões biológicas e genéticas (identidade genética) também fazem prova quanto à filiação, ou ao menos deveriam fazer.

Dada a importância do afeto nas relações familiares, Paulo Lôbo afirma que a afetividade deve ser vista como um dos princípios do Direito de Família, uma vez que "o princípio da afetividade tem fundamento constitucional; não é petição de princípio, nem fato exclusivamente sociológico ou psicológico"[151]. E complementa afirmando que o mencionado princípio pode ser aplicado em várias situações do direito de família[152]. São vários os dispositivos constitucionais que serviram de fundamento para doutrinar a afetividade como princípio constitucional:

> O princípio da afetividade está implícito na Constituição. Encontram-se na Constituição os fundamentos essenciais do princípio da afetividade, construtivos dessa aguda evolução social da família brasileira, além dos

---

[149] PEREIRA, Rodrigo da Cunha. *Princípios fundamentais norteadores do direito de família*, cit., p. 180.

[150] LÔBO, Paulo. Direito ao estado de filiação e direito à origem genética. *Revista Jus Navigandi*, Teresina, ano 9, n. 194, 16 jan. 2004. Disponível em: <https://jus.com.br/artigos/4752>. Acesso em: 2 mar. 2017.

[151] LÔBO, Paulo Luiz Netto. Entidades familiares constitucionalizadas: para além do *numerus clausus*. *Revista Brasileira de Direito de Família*, Porto Alegre: Síntese, n. 12, v. 3, IBDFAM, jan./mar. 2002. p. 46.

[152] A doutrina jurídica brasileira tem vislumbrado aplicação do princípio da afetividade em variadas situações do direito de família, nas dimensões: a) da solidariedade e da cooperação; b) da concepção eudemonista; c) da funcionalização da família para o desenvolvimento da personalidade e de seus membros; d) do redirecionamento dos papéis masculino e feminino e da relação entre legalidade e subjetividade; e) dos efeitos jurídicos da reprodução humana medicamente assistida; f) da colisão de direitos fundamentais; g) da primazia do estado da filiação, independentemente da origem biológica ou não biológica (LÔBO, Paulo Luiz Netto. *Direito civil*: famílias, cit., p. 51-52).

referidos: a) todos os filhos são iguais, independente de sua origem (art. 227, § 6º); b) a adoção, como escolha afetiva, alçou-se integralmente ao plano da igualdade de direitos (art. 227, §§ 5º e 6º); c) a comunidade formada por qualquer dos pais e seus descendentes, incluindo-se os adotivos, tem a mesma dignidade de família constitucionalmente protegida (art. 226, § 4º); d) a convivência familiar (e não a origem biológica) é prioridade absoluta assegurada à criança e ao adolescente (art. 227)[153].

Dessa forma, agora como um princípio do direito de família, todos os assuntos referentes ao direito de família deverão ser analisados a partir da afetividade. Contudo, este não é um entendimento unânime na doutrina, como será exposto mais à frente.

A legislação brasileira não nega o *status* de princípio à afetividade, até porque, conforme foi demonstrado, trata-se de algo implícito na Constituição Federal. Contudo, é possível perceber referências diretas ao afeto e à afetividade em novas legislações, como na Lei Maria da Penha, na Lei da Guarda Compartilhada, na nova Lei da Adoção e na Lei da Alienação Parental[154].

A jurisprudência brasileira muito colaborou para a consolidação do afeto no sistema brasileiro. Antes mesmo de qualquer legislação fazer menção à temática, os tribunais já reconheciam a afetividade em diversos julgamentos, principalmente a partir da última década[155]. De fato, os tribunais pátrios já reconhecem o princípio da afetividade (por exemplo, em caso que discutia o reconhecimento da filiação e o direito à identidade genética[156]).

---

[153] LÔBO, Paulo Luiz Netto. *Direito civil*: famílias, cit., p. 48.
[154] CALDERÓN, Ricardo Lucas. *Princípio da afetividade no direito de família*, cit., p. 255-256.
[155] CALDERÓN, Ricardo Lucas. *Princípio da afetividade no direito de família*, cit., p. 265-266.
[156] "Direito de família. Ação negatória de paternidade. Exame de DNA. Ausência de vínculo biológico. Paternidade socioafetiva. Reconhecimento. 'Adoção à brasileira'. Improcedência do pedido. 1. A chamada 'adoção à brasileira', muito embora seja expediente à margem do ordenamento pátrio, quando se fizer fonte de vínculo socioafetivo entre o pai de registro e o filho registrado, não consubstancia negócio jurídico vulgar sujeito a distrato por mera liberalidade, tampouco avença submetida a condição resolutiva consistente no término do relacionamento com a genitora. 2. Em conformidade com os princípios do Código Civil de 2002 e da Constituição Federal de 1988, o êxito em ação negatória de paternidade depende da demonstração, a um só tempo, da inexistência de origem biológica e também de que não tenha sido constituído o estado de filiação, fortemente marcado pelas relações socioafetivas e edificado na convivência familiar. Vale dizer que a pretensão voltada à impugnação da paternidade não pode prosperar quando fundada apenas na origem genética, mas em aberto conflito com a paternidade socioafetiva. 3. No caso, ficou claro que o

O STJ teve uma grande participação no reconhecimento do afeto nas relações familiares, pois acabou legitimando as decisões dos tribunais inferiores, inclusive quando faltavam leis expressas que respaldassem o posicionamento. Ricardo Calderón menciona parte do voto do Ministro Ruy Rosado de Aguiar, sobre sua manifestação no sentido de reconhecer o que chamou de "parentesco social"[157]:

> (...) a fundamentação do voto do eminente Ministro-Relator é importante porque aplica a teoria que dá relevância ao fato da "paternidade social", ou da "maternidade social", que é o caso dos autos e muito raro no Foro. A maternidade que se apresenta e se consolida durante quarenta anos cria um estado afetivo, social, familiar, e mesmo jurídico que, em princípio, não deve ser desfeito[158].

Flávio Tartuce destaca que, no STJ, o assunto da "socioafetividade parental vem sendo debatido de forma crescente, o que pode ser percebido pelas

---

autor reconheceu a paternidade do recorrido voluntariamente, mesmo sabendo que não era seu filho biológico, e desse reconhecimento estabeleceu-se vínculo afetivo que só cessou com o término da relação com a genitora da criança reconhecida. De tudo que consta nas decisões anteriormente proferidas, dessume-se que o autor, imbuído de propósito manifestamente nobre na origem, por ocasião do registro de nascimento, pretende negá-lo agora, por razões patrimoniais declaradas. 4. Com efeito, tal providência ofende, na letra e no espírito, o art. 1.604 do Código Civil, segundo o qual não se pode 'vindicar estado contrário ao que resulta do registro de nascimento, salvo provando-se erro ou falsidade do registro', do que efetivamente não se cuida no caso em apreço. Se a declaração realizada pelo autor, por ocasião do registro, foi uma inverdade no que concerne à origem genética, certamente não o foi no que toca ao desígnio de estabelecer com o infante vínculos afetivos próprios do estado de filho, verdade social em si bastante à manutenção do registro de nascimento e ao afastamento da alegação de falsidade ou erro. 5. A manutenção do registro de nascimento não retira da criança o direito de buscar sua identidade biológica e de ter, em seus assentos civis, o nome do verdadeiro pai. É sempre possível o desfazimento da adoção à brasileira mesmo nos casos de vínculo socioafetivo, se assim decidir o menor por ocasião da maioridade; assim como não decai seu direito de buscar a identidade biológica em qualquer caso, mesmo na hipótese de adoção regular. Precedentes. 6. Recurso especial não provido" (STJ, REsp 1.401.719/MG, 3ª Turma, Rel. Min. Nancy Andrighi, j. 08.10.2013. Disponível em: <http://www.stj.jus.br/SCON/jurisprudencia/ toc.jsp?data=%40DTDE+%3E%3D+20131008&livre=fam%EDlia+e+filia%E7%E3o+e+gen%E9tica&&b=ACOR&thesaurus=JURIDICO>. Acesso em: 27 abr. 2016).

[157] CALDERÓN, Ricardo Lucas. *Princípio da afetividade no direito de família*, cit., p. 268.
[158] STJ, REsp 119.346/GO, 4ª Turma, Rel. Min. Barros Monteiro, unânime, j. 01.04.2003. Trecho do voto do ministro Ruy Rosado de Aguiar proferido nesse julgamento.

inúmeras decisões publicadas em seus informativos de jurisprudência"[159]. Para Maria Berenice Dias, "o amor está para o Direito de Família assim como o acordo de vontade está para o Direito dos Contratos"[160].

A família formada por técnica da reprodução humana assistida é exemplo de relação constituída com base no afeto, quando o material utilizado para a produção do filho não pertence a nenhum dos cônjuges.

A aceitação paulatina do STJ tem sido decisiva para a adoção da afetividade no direito brasileiro. Inúmeros julgamentos acabaram seguindo a orientação que fora introduzida por João Batista Villela no que diz respeito à diferença entre ascendente genético e pai. Dessa forma, os vínculos parentais socioafetivos foram sendo reconhecidos pelos tribunais pátrios[161].

Vale citar que, no julgamento da ADI 4.277 e da ADPF 132 pelo Supremo Tribunal Federal, o Ministro Relator Carlos Ayres Britto fez uma relação entre os termos "afeto" e "relações homoafetivas", afirmando em sua decisão que este último tem a finalidade de "(...) dar conta, ora do enlace por amor, por afeto, por intenso carinho entre pessoas do mesmo sexo, ora da união erótica ou por atração física entre esses mesmos pares de seres humanos. (...)"[162].

Pode-se afirmar que a afetividade é um diferencial nas relações estabelecidas no século XXI, sendo tema comum na doutrina e na jurisprudência[163]. A esse respeito, hoje em dia a controvérsia está em se tratar (ou não) de um "novo" princípio do direito de família.

Ricardo Calderón informa a existência de três correntes principais sobre a tese principiológica: a primeira declara a afetividade como princípio jurídico do direito de família; a segunda vê a afetividade apenas como um elemento importante para as relações familiares; e a terceira nega o *status* de princípio à afetividade, considerando que nem mesmo deve ser analisada como objeto do Direito[164].

---

[159] TARTUCE, Flávio. *Direito civil*: direito de família, cit., 10. ed., 2015, v. 5, p. 395.
[160] BARBOSA, Aguida Arruda. A mediação no novo Código Civil Brasileiro. *Boletim do IBDFAM*, n. 20, publicado em 08.07.2005. Disponível em: <http://www.pailegal.net/mediacao/55?rvTextoId=-2111197493>. Acesso em: 1º mar. 2017.
[161] CALDERÓN, Ricardo Lucas. *Princípio da afetividade no direito de família*, cit., p. 268-269.
[162] STF, ADI 4.277 e ADPF 132, Rel. Min. Carlos Ayres Brito, j. 04.05.2011, voto do Relator, p. 8-9. Disponível em: <http://redir.stf.jus.br/estfvisualizadorpub/jsp/consultar processoeletronico/ConsultarProcesso Eletronico.jsf?seqobjetoincidente=11872>. Acesso em: 4 jul. 2016.
[163] CALDERÓN, Ricardo Lucas. *Princípio da afetividade no direito de família*, cit., p. 280.
[164] CALDERÓN, Ricardo Lucas. *Princípio da afetividade no direito de família*, cit., p. 289.

São representantes da primeira corrente (a afetividade como princípio do direito de família): Maria Helena Diniz, Flávio Tartuce e José Fernando Simão, Giselle Groeninga, Caio Mário da Silva Pereira, Jorge Shiguemitsu Fujita, Adriana Caldas do Rego Freitas Dabus Maluf, Rolf Madaleno, Carlos Roberto Gonçalves, Pablo Stolze e Rodolfo Pamplona Filho, Maria Berenice Dias, Carlos Dias Motta, Guilherme Nogueira da Gama, Rodrigo da Cunha Pereira e Luiz Edson Fachin[165].

Fazem parte da segunda corrente (a afetividade possui valor para o direito de família, contudo não pode ser considerada um princípio): Fábio Ulhoa Coelho, Cristiano Chaves de Farias e Nelson Rosenvald, Paulo Nader, Arnoldo Wald e Priscila M. P. Corrêa da Fonseca e Eduardo de Oliveira Leite[166].

E, por último, participam da terceira corrente (que, além de negar a afetividade como princípio, não vê nela nenhuma relevância para o Direito): Regina Beatriz Tavares da Silva, Marco Túlio de Carvalho Rocha, Roberto Senise Lisboa e Gustavo Tepedino[167].

Percebe-se que não faltam teses sustentadas por diversos argumentos. Contudo, acredita-se que a primeira corrente, que defende o afeto como princípio do direito de família, deva prevalecer, tendo em vista as mudanças pelas quais as relações familiares têm passado nos últimos anos e que, aos poucos, têm alterado as características da família do século XXI.

A afirmação do "princípio da afetividade no direito de família" tem sido algo comum no direito brasileiro, considerando-se o que vem ocorrendo nos últimos anos. Fica evidente que existem na doutrina, na legislação e na jurisprudência fundamentos para defender a afetividade como um princípio do direito de família[168].

Como já mencionado, a Constituição Federal de 1988 adotou de forma implícita o princípio da afetividade, o que fica evidente em algumas referências, uma vez que não faz distinção entre a origem e a forma de constituição da família, a origem dos filhos e a igualdade entre homem e mulher etc.

A esse respeito, Luiz Edson Fachin escreveu com precisão que ocorreu uma transformação na família e em seu Direito, pois de uma "comunidade de

---

[165] CALDERÓN, Ricardo Lucas. *Princípio da afetividade no direito de família*, cit., p. 289-294.
[166] CALDERÓN, Ricardo Lucas. *Princípio da afetividade no direito de família*, cit., p. 294-296.
[167] CALDERÓN, Ricardo Lucas. *Princípio da afetividade no direito de família*, cit., p. 296-298.
[168] CALDERÓN, Ricardo Lucas. *Princípio da afetividade no direito de família*, cit., p. 301-302.

sangue" chega-se a uma "comunidade de afeto"[169]. E completa o autor que "o contorno do modelo patriarcal e hierarquizado de família, com sua dimensão transpessoal, dá lugar a um novo modelo igualitário e fundado no afeto"[170]. A família só passa a ter sentido a partir do momento em que é constituída por laços de afeto, amor, consideração, preocupação, respeito e da busca da felicidade e da realização de todos e por todos.

Pode-se afirmar que em razão do afeto o ser humano é capaz de fazer coisas que nem o dever e muito menos a obrigação sejam capazes de fazer, em nome do afeto um pai ou uma mãe "de verdade" é capaz de dar a própria vida por um filho.

1.3.8 Princípio da função social da família

Como já afirmado anteriormente, a família é à base da sociedade e provavelmente o primeiro agrupamento social; é no seio familiar que o indivíduo aprende a viver em sociedade, sob o princípio da função social da família. Nesse sentido, Rolf Madaleno afirma que cabe ao Estado fortalecer a família, pois esta é a base da sociedade, e que, fortalecendo a família, o Estado fortalece sua própria instituição política[171].

O art. 226 da Constituição Federal estabelece que cabe ao Estado, inclusive, a proteção desse instituto, pois vê na família o ambiente formador dos bons costumes, do caráter e do senso de justiça. O legislador constituinte seguiu no mesmo caminho estabelecido pelas Constituições anteriores, protegendo a família, e ampliou o reconhecimento de suas origens.

A função da família é garantir a realização de seus membros. Nela ocorre a educação da criança, por isso deve propiciar um ambiente favorável à formação de sua personalidade[172]. Além disso, não se pode olvidar que, por contribuir com o desenvolvimento e o aperfeiçoamento de seus membros, a família tem importância na formação da própria sociedade.

---

[169] FACHIN, Luiz Edson. *Direito de família*: elementos críticos à luz do novo Código Civil brasileiro. 2. ed. rev. e atual. Rio de Janeiro: Renovar, 2003. p. 317-318.
[170] FACHIN, Luiz Edson. *Estabelecimento da filiação e paternidade presumida*. Porto Alegre: Sergio Antonio Fabris, 1992. p. 150-151.
[171] MADALENO, Rolf. *Curso de direito de família*. Rio de Janeiro: Forense, 2008. p. 5.
[172] OLIVEIRA, José Sebastião de. *Fundamentos constitucionais de direito de família*, cit., p. 270.

Protegendo a realização deles, a família acaba preservando a dignidade da pessoa humana[173].

Ao discorrer sobre a dignidade da pessoa humana e a família, Paulo Lôbo ensina que é na família que se desenvolve a dignidade de seus membros e que a proteção existe para a realização de todos eles, e não da própria entidade familiar[174]. Por exemplo, em um caso de "doação de pai para filho como forma de retribuição, uma vez que o filho favorecido ficou responsável pelos cuidados do pai na velhice e doença por trinta anos", o TJRS reconheceu a doação com base no princípio da função social da família[175].

---

[173] Sobre a função social da família, cabe destacar o posicionamento de Guilherme Calmon Nogueira da Gama, que entende "(...) que a existência da função social de um instituto independe de sua menção expressa em texto, seja constitucional ou legal. Partindo do pressuposto que o direito é um produto cultural e fruto dos anseios de determinada sociedade, resulta, como óbvio, que todo instituto jurídico é criado e tem determinado fim a cumprir. Não é diferente com o Direito de Família. Os institutos desse segmento do Direito Civil são criados e devem observar uma determinada finalidade, sob pena de perderem a sua razão de ser. Assim, deve-se buscar, nos princípios constitucionais, o que almejou o Constituinte para a família, de forma a bem entender sua normatização. Neste sentido, é fundamental se reconhecer que a Constituição Federal estabeleceu como tábua axiológica, como norte de todo o ordenamento jurídico, a dignidade da pessoa humana" (GAMA, Guilherme Calmon Nogueira da. Função social da família e jurisprudência brasileira. In: PEREIRA, Rodrigo da Cunha (Coord.). *Família e solidariedade*: teoria e prática do direito de família. Rio de Janeiro: Lumen Juris, 2008. p. 189).

[174] LÔBO, Paulo Luiz Netto. Direito de família e sucessões. *A nova principiologia do direito de família e suas repercussões*. São Paulo: Método, 2009. p. 4.

[175] "Ação declaratória de nulidade de escritura de compra e venda. Simulação. Doação inoficiosa. Conversão substancial do negócio. O apelante pretende obter a declaração de nulidade de duas escrituras públicas de compra e venda de imóveis realizadas entre seu falecido avô e seu tio. Ficou cabalmente demonstrado nos autos a existência de simulação, nos termos dos incisos I e II do § 1º do art. 167 do CCB/02, sob o manto de uma doação de pai para filho como forma de retribuição, uma vez que o filho favorecido ficou responsável pelos cuidados do pai na velhice e doença por trinta anos. Considerando que a doação superou infimamente o limite de 50% da parte disponível, isto é, em menos de 5%, bem andou o juízo de primeiro grau aproveitando a vontade do falecido, à luz do art. 549 CCB e segundo os princípios da solidariedade e da função social da família, para julgar válida a doação realizada em favor do apelado, qualificando-a como remuneratória. Recurso desprovido" (TJRS, AC 312911-10.2013.8.21.7000, *São Valentim*, 17ª Câmara Cível, Relª. Desª. Elaine Harzheim Macedo, j. 12.09.2013, *DJeRS* 18.09.2013. Disponível em: <https:// www.magisteronline.com.br/mgstrnet/lpext.dll?f=templates&fn=main-hit-j.htm&2.0>. Acesso em: 27 abr. 2016).

1.3.9 Princípio da proteção ao idoso

A Constituição Federal garante especial proteção ao idoso (princípio da proteção ao idoso), conforme estabelece o art. 230, cabendo à família, à sociedade e ao Estado amparar as pessoas idosas, garantindo-lhes dignidade humana e bem-estar e, para isso, evitando qualquer tratamento desumano, violento ou vexatório.

A publicação da Lei 10.741, de 1º de outubro de 2003, conhecida como Estatuto do Idoso – EI, foi um marco para a proteção do idoso no Brasil, pois este normalmente se encontra em uma situação de vulnerabilidade potencializada. Sobre esse assunto, Heloisa Helena Barboza lembra que o idoso faz parte de um grupo potencialmente vulnerável, por isso deve ter tratamento priorizado, o que a autora chama de discriminação positiva, como forma de garantir a dignidade da pessoa idosa[176].

No que diz respeito à vulnerabilidade do idoso, Tânia da Silva Pereira destaca que "(...) pode ser física, psicológica e até mesmo financeira, na medida em que o avançar da idade gera uma fragilidade (...)"[177].

É provável que tenha sido em razão disso que o § 1º do art. 3º do Estatuto do Idoso garantiu uma prioridade absoluta ao idoso, quando se tratar de: (I) atendimento preferencial imediato e individualizado junto aos órgãos públicos e privados prestadores de serviços à população; (II) preferência na formulação e na execução de políticas sociais públicas específicas; (III) destinação privilegiada de recursos públicos nas áreas relacionadas com a proteção ao idoso; (IV) viabilização de formas alternativas de participação, ocupação e convívio do idoso com as demais gerações; (V) priorização do atendimento do idoso por sua própria família, em detrimento do atendimento asilar, exceto dos que não a possuam ou careçam de condições de manutenção da própria sobrevivência; (VI) capacitação e reciclagem dos recursos humanos nas áreas de geriatria e gerontologia e na prestação de serviços aos idosos; (VII) estabelecimento de mecanismos que favoreçam a divulgação de informações de caráter educativo sobre os aspectos biopsicossociais de envelhecimento; (VIII) garantia de acesso à rede de serviços locais de saúde e de assistência social; e (IX) prioridade no recebimento da restituição do Imposto de Renda. Essa prioridade especial é concedida apenas aos idosos com mais de 80 anos.

---

[176] BARBOZA, Heloisa Helena. O princípio do melhor interesse do idoso. In: PEREIRA, Tânia da Silva; OLIVEIRA, Guilherme de (Coord.). *O cuidado como valor jurídico*. Rio de Janeiro: Forense, 2008. p. 61.

[177] BARBOZA, Heloisa Helena. Proteção dos idosos. In: PEREIRA, Rodrigo da Cunha (Org.). *Tratado de direito das famílias*. Belo Horizonte: IBDFAM, 2015. p. 347.

Assim, no Estatuto do Idoso[178] foram regulados de forma mais ampla os direitos dos idosos, assim consideradas pela legislação todas as pessoas com idade igual ou superior a 60 (sessenta) anos.

Apesar de o art. 4º do EI vedar qualquer discriminação ao idoso[179], o art. 1.641, II[180], do Código Civil o trata com diferença, pois coíbe o idoso maior de 70 anos (uma exceção quanto ao critério de idade) de escolher o regime de bens quando do casamento.

Contudo, se a pessoa maior de 70 anos não está em processo de interdição ou já interditada, não deveria ser compelida a seguir um regime de bens com o qual não concorde, sob o pretexto de proteção de seu patrimônio.

1.3.10 Princípio da pluralidade familiar

Deve ser também considerado o princípio da diversidade familiar. Para a doutrina moderna, o art. 226 da Constituição Federal deve ser interpretado de forma exemplificativa, e não taxativa, quanto à constituição da família, estando protegida toda e qualquer forma de entidade familiar.

Inúmeras são as entidades familiares: a matrimonial[181], a informal[182], a homoafetiva[183], a paralela ou simultânea[184], a poliafetiva[185], a monoparental[186], a anaparental[187], a mosaico[188], a natural[189], a extensa ou

---

[178] DIAS, Maria Berenice. *Manual de direito das famílias*, cit., 11. ed., p. 53-54. "O Estatuto do Idoso constitui-se em um microssistema e consagra uma série de prerrogativas e direitos às pessoas de mais de 60 anos. Os maiores de 65 anos são merecedores de cuidados mais significativos. Não se trata de um conjunto de regras de caráter programático, pois são normas definidoras de direitos e garantias fundamentais de aplicação imediata (CF 5º, § 1º)."

[179] "Art. 4º Nenhum idoso será objeto de qualquer tipo de negligência, discriminação, violência, crueldade ou opressão, e todo atentado aos seus direitos, por ação ou omissão, será punido na forma da lei."

[180] "Art. 1.641. É obrigatório o regime da separação de bens no casamento: (...) II – da pessoa maior de 70 (setenta) anos."

[181] "A *família matrimonial* é a família constituída pelos laços matrimoniais monogâmicos, tradicionalmente, difundida no ocidente. Ao contrário do que se verificava durante a vigência das Constituições brasileiras anteriores, a Carta de 1988 consagrou a igualdade entre o homem e a mulher, tanto no que se refere aos deveres, quanto no que se relaciona aos direitos. Nesse sentido, atualmente, ambos devem cooperar para a administração da família, bem como para seu sustento e educação da prole" (NICODEMOS, Erika. Direito de família contemporânea: novas entidades e formas de filiação. *Revista Jus Navigandi*, Teresina, ano 19, n. 3.849, 14 jan. 2014. Disponível em: <https://jus.com.br/artigos/26392>. Acesso em: 25 abr. 2017).

[182] "A *família informal* é a relacionada com a união estável, definida por lei como sendo a união entre o homem e a mulher configurada pela convivência pública, contínua

e duradoura, estabelecida com o objetivo de constituição de família (*animus familiae*)" (HIRONAKA, Giselda Maria Fernandes Novaes; TARTUCE, Flávio. Famílias contemporâneas (pluralidade de modelos). *Dicionário de direito de família*. São Paulo: Atlas, 2015. v. 1, p. 416).

[183] "A *família homoafetiva* decorre da união de pessoas do mesmo sexo, já reconhecida por nossos Tribunais Superiores, inclusive no tocante ao casamento homoafetivo" (HIRONAKA, Giselda Maria Fernandes Novaes; TARTUCE, Flávio. Famílias contemporâneas (pluralidade de modelos). *Dicionário de direito de família*, cit., p. 416).

[184] "As *famílias paralelas* estão presentes quando se constata a presença de mais de um vínculo marcado com o objetivo de constituição familiar. A título de ilustração, podem ser citados os casos de concomitância de um casamento com outro relacionamento, tido pela lei como um concubinato marcado pela presença de uma sociedade de fato (art. 1.727 do CC)" (HIRONAKA, Giselda Maria Fernandes Novaes; TARTUCE, Flávio. Famílias contemporâneas (pluralidade de modelos). *Dicionário de direito de família*, cit., p. 417).

[185] "Os termos são muitos: poliamor, família poliafetiva ou poli amorosas. O formato de tais arranjos familiares também. (...) Já a *união poliafetiva* é quando forma-se uma única entidade familiar. Todos moram sob o mesmo teto. Tem-se um verdadeiro casamento, com uma única diferença: o número de integrantes" (DIAS, Maria Berenice. *Manual de direito das famílias*, cit., 11. ed., p. 143).

[186] A Constituição, ao esgarçar o conceito de família, elencou como entidade familiar a comunidade formada por qualquer dos pais e seus descendentes (CF, art. 226, § 4º). O enlaçamento dos vínculos familiares constituídos por um dos genitores com seus filhos, no âmbito da especial proteção do Estado, subtrai a conotação de natureza sexual do conceito de família. Tais entidades familiares receberam em sede doutrinária o nome de família monoparental, como forma de ressaltar a presença de somente um dos pais na titularidade do vínculo familiar (DIAS, Maria Berenice. *Manual de direito das famílias*, cit., 11. ed., p. 144).

[187] Para Sérgio Resende de Barros a família anaparental "se baseia no afeto familiar, mesmo sem contar com pai, nem mãe. De origem grega, o prefixo 'ana' traduz ideia de privação. Por exemplo, 'anarquia' significa 'sem governo'. Esse prefixo me permitiu criar o termo 'anaparental' para designar a família sem pais" (BARROS, Sérgio Rezende de. *Direitos humanos da família: principiais e operacionais*. Disponível em: <http://www.srbarros.com.br/pt/direitos-humanos-da-familia--principiais-e-operacionais.cont>. Acesso em: 25 abr. 2017).

[188] "A *família mosaico* ou *pluriparental*, como a própria denominação indica, é aquela que tem origem em vários vínculos, constituído com pessoas distintas. Ilustra-se com a situação de um homem, que tem três filhos com três mulheres diferentes, e que passa viver em união estável com uma mulher que tem quatro filhos, igualmente de outros relacionamentos anteriores" (HIRONAKA, Giselda Maria Fernandes Novaes; TARTUCE, Flávio. Famílias contemporâneas (pluralidade de modelos). *Dicionário de direito de família*, cit., p. 417).

[189] "O conceito de *família natural* é trazido pelo Estatuto da Criança e do Adolescente (25): *comunidade formada pelos pais ou qualquer deles e seus descendentes*. Dita expressão está ligada à ideia de família biológica, na sua expressão nuclear. Nem a Constituição Federal (227), ao garantir o direito à *convivência familiar*, e nem o

ampliada[190], a substitutiva[191], a eudemonista[192], entre outras. Para Maria Berenice Dias, não reconhecer as famílias formadas a partir do afeto é desrespeitar a ética e ser conivente com a injustiça[193].

Assim, a partir da Constituição Federal de 1988, o Direito deve proteger todas as formas de constituição de família, e não apenas aquelas 3 (três) formas de entidade familiar previstas no art. 226 da CF (casamento, união estável e monoparental).

1.3.11 Princípio do planejamento familiar e da responsabilidade parental

O planejamento familiar não trata apenas das ações que procuram auxiliar as pessoas a ter ou não filhos ou a evitar um crescimento indesejado da família, mas procura educar as pessoas (cônjuges, companheiros ou a pessoa solteira), para a realização de um planejamento de acordo com sua realidade social e econômica.

ECA (19), ao assegurar a criança e adolescente o direito de ser criado e educado no seio de sua família, estão se referindo à *família biológica*" (DIAS, Maria Berenice. *Manual de direito das famílias*, cit., 11. ed., p. 146).

[190] Ainda há uma verdadeira sacralização da família natural, quando se fala em família extensa ou ampliada (ECA, art. 25, parágrafo único: aquela que se estende para além da unidade pais e filhos ou da unidade do casal, formada por parentes próximos com os quais a criança ou adolescente convive e mantém vínculos de afinidade e afetividade). Parece que ninguém percebe que este conceito dispõe de um pressuposto além do elo consanguíneo. A lei exige que já exista um vínculo de convivência, afinidade e afetividade da criança com algum parente como família extensa (DIAS, Maria Berenice. *Manual de direito das famílias*, cit., 11. ed., p. 146).

[191] "O Estatuto da Criança e do Adolescente não define o que seja família substituta (ECA 28), mas a tendência é assim definir as famílias que estão *cadastradas à adoção*. São convocadas segundo o perfil que elegeram. Recebem a criança ou o adolescente mediante guarda, firmando o devido compromisso (ECA 22)" (DIAS, Maria Berenice. *Manual de direito das famílias*, cit., 11. ed., p. 147-148).

[192] "A busca da *felicidade*, a supremacia do *amor*, a vitória da *solidariedade* ensejam o reconhecimento do afeto como único modo eficaz de definição da família e de preservação da vida. As relações afetivas são elementos constitutivos dos vínculos interpessoais. A possibilidade de buscar formas de *realização pessoal* e gratificação profissional é a maneira de as pessoas se converterem em seres socialmente úteis" (DIAS, Maria Berenice. *Manual de direito das famílias*, cit., 11. ed., p. 148).

[193] DIAS, Maria Berenice. *Manual de direito das famílias*, cit., 11. ed., 2016, p. 53.

O princípio do planejamento familiar[194] e da responsabilidade parental[195], previsto pelo § 7º do art. 226 da Constituição Federal, estabeleceu o planejamento familiar como um direito garantido constitucionalmente a todos os cidadãos, ao lado dos demais direitos que estão fundados nos princípios da dignidade da pessoa humana e da paternidade (ou parentalidade) responsável. "Portanto, devem ser interpretados os dois fundamentos para que sejam identificados os regramentos da livre decisão do casal"[196]. No mesmo sentido, o § 2º do art. 1.565 do Código Civil[197] prevê que o planejamento familiar é uma decisão livre do casal.

A Constituição Federal estabeleceu ser o planejamento familiar uma decisão unilateral do casal, que deve apenas respeitar os princípios da dignidade da pessoa humana e da paternidade responsável, expressão que deve ser lida como parentalidade responsável, pois não diz respeito apenas ao pai.

No mesmo sentido, Luiz Edson Fachin, ao discorrer sobre o poder parental, esclarece que é um poder dos pais (pai e mãe), pois se trata de "uma função que não toca mais apenas ao pai e se encontra diluída aos pais, incluindo necessariamente à mãe. Falar-se-ia, um pouco melhor, em poderes e deveres parentais, expressão neutra, não discriminatória"[198].

O planejamento familiar pode ser conceituado como uma série de procedimentos – que começam com a divulgação da possibilidade à sociedade, passando pelas técnicas e chegando ao respeito dos direitos das pessoas, devendo ser consideradas suas características psíquicas, físicas, sociais,

---

[194] Em relação ao planejamento familiar, José Pinto-Barros estabeleceu o seguinte conceito: "processo correcto da divulgação, aprendizagem, consciencialização, aplicação das técnicas e métodos anticoncepcionais, clinicamente apoiados no pleno respeito dos direitos da pessoa humana, na plena satisfação afectivo-sexual e como resultado último à desejada dimensão e estruturação da família, de acordo com as características paternais: psíquica, física, social, econômica e outras; traduzindo-se no número de filhos que uma dada família desejar quando quiser" (PINTO-BARROS, José. *Planejamento familiar*: aborto e o direito. Coimbra: Coimbra, 1992. p. 37).

[195] A parentalidade responsável também está fundamentada nos arts. 3º e 4º do Estatuto da Criança e do Adolescente, bem como no inciso IV do art. 1.566 do Código Civil.

[196] ARAÚJO, Luiz Alberto David; NUNES JÚNIOR, Vidal Serrano. *Curso de direito constitucional*. 10. ed. São Paulo: Saraiva. p. 512.

[197] BRASIL. *Código Civil, Lei n. 10.406, de 10 de janeiro de 2002*. São Paulo: Saraiva, 2015. p. 4.

[198] FACHIN, Luiz Edson. *Direito de família*: elementos críticos à luz do novo Código Civil brasileiro. 2. ed. rev. e atual. Rio de Janeiro: Renovar, 2003. p. 263.

econômicas, entre outras – para estabelecer-se o número de filhos que uma família deseja ter (e no momento que escolher para isso)[199].

Como já mencionado, a parentalidade responsável exige o respeito aos princípios da dignidade da pessoa humana e da paternidade responsável, a qual pode ser conceituada como a obrigação que os pais têm de prover a assistência moral, afetiva, intelectual, material, sexual e espiritual aos filhos[200].

Para Heloisa Helena Barboza, o planejamento familiar deve respeitar também os princípios: da igualdade de direitos e deveres entre os cônjuges; do melhor interesse da criança, do adolescente e do jovem; da plenitude de igualdades entre os filhos; e de acesso universal e igualitário às ações e serviços para promoção, proteção e recuperação da saúde[201].

Assim, a garantia do direito de ser pai ou mãe se justifica desde que observados os preceitos desses princípios. Ser pai ou mãe gera uma responsabilidade proveniente do poder familiar, conforme estabelece o art. 1.634 do Código Civil. Dessa forma, deve-se considerar as consequências de se ter uma criança, pois ela vai necessitar de cuidados indispensáveis para sua manutenção e educação[202].

A Lei 9.263, de 12 de janeiro de 1996, foi publicada para regular o § 7º do art. 226 da Constituição Federal. Além de garantir a todos os cidadãos o direito ao planejamento familiar, estabeleceu também penalidades e providências.

Por meio do art. 2º da mencionada lei, o planejamento familiar está conceituado como o conjunto de ações de regulação da fecundidade que garanta direitos iguais de constituição, limitação ou aumento da prole pela mulher, pelo homem ou pelo casal, cabendo ao Estado promover condições e recursos informativos para o livre exercício do planejamento familiar, sendo proibida a utilização da regulação da fecundidade com fins de controle de natalidade. No Brasil, o planejamento familiar está disponível para qualquer pessoa maior e capaz.

---

[199] PINTO-BARROS, José. *Planejamento familiar*: aborto e o direito. Coimbra: Coimbra, 1992. p. 37.
[200] CARDIN, Valéria Silva Galdino. *Do planejamento familiar, da paternidade responsável e das políticas públicas*. Belo Horizonte: IBDFAM. Disponível em: <http://www.ibdfam.org.br/>. Acesso em: 1º abr. 2012.
[201] BARBOZA, Heloisa Helena. Grandes temas da atualidade: bioética e biodireito. In: LEITE, Eduardo de Oliveira (Coord.). *Direito à procriação e às técnicas de reprodução assistida*. Rio de Janeiro: Forense, 2004. p. 161.
[202] REIS, Clayton. O planejamento familiar: um direito de personalidade do casal. *Revista Jurídica Cesumar*, Maringá, n. 2, v. 8, p. 415-435, 2008.

A legislação prevê que serão oferecidos todos os métodos para a realização do planejamento familiar, porém existem limites que devem ser respeitados, e talvez o princípio do melhor interesse da criança, do adolescente e do jovem seja o principal deles. Esse é o motivo pelo qual assevera Gustavo Tepedino que as técnicas de reprodução médica assistida, para cumprir o mandamento constitucional, não podem ter outra motivação que não os interesses da criança e a busca da realização dela como pessoa[203].

Dessa forma, as técnicas de reprodução humana assistida estão à disposição de todas as pessoas, desde que exista a real necessidade de utilização e que sejam respeitados os princípios ligados ao tema. Se, por um lado, a legislação garante à pessoa a realização de ter filhos, por outro lado ela impõe responsabilidades (sustento, guarda e educação dos filhos, a garantia do desenvolvimento físico, mental, moral, espiritual e social, em condições de liberdade e de dignidade, a efetivação dos direitos referentes à vida, à saúde, à alimentação, à educação, ao esporte, ao lazer, à profissionalização, à cultura, à dignidade, ao respeito, à liberdade e à convivência familiar e comunitária, entre outros), o que está ligado ao princípio da parentalidade responsável.

O princípio da parentalidade responsável procura garantir a convivência familiar e a proteção integral da criança, para que não sofra nenhuma forma de discriminação[204].

Os filhos provenientes das técnicas de reprodução humana devem encontrar o melhor ambiente possível para se desenvolverem, pois foram queridos e sonhados, como a busca da própria felicidade[205], diferentemente dos filhos que nascem de forma natural e muitas vezes não são esperados ou até mesmo são indesejados.

Conclui-se, pelo exposto até o momento, que a ideia da "nova família" está sendo reconstruída todos os dias. Hoje se pode afirmar que, em sua essência, está marcada pela proteção do Estado, assim como pela busca da felicidade e da realização de cada um de seus membros, com a colaboração de todos eles. As relações familiares são construídas com base no amor, na colaboração, na compreensão, na dedicação, na confiança, na solidariedade,

---

[203] TEPEDINO, Gustavo. *Temas de direito civil*. Rio de Janeiro: Renovar, 1999. p. 414-415.
[204] CARDIN, Valéria Silva Galdino. *Da vulnerabilidade do filho oriundo da reprodução humana assistida em decorrência da ausência de parentalidade responsável*. Tese (Pós-doutorado) – orientação do Professor Doutor Jorge Alberto Altas Caras Duarte Pinheiro, Faculdade de Direito de Lisboa – FDL, 2013. p. 36.
[205] SAPKO, Vera Lucia da Silva. *Do direito a paternidade e maternidade dos homossexuais*: sua viabilização pela adoção e reprodução assistida. Curitiba: Juruá, 2005. p. 99-100.

no afeto, no auxílio, no carinho e no incentivo, alcançando com isso o bem-estar de todos os membros da entidade familiar. A Constituição Federal de 1988 possibilitou a "Constitucionalização do Direito da Família", por meio dos vários princípios aplicados às relações familiares, ora abordados.

1.4 DO DIREITO AO PLANEJAMENTO FAMILIAR E DO EXERCÍCIO DA PARENTALIDADE RESPONSÁVEL

A infertilidade é algo que causa muita frustração em muitas mulheres; desde os primórdios da civilização, era visto como algo negativo[206], como fruto de bruxaria e até mesmo como castigo de Deus. A infertilidade já foi, inclusive, motivo para banimento da mulher até mesmo do convívio social[207]. A impossibilidade de procriar fragiliza tanto a mulher quanto o homem, em especial aqueles que já têm uma vida em comum[208]. William Arthur Pussi afirma que a esterilidade "tornou-se foco de atenção da medicina moderna visto que ser estéril sempre representou uma "mácula" no sentimento humano, (...)"[209].

Muitos casais utilizam as técnicas de reprodução humana assistida para realizar o desejo de ter um filho, como a busca da própria felicidade, uma vez que a infertilidade – assim considerada a ausência de gravidez após dois anos de relações sexuais regulares e sem uso de contracepção[210] – não está sob

---

[206] Eduardo de Oliveira Leite é que faz esse alerta: "Faz parte da mentalidade humana, desde suas mais distantes origens, contrapor as noções de fecundidade e esterilidade, atribuindo a cada uma delas valores que, necessariamente, se contrapõem, se excluem, se radicalizam em princípios maniqueístas. À fecundidade está vinculada a noção de bem; e à esterilidade, a noção de mal" (LEITE, Eduardo de Oliveira. *Procriações artificiais e o direito*: aspectos médicos, religiosos, psicológicos, éticos e jurídicos. São Paulo: RT, 1995. p. 18).

[207] Eduardo de Oliveira Leite menciona que "(...) a mulher estéril era encarada como ser maldito, podendo ser banida do convívio social, o que justificava em Roma o repúdio de seu marido, rejeição essa institucionalizada" (LEITE, Eduardo de Oliveira. *Procriações artificiais e o direito*: aspectos médicos, religiosos, psicológicos, éticos e jurídicos, cit., p. 77).

[208] CORRÊA, Marilena Cordeiro Dias Villela. Ética e reprodução assistida: a medicalização do desejo de ter filhos. *Revista de Bioética e Ética Médica*, Conselho Federal de Medicina, n. 2, v. 9, 2001. p. 72.

[209] PUSSI, William Artur. *Personalidade jurídica do nascituro*. 2. ed. Curitiba: Juruá, 2012. p. 313.

[210] *Saúde reprodutiva*. Disponível em: <http://www.saudereprodutiva.dgs.pt/upload/ficheiros/i009862.pdf>. Acesso em: 26 jun. 2016.

controle, nem depende da vontade humana, atingindo homens e mulheres de todas as classes sociais.

Segundo estatísticas, 20% da população mundial é infértil, e essa infertilidade será transferida para as futuras gerações[211].

Num primeiro momento, como forma de resolver o problema da infertilidade e da esterilidade, surgem as indústrias dos sonhos[212] e as técnicas que possibilitam o surgimento de um novo ser para aqueles casais que não podem gerar um filho de forma natural[213]. Mas isso pode gerar inúmeras demandas no campo da responsabilidade civil, nas relações familiares, para serem decididas pelo Poder Judiciário[214], como a rejeição de um ou mais filhos em razão do nascimento de prole mais numerosa do que a planejada[215].

---

[211] CRUZ, Ivelise Fonseca da. *Efeitos da reprodução humana assistida*. São Paulo: SRS Editora, 2008. p. 19.

[212] FORNA, Aminatta. *Mães de todos os mitos*: como a sociedade modela e reprime as mães. Rio de Janeiro: Ediouro, 1999. p. 155.

[213] "The Nobel Prize in Physiology or Medicine 2010 was awarded to Robert G. Edwards 'for the development of in vitro fertilization'" – "O Prêmio Nobel de Fisiologia ou Medicina 2010 foi atribuído a Robert G. Edwards 'pelo desenvolvimento da fecundação *in vitro*'" (tradução livre). Disponível em: <http://www.nobel prize.org/nobel _prizes/medicine/laureates/2010/index.html>. Acesso em: 7 jun. 2016.

[214] GUERRA, Marcela Gorete Rosa Maia. *Dos limites bioéticos e jurídicos quando do exercício do planejamento familiar*: uma análise da maternidade substitutiva e do bebê medicamento, cit., p. 17. "A evolução das técnicas de reprodução humana assistida e a sua disseminação desregrada na sociedade brasileira, indubitavelmente, fará com que o poder judiciário seja demandado a solucionar conflitos de parentalidade, bem como as indenizações oriundas destes. Tais situações são marcadas por um antagonismo de interesses marcados, em regra, pela liberdade do casal idealizador frente à dignidade humana da criança."

[215] "01/04/2011, 13h03. Atualizado em 06/04/2011, 14h46. *Bebês são levados para abrigo depois da rejeição do pai, dizem médicos. Casal fez tratamento para ter dois bebês; nasceram três. Após o parto, pai teria tentado deixar um deles na maternidade*. Três meninas que nasceram por inseminação artificial foram levadas pelo Conselho Tutelar para um abrigo, em Curitiba, depois de uma delas ser rejeitada pelo pai após o nascimento. De acordo com médicos e enfermeiros da maternidade, o pai teria rejeitado uma das meninas porque esperava que o tratamento resultasse no nascimento de no máximo dois bebês. As crianças nasceram no dia 24 de janeiro deste ano. A maternidade não quis comentar o assunto. O médico responsável pelo tratamento, Karan Abou Saab, explicou que nos primeiros exames de gravidez os pais já sabiam que seriam três bebês, mas quando eles nasceram o pai se recusou a levar para casa a terceira criança. Ele foi impedido pelo hospital de levar somente duas crianças. A maternidade acionou o Ministério Público e uma liminar determinou que as três crianças fossem levadas para o Conselho Tutelar. O caso segue em segredo de justiça. Em entrevista ao **G1**, Saab disse também que em 36 anos de profissão nunca tinha

Atualmente, as técnicas de reprodução humana assistida estão à disposição de qualquer pessoa: não apenas de casais que não podem ter filhos, mas também de pessoas solteiras, viúvas ou casais homoafetivos. A publicação da Resolução 2.121/2015 do Conselho Federal de Medicina acabou com a dúvida que existia quanto ao uso das técnicas por pessoas solteiras.

Paulo Lôbo, ao tratar do planejamento familiar, lembra que a pessoa sozinha tem o direito de ter filhos e também pode muito bem atender aos interesses da criança, conforme estabelece o art. 3º[216] da Lei 9.263/1996[217]. O que se discute não é o direito de ter filho naquela condição, mas se se cumpre o princípio constitucional do melhor interesse da criança, do adolescente e do jovem. Afinal, colocando-se no lugar da criança *in fieri*, poder-se-ia afirmar que qualquer modalidade de reprodução humana assistida atenderia no futuro ao melhor interesse da criança, do adolescente e do jovem?

Metodologia diferente é adotada por países como África do Sul, Áustria, Egito, Coreia, Líbano e Singapura, que exigem a apresentação de uma certidão de casamento para alguém poder se submeter às técnicas.

O planejamento familiar possibilita que a sociedade tenha informações gerais a respeito da reprodução humana, do papel de todos os membros da família e das repercussões na família e na própria sociedade (por exemplo, a falta do planejamento familiar pode gerar problemas econômicos).

Várias são as técnicas de reprodução humana assistida que estão disponíveis para que aqueles que enfrentam dificuldade ou infertilidade possam realizar o planejamento familiar: a inseminação artificial homóloga e heteróloga, a fecundação *in vitro*, a transferência tubária de gametas e embriões, a injeção intracitoplasmática de espermatozoides, a transferência intratubária de zigotos, entre outras técnicas, que serão abordadas em capítulo específico.

---

visto uma situação destas. 'Pra mim é uma novidade, nunca vi um casal rejeitar um filho após um tratamento para engravidar', afirmou. A advogada da família informou que os pais não querem comentar sobre o assunto porque o caso está em segredo de justiça." Disponível em: <http://g1.globo.com/pr/parana/noticia/2011/04/pais-fazem-inseminacao-artificial-e-rejeitam-um-dos-bebes-diz-medico.html>. Acesso em: 29 abr. 2016.

[216] "Art. 3º O planejamento familiar é parte integrante do conjunto de ações de atenção à mulher, ao homem ou ao casal, dentro de uma visão de atendimento global e integral à saúde" (BRASIL. *Código Civil*. Disponível em: <http://www.planalto.gov.br/ccivil_03/leis/2002/L10406.htm>. Acesso em: 28 abr. 2016).

[217] LÔBO, Paulo Luiz Netto. Direito de família. Relações de parentesco. Direito patrimonial (arts. 1.591 a 1.693). In: AZEVEDO, Álvaro Villaça (Coord.). *Código Civil comentado*. São Paulo: Atlas, 2003. v. 16, p. 44.

Sabe-se que, entre 1990 e 2009, houve um aumento de quase 550% (quinhentos e cinquenta por cento) no número de centros ou clínicas que realizam procedimentos de inseminação artificial ou de fertilização *in vitro* na América Latina[218]. No ano de 1990 eram 21[219] centros de reprodução humana, e no ano de 2009 esse número passou para 139[220], distribuídos em 11 países.

A Organização Mundial da Saúde classifica a infertilidade e a esterilidade como doenças (Classificação Internacional de Doenças – CID 10). Ano após ano, é maior o número de casais que buscam o auxílio de clínicas de reprodução humana assistida, com o intuito de gerar filhos, em razão até mesmo da dificuldade de conceber um filho naturalmente apesar de não apresentarem nenhuma causa impeditiva.

Com base no princípio da dignidade da pessoa humana e da parentalidade responsável[221], o projeto parental foi garantido a todo cidadão e está associado às políticas públicas de saúde da família, com o intuito de conscientizar a população sobre a responsabilidade dos pais em relação aos filhos oriundos da reprodução humana assistida.

No mesmo sentido, afirma Maria Helena Diniz que o planejamento familiar deve ser garantido a qualquer indivíduo[222], independentemente de seu estado civil.

---

[218] RED LATINOAMERICANA DE REPRODUCCIÓN ASISTIDA. *Registro Latinoamericano de Reproducción Asistida de 1999: 10 años*. Disponível em: <http://www.redlara.com/aa_portugues/registro_ anual.asp?categoria =RegistrosAnuais&cadastroid=23>. Acesso em: 21 abr. 2016.

[219] RED LATINOAMERICANA DE REPRODUCCIÓN ASISTIDA. *Registro Latinoamericano de Reproducción Asistida de 1999: 10 años*. Disponível em: <http://www.redlara.com/aa_portugues/registro_ anual.asp?categoria =RegistrosAnuais&cadastroid=23>. Acesso em: 21 abr. 2016.

[220] RED LATINOAMERICANA DE REPRODUCCIÓN ASISTIDA. *Registro Latinoamericano de Reproducción Asistida de 1999: 10 años*. Disponível em: <http://www.redlara.com/aa_portugues/registro_ anual.asp?categoria =RegistrosAnuais&cadastroid=23>. Acesso em: 21 abr. 2016.

[221] Sobre a parentalidade responsável, ensina Guilherme Calmon Nogueira da Gama que o termo "traz ínsita a ideia inerente às consequências do exercício dos direitos reprodutivos pelas pessoas humanas (...) e representa a assunção de deveres parentais em decorrência do resultado do exercício dos direitos reprodutivos – mediante conjunção carnal ou com o recurso de alguma técnica reprodutiva" (GAMA, Guilherme Calmon Nogueira da. *A nova filiação*: o biodireito e as relações parentais, cit., p. 453).

[222] DINIZ, Maria Helena. *O estado atual do biodireito*. 7. ed. São Paulo: Saraiva, 2010. p. 140-143.

Além da Constituição Federal, o princípio da parentalidade responsável pode ser identificado nos arts. 3º[223] e 4º[224] do Estatuto da Criança e do Adolescente, bem como no inciso IV do art. 1.566[225] do Código Civil.

Uma leitura mais atenta dos mencionados artigos do ECA leva à conclusão de que as crianças e os adolescentes possuem mais direitos do que as demais pessoas, em especial com relação àqueles com quem mantêm vínculos familiares, pois são considerados vulneráveis.

Thiago José Teixeira Pires explica que a parentalidade responsável "começa na concepção e se mantém até que seja necessário e justificável o acompanhamento dos filhos pelos pais (...)"[226].

O planejamento familiar é direito de toda pessoa, e compete ao Estado propiciar condições para isso, sendo proibida a intervenção do Estado e de

---

[223] BRASIL. Estatuto da Criança e do Adolescente. "Art. 3º A criança e o adolescente gozam de todos os direitos fundamentais inerentes à pessoa humana, sem prejuízo da proteção integral de que trata esta Lei, assegurando-se-lhes, por lei ou por outros meios, todas as oportunidades e facilidades, a fim de lhes facultar o desenvolvimento físico, mental, moral, espiritual e social, em condições de liberdade e de dignidade. Parágrafo único. Os direitos enunciados nesta Lei aplicam-se a todas as crianças e adolescentes, sem discriminação de nascimento, situação familiar, idade, sexo, raça, etnia ou cor, religião ou crença, deficiência, condição pessoal de desenvolvimento e aprendizagem, condição econômica, ambiente social, região e local de moradia ou outra condição que diferencie as pessoas, as famílias ou a comunidade em que vivem." Disponível em: <https://www.planalto.gov.br/ccivil_03/leis/L8069.htm>. Acesso em: 26 abr. 2016.

[224] BRASIL. Estatuto da Criança e do Adolescente. "Art. 4º É dever da família, da comunidade, da sociedade em geral e do poder público assegurar, com absoluta prioridade, a efetivação dos direitos referentes à vida, à saúde, à alimentação, à educação, ao esporte, ao lazer, à profissionalização, à cultura, à dignidade, ao respeito, à liberdade e à convivência familiar e comunitária. Parágrafo único. A garantia de prioridade compreende: a) primazia de receber proteção e socorro em quaisquer circunstâncias; b) precedência de atendimento nos serviços públicos ou de relevância pública; c) preferência na formulação e na execução das políticas sociais públicas; d) destinação privilegiada de recursos públicos nas áreas relacionadas com a proteção à infância e à juventude." Disponível em: <https://www.planalto.gov.br/ccivil_03/leis/L8069.htm>. Acesso em: 26 abr. 2016.

[225] BRASIL. Código Civil. "Art. 1.566. São deveres de ambos os cônjuges: (...) IV – sustento, guarda e educação dos filhos". Disponível em: <https://www.planalto.gov.br/ccivil_03/leis/L8069.htm>. Acesso em: 26 abr. 2016.

[226] PIRES, Thiago José Teixeira. *Princípio da paternidade responsável*. Disponível em: <http://www. apmp.com.br/juridico/artigos/docs/2001/1206_andreluiznogueiradacunha>. Acesso em: 19 maio 2016.

terceiros na escolha de ter ou não ter filhos. No Brasil, o planejamento familiar é tratado por um programa de Estado[227].

O art. 1.513 do Código Civil vem no mesmo sentido, pois prevê que "é defeso a qualquer pessoa, de direito público ou privado, interferir na comunhão de vida instituída pela família"[228]. O planejamento familiar vai além da decisão de ter ou não filhos, já que engloba o intervalo entre as gestações, objetivando a não formação de famílias desestruturadas econômica e psicologicamente[229]. O planejamento familiar é no interesse dos filhos também.

Além de estar relacionado à busca de melhor qualidade de vida, o planejamento familiar pode ser uma opção também para aqueles que buscam uma realização profissional e, por isso, optam por não ter filhos.

Aduz, Guilherme Calmon Nogueira da Gama que o planejamento familiar "(...) resulta de livre decisão do casal, mas com a necessária e fundamental observância dos princípios da dignidade da pessoa humana e da paternidade – ou parentalidade – responsável"[230]. De forma sintética, todavia precisa, Letícia Carla Baptista Rosa lembra que o planejamento familiar é o direito de procriar das pessoas, em sentido positivo ou negativo, ou seja, o direito de ter ou de não ter filhos[231].

Sobre o direito de procriar, Jorge Duarte Pinheiro informa que seu titular tem a liberdade de escolher procriar ou não, mas que essa liberdade deve considerar que, na formação de um novo grupo, genitor e filho, o interesse

---

[227] Pelo disposto no § 7º do art. 226 da CF/1988, evidenciam-se pelo menos duas funções do Estado no projeto parental, ou seja, a de informar e a de propiciar à sociedade recursos educacionais e científicos. Sobre a temática, Guilherme de Calmon Nogueira menciona a existência de um direito fundamental, uma vez que afirma que "(...) o direito de procriação existe e, como tal, deve ser assegurado pela ordem jurídica. Se a Constituição Federal protege a família e esta é constituída pelos genitores e seus descendentes, a proteção deve ser estendida à procriação, um dos recursos por meio do qual a família será constituída. Seria ilógico não reconhecer o direito de procriação, pois estaria tutelando a família, sem tutelar sua origem" (GAMA, Guilherme de Calmon Nogueira da. *O biodireito e as relações parentais*. Rio de Janeiro: Renovar, 2013. p. 713).

[228] BRASIL. Disponível em: <http://www.planalto.gov.br/ccivil_03/LEIS/2002/L10406.htm>. Acesso em: 28 jun. 2016.

[229] PAULICHI, Jaqueline da Silva. *Da responsabilidade civil dos bancos de sêmen*. Dissertação (Programa de Mestrado em Ciências Jurídicas) – Centro Universitário de Maringá, Maringá, 2015. p. 35.

[230] GAMA, Guilherme Calmon Nogueira da. *A nova filiação*: o biodireito e as relações parentais de acordo com o novo Código Civil, cit., p. 447.

[231] ROSA, Letícia Carla Baptista. *Da vulnerabilidade da criança oriunda da reprodução humana assistida quando da realização do projeto homoparental*, cit., p. 75.

mais importante é o do filho, pois a família está marcada pela ideia do melhor interesse da criança e, por essa razão, exigem-se dos pais a maternidade e a paternidade responsáveis[232].

Apesar de ser um direito, o projeto parental não significa um direito absoluto da mãe, do pai ou do casal, uma vez que o planejamento familiar deve ser realizado de forma prudente. A família tem que ter condições de sustento e de manutenção, evitando-se a formação de família desestruturada, seja emocionalmente ou economicamente.

O planejamento familiar é livre, mas não absoluto. São estabelecidos limites no exercício dos direitos reprodutivos, devendo ser consideradas as necessidades dos filhos que já nasceram e dos que estão por nascer. Não existe uma liberdade procriativa sem responsabilidade[233].

Dentro do planejamento familiar e em razão do princípio da dignidade da pessoa humana, toda criança tem direito à dupla figura de seus genitores (pai e mãe). Sabe-se que isso nem sempre é possível, pois uma separação ou mesmo um desastre podem privar a criança de conviver com uma dessas figuras (ou até mesmo com ambas), as quais são de extrema importância para a formação da personalidade de qualquer ser humano. Porém, o uso das técnicas de reprodução humana assistida muitas vezes não dá à criança a chance de conviver com seu pai, o que acarreta danos irreparáveis.

Será que tirar a chance da criança de nascer, desenvolver-se, crescer e morrer sem a figura paterna ou materna cumpre com o princípio constitucional do melhor interesse da criança, do adolescente e do jovem?

Conforme o esclarecimento de Heloisa Helena Barboza, essa pergunta deve ser respondida de forma negativa. Destaca a autora que as ações relativas ao planejamento parental devem observar, entre outros, o princípio constitucional do melhor interesse da criança[234] e que excluir propositalmente a figura social do pai ou da mãe é não respeitar o mencionado princípio, devendo estar embutido nele o direito à convivência familiar.

---

[232] PINHEIRO, Jorge Duarte. *O direito de família contemporâneo*. Lisboa: AAFDL, 2013. p. 110.
[233] DINIZ, Maria Helena. *O estado atual do biodireito*. 7. ed. São Paulo: Saraiva, 2010. p. 142-143.
[234] BARBOZA, Heloisa Helena. Grandes temas da atualidade: bioética e biodireito. In: LEITE, Eduardo de Oliveira (Coord.). *Direito à procriação e às técnicas de reprodução assistida*. Rio de Janeiro: Forense, 2004. p. 161.

Sobre o direito à convivência familiar, Paulo Lôbo assenta que se trata de "(...) direito-dever de contato e convívio de cada pessoa com seu grupo familiar (...)"[235].

Além disso, o direito de gerar filhos implica também a responsabilidade que, conforme prevê o art. 1.634[236] do Código Civil, decorre do poder familiar. Cabe aos pais zelar pela formação moral, material, espiritual e intelectual dos filhos menores e/ou incapazes, e esse dever está vinculado à "paternidade responsável", expressão utilizada pelo constituinte para abordar a obrigação que os pais (pai e mãe) têm de garantir o melhor ambiente familiar, com condições de afeto e cuidado, para o melhor desenvolvimento da criança.

Sobre a questão financeira e o planejamento familiar, Benjamin Moraes, há tempos, apregoa que os pais devem ter filhos de acordo com a possibilidade que terá de sustentar, guardar e educar. Se o casal tem condições financeiras e de saúde para ter inúmeros filhos, que os tenha; todavia, se não tiver condições, deve o próprio casal limitar a quantidade[237], caso contrário não se estará diante de uma parentalidade responsável.

Conforme lhe é peculiar, de forma clara e precisa Maria Helena Diniz lembra que o direito impõe deveres e que o exercício dos direitos reprodutivos não pode ser absoluto, mas deve ser exercido com uma liberdade responsável[238].

O direito de ser pai e mãe exige muita responsabilidade. Tem razão Valéria Silva Galdino Cardin quando sustenta que se trata de "obrigação que os pais têm de prover a assistência moral, afetiva, intelectual e material aos filhos"[239]. Com o filho gerado, os pais assumem os deveres, que os acompanharão até a fase adulta dele; são deveres *stricto sensu,* e não há como escolher os efeitos, pois já estão determinados.

---

[235] LÔBO, Paulo Luiz Netto. Direito-dever à convivência familiar. In: DIAS, Maria Berenice (Org.). *Direito das famílias*: contributo do IBDFAM em homenagem a Rodrigo da Cunha Pereira. São Paulo: RT/IBDFAM, 2009. p. 393.

[236] BRASIL. *Código Civil*. Disponível em: <http://www.planalto.gov.br/ccivil_03/LEIS/2002/L10406.htm>. Acesso em: 21 abr. 2016.

[237] MORAES, Benjamin. Aspectos legais do planejamento familiar. *Textos e documentos*, ano II, n. 11, nov. 1980. p. 29.

[238] DINIZ, Maria Helena. *O estado atual do biodireito*. 5. ed. São Paulo: Saraiva, 2008. p. 136.

[239] CARDIN, Valéria Silva Galdino. *Do planejamento familiar, da paternidade responsável e das políticas públicas*. Belo Horizonte: IBDFAM. Disponível em: <http://www.ibdfam.org.br/>. Acesso em: 25 abr. 2016.

A parentalidade responsável é a síntese de uma maternidade e de uma paternidade conscientes. O art. 229 da CF/1988 não deixa dúvidas quanto à função do pai e da mãe em igualdade de deveres: "os pais têm o dever de assistir, criar e educar os filhos menores, e os filhos maiores têm o dever de ajudar e amparar os pais na velhice, carência ou enfermidade"[240], sendo tais filhos havidos ou não da relação do casamento, de forma natural ou por meio da reprodução humana assistida.

---

[240] Disponível em: <http://www.planalto.gov.br/ccivil_03/Constituicao/Constituicao.htm>. Acesso em: 24 abr. 2016.

2

DA UTILIZAÇÃO DA REPRODUÇÃO HUMANA ASSISTIDA PARA A REALIZAÇÃO DO PROJETO PARENTAL

2.1 CONSIDERAÇÕES INICIAIS

A reprodução humana assistida é um conjunto de técnicas para unir de forma artificial os gametas masculino e feminino, com o intuito de dar vida a um novo ser humano. Essa prática remonta a um passado muito distante, desde a mitologia grega[1], passando pelo Código de Hamurabi[2], pelo Código de Manu[3], pelas lendas chinesa e japonesa[4], chegando aos dias atuais. Assim sendo, é fácil constatar que a fecundidade sempre foi motivo de preocupação

---

[1] "A mitologia grega, por sua vez, preserva a lenda envolvendo o nascimento de Perseu, cuja a mãe se encontrava enclausurada para evitar a concepção de um filho que viria para usurpar o trono do avô. Zeus, o rei dos deuses, tendo transformado sua semente em chuva de ouro, foi inseminar a moça durante o sono" (SCARPARO, Mônica Sartori. *Fertilização assistida*: questão aberta – aspectos científicos e legais. Rio de Janeiro: Forense Universitária, 1991. p. 6).

[2] Previa a intervenção de terceiros na família para garantir a concepção de filhos, para garantir os ritos sagrados (MALUF, Adriana Caldas do Rego Freitas Dabus. *Curso de bioética e biodireito*. São Paulo: Atlas, 2010. p. 152).

[3] Para garantir a descendência, permitia-se que o irmão do marido estéril coabitasse com sua cunhada (SCALQUETTE, Ana Cláudia S. *Estatuto da reprodução assistida*. São Paulo: Saraiva, 2010. p. 54).

[4] Eduardo de Oliveira Leite cita a existência de lendas na China (Kwan Yin) e no Japão (Vanijiin), onde deusas permitiam que a mulher engravidasse (LEITE, Eduardo de Oliveira. *Procriações artificiais e o direito*: aspectos médicos, religiosos, psicológicos, éticos e jurídicos, cit., p. 9).

para a sociedade, até mesmo motivo de degradação da família por causa da esterilidade[5], ligada a fator negativo, para os judeus um castigo de Deus[6].

No ano de 1494 foi tentada pela primeira vez a fertilização artificial em seres humanos, na rainha D. Joana, de Portugal. Contudo, foi em 1799, com o cirurgião Juan Hünter, que teria ocorrido a primeira experiência científica com êxito, a inseminação da esposa de um lorde, com o sêmen do próprio marido. Heloisa Helena Barboza afirma que, em 1838, um francês teria conseguido resultado positivo em oito mulheres, sendo que uma delas teve gêmeos[7].

Em relação à fertilização *in vitro*, os primeiros experimentos teriam ocorrido no ano de 1878, com animais. A primeira inseminação heteróloga teria ocorrido em 1884, nos Estados Unidos da América do Norte, realizada pelo ginecologista Pancoast. Em 1886, foi proposta a criação de um banco de sêmen congelado, e há registros de uma inseminação artificial heteróloga no ano de 1889 nos EUA[8].

Lembra Eduardo de Oliveira Leite que o desenvolvimento da técnica foi lento, tanto que até 1930 a literatura médica indicava o conhecimento de apenas 88 casos[9]. No ano de 1944, ocorreu a primeira tentativa humana de fertilização *in vitro*, em que dois biólogos conseguiram produzir quatro embriões[10].

Em 1947, foi possível a transferência de ovo fertilizado congelado e em 1953 verificou-se a possibilidade de congelar o embrião em sua fase de pré-implantação, sem que houvesse empecilho para seu posterior desenvolvi-

---

[5] Eduardo de Oliveira Leite doutrina que, "Em Roma, a esterilidade condenava a mulher à mais trágica posição, justificando mesmo o repúdio pelo marido. O que antes era vivido de maneira sensitiva, torna-se, em Roma, um elemento de rejeição institucionalizada" (LEITE, Eduardo de Oliveira. *Procriações artificiais e o direito*: aspectos médicos, religiosos, psicológicos, éticos e jurídicos, cit., p. 18).
[6] LEITE, Eduardo de Oliveira. *Procriações artificiais e o direito*: aspectos médicos, religiosos, psicológicos, éticos e jurídicos, cit., p. 17.
[7] BARBOZA, Heloisa Helena. *A filiação*: em face da inseminação artificial e da fertilização *in vitro*. Rio de Janeiro: Renovar, 1993. p. 33.
[8] BOLZAN, Alejandro. *Reprodução assistida e dignidade humana*. São Paulo: Paulinas, 1998. p. 33-37.
[9] LEITE, Eduardo de Oliveira. *Procriações artificiais e o direito*: aspectos médicos, religiosos, psicológicos, éticos e jurídicos, cit., p. 31.
[10] MACHADO, Maria Helena. *Reprodução humana assistida*: aspectos éticos e jurídicos. 1. ed. 7. reimp. Curitiba: Juruá, 2012. p. 39.

mento. Em 1961, pesquisadores italianos conseguiram realizar a fecundação de um óvulo humano que, todavia, manteve-se vivo por apenas 29 dias[11].

As décadas de 1960 e 1970 foram importantes para o desenvolvimento da técnica da inseminação *in vitro*. Isso ocorreu em vários países, entre eles EUA, Inglaterra, Suécia, Índia, França, Escócia, Austrália e Brasil. No ano de 1978, nasceu o primeiro bebê de proveta do mundo; no mesmo ano e no ano seguinte, nasceram o segundo e o terceiro bebês de proveta, respectivamente, na Índia e na Escócia[12].

Após o nascimento de Louise Joy Brown (1978), o primeiro caso de bebê de proveta, a técnica se espalhou por todo o mundo. No período de 1986 a 1988, aproximadamente quatro mil mulheres conseguiram engravidar na França por meio da técnica da inseminação *in vitro*[13].

No Brasil, já faz mais de 30 anos do nascimento de Anna Paula Caldeira, o primeiro bebê de proveta do país. Há, contudo, registro de que quatro meses antes do seu nascimento havia nascido outra menina com o uso da mesma técnica. Já são mais de 190 clínicas de reprodução humana e estima-se que no país são realizados aproximadamente 15 mil ciclos de fertilização e ocorrem aproximadamente quatro mil nascimentos por ano[14], resolvendo parte dos problemas dos casais e das pessoas que sonham com o projeto parental e, em razão da infertilidade, da condição estéril de um ou dos dois e da vontade de formar a família monoparental, não poderiam[15].

Quanto ao desenvolvimento das técnicas de reprodução humana assistida, existe também a possibilidade da fertilização *in vitro post mortem*. O primeiro caso que se tem notícia da intenção de realizar a técnica ocorreu na França no ano de 1984, quando um casal resolveu congelar os espermatozoides

---

[11] MORI, Maurizio. *La fecondazione artificiale*: questioni morali nell'esperienza giurídica. Milano: Giuffrè, 1988. p. 37.
[12] LEITE, Eduardo de Oliveira. *Procriações artificiais e o direito*: aspectos médicos, religiosos, psicológicos, éticos e jurídicos, cit., p. 20.
[13] CAMARGO, Juliana Frozel de. *Reprodução humana*: ética e direito. Campinas: Edicamp, 2003. p. 25.
[14] *Reprodução humana assistida: três décadas de evolução*. Disponível em: <http://guiadobebe.uol.com.br/reproducao-humana-assistida-tres-decadas-de-evolucao/>. Acesso em: 5 jun. 2016.
[15] A sociedade vem observando como os avanços tecnológico e científico têm influenciado de forma surpreendente a medicina e possibilitado o combate à infertilidade, com procedimentos que há pouco eram considerados possíveis apenas nos cinemas, tornando-se reais (OTERO, Paulo. *Personalidade e identidade pessoal e genética do ser humano*: um perfil constitucional da bioética. Coimbra: Almedina, 1999. p. 11).

do marido, que foi diagnosticado com câncer. Seu material genético, assim, foi depositado em um banco de sêmen.

Ocorre que, antes de colocar em prática o projeto parental, o marido faleceu, e a viúva solicitou ao banco de sêmen a entrega do material para que fosse feita a fertilização. O banco negou o pedido, uma vez que o *de cujus* não havia deixado expressamente a autorização para a utilização do sêmen, após a sua morte. Não tendo alternativa, Corine Richerd ingressou com ação para ter posse do material genético e, após longa disputa judicial, o banco de sêmen foi obrigado a entregar o material genético. Contudo, em razão da demora do processo, os espermatozoides foram considerados inviáveis para a realização do projeto parental, o que impossibilitou a inseminação[16].

Pelo breve histórico apresentado, verifica-se que a sociedade procura vencer a barreira da infertilidade[17] e da esterilidade[18] humana de todas as formas e aos poucos vem conseguindo. Entretanto, o direito ao redor do mundo não tem acompanhado essa evolução, e muitas situações ocorrem sem estar regulamentadas, o que acaba gerando conflitos não apenas no campo legal, mas também relacionados à ética, à moral, aos bons costumes e à religião, esta inclusive possui influência em muitos países, inclusive no Brasil.

No país a sociedade tem acesso às principais técnicas de reprodução humana assistida disponíveis no mundo. Elas, todavia, são restritas à parte da população que possui condições financeiras, pois a fertilização artificial não é considerada algo essencial. Desse modo, é comum ver o Poder Judiciário negar o pedido para que o Estado pague esse tipo de tratamento.

2.2 DO CONCEITO DE REPRODUÇÃO HUMANA ASSISTIDA

A doutrina apresenta alguns conceitos para a expressão "reprodução humana assistida", entre eles o "conjunto de técnicas que favorecem a fecundação humana, a partir da manipulação de gametas e embriões, objetivando

---

[16] FREITAS, Douglas Phillips. *Reprodução assistida após a morte e o direito de herança*. Disponível em: <http://www.ibdfam.org/?artigos&artigo=423>. Acesso em: 1º jul. 2016.
[17] Infertilidade é a diminuição da capacidade de ter filhos, o que pode ocorrer em razão de vários motivos: idade avançada, mortalidade dos espermatozoides, exposição à poluição, uso de medicamentos, entre outros.
[18] A esterilidade tira qualquer possibilidade de a pessoa procriar, por exemplo, a mulher que nasce sem as trompas ou o homem que não produz espermatozoides.

principalmente combater a infertilidade e propiciando o nascimento de uma nova vida humana"[19], que pode ser tratada como concepção artificial, fertilização artificial ou fecundação assistida.

É possível afirmar que a reprodução humana assistida ocorre por meio das técnicas artificiais, que utilizam gametas masculino e feminino, com o intuito de ajudar quem tem algum problema de infertilidade ou mesmo é estéril, para a realização do projeto parental. As opções são: inseminação artificial homóloga ou heteróloga, fecundação *in vitro*, inseminação *post mortem*, maternidade por substituição, entre outras[20].

No entender de Andrea Aldrovandi e Danielle Galvão de França, trata-se da "(...) intervenção do homem no processo de procriação natural, com o objetivo de possibilitar que pessoas com problema de infertilidade e esterilidade satisfaçam o desejo de alcançar a maternidade ou a paternidade"[21].

As técnicas de reprodução humana têm por fim auxiliar na fecundação humana com o intuito de gerar um novo ser, e isso acontece por meio da manipulação de gametas. O processo consiste em levar o espermatozoide ao encontro do óvulo para a formação de uma nova pessoa sem a relação sexual.

Diferentemente do direito português, que já possui legislação específica sobre o tema (lá a própria lei – Lei de Procriação Medicamente

---

[19] RODRIGUES JUNIOR, Walsir Edson Rodrigues; BORGES, Janice Silveira. Alteração da vontade na utilização das técnicas de reprodução assistida. In: TEIXEIRA, Ana Carolina Brochado; RIBEIRO, Gustavo Pereira Leite (Coord.). *Manual de direito das famílias e das sucessões*. Belo Horizonte: Del Rey/Mandamentos, 2008. p. 228.

[20] LEITE, Eduardo de Oliveira. *Procriações artificiais e o direito*: aspectos médicos, religiosos, psicológicos, éticos e jurídicos, cit., p. 26. "A procriação artificial surge como meio legítimo de satisfazer o desejo de ter filhos em benefício de um casal estéril. Considerada com circunspecção por alguns, com reservas por outros e mesmo com hostilidade por terceiros (em razão dos meios utilizados e das consequências que podem resultar para o interesse maior da criança e o interesse dos pais), a procriação artificial, apesar dos excelentes resultados já alcançados, capazes de contornar a infertilidade, ainda provoca diversidade de opiniões, mas também convergência sobre pontos essenciais, cuja validade continua sendo inegável; nem a inseminação artificial nem a fecundação *in vitro*, nem a maternidade por substituição não curam a esterilidade que as motivam. São paliativos, são tratamentos capazes de dar filhos a quem a natureza os negou."

[21] ALDROVANDI, Andrea; FRANÇA, Danielle Galvão de. A reprodução assistida e as relações de parentesco. Teresina, n. 58, ano 6, ago. 2002. Disponível em: <https://jus.com.br/artigos/3127/a-reproducao-assistida-e-as-relacoes-de-parentesco/3>. Acesso em: 28 jun. 2016.

Assistida – LPMA – enumera as técnicas que podem ser utilizadas[22]), o Brasil não possui legislação própria sobre a temática. As diferenças dos procedimentos estão relacionadas à complexidade, ao custo financeiro e à indicação terapêutica[23].

Apesar de as técnicas de reprodução humana assistida serem imprescindíveis para quem tem dificuldade ou mesmo causas impeditivas para o projeto parental, é mister que sejam estabelecidos critérios que respeitem a dignidade da pessoa humana quando da realização dos procedimentos.

2.3 DAS TÉCNICAS DE REPRODUÇÃO HUMANA ASSISTIDA PARA A REALIZAÇÃO DO PROJETO PARENTAL

As técnicas de reprodução humana são utilizadas normalmente quando o casal ou a pessoa solteira deseja realizar o projeto parental, contudo não consegue pelos meios normais da relação sexual (seja por impotência, escassez de espermatozoide, ovulação insuficiente, dificuldade de manter o embrião no útero ou falta de um parceiro).

Para resolver os problemas (da esterilidade e da infertilidade) supramencionados várias técnicas de reprodução humana assistida foram desenvolvidas, como a transferência de gametas[24] ou de zigotos nas trompas de Falópio[25],

---

[22] "(...) no art. 2º da LPMA, como é o caso da inseminação artificial (IA), da fertilização *in vitro* seguida da transferência de embriões para o útero (FIVETE), da transferência intratubária de gametas (GIFT), zigotos (ZIFT) ou embriões (TET), e da injecção intracitoplasmática de esperma ou espermatozoides (ICSI)" (DUARTE PINHEIRO, Jorge. *O direito da família contemporâneo*, cit., p. 235-236).

[23] RIBEIRO, Gustavo Pereira Leite. Breve comentário sobre aspectos destacados da reprodução humana assistida. In: SÁ, Maria de Fátima Freire de (Coord.). *Biodireito*. Belo Horizonte: Del Rey, 2002. p. 287.

[24] Técnica conhecida como *Gamete Intrafallopian Transfer* – GIFT –, que consiste na "transferência intratubária de gametas femininos e masculinos. Como condição básica, requer a comprovação da permeabilidade tubária pelo menos unilateral" (SCARPARO, Mônica Sartori. *Fertilização assistida*: questão aberta – aspectos científicos e legais, cit., p. 13).

[25] No meio científico conhecida como técnica ZIFT (*Zygote Intrafallopian Transfer*), "combina as vantagens da fertilização *in vitro* com a transferência de gametas, e admite diversidades resultantes do momento em que é feita a transferência" (SCARPARO, Mônica Sartori. *Fertilização assistida*: questão aberta – aspectos científicos e legais, cit., p. 15).

a transferência intratubária de gametas[26] ou de zigotos[27], a inseminação vaginal intratubária[28] e a intraperitoneal direta[29], a transferência de óvulo e sêmen[30], a injeção de intracitoplasmática do espermatozoide[31], a transferência intratubária de gametas[32], a fertilização *in vitro* seguida da transferência de

---

[26] Os óvulos são colhidos e introduzidos em um cateter que já conta com o material do cônjuge, sendo transferidos para as trompas. Essa técnica procurar evitar a transferência transvaginal, uma vez que é prejudicial à saúde da mulher. Foi criada pelo argentino Ricardo Asch e busca a fecundação *in vitro* para os casos inexplicáveis de esterilidade. Com um percentual alto de sucesso e um risco baixo de gravidezes extrauterinas, ocorre *in vivo* e não *in vitro*, como a FIV (LEITE, Eduardo de Oliveira. *Procriações artificiais e o direito*: aspectos médicos, religiosos, psicológicos, éticos e jurídicos, cit., p. 48).

[27] "Neste processo, ambos os tipos de gametas (óvulo e espermatozoide) são unidos artificialmente *in vitro*, e o resultado, zigoto ou zigotos, são transferidos para o interior das trompas uterinas. Depreende-se que nesta modalidade a fecundação não ocorre no interior do corpo da mãe, mas em laboratório" (CAMILLO, Carlos Eduardo Nicoletti. Da filiação. In: SCAVONE JR., Luiz Antônio; CAMILLO, Carlos Eduardo Nicoletti; TALAVERA, Glauber Moreno; FUJITA, Jorge Shiguemitsu. *Comentários ao Código Civil*: artigo por artigo. 2. ed. São Paulo: RT, 2009. p. 1.904).

[28] Mônica Sartori Scarparo explica que "(...) consiste na categorização tubária por via transvaginal, orientada por ecografia, e na colocação, no terço proximal da trompa, de espermatozoides, de embriões, ou, ainda, de gametas" (SCARPARO, Mônica Sartori. *Fertilização assistida*: questão aberta – aspectos científicos e legais, cit., p. 15).

[29] Ocorre através da "colocação de espermatozoides, previamente preparados, diretamente na cavidade peritoneal, através da punção do fundo do saco vaginal" (SCARPARO, Mônica Sartori. *Fertilização assistida*: questão aberta – aspectos científicos e legais, cit., p. 15).

[30] Conhecida como POST – *Peritoneal Oocyte and Sperm Transfer* –, "consiste na transferência de óvulos e sêmen preparados para a cavidade peritoneal" (SCARPARO, Mônica Sartori. *Fertilização assistida*: questão aberta – aspectos científicos e legais, cit., p. 16).

[31] É um procedimento realizado em laboratório, por meio da fertilização *in vitro*, para o tratamento da infertilidade masculina, em razão de problemas com o espermatozoide. Quando eles não são encontrados no sêmen, a retirada ocorre diretamente do testículo, com o uso de anestesia local. Após essa fase, a técnica segue praticamente as mesmas fases da inseminação *in vitro*, com a diferença de que é utilizado apenas um espermatozoide. Injeção intracitoplasmática do espermatozoide (ICSI). Disponível em: <http://www.minhavida.com.br/familia/tudo-sobre/16485-injecao-intracitoplasmatica-de-espermatozoides-icsi>. Acesso em: 9 jun. 2016.

[32] "Trata-se de processo de reprodução artificial consistente na captação do óvulo da mulher por meio da laparoscopia. Uma vez obtido o óvulo, também se deverá colhido o sêmen do marido para, em seguida, juntar os gametas e inseri-los nas trompas de Falópio, induzindo-os a constituírem o embrião" (CAMILLO, Carlos Eduardo Nicoletti. Da filiação. In: SCAVONE JR., Luiz Antônio; CAMILLO, Carlos Eduardo

embrião excedentários[33], a inseminação artificial (homóloga, heteróloga e *post mortem*), a fertilização *in vitro* ou bebê de proveta (homóloga e heteróloga), a gestação de substituição ou "barriga de aluguel" e a doação de embriões excedentários.

Os casais que foram diagnosticados estéreis podem ser beneficiados pelas técnicas de reprodução humana assistida, inclusive gerar filhos com seu próprio material genético, conseguindo realizar o projeto parental, sem a necessidade de utilizar gametas de terceiros ou de se utilizar do processo de adoção.

As técnicas de reprodução humana assistida podem ocorrer de duas formas: na primeira, o óvulo é fecundado pelo sêmen no corpo da mulher, ao que se dá o nome de *Gametha Intra Fallopian Transfer* (GIFT); e na segunda, os gametas masculino e feminino previamente retirados são fecundados na proveta e depois transferidos para o útero da mulher que doou os óvulos ou para outra mulher – nesse caso, trata-se da *Zibot Intra Fallopian Transfer* (ZIFT).

Na sequência serão abordadas as principais técnicas de reprodução humana assistida, ou seja, a inseminação artificial, a fertilização *in vitro*, a gestação de substituição e a doação de embriões excedentários.

2.3.1 Da inseminação artificial

Em todas as técnicas de reprodução humana assistida, regra geral, como já foi abordada, ocorre quando o casal não tem condições de procriar de forma natural, e as causas são inúmeras.

Na inseminação artificial o sêmen é introduzido na cavidade uterina da mulher por outro meio que não de forma natural. Carlos Eduardo Nicoletti Camilo conceitua a inseminação artificial como "(...) o processo de fecundação cuja operacionalidade é a transferência mecânica de espermatozoides, previamente recolhidos e tratados, para o interior do aparelho genital femi-

---

Nicoletti; TALAVERA, Glauber Moreno; FUJITA, Jorge Shiguemitsu. *Comentários ao Código Civil*, cit., p. 1.904).

[33] "Trata-se da fertilização embrionária na proveta. Obedece aos mesmos critérios da transferência intratubária dos zigotos, mas, todavia, o zigoto ou zigotos continuam incubados *in vitro* até se convolarem no embrião ou embriões, uma nova fase, caracterizados pelo estágio de 2 a 8 células, quando, então, serão transferidos para o útero ou trompas da mãe" (CAMILLO, Carlos Eduardo Nicoletti. Da filiação. In: SCAVONE JR., Luiz Antônio; CAMILLO, Carlos Eduardo Nicoletti; TALAVERA, Glauber Moreno; FUJITA, Jorge Shiguemitsu. *Comentários ao Código Civil*, cit., p. 1.904).

nino"[34]. Essa técnica pode ser realizada de duas formas: *in vivo* ou *in vitro*. Na primeira situação, a transferência do espermatozoide ao útero é realizada de forma mecânica, a fecundação ocorre no corpo da mulher e na segunda a fecundação ocorre de forma extracorporal, sendo posteriormente o óvulo já fecundado transferido para o útero da mulher, podendo ser daquela que doou o gameta ou não. Em nenhum dos casos existe relação sexual. Complementa o autor explicando que "(...) é possível, hoje em dia, o congelamento do sêmen recolhido, quando este não é automaticamente implantado no corpo da mulher"[35].

Atualmente, sêmen e óvulos podem ser congelados por até 20 anos sem que suas características se percam. Essa prática ocorre normalmente quando a pessoa vai passar por tratamentos médicos que podem causar esterilidade, como tratamentos oncológicos.

A técnica de inseminação artificial pode ser realizada de duas formas: pela inseminação *homóloga* e pela inseminação *heteróloga*, que serão explicadas a seguir. Essa técnica é recomendada para alguns casos de infertilidade sem causa aparente.

2.3.1.1 Da inseminação artificial homóloga

A técnica da inseminação artificial homóloga, também conhecida como autoinseminação, ocorre quando a mulher é inseminada com o esperma do próprio marido ou companheiro. Esse procedimento é realizado pelo médico no momento em que o óvulo está no período de ser fertilizado: o líquido seminal do marido é injetado na cavidade uterina ou no canal cervical da mulher. Nesse caso, o filho carrega o material genético dos pais, não existe a figura de terceiro, como ocorre na inseminação artificial heteróloga. A inseminação artificial só pode ocorrer com a concordância do casal ou dos companheiros[36].

---

[34] CAMILLO, Carlos Eduardo Nicoletti. Da filiação. In: SCAVONE JR., Luiz Antônio; CAMILLO, Carlos Eduardo Nicoletti; TALAVERA, Glauber Moreno; FUJITA, Jorge Shiguemitsu. *Comentários ao Código Civil*, cit., p. 1.904.

[35] CAMILLO, Carlos Eduardo Nicoletti. Da filiação. In: SCAVONE JR., Luiz Antônio; CAMILLO, Carlos Eduardo Nicoletti; TALAVERA, Glauber Moreno; FUJITA, Jorge Shiguemitsu. *Comentários ao Código Civil*, cit., p. 1904.

[36] O Enunciado 106 do CJF estabelece que "para que seja presumida a paternidade do marido falecido, será obrigatório que a mulher, ao se submeter a uma das técnicas de reprodução assistida com o material genético do falecido, esteja na condição de viúva, sendo obrigatório, ainda, que haja autorização escrita do marido para que se utilize seu material genético após sua morte".

Essa técnica é utilizada nos casos de incompatibilidade ou hostilidade do muco cervical, oligospermia, retroejaculação, hipofertilidade, perturbações das relações sexuais e esterilidade secundária após tratamento esterilizante[37]. É a que menos causa dúvidas jurídicas, uma vez que a paternidade biológica coincidirá com a legal. As polêmicas são ventiladas nos casos de a mulher utilizar o material genético do marido ou companheiro sem o consentimento deles ou após sua morte, e ainda quando ela for obrigada a se submeter ao tratamento contra a sua vontade. Seria caso para a realização de um aborto legal?

2.3.1.2 Da inseminação artificial heteróloga

O procedimento médico para a realização da inseminação artificial heteróloga é o mesmo da técnica anterior, todavia, o líquido seminal a ser utilizado não é o do marido ou companheiro, mas de uma terceira pessoa, sendo aproveitado o esperma que se encontra armazenado em um banco de sêmen, previamente selecionado e supostamente identificado com as características do doador[38]. Nesse caso, cabe à equipe médica e ao banco de sêmen o cuidado de escolher o material de um doador que seja compatível com as características do marido ou companheiro da mulher que será inseminada, para que num futuro próximo não gere desconforto para a família. Por exemplo, um casal de pessoas ruivas procura um centro de reprodução humana para realizar uma inseminação heteróloga e, mesmo que exista um controle rígido dos doadores de sêmen, por um descuido de um funcionário, ocorre a utilização do gameta de um doador negro.

Na inseminação artificial heteróloga a paternidade biológica diverge da legal. Paulo Luiz Netto Lôbo explica que esse tipo de inseminação está prevista no inciso V do art. 1.597 do Código Civil. Quando ocorre com o sêmen de terceiro, via de regra doador anônimo, a lei não exige que o marido

---

[37] FERNANDES, Silvia da Cunha. *As técnicas de reprodução humana assistida e a necessidade de sua regulamentação jurídica*. Rio de Janeiro: Renovar, 2005. p. 29.

[38] "O procedimento médico adotado na inseminação heteróloga é idêntico ao da modalidade anterior (homóloga), só que, em vez de líquido seminal do marido, é utilizado o esperma de um doador fértil, geralmente armazenado em banco de sêmen. Entre os critérios a serem observado durante a seleção do doador, sobressaem o controle periódico do sêmen (teste de aids ou síndrome de imunodeficiência adquirida) e o anonimato do doador, bem como suas características morfológicas: o grupo sanguíneo, que deve ser idêntico ao da mãe ou do seu marido; a cor da pele, dos cabelos, dos olhos, e a estatura, que devem ser compatíveis com o casal" (GONÇALVES, Denise Wilhelm. As novas técnicas de reprodução assistida, clonagem terapêutica e o direito. *Juris Síntese*, n. 42, jul./ago. 2003).

– ou companheiro – seja estéril ou que por qualquer outra razão não possa procriar; a exigência é no sentido de que o cônjuge autorize o uso do sêmen de outra pessoa, ressaltando que a autorização não precisa ser expressa por escrito. Uma vez autorizado o procedimento, o marido ou companheiro não poderá requerer a negativa da paternidade[39], situação prevista na maioria das legislações estrangeiras que permitem esta técnica[40]; por outro lado, a falta do consentimento permite a contestação da paternidade.

No entender de Eduardo de Oliveira Leite, o uso da inseminação heteróloga deve ser o último recurso para tratar dos casos de infertilidades[41]. É o mesmo entendimento de Cláudia Regina Magalhães Loureiro, que defende que o uso da técnica deve ser desaconselhado[42]. Até a mistura de sêmen foi utilizada na esperança de um mínimo vestígio biológico quando do uso dessa técnica[43]. Ao contrário da inseminação homóloga, a inseminação heteróloga pode gerar muitas divergências e inclusive fere princípios éticos[44].

---

[39] LÔBO, Paulo Luiz Netto. Direito ao estado de filiação e direito à origem genética: uma distinção necessária. In: FARIAS, Cristiano Chaves de (Coord.). *Temas atuais de direito e processo de família*, cit., p. 326-327.

[40] Como Canadá, Estados Unidos da América do Norte, Grécia, Holanda, Portugal, Suécia e Suíça.

[41] LEITE, Eduardo de Oliveira. *Procriações artificiais e o direito*: aspectos médicos, religiosos, psicológicos, éticos e jurídicos, cit., p. 39.

[42] LOUREIRO, Cláudia Regina Magalhães. *Introdução ao biodireito*. São Paulo: Saraiva, 2009. p. 103.

[43] "Em nome deste mínimo vestígio biológico, era comum, nos primórdios da inseminação artificial, nos casos de insuficiência percentual de espermatozoides na ejaculação, a realização da mistura seminal: diluíam-se os líquidos seminais do marido e de um doador. Assim, restava a esperança de que o espermatozoide responsável pela fecundação havia se originado do marido" (PANASCO, Wanderby Lacerda. *A responsabilidade civil, penal e ética dos médicos*. Rio de Janeiro: Forense, 1979. p. 279).

[44] Nesse sentido, Andrew C. Varga faz uma análise das duas formas de inseminação artificial, e alega que: "A inseminação artificial, realizada com esperma do marido, obtido com a participação da esposa e com a finalidade de atender a um desejo de procriação por parte de ambos, o qual, não satisfeitos, constitui motivo de frustração e sofrimento, não fere os princípios éticos, fundados no próprio direito natural, nem os costumes, legitimamente reconhecidos. Diversa, porém, é a inseminação heteróloga, i. e., realizada com esperma retirado de doador estranho, e por várias razões: 1. porque contraria a estrutura básica do matrimônio, fonte única e legítima da filiação; 2. porque introduz, numa família, um ser formado sem o patrimônio genético correspondente ao do marido e do seu tronco genealógico e que, realizado sem o consentimento deste, equipara-se ao adultério; 3. porque é inconveniente, numa família, um indivíduo sem as características do cônjuge masculino; 4. porque cria um verdadeiro negócio, compra de esperma ou tráfico de agente criador de vida, que só deverá ser utilizado como doação, complemento de uma união baseada no

Em relação a essa técnica (inseminação heteróloga) utilizada pelo casal, recomenda-se o acompanhamento de um psicólogo, tanto antes quanto pós-inseminação e, principalmente, após o nascimento. O intuito é de se evitar casos de negação do filho, em especial por parte do pai ou, em casos extremos, de separação do casal. Tais situações podem gerar desequilíbrio familiar. Ao nascer, essa criança pode ser rejeitada, principalmente quando o gameta masculino utilizado foi de terceiro, porque mesmo com o cuidado quanto à utilização de gametas de doadores, existe uma grande probabilidade de a criança nascer e não ter as características de nenhum dos familiares. Nessa situação, pode-se afirmar que é possível causar transtornos psicológicos para o filho?

Por isso, é indispensável a figura de um psicólogo, como membro de uma equipe multidisciplinar, que trabalhe com as técnicas de reprodução humana assistida e indicada em várias situações, entre elas doenças hereditárias, esterilidade irreversível e anomalias morfológicas.

No ano de 2000, Ana Cristina Rafful publicou a obra "A reprodução artificial e os direitos da personalidade"[45], em que aponta alguns problemas em relação à inseminação artificial heteróloga. Apesar de já superados pela legislação e/ou pela jurisprudência, todavia, vale o destaque:

> a) as características do futuro filho serão diferentes daquelas de seus pais, pois o material genético utilizado foi doado por terceiros;
>
> b) alega uma falsidade ideológica junto ao Cartório de Registro Civil, no momento de registrar a criança, por não serem os pais biológicos;
>
> c) que a inseminação artificial heteróloga sem a autorização do marido é caso de separação judicial, em razão de uma falta grave na relação familiar;

---

amor e com obrigação de criar e educar o filho; 5. porque estimula a organização de um armazenamento de espermas para o atendimento dos diversos pedidos, i. e., de verdadeira espermateca; 6. porque pode provocar situação grave, quando o doador procura conhecer o filho e explorar o fato; 7. porque a mãe, também, pode querer conhecer o pai extramatrimonial de seu filho; 8. porque não elimina, totalmente, a possibilidade de chantagem por parte dos técnicos e funcionários do serviço de inseminação; 9. porque o arrependimento do marido pode ocorrer depois da realização da fecundação artificial ou do nascimento, acarretando graves problemas; 10. porque poderá haver repulsa do cônjuge masculino em relação ao filho do doador, e do filho em relação ao suposto pai, se descobrir a inexistência da paternidade alegada" (VARGA, Andrew C. Problemas de bioética. São Leopoldo: Unisinos, 1982, apud SCARPARO, Mônica Sartori. *Fertilização assistida*: questão aberta – aspectos científicos e legais, cit., p. 19-20).

[45] RAFFUL, Ana Cristina. *A reprodução artificial e os direitos da personalidade*. São Paulo: Themis Livraria e Editora, 2000. p. 28-31.

d) a possibilidade de uma ação declaratória ou negatória de paternidade, uma vez que não há compatibilidade genética entre o futuro filho e o suposto pai;

e) que essa técnica pode ser um agente de destruição familiar e um risco para o futuro do filho, pois terá paternidade e maternidade desconhecida, podendo gerar transtornos na vida pessoal;

f) em razão do segredo quanto à identidade do doador, existe a possibilidade de incesto, pela união de filhos com material genético dos mesmos doadores;

g) a possibilidade de o doador reclamar a paternidade, criando o problema de conflito de paternidade, pois nesse caso a criança teria dois pais, podendo gerar um interesse patrimonial nos bens dela;

h) a possibilidade da criação de um banco de sêmen com fins lucrativos.

A possibilidade exposta no item h, pode dar origem a uma indústria do ser humano ideal, ferindo o princípio da dignidade da pessoa humana. Qual seria o valor do sêmen de um desportista famoso, de um gênio ou de um ganhador de prêmio Nobel? Seria a coisificação não só do embrião, mas também da pessoa humana.

2.3.2 Da fertilização *in vitro* (FIV) ou "bebê de proveta"

Para que este procedimento ocorra com êxito, é necessária a retirada dos gametas femininos, normalmente inúmeros óvulos e gametas masculinos, sendo aqueles fertilizados por estes em laboratório, e na sequência o embrião ou os embriões são transferidos para o útero da receptora, que pode ser a doadora do óvulo ou não.

Dessa forma, a fertilização *in vitro*, diferentemente da fecundação natural, ocorre fora do corpo materno, na "caixa de Petri", e depois o embrião é transferido para o útero da receptora – ou seja, a vida humana tem origem em um laboratório. A reprodução humana por meio dessa técnica possibilita a fecundação do óvulo pelo espermatozoide sem que ocorra a relação sexual.

Para Eduardo de Oliveira Leite, a fertilização *in vitro* é uma técnica "capaz de reproduzir artificialmente o ambiente da trompa de Falópio, onde a fertilização ocorre naturalmente e a clivagem prossegue até o estágio em que o embrião é transferido para o útero"[46]. O autor lembra ainda que essa técnica é recomendada em casos de obstrução irreversível, ausência tubária

---

[46] LEITE, Eduardo de Oliveira. *Procriações artificiais e o direito*: aspectos médicos, religiosos, psicológicos, éticos e jurídicos, cit., p. 41.

bilateral, oligozoospermia, falha do tratamento cirúrgico tubário, esterilidade sem causa aparente, esterilidade imunológica e endometriose[47].

Normalmente quando os casais fazem uso das técnicas de reprodução humana assistida com a finalidade de procriação, geralmente são produzidos um número excedente de embriões que serão implantados no útero, dessa forma, alguns dos embriões produzidos e não utilizados são congelados em baixa temperatura, próximo de 196 C negativos, com o objetivo de preservar as características biológicas, funcionais e estruturais do embrião e com isso poderem ser utilizados no futuro. O embrião que é submetido a essa técnica é dado o nome de embrião criopreservado.

Mais uma opção para pessoas inférteis ou com dificuldades de engravidar, esse método pode, entretanto, trazer alguns problemas, como o de os futuros pais rejeitarem a criança, se um embrião defeituoso for implantado, uma vez que desejavam um filho sadio. Nesse caso, é possível falar em dano causado antes da concepção, com a escolha de sêmen ou óvulo defeituoso?

2.3.2.1 Da fertilização in vitro *homóloga*

A fertilização *in vitro* homologa é aquela realizada com material genético (óvulo e sêmen) do próprio casal de quem a criança será filha. Álvaro Villaça Azevedo é favorável apenas a esse tipo de inseminação, ou seja, "realizada com embrião constituído de espermatozoide do marido ou do companheiro, aplicado no óvulo da esposa ou companheira, no próprio útero destas; tudo sem que existam embriões excedentes"[48].

Nessa técnica, a formação do embrião humano é realizada em laboratório, os gametas utilizados são do casal, após a fecundação *in vitro*, e o embrião ou os embriões são transferidos para o útero da mulher que forneceu o óvulo, de forma que a paternidade e a maternidade biológicas coincidem com a legal.

Ocorre que a Resolução 2.121/2015 do Conselho Federal de Medicina permite no máximo a transferência de quatro embriões, e normalmente é fecundado um número maior de óvulos com o intuito de uma ação exitosa, contudo, um problema surge: o que fazer com os embriões excedentários? Quantas pessoas são sacrificadas para que uma nasça? Estar-se-á diante de conduta ética?

---

[47] LEITE, Eduardo de Oliveira. *Procriações artificiais e o direito*: aspectos médicos, religiosos, psicológicos, éticos e jurídicos, cit., p. 41.
[48] AZEVEDO, Álvaro Villaça. Ética, direito e reprodução humana assistida. *Revistas dos Tribunais*, ano 85, v. 729, p. 43-51, jul. 1996, p. 51.

2.3.2.2 Da fertilização in vitro heteróloga

Ocorre a fertilização *in vitro* heteróloga quando os gametas utilizados (sêmen e/ou óvulo) não pertencem ao casal ou companheiros que serão beneficiados, podendo ocorrer de pelo menos três formas: quando o sêmen utilizado é de terceira pessoa que não o cônjuge ou companheiro e o óvulo é da mulher que será fertilizada; quando o sêmen utilizado é do cônjuge ou companheiro e o óvulo não é da mulher que será fertilizada; e quando tanto o sêmen quanto o óvulo utilizados foram doados por terceiros para a formação do embrião, o qual será implantado em outra mulher. Pode-se acrescentar às duas primeiras situações a possibilidade de o casal ou os companheiros utilizarem conjuntamente com essa técnica a da maternidade substitutiva para realizar o projeto parental. De igual forma, Jorge Pinheiro Duarte explica que a fertilização *in vitro* heteróloga pode ser realizada de forma total ou parcial, isso vai depender se o material genético (espermatozoide ou/e os ovócitos) utilizado foi doado pelo casal ou por terceiros[49].

Há quem defenda o uso da mistura do material genético, ou seja, a utilização de sêmen e óvulos, respectivamente, de alguns homens e mulheres, inclusive do marido e da mulher em que será realizada a fertilização, para com isso dar maior sensação parentalidade biológica da criança[50].

Uma discussão que a fertilização *in vitro* heteróloga pode gerar está relacionada em saber quem de fato é a mãe (e/ou o pai). É quem doa o material genético, quem dá à luz ou quem vai registrar a criança? A futura criança tem o direito de conhecer a sua origem genética? Como fica a questão do anonimato dos doadores de gametas? O que deve prevalecer: o direito de conhecer sua origem genética ou o direito ao anonimato do doador? Como fica o princípio do melhor interesse da criança, do adolescente e do jovem?

Outro grave problema que a reprodução humana heteróloga cria é o da possibilidade de se efetivar um comércio muito lucrativo com a criação de um banco de sêmen: apesar de proibida a sua comercialização, nada impede que ocorra de forma clandestina, quando os pais poderiam fazer a encomenda do sêmen de acordo com as características que desejam para a sua prole. Mais uma vez percebe-se que o princípio da dignidade humana está sendo violado e a pessoa, sendo coisificada.

Vale lembrar sempre que o corpo humano, seja ele em um todo ou em partes, não pode ser objeto de compra e venda. Tal atividade é considerada

---

[49] DUARTE PINHEIRO, Jorge. *O direito da família contemporâneo*, cit., p. 237.
[50] CAMARGO, Juliana Fronzel de. *Reprodução humana*: ética e direito. Campinas: Edicamp, 2003. p. 31.

ilegal e imoral. Deve-se acrescentar, ainda, que segue a mesma proibição o material que pode ser extraído daquele. O impedimento da remuneração pela "doação" de sêmen acaba até desestimulando que a pessoa seja um "doador de sêmen profissional", e com isso deve diminuir a possibilidade de casamentos consanguíneos oriundos de um mesmo doador de material genético. Caso contrário, seria bem provável que muitos fizessem da "venda de sêmen" sua atividade laboral.

2.3.3 Da gestação de substituição ou "barriga de aluguel"

A gestação de substituição (ou maternidade substitutiva ou, ainda, como é mais conhecida, "barriga de aluguel") ocorre quando uma mulher possibilita que o filho de outro casal seja gerado em seu ventre[51], podendo o material genético ser fornecido pelo próprio casal, por terceiros[52] ou pela própria mulher que cedeu o seu útero para gerar a criança.

Não se trata de opção ou comodidade, entretanto, mas sim da única forma de realização do projeto parental, pois, para chegar a essa decisão, a mulher certamente não tem como gerar uma criança no próprio útero e várias podem ser as causas: o fato de não ter útero, anomalias uterinas, alterações morfológicas que impedem a gravidez, doenças graves com alto risco de morte da gestante durante a gestação (doenças cardíacas, pulmonares ou renais) ou situações que provocam o aborto natural.

---

[51] "'O Brasil tem cerca de 100 clínicas de reprodução humana assistida, 50 delas espalhadas pelo Estado de São Paulo. Todas oferecem a sorte de driblar a infertilidade com tipos de inseminação artificial ou fertilização *in vitro*. Pelos efeitos que provoca nos envolvidos, o útero de substituição é o mais radical. Por R$ 14 mil, em média, os médicos implantam no ventre de uma mulher o embrião formado com o óvulo de outra. Depois da gestação, a mãe biológica pega o seu bebê e leva para a casa. A que gestou sai da maternidade de mãos vazias e feliz por ter ajudado. No entanto, a partir do nascimento, as pessoas que participaram do processo passam a ter vínculos sem volta. O útero de substituição é o mais complexo método de reprodução assistida. Outras técnicas, como a inseminação de mães solteiras envolvem doadores anônimos. Nesse caso, não. A mulher conhece quem está gerando se filho e isso traz uma relação emocional complicada', diz o especialista Edson Borges Jr., diretor do Fertility Centro de Fertilização Assistida" (Jornal O *Estado de São Paulo*, Caderno A – Vida, ago. 2005).

[52] Sérgio Ferraz explica de forma simples que "a mãe biológica limita-se a funcionar como 'chocadeira'. A mãe civil obtém a prole, sem os laços vinculantes e desveladores da gestação" (FERRAZ, Sérgio. *Manipulações biológicas e princípios constitucionais*: uma introdução. Porto Alegre: Editora Sete Mares, 1991. p. 57).

Essa técnica garante a realização do casal ou da pessoa de ter um filho, todavia, a gestação ocorre no útero de uma terceira pessoa. Letícia Carla Baptista Rosa destaca que a técnica pode ocorrer de duas formas: gestacional ou tradicional. Na primeira, não existem laços consanguíneos entre a mãe substitutiva e a criança, pois o embrião é formado com o óvulo da mãe biológica, que por algum motivo não pode engravidar, e o sêmen do pai. Na segunda, a mãe/barriga de aluguel será a mãe genética da criança, pois o seu óvulo foi extraído e fecundado com o esperma do pai[53].

No entender de Jussara Maria Leal de Meirelles, existem as figuras de três "mães" no uso dessa técnica: a "mãe social", que pretende ter o filho; a "mãe genética", que doa o óvulo para ser fecundado; e, por último, a "mãe biológica", que é a mulher que vai ceder o útero para a criança ser gestacionada[54].

Maria Helena Diniz vai além e sustenta que a criança poderá ter até "(...) três pais e três mães, ou melhor, mãe e pai genéticos (os doadores do óvulo e do sêmen), mãe e pai biológicos (a que o gestou em seu ventre e seu marido) e mãe e pai institucionais (os que a encomendaram à clínica) (...)[55]".

Estar-se-á diante de uma situação muito delicada: definir quem é a verdadeira mãe? A decisão é jurídica, biológica ou social? O que determina é a gestação, a genética ou a afetividade? Quem é a mãe: a que doou os óvulos,

---

[53] ROSA, Letícia Carla Baptista. *Da vulnerabilidade da criança oriunda da reprodução humana assistida quando da realização do projeto homoparental*, cit., p. 143.

[54] "A gestação por outrem assume diferentes formas, e, para delineá-las, devem-se distinguir, inicialmente, três figuras essenciais, chamadas aqui hipoteticamente de 'mães', que pertencem a categorias diferenciadas conforme a sua participação no pacto efetuado: a 'mãe social' (S) é a que pretende o filho; a 'mãe genética' (G) é a doadora do óvulo que, fecundado, dará origem à criança; e a 'mãe biológica' (B), também denominada 'mãe hospedeira', ou 'mãe substituta', ou 'mãe portadora', é a que cede o útero, mantendo a gestação em favor da 'mãe social'. Admitindo-se que as categorias aqui elencadas podem confundir-se na mesma pessoa, têm-se as seguintes hipóteses mais observáveis na prática: a) fertilização *in vitro*, em que óvulo e sêmen são provenientes do casal interessado, e o zigoto resultante é transferido e implantado no útero da 'mãe portadora'. Então, a 'mãe social' doa o óvulo, e a 'mãe hospedeira' mantém a gestação – (S = G); b) através de inseminação artificial ou de fertilização *in vitro*, a 'mãe portadora' tem um óvulo seu fecundado com o sêmen do marido ou do companheiro da 'mãe social' e mantém a gestação para o casal interessado. Nesse caso, a 'mãe hospedeira' é também 'mãe genética', enquanto a 'mãe social' nenhuma participação biológica tem na gravidez – (B = G)" (MEIRELLES, Jussara Maria Leal de. *Gestão por outrem e determinação da maternidade (mãe de aluguel)*. Curitiba: Gênesis, 1998. p. 69-70).

[55] DINIZ, Maria Helena. *O estado atual do biodireito*. São Paulo: Saraiva, 2001. p. 470.

quem realizou a gestação ou a que vai criar a criança? Será que situações como essas geram dúvidas e traumas no filho, sobre quem na realidade é sua mãe?

No Brasil, na técnica da "barriga de aluguel", por previsão da Resolução 2.121/2015 do CFM, os pais (mãe e pai), regra geral, são aqueles que doam o material genético, mesmo que o filho seja gerado por outra mulher.

Entendimento contrário é o de José de Oliveira Ascensão, segundo o qual mãe é quem cede o óvulo, não quem gerou e muito menos quem cria[56]. Percebe-se que não existe unanimidade em relação ao uso da "barriga de aluguel". Esse é apenas um dos efeitos da biotecnologia a serviço do Direito.

Assim sendo, é possível que uma mulher possa ser a mãe (biológica) sem ter passado pela gestação e muito menos ter dado à luz, uma vez que esses eventos foram realizados pela mãe de substituição, conhecida por "barriga de aluguel."

Para Arnaldo Rizzardo[57] e Adriana Caldas do Rego Freitas Dabus Maluf[58], não há nenhuma dúvida e não existe motivo para discussão sobre a maternidade por substituição, pois ambos ensinam que mãe é aquela que dá à luz. Tais posicionamentos merecem todo o respeito, contudo devem ser afastados, pois na maternidade por substituição a mãe é aquela que planejou e forneceu o material genético.

Eduardo de Oliveira Leite lembra que os primeiros casos do uso da técnica ocorreram no Japão (1963) e nos Estados Unidos da América do Norte (1975), sendo indicada a utilização da "barriga de aluguel" nas seguintes situações: "infertilidade vinculada a uma ausência de útero, uma patologia uterina de qualquer tratamento cirúrgico ou contraindicações médicas a uma eventual gravidez: insuficiência renal severa, ou diabetes grave insulinodependente"[59].

Em relação à legislação comparada, enquanto em alguns países a prática é proibida (Alemanha, França, Itália, Portugal e Suécia), em outros o procedi-

---

[56] ASCENSÃO, José de Oliveira. Direito e bioética. *ROA*, 51, 1991, p. 457-58.
[57] Arnaldo Rizzardo afirma que, "segundo as leis vigentes, a verdadeira mãe é aquela que dá à luz a criança" (RIZZARDO, Arnaldo. *Direito de família*. Rio de Janeiro: Forense, 2004. p. 514).
[58] Adriana Caldas do Rego Dabus Mafuf avisa que "para a lei brasileira mãe é quem dá a luz. O pacto de gestação não tem o poder de transformar a mãe genética não gestante em mãe" (MALUF, Adriana Caldas do Rego Freitas Dabus. *Curso de bioética e biodireito*. São Paulo: Atlas, 2010. p. 173).
[59] LEITE, Eduardo de Oliveira. *Procriações artificiais e o direito*: aspectos médicos, religiosos, psicológicos, éticos e jurídicos, cit., p. 66-67.

mento, além de ser permitido (Austrália, Espanha, Nova Zelândia e Bulgária), pode ser remunerado, por exemplo, na Índia[60], o que deu origem ao chamado "turismo da medicina reprodutiva"[61], em que casais estrangeiros pagam em média 7 mil dólares para contratar a utilização do útero de uma mulher.

A maternidade por substituição é uma prática utilizada por muitos famosos, como o apresentador do *The Tonight Showno GNT*, Jimmy Fallon; as atrizes Sarah Jessica Parker, Nicole Kidman e Elizabeth Banks e o cantor Ricky Martin, o casal Elton John (cantor) e David Furnish[62].

Sobre essa técnica o Conselho Federal de Medicina editou normas, através da Resolução 2.121/2015[63]: as clínicas, centros ou serviços de reprodução assistida podem usar técnicas de reprodução humana assistida para criarem a situação identificada como gestação de substituição, desde que exista um problema médico que impeça ou contraindique a gestação na doadora genética ou em caso de união homoafetiva: As doadoras temporárias do útero devem pertencer à família de um dos parceiros em parentesco consanguíneo até o quarto grau (primeiro grau – mãe; segundo grau – irmã/avó; terceiro grau – tia; quarto grau – prima). Demais casos estão sujeitos à autorização do Conselho Regional de Medicina. A doação temporária do útero não poderá ter caráter lucrativo ou comercial.

A gestação de substituição tem também um lado assombroso, pois há notícias de uso de um sistema análogo à escravidão, de eugenia, de abandono de crianças, de arrependimento e aborto envolvendo essa técnica. Em 2011, foi descoberto na Tailândia que uma empresa de "barriga de aluguel", Baby 101, mantinha em cárcere privado 14 mulheres vietnamitas, que foram atraídas por meio de um anúncio de lucro alto e tiveram seus passaportes apreendidos até que dessem à luz[64].

---

[60] CARDIN, Valéria Silva Galdino. *Da vulnerabilidade do filho oriundo da reprodução humana assistida em decorrência da ausência de parentalidade responsável*, cit., p. 84.

[61] LOPES, Adriana Dias; Gravidez a soldo: a barriga de aluguel tornou-se um negócio bem rentável no Brasil, apesar de proibido. *Revista Veja*, ed. 2059, ano 41, n. 18, 7 maio 2008, p. 140.

[62] *Famosos que adotaram barriga de aluguel*. Disponível em: <http://gnt.globo.com/maes-e-filhos/fotos/dez-famosos-que-adotaram-barriga-de-aluguel-para-ter-filhos.htm>. Acesso em: 6 jun. 2016.

[63] Disponível em: <http://www.portalmedico.org.br/resolucoes/CFM/2015/2121_2015.pdf>. Acesso em: 1º jun. 2016.

[64] *Barriga de aluguel: casos chocantes de desistência do "negócio"*. Disponível em: <http://misericordia.org.br/barriga-de-aluguel-casos-chocantes-de-clientes-ou-prestadoras-que-desistiram-do-negocio/>. Acesso em: 29 jun. 2016.

Também na Tailândia, no ano de 2014, o casal Farnell (australiano) contratou a agência Pattharamon Janbua para realizar o projeto parental e gerar para eles dois filhos pelo valor de 12 mil dólares. Depois de certo tempo de gestação, descobriram que um dos bebês era portador da Síndrome de Down e, com isso, os contratantes exigiram a devolução do dinheiro pago e também que Pattharamon Janbua realizasse um aborto, que foi de pronto negado pela gestante, uma vez que a colocaria em situação de risco de morte. Após o parto, o casal ficou apenas com a menina sadia, deixando a criança com Síndrome de Down com a mulher que foi contratada para servir de "barriga de aluguel". O caso se tornou escândalo mundial, pelo fato de os Farnell terem abandonado a criança com deficiência, fato após o qual o governo da Tailândia proibiu esse tipo de prática naquele país (e se descobriu depois que David Farnell já havia sido preso pela prática de pedofilia[65]).

Na Índia, a técnica da "barriga de aluguel" está regulamentada de forma que as agências cobram entre 25 e 45 mil dólares e repassam para as gestantes entre 6 e 8 mil dólares. O pagamento está condicionado ao nascimento da criança, caso contrário, não recebem nada[66].

Nos Estados Unidos da América do Norte, em 2014, a humorista Sherri Shepherd e o roteirista Lamar Sally esperavam a chegada do seu primeiro filho, que estava sendo gerado por "barriga de aluguel". Todavia, em razão do término do casamento, e já próximo do nascimento da criança, segundo o jornal *Daily Mail*, ela passou a "não querer ter mais nada a ver com a criança", que fora gerada em laboratório com gametas de uma doadora anônima e de seu ex-marido[67].

Outro caso interessante ocorreu envolvendo um casal de italianos que contratou uma mulher nos EUA para servir de "barriga de aluguel" e, após o nascimento da criança, a contratada, que receberia 73 mil dólares pela gestação, não quis entregar a criança[68].

---

[65] *Barriga de aluguel: casos chocantes de desistência do "negócio"*. Disponível em: <http://misericordia.org.br/barriga-de-aluguel-casos-chocantes-de-clientes-ou-prestadoras-que-desistiram-do-negocio/>. Acesso em: 29 jun. 2016.

[66] *Barriga de aluguel: casos chocantes de desistência do "negócio"*. Disponível em: <http://misericordia.org.br/barriga-de-aluguel-casos-chocantes-de-clientes-ou-prestadoras-que-desistiram-do-negocio/>. Acesso em: 29 jun. 2016.

[67] *Barriga de aluguel: casos chocantes de desistência do "negócio"*. Disponível em: <http://misericordia.org.br/barriga-de-aluguel-casos-chocantes-de-clientes-ou-prestadoras-que-desistiram-do-negocio/>. Acesso em: 29 jun. 2016.

[68] *Barriga de aluguel: casos chocantes de desistência do "negócio"*. Disponível em: <http://misericordia.org.br/barriga-de-aluguel-casos-chocantes-de-clientes-ou-prestadoras-que-desistiram-do-negocio/>. Acesso em: 29 jun. 2016.

Parece que o direito de procriar, aliado à vulnerabilidade financeira de muitas pessoas, tem gerado uma exploração não apenas econômica, mas principalmente moral de muitas mulheres, que podem estar sendo coagidas por seus familiares a servirem de "barriga de aluguel". O direito de ter um filho deveria ser limitado e não deve ser concretizado a qualquer custo, em especial quando fica evidente a exploração do ser humano. Por acaso, o princípio da dignidade da pessoa humana não está sendo violado nesses casos?

Trata-se de uma triste realidade o fato de que algumas crianças provenientes da técnica da "barriga de aluguel" estão sendo encomendadas e descartadas como meros objetos de satisfação de algumas pessoas, que não merecem a denominação "pais". Como no caso do casal australiano que descartou o filho portador da Síndrome de Down ou da humorista Sherri Shepherd, que, tudo indica, utilizou-se da reprodução humana assistida para salvar seu casamento.

Apesar de já reconhecido pela jurisprudência norte-americana o uso da maternidade por substituição, o Tribunal de Nova Jérsei, no famoso "Caso do Bebê M", decidiu em 2 de fevereiro de 1988 pela invalidade desse tipo de contrato. Vale a leitura de parte da decisão[69].

---

[69] "Decisão do Tribunal de Nova Jérsei sobre locação de útero – Extrato da decisão da Suprema Corte, Nova Jérsei, no 'Caso do Bebê M', ocorrido em 2 de fevereiro de 1988. Contratos de mãe de aluguel. 'Invalidamos tais contratos porque conflitam com a lei e a política pública deste Estado. Enquanto reconhecemos a profundidade do desejo de casais não férteis terem seus próprios filhos, acreditamos que o pagamento de dinheiro à mãe de aluguel é ilegal, talvez criminoso e potencialmente degradante à mulher. Embora, neste caso, nós garantamos a custódia ao pai natural, a evidência tem claramente provado que tal custódia será no melhor proveito para a criança; nós invalidamos tanto o direito de parentesco da mãe de aluguel quanto a adoção da criança pela esposa como mãe adotiva. No entanto, reconhecemos a mãe de aluguel como a mãe da criança... Não acreditamos haver ofensa às nossas leis quando uma mulher, voluntariamente e sem acordos monetários, age como mãe de aluguel, estabelecendo que ela não é sujeita a acordo de comprometimento a entregar sua criança. Nosso procedimento hoje não impede a legislação de alterar o presente esquema estatutário, dentro dos limites constitucionais, de modo a permitir contratos de aluguel. Sob a lei vigente, no entanto, o acordo de aluguel entre nós é ilegal e inválido... Um dos propósitos básicos do contrato de aluguel, para atingir a adoção de uma criança através de acordo privado, ainda que permitido em Nova Jérsei, 'é muito desfavorável'... O uso do dinheiro para este fim – e não temos dúvida, por mais que o dinheiro esteja sendo pago para obter a adoção e não, conforme argumento de Stern, para os serviços pessoais de Mary Beth Whitehed – é ilegal e talvez criminoso... Em acréscimo à indução do dinheiro, há a obrigação do contrato: o acordo irrevogável da mãe natural, anterior ao nascimento, mesmo anterior à concepção, de entregar a criança ao casal adotivo. Tal acordo é totalmente desconsiderado nos

2.3.4 Da inseminação *post mortem*

A inseminação *in vitro post mortem* homóloga pode ocorrer de duas formas: quando se utiliza o sêmen do marido ou companheiro falecido para a concretização do projeto parental e quando da implantação de embriões que foram produzidos em laboratório com o sêmen criopreservado para esse fim e colhido antes da morte do marido ou companheiro. O procedimento envolve o armazenamento dos gametas (óvulos e sêmen) e embriões criopreservados mantidos em local com temperatura média de menos 176 °C.

---

casos de adoção privada... Aliado a estas considerações de invalidade do contrato de aluguel está o acordo relacionado, igualmente inválido, por parte da cooperação da mãe natural, em não contestar, assim como a concessão contratual dela, em auxílio à adoção, que os melhores interesses da criança serão atingidos pela custódia por parte do pai natural e sua esposa – tudo isto mesmo antes da concepção e, em alguns casos, antes que ela tenha a menor ideia de como são o pai e a mãe adotivos... Neste caso, a determinação dos direitos do pai foi obtida não pelos pré-requisitos estatutários, mas pela invocação do benefício das cláusulas contratuais. Por tudo que está relacionado acima, fica claro que o acordo contratual para abandonar o direito de um dos pais, ou de não contestar a ação final, não será cumprido em nossas Cortes. A legislação não poderia ter tão cuidadosamente, tão consistente e tão substancialmente restringido o término dos direitos dos pais, se tivesse a intenção de permitir a conclusão a ser alcançada por uma pequena frase, num contrato. Desde que o término foi invalidado, segue-se, como registrado acima, que a adoção de Melissa pela Sra. Stern não pode ser propriamente concedida...'. A invalidação do contrato de aluguel, resultante do conflito direto com as cláusulas contratuais, está reforçada quando fins e meios são mensuráveis contra a política pública de Nova Jérsei. A premissa básica do contrato, de que os pais naturais podem decidir, antecipadamente ao nascimento, sobre qual deles terá a custódia da criança, não tem qualquer relação com a lei vigente, que os melhores interesses da criança podem determinar a custódia... O contrato de aluguel garante separação permanente da criança de um de seus pais naturais. Nossa política, no entanto, tem sido que, conforme as possibilidades, as crianças possam ficar e serem criadas por ambos os pais naturais. Isto ficou acertado no primeiro item do ato de adoção prévia... Enquanto não previsto na presente lei de adoção, este aspecto fica a critério da política deste Estado... Não se trata simplesmente de ideias teóricas, que, na prática, não têm qualquer significado. O impacto das falhas na observação desta política é mais cabalmente nítido nos resultados deste contrato de aluguel. A criança, ao invés de iniciar sua vida com muita paz e a maior segurança possível, encontra-se imediatamente no meio de uma guerra... O contrato de aluguel viola a política deste Estado, que os direitos dos pais naturais são iguais com a relação à criança, sendo que o direito do pai não é maior do que o da mãe. A relação entre os pais e a criança estende-se igualmente para cada criança e para cada pai/mãe, não levando em consideração o estado marital dos pais.... Todo o propósito e efeito do contrato de aluguel foi de dar ao pai o exclusivo direito à criança, destruindo os direitos da mãe..." (SCARPARO, Mônica Sartori. *Fertilização assistida*: questão aberta – aspectos científicos e legais, cit., p. 126-128).

Quanto aos óvulos da mulher, o sistema é o mesmo: eles podem ser retirados e preservados antes do óbito, ou o embrião pode ser formado com material genético de ambos, já falecidos. O mais comum é a inseminação *post mortem* relacionada ao pai.

A inseminação *post mortem* não é proibida no Brasil, e sua técnica é prevista pela Resolução 2.121/2015 do Conselho Federal de Medicina, que exige apenas uma autorização prévia específica do(a) falecido(a) para o uso do material biológico criopreservado. Assim, é permitido tanto à mulher o direito de se inseminar após o falecimento de seu esposo ou companheiro quanto ao marido ou companheiro se utilizar de maternidade substitutiva – formando dessa maneira a família monoparental, uma das formas de constituição familiar reconhecida no país.

Carlos María Romeo Casabona afirma que a inseminação *post mortem* traz dois inconvenientes: gera um filho sem pai e problemas sucessórios[70]. Sabe-se dos efeitos psicológicos gerados ao filho que nasce e não pode desfrutar da presença do pai, uma vez que este é insubstituível para a sua formação psíquica. Por mais que a figura paterna possa ser ocupada por outra pessoa, não tem a mesma importância para a formação psicológica da criança.

O primeiro caso que se tem notícia de um pedido de inseminação *post mortem* ocorreu na França no ano de 1984. O homem, em razão de um câncer nos testículos, resolveu armazenar seu esperma em um banco de sêmen, para que fosse utilizado posteriormente. Quando veio a óbito, entretanto, não havia deixado autorização para que sua esposa utilizasse o esperma depois de sua morte. Quando a viúva solicitou a entrega do sêmen de seu marido, a empresa que o mantinha criopreservado se negou a entregar, não restando alternativa à mulher senão buscar autorização judicial. O Tribunal de Créteil autorizou então a entrega do material genético, que, todavia, quando do término do processo, não estava mais em condições de ser utilizado, e a inseminação não ocorreu[71].

---

[70] CASABONA, Carlos María Romeo. *El derecho y la bioética ante los limites de la vida humana*. Madrid: Centro de Estudios Ramón Areces, 1994. p. 217. "(...) em primeiro lugar, se sabe que antes de realizar a fecundação que a criança vai carecer de pai, que é a principal objeção, dificilmente superável a partir de uma perspectiva constitucional; em segundo lugar, os problemas sucessórios da criança, reconhecendo-se seus direitos de herdeiro do pai, podem os demais herdeiros se sentir prejudicados, em especial, se a concepção e o nascimento tiverem ocorrido muito depois do falecimento do pai."

[71] FREITAS, Douglas Phillips. *Reprodução assistida após a morte e o direito de herança*. Disponível em: <http://www.ibdfam.org.br/artigos/423/Reprodu%C3%A7%-

No Brasil, o primeiro caso de nascimento de criança proveniente de reprodução humana *post mortem*, em razão de ordem judicial, foi em 21 de junho de 2011[72]. Mônica Gomes Coelho e Lídio Brendo Ramos C. de Andrade, porém, lembram que praticamente 15 anos antes já havia nascido uma menina por meio dessa técnica, e sem precisar de ordem judicial[73].

Uma das duas correntes doutrinárias quanto à inseminação *post mortem* no Brasil entende ser esta permitida, uma vez que a legislação não a proíbe, além de existir liberdade para a procriação[74]. Dessa forma, a morte prematura de um dos cônjuges ou companheiro não pode ser motivo suficiente para pôr fim ao projeto parental. O planejamento familiar é realizado quando seus idealizadores estão vivos, sendo que seus efeitos podem ser produzidos mesmo com a morte de um ou de ambos. Os reveses da vida não podem ser obstáculos para um projeto exequível, tornando-o impossível por circunstâncias inevitáveis, já que a biomedicina possibilita a realização do projeto parental mesmo após a morte de seus idealizadores[75].

Por outro lado, parte da doutrina alega que a utilização dessa técnica é uma afronta a dois princípios constitucionais: o da dignidade da pessoa humana e o do melhor interesse da criança, do adolescente e do jovem.

Dessa forma, deve ser negado um pedido para o uso dessa técnica, e isso deve acontecer por pelo menos três razões: 1ª) porque fere o plano ético da inseminação homóloga, uma vez que, com a morte de um dos cônjuges ou companheiros, não existe mais um casal; 2ª) porque provoca perturba-

---

C3%A3o+assistida+ap%C3%B3s+a+morte+e+o+di reito+de+heran%C3%A7a>. Acesso em: 1º jul. 2016.

[72] Disponível em: <http://www.ihu.unisinos.br/noticias/44595-nasce-1o-bebe-do-pais--gerado-com-semen-de-pai-morto>. Acesso em: 5 jun. 2016.

[73] COELHO, Mônica Gomes; ANDRADE, Lídio Brendo C. de. *Inseminação artificial na chegada de um novo ser*. Disponível em: <http://moniquitanet.blogspot.com.br/2012/04/inseminacao-artificial-na-chegada-de-um.html>. Acesso em: 5 jun. 2016.

[74] Danúbia Ferreira Coelho Rezende traz um alerta sobre essa liberdade de procriação: "Entende-se que o exercício desta liberdade deveria vir acompanhada de profunda reflexão, a fim de que haja plena consciência do compromisso assumido. Frivolidade e parentalidade são conceitos completamente divorciados. Além da imensa responsabilidade pela formação do indivíduo, a decisão de ter um filho atinge o próprio projeto de vida, na medida em que se firma um compromisso com a existência" (REZENDE, Danúbia Ferreira Coelho de. *Direito e genética*: limites jurídicos para a intervenção no genoma humano. Belo Horizonte: Arraes Editores, 2012. p. 56).

[75] ALBUQUERQUE FILHO, Carlos Cavalcanti de. Fecundação artificial *post mortem* e o direito sucessório. *V Congresso Brasileiro de Direito de Família*. Belo Horizonte, 2005. Anais. Disponível em: <http://www.ebah.com.br/content/ABAAAgMk0AJ/fecundacao-artificial-post-mortem-direito-sucessorio>. Acesso em: 7 jun. 2016.

ções psicológicas tanto na criança quanto na mãe, sendo possível que a mãe veja na criança a possibilidade de preencher um vazio deixado pelo marido falecido e 3ª) que a sensação de solidão vivida pela mulher pode afetar o desenvolvimento da criança[76].

Fica evidente que o uso dessa técnica de inseminação gera conflito de princípios, pois, se de um lado tem-se o princípio do planejamento familiar, segundo o qual a pessoa pode usar das técnicas de reprodução humana para realizar o projeto parental, do outro estão os princípios da dignidade da pessoa humana e o do melhor interesse da criança, do adolescente e do jovem. Assim, as decisões envolvendo menores de idade devem ser tomadas considerando o que for melhor para a criança e evitando colocar em risco o seu desenvolvimento. A criança, segundo a Constituição Federal de 1988 e o Estatuto da Criança e do Adolescente, tem tutelada uma proteção integral. Assim sendo, qual princípio deve prevalecer? Existindo um conflito de interesses entre o princípio do planejamento familiar, o da dignidade da pessoa humana e o do melhor interesse da criança, do adolescente e do jovem, acredita-se que devam prevalecer os dois últimos.

Se o conflito for entre o princípio do planejamento familiar, que privilegia o desejo dos pais, e o princípio do melhor interesse da criança, do adolescente e do jovem, que, pelo próprio nome, valoriza o que é melhor para a criança, acredita-se que deve predominar o princípio que tem como fim garantir o que for mais vantajoso aos interesses do menor, uma vez que a este é garantida uma proteção integral, especialmente quando existe divergência entre o seu interesse e o de seus pais[77]. Do uso dessa técnica surgem outros questionamentos: alguém tem direito de privar o filho da convivência

---

[76] LEITE, Eduardo de Oliveira. *Procriações artificiais e o direito*: aspectos médicos, religiosos, psicológicos, éticos e jurídicos, cit., p. 155.

[77] "(...) 2. O artigo 4º do ECRIAD está em sintonia com o artigo 227 da Constituição da República, o qual prevê É dever da família, da sociedade e do Estado assegurar à criança, ao adolescente e ao jovem, com absoluta prioridade, o direito à vida, à saúde, à alimentação, à educação, ao lazer, à profissionalização, à cultura, à dignidade, ao respeito, à liberdade e à convivência familiar e comunitária, além de colocá-los a salvo de toda forma de negligência, discriminação, exploração, violência, crueldade e opressão. 3. O Princípio da Proteção Integral da criança e do adolescente também guarda estreita relação com o Princípio do Melhor Interesse da criança e do adolescente. Esse postulado traduz a ideia de que, na análise do caso concreto, o aplicador do direito deve buscar a solução que proporcione o maior benefício possível para a criança e o adolescente, que dê maior concretude aos direitos fundamentais assegurados na Constituição Federal e no Estatuto da Criança e do Adolescente. (...)" (TJES, Apl 0003838-45.2013.8.08.0050, 4ª Câmara Cível; Rel. Des. Arthur José Neiva de Almeida, j. 17.04.2017, *DJE* 27.04.2017).

com um de seus pais? Isso pode suspostamente gerar danos? Se sim, de que ordem? Fere os direitos da personalidade da criança? Existem limites para o uso das técnicas de reprodução humana assistida? Para colocar em prática o projeto parental vale qualquer sacrifício, inclusive o de ignorar o princípio constitucional do melhor interesse da criança, do adolescente e do jovem?

2.3.5 Da doação de embriões excedentários

O que são embriões excedentários? É de conhecimento que, pela técnica de reprodução humana assistida na modalidade fertilização *in vitro*, regra geral, vários óvulos são fecundados com o intuito de gerar o máximo possível de embriões, para posteriormente ser escolhido aquele ou aqueles que serão transferidos para o útero. Nem todos os embriões produzidos são considerados viáveis, e a legislação brasileira permite a transferência de no máximo quatro embriões para evitar a gestação múltipla e, consequentemente, a redução embrionária ou o aborto, além de outras complicações possíveis. Os embriões excedentários são, portanto, embriões considerados perfeitos e viáveis para serem transferidos para o útero e que por algum motivo não foram utilizados.

Controvérsias éticas, jurídicas e religiosas acabam surgindo, como: embriões humanos deveriam ser descartados? Esses embriões concebidos em laboratório são portadores de vida humana? É ético destruir essa vida humana? Os embriões humanos são dotados de personalidade jurídica, são pessoas em desenvolvimento e, dessa forma, poderiam ser objeto de doação? Seria mais uma forma de coisificar a pessoa?

Sabe-se que a Resolução 2.121/2015 do Conselho Federal de Medicina estabelece condições para que ocorra a doação de embriões, entre elas a de que não pode haver fins lucrativo ou comercial, a de que a identidade dos doadores e dos receptores deve ser mantida em sigilo, a de que as empresas que realizam esse tipo de serviço devem manter um registro com todos os dados clínicos dos doadores, entre outras[78]. A técnica é recomendada nos casos de esterilidade do casal e nos casos da possibilidade de doenças hereditárias.

A possibilidade da doação de embriões excedentários é uma ação de solidariedade, uma vez que possibilita a realização do projeto parental a casais com dificuldade de engravidar ou a pessoas que não o podem. Todavia, fica a pergunta: nesses casos, o embrião não está sendo coisificado?

---

[78] Disponível em: <http://www.portalmedico.org.br/resolucoes/CFM/2015/2121_2015.pdf>. Acesso em: 1º jun. 2016.

Para reflexão, se um casal que não tem condições de pagar os custos de um tratamento de reprodução humana assistida convenciona com a clínica e com o médico de fazer a doação de óvulos e sêmen para a formação de embriões destinados a doação, estar-se-ia diante da instrumentalização do ser humano antes da fecundação?

Para evitar a produção de embriões excedentários e com isso impedir o descarte ou a doação da vida humana, basta que seja produzido somente o número de embriões que serão introduzidos no útero da gestante.

2.3.6 Da regulamentação das técnicas de reprodução humana assistida na legislação brasileira

Diferentemente de outros países, o Brasil não conta com uma lei que regulamenta de forma específica as técnicas de reprodução humana assistida. O que mais se aproxima são a Lei 11.105, de 24 de março de 2005, mais conhecida como "Lei de Biossegurança", e a Resolução 2.121/2015 do Conselho Federal de Medicina, que não tem força de lei e na qual apenas constam preceitos éticos para os médicos quando daquelas práticas. Conforme prevê a própria Resolução, esta tem como fim estabelecer "(...) normas éticas na utilização dos procedimentos de procriação artificial humana (...)"[79], e são vários os projetos de lei que tramitam no Congresso Nacional sobre a temática.

Conforme presentado no Capítulo 1 deste trabalho, a Constituição Federal faz várias abordagens relacionadas às técnicas de reprodução humana assistida, uma vez que estabelece os princípios aplicados ao direito de família, em especial os princípios da dignidade da pessoa humana, do planejamento familiar e da parentalidade responsável, tópicos que dão sustentação à reprodução humana assistida, abordados anteriormente.

A Lei 9.263, de 12 de janeiro de 1996, regula o § 7º do art. 226 da Constituição Federal, que trata do planejamento familiar e de forma indireta das técnicas de reprodução humana assistida, cujo conteúdo foi abordado.

A ausência de legislação própria que regule as técnicas de reprodução humana no país não ocorre por falta de projetos de lei, como os três que serão comentados brevemente a seguir: a) Projeto de Lei 3.638/1993; b) Projeto de Lei 2.855/1997; e c) Projeto de Lei 90/1999. Regra geral, os conteúdos dos projetos mencionados são praticamente todos abordados na Lei 11.105/2005,

---

[79] Disponível em: <http://www.portalmedico.org.br/resolucoes/CFM/2015/2121_2015.pdf>. Acesso em: 9 fev. 2017.

a conhecida Lei de Biossegurança, e na Resolução 2.121/2015 do Conselho Federal de Medicina.

O Projeto de Lei 3.638/1993, de autoria do deputado Luiz Moreira, procurou abordar os seguintes temas: que as técnicas de reprodução humana servem para resolver o problema da infertilidade humana; que a utilização da técnica não crie risco para a paciente e seu filho; que deverá existir um termo de consentimento informado, com dados precisos e completos; que é proibida a prática de sexagem por simples satisfação dos pais (exceção às doenças ligadas ao sexo, por exemplo, a hemofilia) e a eugenia; que deveriam ser produzidos no máximo quatro embriões e evitar os excedentários; que é proibida a redução embrionária como forma de proteger a vida do embrião[80].

Por seu turno, o Projeto de Lei 2.855/1997, de autoria do Deputado Confúcio Moura, prevê também que as técnicas de reprodução devem ser utilizadas nos casos: de esterilidade ou infertilidade humana; que a mulher e o casal devem concordar expressamente com o procedimento e todas as informações devem ser passadas (Termo de Consentimento Informado); que a doação de gametas e pré-embriões deve ser gratuita e anônima, todavia, em razões excepcionais, a identidade do doador poderá ser revelada; que é proibida a prática da eugenia e sexagem, exceção aos casos de transmissão de doenças.

Já o Projeto de Lei 90/1999, de autoria do Senador Lúcio Alcântara, prevê que as técnicas de reprodução humana sejam autorizadas, mediante aprovação do Estado, para resolver os casos de infertilidade e na prevenção de doenças hereditárias ou genéticas. O uso das técnicas não se aplica para aqueles casais que já passaram da idade reprodutiva. Deverá ser apresentando um termo de consentimento informado às pessoas que utilizarão das técnicas. Prevê também a possibilidade de identificação dos doadores dos gametas, apesar de o caráter sigiloso ser recíproco entre doadores e receptores, sendo proibida a cobrança quando da doação de gametas e embriões. Esse projeto de lei sofreu algumas alterações por meio da propositura do senador Roberto Requião, entre eles, que só poderão fazer uso das técnicas de reprodução humana assistida os cônjuges ou a união estável entre homem e a mulher, proibindo a criopreservação e o congelamento de embriões e garantindo o direito ao filho maior em conhecer a identidade do doador[81].

---

[80] Disponível em: <http://www.camara.gov.br/proposicoesWeb/fichadetramitacao?idProposicao=19976>. Acesso em: 5 jun. 2016.

[81] Projeto de Lei n. 1.184/2003 em substituição ao Projeto de Lei n. 90/1999. Disponível em: <http://camara. gov.br/proposicoesWeb/prop_mostrarintegra;jsessionid=4C-

O deputado Luiz Moreira apresentou o Projeto de Lei 54/2002, que busca transformar a Resolução do Conselho Federal de Medicina em lei, prevendo que mulher e companheira precisam do consentimento do marido ou companheiro para se submeter à prática de reprodução humana e que a destinação do embrião é uma decisão do casal. Proíbe o descarte de embriões e a redução seletiva (quem controla essa suposta prática), exceção quando for necessário evitar a transmissão de anomalias hereditárias, e defende o sigilo dos doadores de gametas e o uso da maternidade substitutiva para parentes até o segundo grau.

O Código Civil de 1916 não fazia referência à reprodução humana assistida, até mesmo em razão de, à época em que a mencionada lei foi publicada, a prática não estar ainda desenvolvida. O que se pode destacar em relação ao Código Civil de 1916, quanto à temática, é sobre o início da personalidade civil da pessoa, que adotou a teoria natalista. O art. 4º estabelecia que "A personalidade civil da pessoa o homem começa do nascimento com vida; mas a lei põe a salvo desde a concepção os direitos do nascituro".

Por outro lado, o Código Civil de 2002, apesar de não abordar de forma específica as técnicas de reprodução humana assistida, não ficou à margem da temática, uma vez que tentou resolver a questão da paternidade quando abordou a possibilidade do reconhecimento de filhos. Conforme dispõe o parágrafo único do art. 1.609, trata-se da possibilidade de reconhecimento do filho concebido (embrião ou nascituro), trazendo consequências inclusive na inseminação *post mortem* e a questão da sucessão.

Esse assunto deveria ser regulado por lei específica, pois trata de tema muito complexo, mas a reprodução humana assistida está contemplada de forma implícita no art. 1.593 do Código Civil: "O parentesco é natural ou civil, conforme resulte de consanguinidade ou outra origem". Na I Jornada de Direito Civil, o Enunciado n. 103 prevê que se trata de parentesco civil o vínculo parental proveniente das técnicas de reprodução assistida heteróloga[82].

2FB1B01C874D24FE332CC55CA7F025.proposicoesWeb2?codteor=137589&filename=PL+1184/2003>. Acesso em: 5 jun. 2016.

[82] I Jornada de Direito Civil – Enunciado 103: "O Código Civil reconhece, no art. 1.593, outras espécies de parentesco civil além daquele decorrente da adoção, acolhendo, assim, a noção de que há também parentesco civil no vínculo parental proveniente quer das técnicas de reprodução assistida heteróloga relativamente ao pai (ou mãe) que não contribuiu com seu material fecundante, quer da paternidade socioafetiva, fundada na posse do estado de filho". Disponível em: <http://www.cjf.jus.br/enunciados/pesquisa/ resultado>. Acesso em: 25 maio 2017.

Importante destacar que não existe diferença se o parentesco é natural ou civil[83]. Este último deve ser dividido em parentesco pela adoção ou pela reprodução humana assistida na modalidade heteróloga, situação que não foi prevista quando da elaboração do projeto do atual Código Civil. Todavia, doutrina e jurisprudência resolveram esse problema, caso contrário, estar-se-ia diante de situação de discriminação em razão da origem do filho, um flagrante desrespeito ao princípio da igualdade entre filhos e do princípio da dignidade da pessoa humana.

Os incisos III a V do art. 1.597 do Código Civil reconhecem a presunção da paternidade dos filhos provenientes das técnicas de reprodução humana assistida, como fecundação artificial homóloga, inclusive *post mortem*, concepção artificial homóloga e inseminação artificial heteróloga. O mencionado artigo presume que os filhos foram concebidos, na constância do matrimônio:

> a) nascidos 180 dias, pelo menos, depois de estabelecida a sociedade conjugal: primeira observação, o legislador estabelece como parâmetro a constituição da sociedade conjugal e não a data do casamento; e segundo, se a criança nascer antes desse prazo, o pai pode reconhecer de forma voluntária a paternidade;
>
> b) nascidos nos 300 dias subsequentes à dissolução da sociedade conjugal: não importa a causa da dissolução (por morte, separação judicial, nulidade ou anulação do casamento), se nascer algum filho durante esse período, presume-se a paternidade;
>
> c) havidos por fecundação artificial homóloga, mesmo que falecido o marido: no caso de fecundação homóloga, significa que foram utilizados os gametas dos cônjuges ou companheiros, mesmo que marido ou companheiro já tenha falecido, bastando a prova de que eles tenham autorizado a fecundação *post mortem*;
>
> d) havidos, a qualquer tempo, quando se referem a embriões excedentários, decorrentes de concepção artificial homóloga: trata-se praticamente da mesma hipótese anterior, todavia, não é realizada a fecundação *in vivo*, mas a transferência de embrião que já fora produzido em laboratório e encontrava-se criopreservado. É uma fecundação artificial, contudo, continua sendo homóloga, uma vez que óvulo e sêmen utilizados pertencem ao casal. Da mesma forma, é necessária a autorização do casal para que se realize;

---

[83] III Jornada de Direito Civil – Enunciado 103: "A posse do estado de filho (parentalidade socioafetiva) constitui modalidade de parentesco civil". Disponível em: <http://www.cjf.jus.br/enunciados/pesquisa/ resultado>. Acesso em: 25 maio 2017.

e) havidos por inseminação artificial heteróloga, desde que tenha prévia autorização do marido: esse tipo de inseminação ocorre quando é utilizado o sêmen de terceira pessoa. Para que a paternidade seja presumida na constância do casamento, basta a autorização do marido.

Nas três situações descritas, a legislação não exige a autorização por escrito e firma reconhecida ou por escritura pública, bastando a prova de que o marido tenha autorizado, o que pode acontecer inclusive de forma testemunhal. Todavia, os Enunciados 106[84] e 107[85] da I Jornada de Direito Civil, realizada pelo Conselho Federal de Justiça, exigem que a autorização prévia do marido seja escrita, na hipótese de fertilização *in vitro post mortem*, e que esteja na condição de viuvez.

O art. 1.798 do Código Civil faz referência à vocação hereditária, ou seja, à capacidade de suceder o falecido no que diz respeito aos bens deixados, pois "legitimam-se a suceder as pessoas nascidas ou já concebidas no momento da abertura da sucessão". Percebe-se que o artigo não faz distinção quanto à forma da concepção, se originária de forma natural ou proveniente das técnicas de reprodução humana assistida. O mencionado artigo regula a situação das pessoas nascidas vivas e as já concebidas e, dessa forma, estão aptas para suceder as pessoas que nasceram vivas, excluídas do rol as pessoas naturais que nasceram mortas, caso em que não há transmissão de herança. Estão ainda no rol de sucessores o embrião e o nascituro, como pessoas já concebidas, inclusive as oriundas da reprodução humana.

Na sucessão testamentária existe a possibilidade de beneficiar os filhos ainda não concebidos de pessoas indicadas pelo testador, conforme determina o inciso I do art. 1.799 e o art. 1.800, em que a exigência é a de que aquelas pessoas indicadas devam estar vivas na abertura da sucessão.

---

[84] Enunciado 106 – Art. 1.597, III, do CC: "para que seja presumida a paternidade do marido falecido, será obrigatório que a mulher, ao se submeter a uma das técnicas de reprodução assistida com o material genético do falecido, esteja na condição de viúva, sendo obrigatório, ainda, que haja autorização escrita do marido para que se utilize seu material genético após sua morte". Disponível em: <http://www2.trt3.jus.br/cgi-bin/om_isapi.dll?clientID=189393&infobase=sumulas.nfo&jump=Enunciados%20Jornada%20C Civil& softpage=ref_Doc>. Acesso em: 20 dez. 2016.

[85] Enunciado 107 – Art. 1.597, IV, do CC: "finda a sociedade conjugal, na forma do art. 1.571, a regra do inciso IV somente poderá ser aplicada se houver autorização prévia, por escrito, dos ex-cônjuges para a utilização dos embriões excedentários, só podendo ser revogada até o início do procedimento de implantação desses embriões". Disponível em: <http://www2.trt3.jus.br/cgi-bin/om_isapi.dll?clientID=189393&infobase =sumu las.nfo&jump =Enunciados%20Jornada%20CCivil&softpage=ref_Doc>. Acesso em: 20 dez. 2016.

O Código Civil prevê ainda na situação de herdeiro testamentário o filho que não foi concebido, que está condicionado ao nascimento com vida para suceder os bens deixados. Se, transcorrido o prazo de dois anos após a abertura da sucessão, não for concebido o herdeiro, regra geral os bens que caberiam a ele serão divididos entre os herdeiros legítimos.

Há quem defenda que o testador pode alterar o prazo para a concepção do beneficiário do testamento em razão da possibilidade da aplicação das técnicas de reprodução humana assistida[86]. Acredita-se que por uma questão de segurança jurídica o prazo de dois anos deva ser respeitado.

Em relação à sucessão aos filhos oriundos de fertilização *in vitro* homológa *post mortem*, pode-se verificar a existência de duas correntes bem divergentes: a primeira defende pela impossibilidade a sucessão e a segunda entende ser perfeitamente possível. Da primeira corrente fazem parte Eduardo de Oliveira Leite[87], Caio Mário da Silva Pereira[88], Angela de Souza Martins Teixeira Marinho[89], José

---

[86] VENOSA, Silvio de Salvo. *Direito civil*: direito das sucessões. 14. ed. São Paulo: Atlas, 2014. p. 56-57.

[87] Para Eduardo de Oliveira Leite, "O disposto no artigo 1.798 é suficientemente claro a evitar qualquer dificuldade de exegese: somente estão legitimados a suceder as pessoas nascidas ou já concebidas, no momento da abertura da sucessão. Ou seja, o princípio geral de que são capazes de herdar as pessoas nascidas ou já concebidas no momento da sucessão passa, assim, a reger toda a matéria sucessória, acompanhado, de perto pelo segundo princípio (...) que a condição para herdar é a existência do herdeiro ao tempo da morte do de cujus" (LEITE, Eduardo de Oliveira. *Grandes temas da atualidade* – Bioética e biodireito. Bioética e presunção de paternidade (considerações em torno do art. 1.597 do Código Civil). Rio de Janeiro: Forense, 2004. p. 24).

[88] Caio Mário Pereira da Silva entende que "não se pode falar em direitos sucessórios daquele que foi concebido por inseminação artificial *post mortem*, uma vez que a transmissão da herança se dá em consequência da morte (CC, art. 1.784) e dela participam as pessoas nascidas ou já concebidas no momento da abertura da sucessão" (PEREIRA, Caio Mário da Silva. *Instituições de direito civil*, cit., 19. ed., v. 5, p. 318).

[89] "A questão reside no fato de, adotando técnicas reprodutivas após a morte dos genitores biológicos, estar-se-ia condenando, de antemão, à orfandade referida criança, com possíveis reflexos patrimoniais, uma vez que a legislação brasileira determina que 'legitima-se a suceder as pessoas nascidas ou já concebidas no momento da abertura da sucessão' (art. 1.798 do CC de 2002)" (MARINHO, Angela de Souza Martins Teixeira. *Reprodução humana assistida no direito brasileiro: a polêmica instaurada após o novo Código Civil*. Dissertação de mestrado em Sistema Constitucional de Garantia de Direitos. Bauru: Instituto Toledo de Ensino, 2005, 227 f.).

de Oliveira Ascensão[90], Jussara Maria Leal Meirelles[91], Guilherme Calmon Nogueira da Gama[92], entre outros.

O art. 1.798 do Código Civil serve de base legal para a primeira corrente, que defende a não permissão da transmissão de herança para o filho concebido por fertilização *in vitro post mortem*, uma vez que o mencionado artigo prescreve que "Legitimam-se a suceder as pessoas nascidas e já concebidas no momento da abertura da sucessão".

A justificativa principal da corrente que entende ser impossível a sucessão aos filhos oriundos de fertilização *in vitro* homológa *post mortem* está relacionada a uma possível insegurança jurídica, já que a partilha nunca será definitiva, uma vez que a qualquer momento pode surgir novo filho.

O entendimento de Eduardo de Oliveira Leite[93] e Jussara Maria Leal Meirelles[94] é o de que nem mesmo como herdeiro testamentário o filho

---

[90] José de Oliveira Ascensão ensina que toda a dinâmica do direito sucessório foi criada para resolver a sucessão em um período curto e, ao admitir a sucessão de filho oriundo da técnica de reprodução humana assistida na modalidade *post mortem*, existiria a possibilidade de nunca se fixar uma previsão do número de herdeiros e até mesmo de partilha definitiva (ASCENSÃO, José de Oliveira. *Problemas jurídicos da procriação assistida*. v. 328, ano 90. Rio de Janeiro: Forense, 1994. p. 79).

[91] Na mesma linha de raciocínio de José de Oliveira Ascensão, Jussara Maria Leal entende que aceitar o direito sucessório do filho proveniente da procriação *post mortem* deixaria o marco sucessório sem data determinada, não teria como definir os herdeiros e a cota parte de cada um deles (MEIRELES, Jussara Maria Leal. *A vida humana embrionária e sua proteção jurídica*. Rio de Janeiro: Renovar, 2000. p. 78-79).

[92] Guilherme Calmon Nogueira da Gama também alerta para uma insegurança jurídica quanto ao número de herdeiros no momento da abertura da sucessão e a possibilidade de surgir um novo herdeiro, proveniente de embriões criopreservados (GAMA, Guilherme Calmon Nogueira da. *A nova filiação*: o biodireito e as relações parentais de acordo com o novo Código Civil. Rio de Janeiro: Renovar, 2003. p. 1.000).

[93] Eduardo de Oliveira Leite ensina que "(...) o legislador estabeleceu uma condição restritiva à sucessão: que estejam vivas ao abrir-se a sucessão. 'Logo, se o testador privilegiou a prole eventual de uma sua filha e se esta, ao abrir-se a sucessão, já morreu, caduca a disposição testamentária'" (LEITE, Eduardo de Oliveira. *Grandes temas da atualidade*, cit., p. 25).

[94] No entender de Jussara Maria Leal Meirelles, "(...) o dispositivo não abrange o ser nascido posteriormente em consequência de criopreservação de gametas do próprio testador, eis que a lei prevê a designação de filhos de outras pessoas. E em relação aos embriões já concebidos e mantidos em laboratórios, a disposição testamentária relativa à prole eventual também não os atingiria, porquanto já concebidos e também porque a situação sucessória permaneceria indefinida e, o que parece pior, a definir-se segundo a vontade dos indigitados pais do beneficiário a nascer" (MEIRELES, Jussara Maria Leal. *A vida humana embrionária e sua proteção jurídica*, cit., p. 78-79).

concebido por fertilização *in vitro post mortem* pode configurar, uma vez que o art. 1.799, I[95], prevê que: "Na sucessão testamentária podem ainda ser chamados a suceder: I – os filhos, ainda não concebidos, de pessoas indicadas pelo testador, desde que vivas estas ao abrir-se a sucessão".

Dessa forma, conclui-se que, para a primeira corrente, o filho proveniente da reprodução humana assistida na modalidade *post mortem* não deve figurar na linha sucessória nem como herdeiro necessário e nem mesmo como herdeiro testamentário, posicionamento que se sustenta na teoria natalista.

Por outro lado, existe uma segunda corrente que apoia a possibilidade de sucessão aos filhos oriundos de fertilização *in vitro* homóloga *post mortem*, da qual fazem parte Maria Helena Diniz[96], Washington de Barros Monteiro e Ana Cristina de Barros Monteiro França, Silmara Juny Chinellato[97], Carlos Roberto Gonçalves[98] e Giselda Maria Fernandes Novaes Hironaka[99].

---

[95] BRASIL. *Código Civil*. Disponível em: <https://www.planalto.gov.br/ccivil_03/LEIS/2002/L10406.htm>. Acesso em: 14 jul. 2016.

[96] Para Maria Helena Diniz, desde que exista o embrião criopreservado produzido de forma homóloga e que seja implantado no útero mesmo após a morte do doador do espermatozoide, se a criança nascer com vida, tem o direito de pleitear a sua parte na herança. Percebe-se que a autora exige a existência do embrião criopreservado, não apenas o material genético para ainda ser fecundado (DINIZ, Maria Helena. *Curso de direito civil brasileiro*. 26. ed. São Paulo: Saraiva, 2012. v. 6: Direito das sucessões, p. 61-62).

[97] Silmara Juny Chinellato defende a aplicação dos arts. 1.597 e 1.798, ambos do Código Civil, desde que o marido tenha deixado uma autorização para a realização da fertilização *in vitro post mortem*, não podendo, dessa forma, existir qualquer empecilho para que o filho seja sucessor do pai mesmo que a concepção tenha ocorrido após a morte do declarante (CHINELLATO, Silmara Juny. *Comentários ao Código Civil*: parte especial: do direito de família (artigos 1.591 a 1.710). São Paulo: Saraiva, 2004. v. 18, p. 55).

[98] "Não há como esquivar-se, todavia, do disposto nos arts. 1.597 do Código Civil e 227, § 6º, da Constituição Federal. O primeiro afirma que se presumem 'concebidos' na constância do casamento 'os filhos havidos por fecundação artificial homóloga, mesmo que falecido o marido' (inciso III). O segundo consagra a absoluta igualdade de direitos entre os filhos, proibindo qualquer distinção ou discriminação. Se, assim, na sucessão legítima, são iguais os direitos sucessórios dos filhos, e se o Código Civil de 2002 trata os filhos resultantes de fecundação artificial homóloga, posterior ao falecimento do pai, como tendo sido 'concebidos na constância do casamento', não se justifica a exclusão de seus direitos sucessórios. Entendimento contrário conduziria à aceitação da existência, em nosso direito, de filho que não tem direitos sucessórios, em situação incompatível com o proclamado no art. 227, § 6º, da Constituição Federal" (GONÇALVES, Carlos Roberto. *Direito civil brasileiro*: direito das sucessões. 6. ed. São Paulo: Saraiva, 2012. v. 7, p. 57).

[99] "Efetivada a liquidação ou a partilha da herança, os bens que couberem ao sucessor não concebido serão confiados a um curador nomeado pelo juiz, a quem caberá

Para reflexão: qual é o intuito do casal em congelar gametas (ou embriões criopreservados), que não a maternidade e a paternidade? Caso contrário, deixariam expressa a vontade de que não fosse utilizado seu espermatozoide ou óvulo em fecundação futura. Dessa forma, o filho que nasce de inseminação *post mortem* não pode ser deixado de lado quando da sucessão e já está sendo prejudicado pelo fato de não conhecer o pai (e/ou a mãe); não existe motivo para ser excluído da sucessão.

Inúmeros são os argumentos que dão sustentação à possibilidade de sucessão aos filhos oriundos de fertilização *in vitro* homológa *post mortem*, entre eles: a) em razão do princípio constitucional da igualdade entre filhos, estes não podem sofrer tratamento diferenciado se nasceram antes ou depois da morte de seus genitores. Assim, mesmo aqueles gerados por meio da reprodução humana assistida com uso de gametas congelados possuem os mesmos direitos quando da sucessão hereditária, com fundamento também quanto ao direito à herança, conforme inciso XXX do art. 5º da Constituição Federal de 1988. Além disso, não se pode descartar o desejo do *de cujus* de ter um filho, mesmo após a morte, e que para isso deixou o material genético congelado; b) se o Brasil não proíbe o uso da inseminação *post mortem*, tampouco pode excluir da sucessão o filho proveniente daquela técnica; c) o próprio Código Civil reconhece que o direito dos nascituros está resguardado desde a concepção; d) a legislação infraconstitucional não pode contrariar a igualdade entre filhos, já consagrada pela Constituição Federal, e preterir o filho oriundo da fecundação *post mortem*, da mesma forma que os filhos havidos fora do casamento não podem ser tratados de forma diferente daqueles provenientes do matrimônio. O inciso III do art. 1.597 do Código

---

administrar os bens. Verificando seu nascimento com vida, ser-lhe-á deferida a sucessão, prestadas todas as contas devidas pelo curador dos atos que tenha praticado nessa qualidade. Caso se trate do pai ou da mãe do neonato, permanecerá este, em conjunto com o outro genitor, na administração dos bens que pertençam a seu descendente, mas agora por deterem os genitores o poder familiar, com os ônus e privilégios que dele advenham. Nessa hipótese de herdeiro ou sucessor esperado que vem efetivamente a existir e nasce com vida, o que acaba por ocorrer é, portanto, uma dupla ficção legal: não só os bens se transmitem ao sucessor no exato momento da morte do autor da herança (princípio da *saisine*) como essa transmissão se opera em favor de uma pessoa inexistente. A lei presume que ela existirá e reserva os bens a que ela caberão, garantindo que ela os adquira, na qualidade de nascituro; e presume, ainda, que tal nascituro nascerá com vida, confirmando, então a aquisição operada no momento da concepção de forma retroativa ao momento da morte" (HIRONAKA, Giselda Maria Fernandes Novaes. Do direito das sucessões (artigos 1.784 a 1.856). In: AZEVEDO, Antônio Junqueira de (Coord.). *Comentários ao Código Civil*: parte especial. São Paulo: Saraiva, 2003. v. 20, p. 99).

Civil já prevê que se presume concebido na constância do casamento e, por isso, já não pode ser excluído da sucessão; e) as técnicas de reprodução humana assistida são direito fundamental decorrente do direito constitucional ao planejamento familiar e à parentalidade responsável, sendo que os filhos oriundos da fecundação e da inseminação *post mortem* não são excluídos da igualdade da filiação (pelo menos não existe previsão para isso), e a paternidade do filho nascido nessas condições deve ser presumida.

Colabora com essa teoria o conteúdo do Enunciado n. 267[100] da III Jornada de Direito Civil do Conselho Federal de Justiça, que diz que a regra do art. 1.798 do Código Civil deve ser estendida aos embriões oriundos da reprodução humana assistida, "abrangendo, assim, a vocação hereditária da pessoa humana a nascer cujos efeitos patrimoniais se submetem às regras previstas para a petição da herança", lembrando que a fertilização *post mortem* é uma daquelas técnicas. Assim sendo, o filho proveniente da fertilização *in vitro* homóloga *post mortem* não pode ter tratamento diferenciado, inclusive em relação aos direitos sucessórios.

Por fim, entende-se que a pergunta a ser feita é a seguinte: "Trata-se de filho do *de cujus*"? Se a resposta for positiva, pouco importa se sua origem é natural ou artificial, porque, se foi concebido ou se nasceu anterior ou posteriormente à morte do pai, estar-se-á diante da figura de um filho, e, assim sendo, ele é herdeiro caso exista patrimônio a ser partilhado.

Caso o patrimônio deixado já tenha sido partilhado, cabe ao herdeiro, por meio de ação de petição de herança, requerer o seu direito sucessório. Como prevê o art. 205 do Código Civil[101], o prazo é de 10 (dez) anos, contados da abertura da sucessão, ou, no caso de absolutamente incapaz, do dia em que completar 16 (dezesseis) anos.

Foi publicada em 24 de março de 2005 a Lei 11.105, também conhecida como "Lei de Biossegurança", que "regulamenta os incisos II, IV e V do § 1º do art. 225 da Constituição Federal, estabelece normas de segurança e mecanismos de fiscalização de atividades que envolvam organismos geneticamente modificados – OGM e seus derivados, cria o Conselho Nacional de Biossegurança – CNBS, reestrutura a Comissão Técnica Nacional de Biossegurança – CTNBio, dispõe sobre a Política Nacional de Biossegurança – PNB,

---

[100] Disponível em: <http://daleth.cjf.jus.br/revista/enunciados/IIIJornada.pdf>. Acesso em: 14 jul. 2016.
[101] BRASIL. *Código Civil*. "Art. 205. A prescrição ocorre em dez anos, quando a lei não lhe haja fixado prazo menor." Disponível em: <https://www.planalto.gov.br/ccivil_03/LEIS/2002/L10406.htm>. Acesso em: 12 maio 2017.

revoga a Lei 8.974, de 5 de janeiro de 1995, e a Medida Provisória 2.191-9, de 23 de agosto de 2001, e os arts. 5º, 6º, 7º, 8º, 9º, 10 e 16 da Lei 10.814, de 15 de dezembro de 2003, e dá outras providências"[102].

Em relação ao assunto "reprodução humana assistida", a Lei de Biossegurança se limitou a tratar da pesquisa e da terapia com embriões excedentários e proibiu a comercialização do material biológico, a engenharia genética de células, zigotos e embriões humanos, bem como a clonagem humana. Conforme estabelece o art. 5º e os incisos III e IV do art. 6º:

> Art. 5º É permitida, para fins de pesquisa e terapia, a utilização de células-tronco embrionárias obtidas de embriões humanos produzidos por fertilização *in vitro* e não utilizados no respectivo procedimento, atendidas as seguintes condições:
>
> I – sejam embriões inviáveis; ou
>
> II – sejam embriões congelados há 3 (três) anos ou mais, na data da publicação desta Lei, ou que, já congelados na data da publicação desta Lei, depois de completarem 3 (três) anos, contados a partir da data de congelamento.
>
> § 1º Em qualquer caso, é necessário o consentimento dos genitores.
>
> § 2º Instituições de pesquisa e serviços de saúde que realizem pesquisa ou terapia com células-tronco embrionárias humanas deverão submeter seus projetos à apreciação e aprovação dos respectivos comitês de ética em pesquisa.
>
> § 3º É vedada a comercialização do material biológico a que se refere este artigo e sua prática implica o crime tipificado no art. 15 da Lei n. 9.434, de 4 de fevereiro de 1997.
>
> Art. 6º Fica proibido:
>
> (...)
>
> III – engenharia genética em célula germinal humana, zigoto humano e embrião humano;
>
> IV – clonagem humana; (...)[103].

De forma sintética a mencionada lei estabelece normas de segurança, autoriza pesquisas com células-tronco embrionárias, criou o Conselho Nacional de Biossegurança e órgãos para registro e fiscalização inclusive

---

[102] Disponível em: <http://www.planalto.gov.br/ccivil_03/_ato2004-2006/2005/lei/l11105.htm>. Acesso em: 2 jun. 2016.

[103] Disponível em: <https://www.planalto.gov.br/ccivil_03/_Ato2004-2006/2005/Lei/L11105.htm>. Acesso em: 9 fev. 2017.

das clínicas de reprodução humana e estabeleceu responsabilidades civil, administrativa e penal[104].

No art. 5º da mencionada legislação, foram regulamentadas as pesquisas e as terapias realizadas com células-tronco embrionárias oriundas de reprodução humana assistida e admitido o uso dos embriões excedentários à pesquisa científica se observados os seguintes requisitos: a) se forem embriões inviáveis ou se estiverem congelados antes da data de publicação da lei, sendo que, neste caso, o período mínimo de criopreservação será de três anos; b) que haja o consentimento dos genitores; c) que as pesquisas sejam submetidas à fiscalização dos comitês de ética em pesquisa; d) a proibição da comercialização dos embriões que preencherem estes requisitos.

A lei foi inclusive motivo da Ação Direta de Inconstitucionalidade (ADI 3.510), ajuizada em 30 de maio de 2005, contra o art. 5º da Lei 11.105/2005, pelo ex-Procurador da República, Cláudio Lemos Fonteles, que alegava ofensa ao direito à vida e à dignidade da pessoa humana. Para isso, o Fonteles adotou a teoria concepcionista[105], já que as pesquisas com células-tronco são realizadas com material celular retirado do embrião humano com poucos dias de vida e são capazes de se transformar em qualquer tipo de célula.

Em 29 de maio de 2008, a ADI 3.510 foi julgada improcedente pelo Pleno do Supremo Tribunal Federal, por maioria de votos. Foram parcialmente vencidos os votos dos ministros Menezes de Direito, Ricardo Lewandowski, Eros Grau, Cezar Peluso e o então presidente da Corte, Gilmar Mendes, ficando o entendimento de que o art. 5º da Lei de Biossegurança não feria a Constituição Federal ao utilizar embriões excedentários em pesquisa científica[106].

---

[104] Disponível em: <http://www.planalto.gov.br/ccivil_03/_ato2004-2006/2005/lei/l11105.htm>. Acesso em: 2 jun. 2016.

[105] "A teoria concepcionista, considerando a primeira etapa do desenvolvimento embrionário humano, entende que o embrião possui um estatuto moral semelhante ao de um ser humano adulto, o que equivale a afirmar que a vida humana inicia-se, para os concepcionistas, com a fertilização do ovócito secundário pelo espermatozoide. A partir desse evento, o embrião já possui condição pela de pessoa, compreendendo, essa condição, a complexidade de valores inerentes ao ente em desenvolvimento" (ROCHA, Renata da. *O direito à vida e a pesquisa com células-tronco*: limites éticos e jurídicos. Rio de Janeiro: Elsevier, 2008. p. 75).

[106] Parte da ementa do acórdão: "Constitucional. Ação Direta de Inconstitucionalidade. Lei de Biossegurança. Impugnação em bloco do art. 5º da Lei n. 11.105, de 24 de março de 2005 (Lei de Biossegurança). Pesquisas com células-tronco embrionárias. Inexistência de violação do direito à vida. Constitucionalidade do uso de células-tronco embrionárias em pesquisas científicas para fins terapêuticos. Descaracterização do aborto. Normas constitucionais conformadoras do direito fundamental a uma vida digna, que passa pelo direito à saúde e ao planejamento familiar. Descabimento de

Nesse julgamento, o Supremo Tribunal Federal adotou a teoria natalista[107] e se posicionou no sentido de que a vida humana só é protegida para quem já nasceu (e o aborto? Deixou de ser crime?), ou seja, os embriões não inseridos no útero da mulher são tutelados apenas como bem jurídico, evitando-se "tentativas levianas ou frívolas de obstar sua natural continuidade biológica"[108].

O ministro Carlos Ayres Brito, relator da matéria, votou pela improcedência total da demanda, com fundamento de que a Constituição Federal garante o direito à vida, à saúde, ao planejamento familiar e à pesquisa científica, e destacou o espírito fraternal da sociedade e que as pesquisas com células-tronco embrionárias servirão para curar doenças. Sustentou que, enquanto não estiver implantado no corpo da mãe, não pode ser considerada uma pessoa natural.

---

utilização da técnica de interpretação conforme para aditar à Lei de Biossegurança controles desnecessários que implicam restrições às pesquisas e terapias por ela visadas. Improcedência total da ação" (STF, ADI 3.510, Rel. Min. Ayres Britto, j. 29.05.2008).

[107] Segue parte da emenda: "III – A proteção constitucional do direito à vida e os direitos infraconstitucionais do embrião pré-implanto. O Magno Texto Federal não dispõe sobre o início da vida humana ou o preciso instante em que ela começa. Não faz de todo e qualquer estádio da vida humana um autonomizado bem jurídico, mas da vida que já é própria de uma concreta pessoa, porque *nativiva* (teoria 'natalista', em contraposição às teorias 'concepcionista' ou da 'personalidade condicional'). E quando se reporta a 'direitos da pessoa humana' e até dos 'direitos e garantias individuais' como cláusula pétrea está falando de direitos e garantias do indivíduo-pessoa, que se faz destinatário dos direitos fundamentais 'à vida, à liberdade, à igualdade, à segurança e à propriedade', entre outros direitos e garantias igualmente distinguidos com o timbre da fundamentalidade (como direito à saúde a ao planejamento familiar). Mutismo constitucional hermeneuticamente significativo de transpasse de poder normativo para a legislação ordinária. A potencialidade de algo para se tornar pessoa humana já é meritória o bastante para acobertá-la, infraconstitucionalmente, contra tentativas levianas ou frívolas de obstar sua natural continuidade fisiológica. Mas as três realidades não se confundem: o embrião é o embrião, o feto é o feto e a pessoa humana é a pessoa humana. Donde não existir pessoa humana embrionária, mas embrião de pessoa humana. O embrião referido na Lei de Biossegurança ('in vitro' apenas) não é uma vida a caminho de outra vida virginalmente nova, porquanto lhe faltam possibilidades de ganhar as primeiras terminações nervosas, sem as quais o ser humano não tem factibilidade como projeto de vida autônoma e irrepetível. O Direito infraconstitucional protege por modo variado cada etapa do desenvolvimento biológico do ser humano. Os momentos da vida humana anteriores ao nascimento devem ser objetos de proteção pelo direito comum. O embrião pré-implantado é um bem a ser protegido, mas não uma pessoa no sentido biográfico a que se refere a Constituição" (STF, ADI 3.510, Rel. Min. Ayres Britto, j. 29.05.2008).

[108] Trecho extraído da ementa da ADI 3.510.

A ministra Ellen Gracie acompanhou o voto do relator na íntegra e concluiu que o pré-embrião[109] não pode ser classificado como pessoa e nem como nascituro, uma vez que a legislação pátria concede a personalidade apenas à pessoa que nasce com vida e que os embriões "inviáveis ou destinados ao descarte" não possuem chance de vir a nascer[110].

No entender do ministro Carlos Alberto Menezes Direito, as "pesquisas com as células-tronco podem ser mantidas, mas sem prejuízo para os embriões humanos viáveis, ou seja, sem que sejam destruídos". Para ele, as pesquisas devem ser realizadas apenas com os embriões "inviáveis", desde que os genitores tenham autorizado expressamente, e complementa que "as células-tronco embrionárias são vida humana e qualquer destinação delas à finalidade diversa que a reprodução humana viola o direito à vida".

A ministra Cármen Lúcia, que votou com o relator, entende que as pesquisas não violam o direito à vida, mas na verdade estão a favor dela, com o fim de garantir a dignidade da vida humana. Ela afirmou que "a utilização de células-tronco embrionárias para pesquisa e, após o seu resultado consolidado, o seu aproveitamento em tratamentos voltados à recuperação da saúde, não agridem a dignidade humana constitucionalmente assegurada", e se posicionou no sentido de que os embriões que não foram implantados geram "lixo genético".

Pergunte a uma mãe se os embriões excedentários são "lixo genético"? Será que carregam uma culpa por não poder implantá-los?

---

[109] Não se sabe o porquê de a ministra ter utilizado o termo pré-embrião, uma vez que não existe nada antes dele, a não ser o espermatozoide e o óvulo. Não diferente é o posicionamento de Jussara Maria Leal de Meirelles, que afirma: "De fato, sob o ponto de vista terminológico, parece ser conveniente e útil o emprego de palavras diversas a caracterizar os diferentes aspectos das fases de desenvolvimento embrionário. Em tal sentido, o uso do termo 'pré-embrião' para levar ao entendimento da fase precoce do embrião, que se desenvolve desde a constituição do zigoto até o aparecimento da linha primitiva, é perfeitamente aceitável. Errôneo, porém, pretender-se mediante tal terminologia, significar sejam distintos os dois processos, do zigoto à linha primitiva e desta em diante, como se houvesse descontinuidade e nenhuma correlação entre ambos" (MEIRELLES, Jussara Maria Leal de. *A vida humana embrionária e sua proteção jurídica*. Rio de Janeiro: Renovar, 2000. p. 126).

[110] A teoria do "pré-embrião", que vai da fecundação até o décimo quarto dia de gestação, apareceu pela primeira vez em 1979, nos Estados Unidos da América do Norte, por meio do *Ethics Advisory Board* (EUSEBI, Luciano. La tutela penale della vita prenatale. *Rivista Italiana di Diritto e Procedura Penale*, ano 31, fasc. 3, 1988, p. 1.073, nota n. 61).

Já o ministro Ricardo Levandowski julgou a ação parcialmente procedente, sendo favorável a pesquisas com células-tronco embrionárias, mas estabeleceu inúmeras condições. Por outro lado, o ministro Eros Grau votou pela constitucionalidade e estabeleceu três ressalvas, sendo a principal a respeito de que sejam utilizados para pesquisas os embriões inviáveis e que não sejam danificados os viáveis.

O voto do ministro Joaquim Barbosa acompanhou integralmente o voto do relator e citou que isso já ocorre na Espanha, na Bélgica e na Suíça, com as mesmas restrições que existem na lei brasileira. Para Joaquim Barbosa, o país não pode fechar os olhos para os benefícios que as pesquisas com células-tronco embrionárias podem trazer para a sociedade.

O ministro Cezar Peluso também deu voto favorável às pesquisas com células-tronco embrionárias, considerando que os embriões congelados não possuem o *status* de pessoa e, por isso, não possuem o direito à vida.

Para o ministro Marco Aurélio Melo, o início da vida está condicionado à viabilidade da gravidez e não da fecundação, e despejar no lixo os embriões descartáveis é gesto de egoísmo, uma vez que eles podem ser utilizados para o desenvolvimento da cura de doenças.

Foi mais um que acompanhou o voto do relator pela improcedência da ação o ministro Celso de Mello, que afirmou que a religião não pode influenciar nas decisões do Estado e que as pesquisas possibilitarão que milhões de brasileiros vivam com dignidade, destacando inclusive que ninguém pode ser privado da dignidade.

Por fim, o ministro Gilmar Mendes votou pela constitucionalidade do art. 5º da Lei de Biossegurança, destacando, entretanto, a necessidade de um controle das pesquisas com células de embriões humanos por um comitê ligado ao Ministério da Saúde.

Apenas a título de ilustração, pode-se comparar a decisão do STF sobre as pesquisas com células-troncos e o uso de embriões em pesquisas a um quadro comparativo produzido entre o aborto e a escravidão por uma organização norte-americana de defesa ao direito à vida[111].

---

[111] Jussara Maria Leal de Meirelles utiliza o quadro comparativo para expor os argumentos utilizados nos Estados Unidos da América do Norte para justificar a escravidão e o aborto (MEIRELLES, Jussara Maria Leal de. *A vida humana embrionária e sua proteção jurídica*, cit., p. 31).

A ESCRAVIDÃO (1857)	O ABORTO (1973)	EMBRIÃO (2015)[112]
Ainda que possua um coração e um cérebro, e biologicamente se considere humano, um escravo não é uma pessoa ante a lei.	Ainda que possua um coração e um cérebro, e biologicamente se considere humano, a criança não nascida não é uma pessoa ante a lei.	Enquanto não estiver implantado no corpo da mãe, não pode ser considerada uma pessoa natural. Foi a tese vitoriosa.
A decisão do Tribunal Supremo dos Estados Unidos o afirma claramente.	A decisão do Tribunal Supremo dos Estados Unidos o afirma claramente.	A decisão do Supremo Tribunal Federal o afirma claramente.
Um homem da raça negra só recebe sua personalidade jurídica ao ser libertado; antes não devemos nos preocupar com ele, pois não tem direitos ante a lei.	Uma criança só adquire personalidade jurídica ao nascer, antes não devemos nos preocupar com ela, pois não tem direitos ante a lei.	Um embrião só adquire personalidade jurídica se for implantado no útero e se nascer, antes não devemos nos preocupar com ele, pois não tem direitos ante a lei.
Se você considera que a escravidão é má, ninguém o obriga a ter um escravo, mas não imponha sua moralidade aos demais.	Se você considera que o aborto é mau, ninguém o obriga a fazê-lo, mas não imponha sua moralidade aos demais.	Se você considera que as pesquisas com embriões são más, ninguém o obriga a utilizá-lo, mas não imponha sua moralidade aos demais.
Um homem tem o direito de fazer o que deseja com sua propriedade.	Uma mulher tem o direito de fazer o que deseja com seu próprio corpo.	Os pais podem doar ou descartar os embriões excedentários, uma vez que lhes pertencem.
Não é, acaso, mais humanitária a escravidão?	Não é, acaso, mais humanitário o aborto?	Não é, acaso, mais humanitárias as pesquisas com células-troncos?
Além disso, não tem o negro o direito de ser protegido?	Além disso, não têm todas as crianças o direito a serem desejadas e amadas?	Além disso, não têm todos os embriões o direito de serem protegidos?
Não é melhor, por acaso, ser escravo do que ser arrojado [atirado] sem preparo ou experiência a um mundo cruel?	Não é melhor, por acaso, que jamais chegue a nascer uma criança, do que tenha que se enfrentar só e sem amor em um mundo cruel?	Não é melhor, por acaso, que jamais chegue a nascer uma criança, do que viver com doenças graves?
[Afirmação de uma pessoa que já é livre.]	[Afirmação de uma pessoa que já nasceu.]	[Afirmação de uma pessoa que já passou pelo estágio embrião e que já nasceu.]

---

[112] Foi acrescido para este trabalho a coluna "EMBRIÃO (2015)".

Tudo indica que o aborto deixará de ser considerado crime no Brasil. Em julgamento envolvendo essa prática, a Primeira Turma do Supremo Tribunal Federal não acatou o pedido do Ministério Público para a prisão preventiva dos acusados pela suposta prática do crime de aborto e formação de quadrilha. O ministro Luís Roberto Barroso defendeu que a "criminalização do aborto é incompatível com diversos direitos fundamentais, entre eles os direitos sexuais e reprodutivos e a autonomia da mulher, a integridade física e psíquica da gestante e o princípio da igualdade"[113].

Será que chegou a época de se equiparar o embrião a um órgão do corpo humano[114], já que está aprovada a realização de pesquisas com a utilização de embriões que foram produzidos para a fertilização *in vitro*, mas desde que "sejam embriões inviáveis ou congelados há mais de 3 anos" (como se não existisse vida humana), com o consentimento dos genitores?

Os ministros não observaram a incongruência do texto do inciso II do art. 5º da Lei de Biossegurança:

> Art. 5º É permitida, para fins de pesquisa e terapia, a utilização de células-tronco embrionárias obtidas de embriões humanos produzidos por fertilização in vitro e não utilizados no respectivo procedimento, atendidas as seguintes condições: (...)
>
> II – sejam embriões congelados há 3 (três) anos ou mais, na data da publicação desta Lei, ou que, já congelados na data da publicação desta Lei, depois de completarem 3 (três) anos, contados a partir da data de congelamento.

É permitido que apenas os embriões congelados até a data da publicação da Lei sejam destinados à pesquisa, e o critério dos três anos também se limita a esses embriões. E o que acontecerá com os embriões excedentários

---

[113] 1ª Turma afasta prisão preventiva de acusados da prática de aborto. Disponível em: <http://www.stf.jus.br/portal/cms/verNoticiaDetalhe.asp?idConteudo=330769&caixaBusca=N.> Acesso em: 12 ago. 2017. *Habeas Corpus*, Rio de Janeiro, Relator: Min. Marco Aurélio. Pacte.(s): Edilson dos Santos. Pacte.(s): Rosemere Aparecida Ferreira. Impte.(s): Jair Leite Pereira. Coator(a/s)(es): Superior Tribunal de Justiça.

[114] Na década de 1980, Paula Martinho da Silva já mencionava esse tipo de indagação: "(...) será que poderemos comparar o embrião a um órgão do corpo humano e equipará-lo a um coração ou a um rim, o qual se pode transplantar, ceder, conservar ou experimentar? Poder-se-á qualificar o embrião como um órgão, logo, objeto de propriedade da mulher que o transporta ou, pelo contrário, uma *substância de origem humana* sujeito de direitos ou de proteção legal? Ou corroborando a posição do Comitê Nacional de Ética francês, como uma *potencial pessoa humana*?" (SILVA, Paula Martinho. *A procriação artificial*: aspectos jurídicos. Lisboa: Moraes, 1986. p. 58).

e criopreservados após a publicação da Lei 11.105/2005? Não poderão ser utilizados para terapia ou tratamento?

Ives Gandra Martins e Fátima Fernandes de Souza também interpretaram que os embriões congelados após a publicação da lei não poderão ser utilizados em pesquisa, e, assim sendo, haverá um número pequeno de embriões destinados à pesquisa, considerados insuficientes e que, mesmo sendo fazendo parte de um grupo diminuto, não deveria ser negado a eles o direito à vida[115].

A Resolução 2.121/2015 do Conselho Federal de Medicina, publicada em 24 de setembro de 2015, regulamenta as "normas éticas para a utilização das técnicas de reprodução assistida – sempre em defesa do aperfeiçoamento das práticas e da observância aos princípios éticos e bioéticos que ajudarão a trazer maior segurança e eficácia a tratamentos e procedimentos médicos – tornando-se o dispositivo deontológico a ser seguido pelos médicos brasileiros"[116]. Assim, disciplina a conduta dos médicos, na seara administrativa, podendo levar à cassação de seu registro no Conselho.

O item 1 da mencionada resolução prevê como disposição geral o papel das técnicas de reprodução humana assistida no auxílio das pessoas que têm dificuldade de engravidar. É limitada a idade de 50 anos das candidatas à gestação, todavia, existem exceções que serão estabelecidas pelo médico. Sempre será apresentado aos envolvidos um termo de consentimento, onde serão detalhados os procedimentos de caráter biológico, jurídico e ético[117].

A resolução proíbe a sexagem, a eugenia e a redução embrionária; o tratamento deve ser com o único intuito facilitar a gravidez, limitando a transferência de no máximo quatro embriões, de acordo com a idade da paciente[118]. Em relação às pacientes das técnicas de reprodução humana, exige-se a capacidade civil para ser receptora e que ela esteja de acordo com o procedimento. A técnica pode ser utilizada por pessoas solteiras e homossexuais, respeitada a negativa do médico, segundo seus princípios,

---

[115] MARTINS, Ives Gandra da Silva; SOUZA, Fátima Fernandes Rodrigues de. Os direitos fundamentais dos seres humanos na sua forma embrionária. In: PEREIRA, T. S.; MENEZES, R. A.; BARBOZA, H. H. *Vida, morte e dignidade humana*. Rio de Janeiro: GZ, 2010. p. 162.

[116] Disponível em: <http://www.portalmedico.org.br/resolucoes/CFM/2015/2121_2015.pdf>. Acesso em: 2 jun. 2016.

[117] Disponível em: <http://www.portalmedico.org.br/resolucoes/CFM/2015/2121_2015.pdf>. Acesso em: 9 fev. 2017.

[118] Disponível em: <http://www.portalmedico.org.br/resolucoes/CFM/2015/2121_2015.pdf>. Acesso em: 9 fev. 2017.

sendo permitida também para a união homoafetiva feminina, ainda que a receptora não seja infértil[119].

Os serviços prestados por clínicas, centros ou serviços são responsáveis pelo controle de doenças infectocontagiosas e de todos os procedimentos necessários, devendo conter no seu quadro de funcionários diretor técnico (médico) especialista em reprodução assistida e registros permanentes de todos os procedimentos realizados e seus resultados, inclusive disponíveis para fiscalização dos Conselhos Regionais de Medicina[120].

Segundo a resolução, a doação de gametas ou embriões pode ocorrer, porém não de forma remunerada; doadores e receptores não podem conhecer a identidade um do outro; é estabelecida a idade de 35 anos para mulher e de 50 anos para homem para serem doadores de gametas; deve ser mantido um registro com dados clínicos de caráter geral, características fenotípicas e uma amostra de material celular dos doadores, de acordo com legislação vigente, entre outras exigências. No que diz respeito à criopreservação de gametas e embriões, após cinco anos, se não utilizados, poderão ser descartados e não precisam ser destinados à pesquisa[121].

A resolução trata ainda do diagnóstico genético de pré-implantação de embriões, da gestação de substituição e da reprodução assistida *post-mortem*, assuntos já abordados no item 2.4 ("Das técnicas de reprodução humana assistida para a realização do projeto parental")[122].

Sobre a "gestação por substituição" ou doação temporária do útero, tal técnica é permitida desde que exista algum impedimento, ou seja, seja contraindicada a gestação para a doadora genética por, por exemplo, risco de morte, ou ainda para a união homoafetiva[123]. Deve existir um vínculo de parentesco entre a doadora do material genético e a doadora temporária do útero até o quarto grau; fora desse grupo, o procedimento depende de autorização do Conselho Federal de Medicina. Trata-se de uma "prática" beneficente, uma vez que não pode ocorrer nenhum tipo de remuneração,

---

[119] Disponível em: <http://www.portalmedico.org.br/resolucoes/CFM/2015/2121_2015.pdf>. Acesso em: 9 fev. 2017.
[120] Disponível em: <http://www.portalmedico.org.br/resolucoes/CFM/2015/2121_2015.pdf>. Acesso em: 9 fev. 2017.
[121] Disponível em: <http://www.portalmedico.org.br/resolucoes/CFM/2015/2121_2015.pdf>. Acesso em: 9 fev. 2017.
[122] Disponível em: <http://www.portalmedico.org.br/resolucoes/CFM/2015/2121_2015.pdf>. Acesso em: 9 fev. 2017.
[123] Disponível em: <http://www.portalmedico.org.br/resolucoes/CFM/2015/2121_2015.pdf>. Acesso em: 9 fev. 2017.

sendo terminantemente proibido o caráter lucrativo ou comercial. Cabe às clínicas solicitar e conferir toda a documentação exigida[124].

A resolução permite ainda o uso da técnica de reprodução assistida *post mortem* desde que autorizada expressamente pelo marido ou companheiro o uso do material genético, mesmo depois de sua morte[125].

2.3.7 Da regulamentação das técnicas de reprodução humana assistida na legislação comparada

É importante conhecer o que acontece na legislação comparada, pois a experiência estrangeira pode colaborar para o desenvolvimento do direito pátrio sobre o tema. É lógico que não se podem adotar *ipsis litteris* as normas aplicadas no direito estrangeiro, pois cada país tem a sua realidade e suas peculiaridades, todavia, servem de experiência para estudos e uma possível adaptação. Nesse sentido são os ensinamentos de Olga Jubert Gouveia Krell, ao lembrar que "qualquer estudo legal comparativo deve ser efetuado com cautela, respeitando-se as caraterísticas históricas, culturais e socioeconômicas específicas de cada país"[126].

Falando-se sobre como estão sendo tratadas algumas situações envolvendo a regulamentação das técnicas de reprodução humana assistida em vários países, a Alemanha possui uma lei de proteção ao embrião, conhecida como *Embryonenschutzgesetz*, de 13 de dezembro de 1990, que regula algumas situações provenientes da reprodução humana assistida. De acordo com essa lei, é permitida apenas a inseminação homológa; a doação de óvulos também é permitida, todavia, apenas mulheres casadas podem fazer uso de reprodução humana assistida, desde que autorizadas pelos respectivos maridos; não é aceitável o uso da "barriga de aluguel"; a criopreservação de embrião é permitida exclusivamente em razão de complicações médicas com a mulher que será implantada, caso contrário, é proibida; a sexagem não é autorizada, exceto para evitar a transferência de doenças genéticas. Talvez como forma de evitar a redução embrionária, é permitido implantar até três embriões e

---

[124] Disponível em: <http://www.portalmedico.org.br/resolucoes/CFM/2015/2121_2015.pdf>. Acesso em: 9 fev. 2017.
[125] Disponível em: <http://www.portalmedico.org.br/resolucoes/CFM/2015/2121_2015.pdf>. Acesso em: 9 fev. 2017.
[126] KRELL, Olga Jubert Gouveia. *Reprodução humana assistida e filiação civil*. 1. ed. 4. reimp. Curitiba: Juruá, 2011. p. 153-154.

não é admissível a utilização da técnica *post mortem*[127]. É proibido o uso da técnica da inseminação artificial *post mortem*.

A legislação na Argentina sofre muita influência da religião católica. O embrião é considerado pessoa humana desde a concepção, conforme interpretação do art. 54 do Código Civil argentino, e quanto à filiação, é bem parecida com a brasileira. A técnica da reprodução humana homóloga é aceita legalmente, enquanto a heteróloga não é recomendada, todavia, é aceita e presume-se que o filho seja do marido que autorizou a inseminação nessa forma. Não é aceita a técnica do útero de substituição.

As leis austríacas, apesar de não proibirem a doação de esperma, proíbem a doação de óvulos; é autorizada a reprodução heteróloga e, se o marido autorizou, não pode contestar a paternidade; não é autorizado o uso da técnica por mulheres solteiras, viúvas e homossexuais, mesmo que vivam em união estável[128]; quanto à maternidade por substituição, considera-se "a criança filha da mulher que a gerou, mesmo que a contribuição genética seja de outra"[129].

No Canadá são três as províncias que possuem legislação sobre o tema: no Quebec, é permitida a inseminação homóloga ou heteróloga, exige-se o consentimento informado, há uma presunção da paternidade e a autorização para o uso de todas as técnicas; Já em Yukon, quando a mulher faz uso da inseminação artificial seja essa homóloga ou heteróloga, desde que autorizada pelo marido ou companheiro, este é considerado o pai, inclusive é permitido a mistura de esperma daqueles com de doadores, com o intuito que a criança possa nascer com algumas características do primeiro. De forma geral, a legislação canadense permite a produção de embriões desde que os doadores do material genético autorizem por escrito, e o uso dos gametas para depois da morte dos doadores também depende de autorização por escrito[130]. Na província de Ontário, é autorizada a transferência de embriões,

---

[127] FRANK, Anna Paula Almeida et al. Estudo comparativo das regulamentações de reprodução assistida e das leis de abortamento de Brasil, Alemanha, Colômbia e França. *Sociedade Brasileira de Reprodução Humana*, n. 2, v. 30, maio/ago. 2015, p. 77-82. Disponível em: <http://www.sciencedirect.com/science/ article/pii/ S1413 208715000400>. Acesso em: 11 jun. 2016.

[128] BRAUNER, Maria Clara Crespo. *Direito, sexualidade e reprodução humana*: conquistas médicas e o debate bioético. Rio de Janeiro: Renovar, 2003. p. 77.

[129] BRAUNER, Maria Clara Crespo. *Direito, sexualidade e reprodução humana*: conquistas médicas e o debate bioético, cit., p. 78.

[130] VIEIRA, Tereza Rodrigues; BOCCATTO, Marlene. Estudo com células-tronco e seus aspectos bioéticos. In: VIEIRA, Tereza Rodrigues (Org.). *Ensaios de bioética e direito*. Brasília: Consulex, 2009. p. 22.

todavia, é proibido armazená-los por mais de dez anos, podendo ocorrer a sua destruição[131].

Não existe lei específica na Colômbia sobre a reprodução humana assistida, de forma que qualquer pessoa casada ou solteira pode fazer uso das técnicas. O que chega mais perto do assunto é o Decreto 1.546, de 4 de agosto de 1998, que aborda a doação de gametas, sendo autorizada a inseminação homóloga e heteróloga e nada dizendo sobre o anonimato do doador, somente que ele deve ser maior de idade e não ter nenhuma relação com a clínica onde será realizada a inseminação, nem com o médico e nem com a mulher (ou sua família) que será inseminada. Pessoas enquadradas em grupo de riscos não podem ser doadores e a Colômbia consente a doação e a criopreservação de gametas e embriões. Por tratar necessariamente de doação de gametas, o decreto não aborda a "barriga de aluguel", não limita a idade do doador e nem o número de embriões que podem ser transferidos, deixa em aberto a utilização da técnica por casais homoafetivos, a reprodução *post mortem*, o diagnóstico pré-implantação, o descarte de embriões, a redução embrionária e a sexagem[132].

A Costa Rica possui um Código de Família (Lei 5.576, de 21 de dezembro de 1973), que proíbe qualquer forma de discriminação relacionada à filiação e supervaloriza o casamento; presume-se a paternidade em razão do casamento; a reprodução humana assistida está regulamentada; a inseminação, seja homóloga ou heteróloga, dá presunção de paternidade ao marido; privilegia a identidade genética, uma vez que permite ao filho investigar a identidade dos pais, entretanto, a identidade genética não gera obrigação pessoal[133].

Na Escandinávia, como forma de se impedir uma possível redução embrionária, é permitido implantar de uma só vez até dois embriões, com o intuito de evitar gravidez gemelar[134].

---

[131] DIAS, João de Álvaro. *Procriação assistida e responsabilidade médica*. Coimbra: Coimbra Editora, 1996. p. 99.

[132] FRANK, Anna Paula Almeida et al. Estudo comparativo das regulamentações de reprodução assistida e das leis de abortamento de Brasil, Alemanha, Colômbia e França. *Sociedade Brasileira de Reprodução Humana*, n. 2, v. 30, maio/ago. 2015, p. 77-82. Disponível em: <http://www.sciencedirect.com/science/article/pii/S1413208715000400>. Acesso em: 11 jun. 2016.

[133] CRUZ, Ivelise Fonseca da. *Efeitos da reprodução humana assistida*. São Paulo: SRS Editora, 2008. p. 194-196.

[134] *Jornal O Estadão*. Turismo reprodutivo preocupa cientistas na Grã-Bretanha. Disponível em: <http://www.estadao.com.br/vidae/not_vid211534,0.htm>. Acesso em: 5 jun. 2016.

Na legislação norte-americana em relação à temática, cada Estado-parte tem autonomia para editar as leis, lembrando que as pessoas têm uma liberdade maior quanto ao direito de procriar ou não, e, inclusive, o aborto é permitido e, regra geral, as técnicas de reprodução humana também são aceitas. Conforme ensina Eduardo de Oliveira Leite, foi justamente nos EUA que se desenvolveu a técnica da inseminação artificial heteróloga[135] e, por causa de uma decisão jurisprudencial, a maternidade de substituição passou a ser admitida.

Desde 1980 existe um comitê para a Sociedade Americana de Fertilização, através do qual foi elaborado um guia para os comitês legislativos para os Estados, prevendo proteção a médicos, pais, filhos e doadores. Na escolha de doadores, a preferência recai sobre estudantes de cursos superiores ou, por motivo de profissão, saúde ou inteligência, preferencialmente menores de 35 anos, e são excluídos os doadores com histórico na família de anomalias, diabéticos, hipertensos, entre outros. O comitê definiu que é possível a fecundação com sêmen de terceiro; se o marido autorizou a utilização de sêmen de doador, a criança é considerada seu filho legítimo e o marido não poderá alegar a prática de adultério[136].

A Espanha foi um dos primeiros países a instituir legislação sobre a temática através da Lei 35/1988, de 22 de novembro (que dispõe sobre as técnicas de reprodução assistida), e da Lei 42/1988, de 28 de dezembro (sobre a doação e utilização de embriões e fetos humanos ou de suas células, tecidos e órgãos), de conteúdo com cunho utilitarista, uma vez que distinguiu o pré-embrião do embrião. Com isso, o primeiro pode sofrer qualquer tipo de intervenção, não o considerando ser humano ou ente pertencente à família humana, apesar de o art. 15 da Constituição daquele país consagrar a inviolabilidade da vida humana[137]. A norma procura facilitar o uso da técnica para resolver problemas relacionados a doenças genéticas ou hereditárias; permite o seu uso por mulher solteira; se o marido autorizou a inseminação heteróloga, não pode contestar a paternidade; proíbe o uso da "barriga de aluguel" e permite a doação de gametas e "pré-embriões"[138].

---

[135] LEITE, Eduardo de Oliveira. *Procriações artificiais e o direito*: aspectos médicos, religiosos, psicológicos, éticos e jurídicos, cit., p. 269.
[136] OLIVEIRA, Neiva Flávia de. A evolução da pesquisa genética e o novo conceito de família: limites bioéticos. *Revista dos Tribunais*, v. 777, p. 57-74, jul. 2000. p. 17.
[137] SANTOS, Emerson Martins dos. O estatuto jurídico-constitucional do embrião humano, com especial atenção para o concebido *in vitro*. *Revista dos Tribunais*, v. 863, p. 57-95, set. 2007, p. 5.
[138] CRUZ, Ivelise Fonseca da. *Efeitos da reprodução humana assistida*, cit., p. 197-200.

De acordo com as lições de Guilherme Calmon Nogueira da Gama, "(...) a lei espanhola criou um sistema de registro nacional informatizado de doadores de gametas e de embriões, com a obrigatoriedade do registro de toda criança nascida com o emprego dos diferentes doadores (...)". Completa o autor que consta no registro também "(...) o nome dos casais ou mulheres que tenham recebido a doação, o que denota a preocupação (...) o que deve ser associado ao risco de futuras uniões entre pessoas que biologicamente são vinculadas"[139].

A legislação espanhola aceita a fecundação *post mortem* tanto para as pessoas unidas pelo casamento como para as uniões estáveis, ou como lá são denominadas, *uniões de facto*, conforme o art. 9º da Lei 35, de 22 de novembro de 1988[140]. Na Espanha está em vigência a Lei 14, de 26 de maio de 2006, que trata da reprodução humana assistida e autoriza que as técnicas estejam disponíveis para todas as mulheres maiores de 18 anos, que tenham condição de trabalhar, não exigindo que estejam casadas ou vivendo em união estável, e disponível para mulheres homossexuais. As doações dos gametas devem ocorrer de forma gratuita e sem fins comerciais[141].

A França possui legislação específica sobre a reprodução humana assistida. Trata-se do *Statut* 800, de 2004, que aceita as fecundações homóloga e heteróloga, mas apesar de a doação ser anônima, a identidade do doador pode ser revelada em situações em que a identificação seja indispensável. São consentidos a doação e o congelamento de gametas e embriões, bem como o descarte deste último, e estão autorizados a utilizar das técnicas as mulheres em idade fértil, casais heterossexuais e casados[142]. A França não permite a utilização das técnicas de reprodução humana por casais homossexuais[143]. A transferência de embriões é uma decisão do médico, com a seleção embrionária autorizada no caso de se evitar doenças. Por outro lado, é proibido

---

[139] GAMA, Guilherme Calmon Nogueira da. *A nova filiação*: o biodireito e as relações parentais, cit., p. 268.
[140] GUIMARÃES, Ana Paula. *Alguns problemas jurídico-criminais da procriação medicamente assistida*. Coimbra: Coimbra Editora, 1999. p. 39.
[141] Lei 14/2006, de 26 de maio, sobre técnicas de reprodução humana assistida, art. 6: "Usuarios de las técnicas". Disponível em: <http://www.boe.es/dias/2006/05027/pdfsA19956.pdf>. Acesso em: 4 jul. 2016.
[142] FRANK, Anna Paula Almeida et al. Estudo comparativo das regulamentações de reprodução assistida e das leis de abortamento de Brasil, Alemanha, Colômbia e França. *Sociedade Brasileira de Reprodução Humana*, cit.
[143] Disponível em: <http://pt.euronews.com/2014/09/24/franca-casais-de-lesbicas-podem-adoptar-filhos-de-repro ducao-assistida/>. Acesso em: 1º jun. 2016.

o uso da "barriga de aluguel" e a inseminação *post mortem*. A lei nada fala sobre a redução embrionária e a sexagem[144].

Foi criado um comitê específico para tratar do assunto, o Comitê Nacional de Ética, que prevê "as proibições referentes à incolumidade física do embrião fecundado *in vitro*, bem como a utilização deste em experiências médicas, ressalvados os casos excepcionais de finalidade terapêutica, são declaradas de modo expresso pelo referido órgão"[145].

A França possui os Centros de Estudo e de Conservação de Sêmen, que garantem plena assistência às práticas de reprodução humana assistida e têm como princípios "(...) garantir um máximo de segurança no tratamento, a par de uma harmoniosa integração e/ou conciliação dos interesses de todos os que estão implicados em tal processo"[146].

Na Grã-Bretanha, como forma de impedir uma possível redução embrionária, é permitido implantar de uma só vez até dois embriões, com o intuito de evitar uma gravidez gemelar[147]. São permitidas também as técnicas de reprodução humana homóloga e heteróloga, desde que autorizadas pelo marido, e da mesma forma permite o "contrato de cessão de útero quando ele for feito a título gratuito e se as partes concordarem em executá-lo"[148]. No caso da fecundação *post mortem*, não reconhecem a paternidade da criança.

Na Grã-Bretanha foi publicada uma lei sobre fertilização humana e embriologia que ficou conhecida como *Humann Fertilisation & Embryology Act*, que tornou permitidas as pesquisas embrionárias até o décimo quarto dia a partir da fecundação[149].

---

[144] FRANK, Anna Paula Almeida et al. Estudo comparativo das regulamentações de reprodução assistida e das leis de abortamento de Brasil, Alemanha, Colômbia e França. *Sociedade Brasileira de Reprodução Humana*, cit.

[145] SANTOS, Emerson Martins dos. O estatuto jurídico-constitucional do embrião humano, com especial atenção para o concebido *in vitro*. *Revista dos Tribunais*, cit. p. 6.

[146] DIAS, João Álvaro. *Procriação assistida e responsabilidade médica*. Coimbra: Coimbra Editora, 1996. p. 99.

[147] Turismo reprodutivo preocupa cientistas na Grã-Bretanha. *O Estado de São Paulo*. Disponível em: <http://www.estadao.com.br/vidae/not_vid211534,0.htm>. Acesso em: 5 jun. 2016.

[148] BRAUNER, Maria Clara Crespo. *Direito, sexualidade e reprodução humana*: conquistas médicas e o debate bioético, cit., p. 78.

[149] SANTOS, Emerson Martins dos. O estatuto jurídico-constitucional do embrião humano, com especial atenção para o concebido *in vitro*. *Revista dos Tribunais*, cit. p. 6.

Vale destacar as principais conclusões do Conselho para a Ciência e a Sociedade da Universidade de Oxford sobre a reprodução humana assistida: a) os doadores de material genético devem permanecer no anonimato, a não ser que o próprio doador queira registrar suas informações; b) no caso da inseminação artificial heteróloga em mulher casada com a autorização do marido, o filho será considerado como legítimo do casal; c) a pessoa proveniente da reprodução humana assistida (heteróloga) só conhecerá o pai biológico se este autorizar; d) deve ser disponibilizado um serviço de qualidade aos pais; e) as prestadoras desse tipo de serviço devem estar sujeitas à autorização pública; f) não apoiam a técnica da "barriga de aluguel"; g) é proibida a sexagem, exceto no caso de se evitarem doenças ligadas ao sexo; h) não é proibido o uso dos embriões excedentários em experimentos; e i) exige-se a existência de um comitê consultivo sobre o tema[150].

A Itália é outro país que sofre grande influência da Igreja Católica e, por isso, sua legislação é considerada mais restritiva quanto à reprodução humana assistida, se comparada com as demais legislações sobre o assunto na Europa[151]. A inseminação artificial heteróloga na década 1950 quase levou uma mulher à prisão, pela acusação do crime de adultério. O caso ficou conhecido como "Carlos Faedda *versus* Carla Casarotti". Eles estavam casados, mas separados de fato desde 1955. Ocorre que, em 26 de maio de 1957, a citada mulher deu à luz a uma menina e, por esse fato, seu marido – apesar da separação de fato – instaurou uma demanda contra Carla requerendo sua prisão por adultério. Em sua defesa, ela informou que a gestação foi resultado de uma inseminação artificial, e que, por isso, não houve adultério. O Ministério Público deu parecer favorável à condenação, mas o juiz entendeu por bem inocentá-la, uma vez que se tratava apenas de uma inseminação artificial, o que não estava entre os requisitos que caracterizavam o crime de adultério. Em segunda instância, Carla Casarotti foi condenada sob a alegação de que havia violado o dever de fidelidade, entretanto, em 16 de janeiro de 1961 foi absolvida pelo Supremo Tribunal Italiano[152].

A Itália possui legislação específica: trata-se da "Identidade e estatuto do embrião humano", publicado em 12 de julho de 1996, elaborado pelo Comitê

---

[150] OLIVEIRA, Neiva Flávia de. A evolução da pesquisa genética e o novo conceito de família. Limites bioéticos. *Revista dos Tribunais*, cit., p. 15-16.

[151] FERRAZ, Ana Claudia Brandão de Barros Correia. *Reprodução humana assistida e suas consequências nas relações de família*: a filiação e a origem genética sob a perspectiva da repersonalização, cit., p. 75.

[152] GUIMARÃES, Ana Paula. *Alguns problemas jurídico-criminais da procriação medicamente assistida*, cit., p. 48-49.

Nacional de Bioética italiano e que regula a proteção do embrião humano[153]. Sobre a reprodução humana assistida, as principais regras são: a) o serviço poderá ser realizado em centros públicos ou privados com autorização do ministro da Saúde e conforme as suas normas; b) para ser doadora de óvulos ou inseminada, exige-se que a mulher tenha 18 anos e assine um termo de consentimento, inclusive seu cônjuge, se for casada; c) os gametas dos doadores podem ser utilizados em mais de uma mulher; é proibida a mistura de material genético de várias pessoas para a produção do embrião; d) proíbe-se experiência com fins eugênicos; e) o anonimato tanto da doadora quanto da mulher inseminada é obrigatório; f) estão previstas punições para quem descumprir as normas[154]. Existe uma proibição quanto à doação de óvulos e esperma, à pesquisa com embriões, ao uso da maternidade substitutiva e à inseminação heteróloga. Quanto ao número de embriões transferidos, sendo a mulher maior de 36 anos, recomenda-se até três[155].

No México, cada Estado pode elaborar suas normas jurídicas e não existe nenhuma regulamentação sobre as técnicas de reprodução humana assistida[156].

Para que seja aplicada a técnica da inseminação *in vitro*, na Noruega exige-se que um dos interessados seja estéril, e só é permitido para mulheres casadas ou que vivam em "união estável" com um homem[157], além de não permitir "a fecundação artificial *in vitro* heteróloga"[158]. A doação de espermatozoide também não é permitida.

Em Portugal, a reprodução humana assistida é denominada procriação medicamente assistida (PMA) e foi instituída pela Lei 32/2006 (LPMA), que proibia a clonagem humana[159]. Jorge Pinheiro Duarte destaca ainda que esse

---

[153] SANTOS, Emerson Martins dos. O estatuto jurídico-constitucional do embrião humano, com especial atenção para o concebido *in vitro*. *Revista dos Tribunais*, cit., p. 6.
[154] OLIVEIRA, Neiva Flávia de. A evolução da pesquisa genética e o novo conceito de família. Limites bioéticos. *Revista dos Tribunais*, cit., p. 15-16.
[155] OLIVEIRA, Deborah Ciocci Alvarez de. *Reprodução assistida*: até onde podemos chegar? Compreendendo a ética e a lei. São Paulo: Gaia, 2000. p. 31.
[156] GAMA, Guilherme Calmon Nogueira da. *A nova filiação*: o biodireito e as relações parentais, cit., p. 305.
[157] MEIRELLES, Jussara Maria Leal de. *Gestão por outrem e determinação da maternidade (mãe de aluguel)*, cit., p. 41-42.
[158] BRAUNER, Maria Clara Crespo. *Direito, sexualidade e reprodução humana*: conquistas médicas e o debate bioético, cit., p. 77-78.
[159] DUARTE PINHEIRO, Jorge. *O direito da família contemporâneo*, cit., p. 234.

procedimento já era proibido em Portugal desde 1º de dezembro de 2001[160]. A mencionada legislação prevê as seguintes técnicas de procriação medicamente assistida:

> Inseminação artificial (IA), da fertilização *in vitro* seguida da transferência de embriões para o útero (FIVETE), da transferência intratubária de gametas (GIFT), zigotos (ZIFT) ou embriões (TET), e da injecção intracitoplasmática de esperma ou espermatozoides (ICSI)[161].

O art. 4º da mencionada lei previa que "as técnicas de PMA podem ainda ser utilizadas por todas as mulheres independentemente do diagnóstico de infertilidade". Recentes alterações na Lei 32/2006 permitiram o uso da técnica por mulheres independentemente do diagnóstico de infertilidade que era exigido anteriormente e a autorização para casais de mulheres, uma vez que não era permitido o uso por casais homoafetivos.

Não existe tratamento diferente entre os filhos oriundos da procriação medicamente assistida e aqueles concebidos naturalmente. Em Portugal, a inseminação *post mortem* não está regulamentada e, como já era de se esperar, a Igreja Católica é contra essa técnica de reprodução humana[162].

A Suécia foi o primeiro país a ter uma legislação específica sobre a reprodução humana assistida. No ano de 1984, todavia, não autorizava o uso da técnica por casais homossexuais e mulheres solteiras, e só poderia ocorrer em hospitais públicos[163]. Não é permitida a fertilização *in vitro post mortem*[164] e nem a fecundação artificial *in vitro* heteróloga. A única fertilização *in vitro* permitida é a homóloga, ou seja, a produção do embrião com gametas exclusivamente do casal[165].

A legislação suíça permite a utilização dessas técnicas apenas por casais unidos pelo matrimônio, entretanto, não permite "a fecundação artificial *in vitro* heteróloga"[166].

---

[160] DUARTE PINHEIRO, Jorge. *O direito da família contemporâneo*, cit., p. 234.
[161] DUARTE PINHEIRO, Jorge. *O direito da família contemporâneo*, cit., p. 235-236.
[162] GUIMARÃES, Ana Paula. *Alguns problemas jurídico-criminais da procriação medicamente assistida*. Coimbra: Coimbra Editora, 1999. p. 38-39.
[163] KRELL, Olga Jubert Gouveia. *Reprodução humana assistida e filiação civil*, cit., p. 153-154.
[164] LEITE, Eduardo de Oliveira. *Procriações artificiais e o direito*: aspectos médicos, religiosos, psicológicos, éticos e jurídicos, cit., p. 288-289.
[165] KRELL, Olga Jubert Gouveia. *Reprodução humana assistida e filiação civil*. 1. ed. 4. reimp. Curitiba: Juruá, 2011. p. 153-154.
[166] BRAUNER, Maria Clara Crespo. *Direito, sexualidade e reprodução humana*: conquistas médicas e o debate bioético, cit., p. 77-78.

Cap. 2 • REPRODUÇÃO HUMANA ASSISTIDA PARA REALIZAÇÃO DO PROJETO PARENTAL | 117

É permitida na República Tcheca a utilização das técnicas de reprodução humana assistida, seja ela homóloga ou heteróloga, desde que seja solicitada pelo casal e que um deles tenha problema de infertilidade, que haja risco de transmissão de doenças hereditárias ou possibilidade de debilidade[167].

Observa-se que não existe uma ética universal referente às técnicas de reprodução humana assistida na legislação comparada, contudo, percebe-se uma preocupação de que não ocorra abuso do Direito no uso daquelas técnicas. Há uma inquietação geral para resolver o problema da infertilidade e da esterilidade, para possibilitar que essas pessoas também possam ter seus filhos.

Por fim, utilizando-se das legislações estrangeiras, o Brasil pode vir a criar uma lei que efetivamente regule as técnicas de reprodução humana assistida e garanta direitos a todas as formas de família, limitada, contudo, aos princípios constitucionais, em especial o da dignidade da pessoa humana, o da solidariedade e o do melhor interesse da criança, do adolescente e do jovem.

---

[167] SETPAN, Yan. *Internacional survey of laws on assisted procreation*. Zurich: Schulthess Polygraphischer Verlag, 1990. p. 102.

DA RESPONSABILIDADE CIVIL DOS PAIS NA REPRODUÇÃO HUMANA ASSISTIDA

3.1 CONSIDERAÇÕES INICIAIS

A responsabilidade civil surge a partir da ocorrência de um dano. Assim sendo, todas as vezes que alguém ou alguma coisa provoca um prejuízo no patrimônio de outrem, tem o dever de repará-lo, não importando se o patrimônio violado é de origem material, moral ou estético, se de pequeno ou grande valor.

Seu principal objetivo é fazer com que o causador do dano repare o prejuízo causado e o lesado seja indenizado, diferente das sociedades primitivas, que parecia buscar a vingança, apenas o mal pelo próprio mal.

O campo de atuação da responsabilidade civil é muito amplo e, contrário ao entendimento de alguns autores e da legislação de alguns países[1], pode e deve ser aplicado também nas relações familiares, caso contrário, estaria homenageando as agressões entre os membros da família.

No entender de Pietro Perlingieri, a família é um lugar de "formação e de desenvolvimento" da pessoa, trata-se de um: "lugar-comunidade rendente à formação e ao desenvolvimento da personalidade seus participantes; de

---

[1] Na Inglaterra, os filhos não podem propor ações contra a mãe, por razões de ordem sociológica e psicológica. A única exceção é um caso de acidente de automóvel, exatamente em razão da obrigatoriedade do seguro, contudo, na prática a ação foi movida contra a seguradora (VENNEL, Margaret. L'indenisation des dommages corporels par l'Etat: les results d'une experience d'indenisation automatique en Nouvelle-Zelande. *Revue Internationale de Droit Comparé*, Paris, n. 1, jan.-avr. 1976, p. 74 apud BERTI, Silma Mendes. *Responsabilidade civil pela conduta da mulher durante a gravidez*. Belo Horizonte: Del Rey, 2008. p. 222).

maneira que exprime uma função instrumental para a melhor realização dos interesses afetivos e existenciais de seus componentes"[2].

A sociedade moderna espera que os pais sejam as pessoas com as quais os filhos encontrem abrigo, proteção, carinho, dedicação, afeto, sustento e orientação, que aqueles sejam um "local" blindado de qualquer mal; entretanto, não é isso que alguns filhos têm encontrado, pelo contrário, acabam vivenciando os maiores pesadelos de sua vida no âmbito familiar, e até mesmo o útero da mãe passa a ser o pior lugar do mundo para estar.

Ninguém em estado normal gosta de presenciar a desarmonia no seio familiar, não é possível que alguém sinta prazer em testemunhar brigas entre pais e filhos, até porque o lar não deve ter espaço para isso, pois se trata de um lugar de afeto, de respeito, de proteção e de segurança.

O uso incorreto das técnicas de reprodução assistida cumulada com condutas desregradas dos pais pode afetar o filho em todas as fases de sua vida (embrião, nascituro e pessoa). Sobre as condutas dos pais, Mário Luiz Delgado faz um alerta: "(...) qualquer conduta inapropriada da gestante pode interferir de maneira prejudicial no desenvolvimento e na vida futura do filho abrigado em seu âmago[3]". Pode-se ir além, pois qualquer conduta inapropriada dos pais e de terceiros pode causar danos irreversíveis para a vida da prole.

Surgem então inúmeros questionamentos: o filho tem direito de propor ação de reparação de danos contra seus pais? Pelo fato de existir o dano, deve ocorrer a reparação ou deve-se aplicar a teoria da imunidade parental? Existe norma específica para que os pais sejam responsáveis pelos danos causados aos filhos? O art. 186 do Código Civil serve de fundamento legal para o pedido de indenização? Os membros da família merecem proteção integral contra os danos sofridos pela ação de seus pares, como qualquer outra pessoa? Os danos produzidos por seus membros e entre eles devem constituir exceção quanto ao dever de reparação?

Assim, fazendo uma releitura do mencionado artigo "os pais que, por ação ou omissão voluntária, negligência ou imprudência, violar direito e causar dano ao filho, ainda que exclusivamente moral, comete ato ilícito",

---

[2] PERLINGIERI, Pietro. *Perfis de direito civil*. Trad. Maria Cristina de Cicco. 2. ed. Rio de Janeiro: Renovar, 2002. p. 178-179.
[3] DELGADO, Mário Luiz. A responsabilidade civil da mãe gestante por danos ao nascituro. In: MADALENO, Rolf; BARBOSA, Eduardo (Coord.). *Responsabilidade civil no direito de família*. São Paulo: Saraiva, 2015. p. 292.

a resposta parece ser positiva: se qualquer um dos pais causar um dano ao filho, tem o dever de indenizar.

O artigo não exige que a conduta seja causada de forma planejada e não exige o dolo: basta que o dano tenha sido produzido por uma conduta. Entendimento diferente é o de Tristram Engelhardt, citado por Tereza Rodrigues Vieira, que defende que a gestante só deverá ser condenada se ficar demonstrado o dolo (deve ser estendido ao pai). Veja-se o que afirma a autora sobre o dever de indenizar da gestante sobre os danos provocado aos filhos: "(...) para que isto se comprove, é necessário provar a maleficência da gestante, e a sua intenção de causar o mal para o feto e o seu desejo de causar danos à vida deste (...)"[4].

O direito de família não está alheio ao campo da responsabilidade civil e as relações familiares não podem ser vistas como uma área livre para condutas danosas, por isso, devem-se aplicar os princípios da responsabilidade civil também no âmbito familiar.

A Constituição Federal de 1988 garante aos membros de uma família que busquem o Poder Judiciário para ver os danos sofridos reparados, inclusive aqueles causados por seus familiares. Não está previsto apenas nos incisos V e X do art. 5º, contudo, no § 8º do art. 226, que dispõe caber ao Estado assegurar de forma integral a assistência a todos os membros da família, estabelecendo meios de coibir a violência no âmbito de suas relações. Condenar o agressor ao pagamento de um valor pecuniário pelos danos causados a um membro de sua família é uma forma de coibir as agressões.

Dessa forma, pode-se afirmar que embrião, nascituro e o filho já nascido podem buscar a reparação civil pelos danos sofridos, inclusive se forem produzidos em laboratório ou no útero materno, em razão de acidente, má conduta, agentes teratogênicos ou qualquer outro fato proveniente de negligência, imprudência ou dolo.

Colaborando com o exposto, em sua obra "Curso de Direito de família", Rolf Madaleno enumera algumas opiniões que sustentam a reparação de danos morais nas relações familiares. Para Graciela Medina, não existe prerrogativa que permita que um membro da família cause danos a outrem e que não seja responsabilizado, e Arnaldo Marmitt lembra que agressões físicas ou psíquicas extrapolam qualquer normalidade e, por isso, também merecem reparação[5].

---

[4] FÉO, Christina; VIEIRA, Tereza Rodrigues. Eugenia e o direito de nascer ou não com deficiência: algumas questões em debate. In: VIEIRA, Tereza Rodrigues (Org.). *Ensaios de bioética e direito*. Brasília: Consulex, 2009. p. 36.

[5] MADALENO, Rolf. *Curso de direito de família*. 5. ed. Rio de Janeiro: Forense, 2013. p. 345-346.

As condenações por reparação de danos nas relações familiares não são mais novidades nos Tribunais Brasileiros, porque são várias as situações de condenações, por exemplo: omissão de paternidade durante o casamento, traição, abandono afetivo, agressões físicas e psíquicas, rompimento de noivado com promessa de casamento, alienação parental, transmissão de doença contagiosa, devolução de filho adotivo, abuso físico e psicológico, inadimplemento alimentar, uso abusivo do poder familiar, pela falsa imputação de paternidade, alimentar contra os avós. Como se observa, são várias as situações envolvendo o dever de indenizar nas relações familiares.

Dessa forma, como em todas as relações jurídicas em que ocorre a produção de danos, e isto abrange as relações familiares, o instituto da responsabilidade civil deve ser aplicado, pois são várias as anomalias que podem ser causadas antes mesmo da concepção ou durante a gestação. O embrião, por dano pré-concepcional, pode propor ação reparatória contra os genitores? E o nascituro pode propor ação em face da gestante e do genitor por danos sofridos durante a vida intrauterina? O filho pode demandar os pais por dano pré-concepcional ou pelos danos que sofreu durante a vida intrauterina?[6]

---

[6] Jussara Maria Leal de Meirelles traz a lume um caso de filho acometido de sífilis hereditária, do qual vale a transcrição: "Em consequência de uma famosa decisão do Tribunal de Piacenza, proferida no ano de 1950, na qual se reconheceu a filho acometido de sífilis hereditária o direito a ser ressarcido por seus pais, duas correntes de opiniões se formaram a respeito da indenização pelo dano genético: a que nega a possibilidade desse tipo de exigência ressarcitória e a que a admite. Dentre os adeptos da corrente denominada negativa, encontram-se Trabucchi (que vê implicar franca imoralidade e o pretenso direito do filho a ter créditos ou dívidas com os pais em atenção à qualidade de vida recebida); Zannoni (que entende ser incompatível com a proteção e a garantia jurídicas da liberdade sexual em respeito à privacidade e à livre determinação, a responsabilização civil pelas consequências do exercício dessa liberdade); e Tobias (que vê no pretenso direito à não transmissão de enfermidades uma identificação com o direito a não ser concebido, ou seja, o direito à não existência, inadmissível como bem a ser tutelado juridicamente). À tese positiva aderem Banchio (considerando socialmente adequada a responsabilidade civil por dano genético, à medida que se amolda aos fins da procriação humana responsável voltada à necessária proteção jurídica da pessoa nascente); Bueres (que reconhece a possibilidade de entrarem em conflito dois direitos subjetivos amparados constitucional- mente: o direito dos pais à intimidade das relações sexuais, como parte do livre desenvolvimento de sua personalidades, e o direito do filho à própria integridade corporal; assim, sem entrar na discussão a respeito da ordem hierárquica de tais direitos, certo é que o relativismo de todo e qualquer direito impõe reconhecer-se que a conduta danosa dos pais não serve como causa de justificação do exercício legítimo do seu direito à intimidade. De sorte que, o fator de atribuição da responsabilidade poderá ser a culpa ou o abuso do direito ao livre desenvolvimento da personalidade)" (MEIRELLES, Jussara Maria Leal de. *A vida humana embrionária e sua proteção jurídica*. Rio de Janeiro: Renovar, 2000. p. 79-80).

A produção de danos em relação ao embrião e ao nascituro muitas vezes está relacionada às técnicas de reprodução humana assistida e à teoria adotada quanto ao início da vida.

Este trabalho está sendo desenvolvido tendo como fundamento a teoria concepcionista, adotada principalmente pelos autores contemporâneos. Considera-se que a pessoa adquire a personalidade civil a partir da concepção, não exigindo o nascimento com vida para ter seus direitos protegidos.

Depois da análise de questões relacionadas ao planejamento familiar, da parentalidade responsável e da reprodução humana assistida, verificar-se-ão as hipóteses que podem ensejar danos à prole em decorrência da parentalidade irresponsável no uso daquelas técnicas, não apenas do ponto vista jurídico, mas também nos campos ético, moral e religioso, até porque o Brasil é um país com população que se declara religiosa e, apesar de se declarar também laico, a religião tem muita influência nas decisões relacionadas à sociedade brasileira.

3.2 Das hipóteses que podem ensejar danos em decorrência da parentalidade irresponsável na reprodução humana assistida

Ser pai e mãe é um privilégio, todavia, gera inúmeras responsabilidades, por isso, a parentalidade responsável não é uma das tarefas mais simples, pois exige antes de tudo tempo dos pais para com seus descendentes, principalmente na atualidade, quando os pais não têm tido tempo para viver e conviver com seus filhos.

A parentalidade responsável não se limita ao planejamento familiar, a quantos filhos a pessoa vai ter ou ao espaço entre as gestações. Aos filhos são garantidos todos os direitos fundamentais inerentes à pessoa humana, para que sejam resguardados os desenvolvimentos físico, mental, moral, espiritual e social, em condições de liberdade e de dignidade.

A legislação civil estabelece ainda aos pais o dever de sustentar, cuidar e educar seus filhos. Pode-se constatar que se trata de enorme responsabilidade, por isso é necessário que os pais encontrem tempo para se dedicar aos filhos.

Aos pais cabe educar e preparar os filhos para a vida e, principalmente, procurar garantir uma vida saudável. Em especial os pais que buscam a reprodução humana assistida, pois, conforme um dos últimos parágrafos do item 1.3.11, esses filhos devem encontrar o melhor ambiente possível para se desenvolver, pois, diferentemente dos filhos que nascem de forma natural e muitas vezes não esperados e inclusive indesejados, aqueles foram queridos e sonhados, como a busca da própria felicidade.

Por isso, durante os nove meses de gestação, a futura mãe deve se abster de alguns hábitos, em prol do bem-estar do nascituro, pois este não tem nem mesmo como se defender – começa aqui a aplicação do princípio do melhor interesse da criança, do adolescente e do jovem.

Sobre o princípio do melhor interesse da criança, do adolescente e do jovem, o Superior Tribunal de Justiça sustenta que aquele:

> (...) tornou-se tanto orientador para o legislador, como para o aplicador da norma jurídica, já que estabelece a primazia das necessidades infanto-juvenis como critério de interpretação da norma jurídica e de elaboração da decisão que venha a solucionar demandas na área alcançada pela temática da infância e juventude[7].

É preciso lembrar sempre que não se trata de uma recomendação, mas de uma determinação, que cabe ao julgador quando as demandas envolverem os interesses de criança, do adolescente e do jovem buscar sempre o melhor interesse destes.

A aplicação do princípio do melhor interesse da criança, do adolescente e do jovem é uma forma de garantir a proteção integral do menor, uma vez que se trata de sujeito de direito e, dessa forma, a tutela deve começar ainda na concepção, porque os pais muitas vezes ignoram as fases embrionária e fetal (nascituro), mantendo uma conduta inadequada para o melhor desenvolvimento do futuro filho, o que pode acarretar danos irreversíveis à prole que está a caminho.

Aqueles possíveis danos podem ter inúmeras causas, desde a falta de um aconselhamento genético, passando por um pré-natal incompleto e chegando ao extremo do consumo de drogas durante a gestação ou de agressões físicas, conforme será arguido na sequência.

Como já foram expostos neste capítulo, os danos são prejuízos causados a outrem, não apenas à pessoa, mas também ao embrião e ao nascituro, sendo várias as classificações de dano: patrimonial, moral, físico, estético, pela perda de uma chance, existencial, pelo abuso de direito, entre outros; certo é que todos devem ser indenizados.

Alguns dos danos podem ter origem na parentalidade irresponsável. Apesar da dificuldade de parte da doutrina em aceitar a aplicação do insti-

---

[7] STJ, REsp 1.449.560, Proc. 2014/0081041-3, 4ª Turma, Rel. Min. Marco Buzzi, *DJe* 14.10.2014. Disponível em: <https://www.magisteronline.com.br/mtrnet/lpext.dll?f=templates&fn=main-hit-j.htm&2.0>. Acesso em: 29 jun. 2016.

tuto da responsabilidade civil nas relações familiares, entende-se que tanto a Constituição Federal quanto o Código Civil são suportes legais para as possíveis condenações dos danos provenientes daquelas relações, desde que presentes os requisitos.

Por ser um lugar de afeto, solidariedade, comunhão, integração, o dano produzido por um membro da família contra outro causa repulsa maior na própria sociedade se o mesmo prejuízo tivesse sido causado por terceiros, estranho à relação familiar. Assim, se nas relações familiares ocorrer a produção de danos entre os seus membros, estes devem ser indenizados pelos prejuízos sofridos, em especial, quando atingir os vulneráveis, ou seja, o embrião, o nascituro, a criança e o adolescente, já que o princípio do melhor interesse da criança deve estar à frente do direito de procriar que a pessoa possui[8].

Conforme será exposto nos itens 3.2, 3.3 e 3.4 e pelo que já foi abordado são inúmeros os danos que embrião, nascituro e o filho podem sofrer em razão da péssima utilização das técnicas de reprodução humana assistida, pela má conduta dos pais ou de terceiros.

Os danos causados ao embrião, ao nascituro e a criança devem ser reparados? Resposta: Sim. Se, por acaso, os autores dos danos forem seus genitores, a resposta seria a mesma? Sim.

Os pressupostos da responsabilidade civil são bem específicos e não exigem muita interpretação, são eles: ação, dano, nexo causal e culpa. Não existindo nenhuma condição excludente, o autor do dano deve indenizar o lesado.

Muitos dos danos que embrião, nascituro e criança sofrem são provenientes de má conduta de seus genitores, principalmente da mãe, em especial no período gestacional, uma vez que o nascituro encontra-se ligado ao corpo de sua genitora, e o local que deveria ser de proteção acaba sendo de agressão ao ser que está por nascer.

Em sentido contrário, nos Estados Unidos da América do Norte teve origem a doutrina da imunidade parental[9], segundo a qual os filhos estavam proibidos

---

[8] DUARTE PINHEIRO, Jorge. *O direito da família contemporâneo*, cit., p. 267-268.

[9] Sobre a doutrina da imunidade parental, Silma Mendes Berti discorre que "Não é a ausência de dever dos pais em relação aos cuidados a serem dispensados aos filhos, nem tampouco a ausência de violação desse dever que serve de fundamento à doutrina. O sustentáculo do princípio da imunidade, invocado para justificar a doutrina, reside no fato de que ao direito que têm os filhos de reclamar os danos que os pais lhe causarem sobrepõe-se o interesse público de salvaguardar a unidade social da família. Há quem considere até mesmo que o direito do filho de ver reparado o dano que lhe foi causado seria contrabalançado pelo benefício que ele receberia na continuação da tranquilidade e da paz doméstica. Para muitos julgadores, a preservação

de propor demandas indenizatórias contra seus pais. Este trabalho propõe demonstrar que a mencionada doutrina não deveria ter prosperado naquele país.

Silma Mendes Berti, citando Michel Schooyans, enumera oito motivos que os tribunais americanos utilizaram para justificar a imunidade parental: interesse da sociedade na preservação da unidade familiar; interesse da sociedade na preservação da autoridade parental; existência de um recurso já previsto para uma criança agredida, em virtude de direito criminal, combinado com a possibilidade de destituição da guarda paterna; preservação da situação financeira da família; analogia sugerida entre a doutrina da imunidade parental e a doutrina da *common law*, concernente à imunidade entre cônjuges; possibilidade de o pai beneficiar-se do julgamento em favor do filho; possibilidade de as perseguições fundadas em motivos frívolos abarcarem o sistema judiciário; e perigo de fraude ou conluio entre as partes em casos envolvendo indenizações por seguradoras[10].

No Brasil, há aqueles que defendem que as regras gerais da responsabilidade civil não devem ser aplicadas nas relações familiares, sob os seguintes argumentos:

> 1) ausência de previsão legal específica; 2) ocorrência do *bis in idem* (por haver penalidades na legislação de direito de família para os atos infratores dessa seara); 3) contrariedade à moral e aos bons costumes, possibilidade de busca por um "enriquecimento ilícito" pela suposta vítima[11].

Mário Luiz Delgado faz menção ao surgimento de novas modalidades de danos, decorrentes das relações familiares, que são o dano afetivo, o dano genético e do dano pré-natal[12], podendo-se juntar a estes os danos por aconselhamento genético pré-implantatório.

Como já afirmado, ser pai ou mãe é o desejo da maioria das pessoas. A alegria de ter um filho está relacionada a algo imensurável, só passando

---

da harmonia familiar suplanta em valor toda compensação monetária que possa ser atribuída ao filho" (BERTI, Silma Mendes. *Responsabilidade civil pela conduta da mulher durante a gravidez*, cit., p. 208).

[10] BERTI, Silma Mendes. *Responsabilidade civil pela conduta da mulher durante a gravidez*, cit., p. 207.

[11] NALIN, Paulo; SANTOS, Anassilvia. Direito de Família e Responsabilidade Civil: Objeções e hipóteses de ocorrência. In: NALIN, Paulo; VIANNA, Guilherme Borba (Coord.). *Direito em movimento*. Curitiba: Juruá, 2007. p. 15-59.

[12] DELGADO, Mário Luiz. A responsabilidade civil da mãe gestante por danos ao nascituro. In: MADALENO, Rolf; BARBOSA, Eduardo (Coord.). *Responsabilidade civil no direito de família*, cit., p. 291.

pela experiência para tentar descrevê-la, sentir a existência mesmo na vida intrauterina é uma sensação maravilhosa que todos deveriam ter, é sentir a existência da vida.

Para algumas pessoas, o fato de ter um filho pode ter como motivação até mesmo o egoísmo, pois vê na prole a sua própria continuidade no mundo, projetam no filho os sonhos não alcançados.

Entretanto, nem todos podem naturalmente gerar uma criança, e as causas são variadas, conforme apresentadas no Capítulo 2, e, por isso, utilizam da ciência para alcançar o desejado projeto parental. Contudo, alguns não estão preparados para ser pai e mãe, pois não querem fazer nenhum tipo de sacrifício. Às vezes o período exige renúncia para que a criança a ser gerada não sofra danos, especialmente na vida intrauterina.

Já é possível identificar diversas anomalias fetais, mesmos aquelas oriundas antes da concepção ou durante a gestação, conhecidos como danos pré-concepcionais ou pré-natais[13].

O dano pré-natal pode ser originado pela conduta inadequada ou negligência da gestante e por doenças adquiridas no período de gestação[14]. Pode ocorrer no caso de um exame realizado na gestante, no qual, agindo com imperícia, o médico provoca um aborto. Nesse caso não só a gestante, como também o pai pode propor ação de indenização em relação ao médico em nome próprio e em nome do embrião, pois a conduta ilícita provocou a morte daquele.

Da mesma forma, o embrião pode sofrer dano pré-natal por negligência do hospital pela não realização de um exame solicitado pelo médico, mas não realizado pelo laboratório, lembrando que nesse caso o prestador de serviço responde pela conduta danosa de forma objetiva, ou seja, independentemente de culpa.

O dano pré-concepcional está relacionado à condição hereditária dos pais que podem ter sido contaminados por substâncias tóxicas ou até mesmo da contaminação da gestante antes da gravidez, que pode gerar danos ao filho, caso do dano genético, termo mais adequado[15].

---

[13] DALCQ, R. O. Traité de la responsabilité civile. Bruxelles: Larcier, 1967, t. 5, p. 69 apud BERTI, Silma Mendes. *Responsabilidade civil pela conduta da mulher durante a gravidez*, cit., p. 188.

[14] BERTI, Silma Mendes. *Responsabilidade civil pela conduta da mulher durante a gravidez*, cit., p. 188.

[15] BERTI, Silma Mendes. *Responsabilidade civil pela conduta da mulher durante a gravidez*, cit., p. 188.

Esse tipo de dano pode ter origem em radiações ionizantes e outros produtos químicos, capazes de causar mutações cromossômicas ou anomalias no patrimônio genético, gerando danos na formação do nascituro[16] que vão diminuir ou reduzir a qualidade de vida. O dano genético atinge um interesse individual e coletivo[17].

Inclusive uma das preocupações da radiologia está na proteção ao nascituro contra a irradiação de produtos químicos cujos efeitos podem causar danos *in utero*, não devendo receber dose efetiva superior a 1mSv, durante a gestação.

Esses danos podem ser identificados por meio de um diagnóstico pré-natal[18], assim sendo, é possível identificar doenças genéticas ou cromossômicas que a futura criança pode desenvolver a partir de seu nascimento. Nos países onde o aborto é autorizado, esse tipo de exame serve para dar conhecimento aos pais das condições do nascituro, como se é portador de anomalias graves, sendo possível aos pais decidir por interromper a gestação, ou seja, podem solicitar o aborto[19]. Essa técnica pode ser realizada por ecografia, embriosco-

---

[16] BERTI, Silma Mendes. *Responsabilidade civil pela conduta da mulher durante a gravidez*, cit., p. 188-189.

[17] MORDEFROY, Laurent. *Le dommage génetique*. Bordeaux: Les etudes hospitaliéres, 1999. p. 188.

[18] "O diagnóstico Pré-Natal corresponde à área da Medicina que tem como objectivo o diagnóstico de um defeito congénito antes do nascimento. Este último corresponde a qualquer anomalia do desenvolvimento morfológico, estrutural, funcional ou molecular, presente ao nascimento (embora possa manifestar-se mais tarde), externa ou interna, familiar ou esporádica, herdada ou adquirida, simples ou múltipla e, em geral, qualquer tipo de anomalia ou perturbação do desenvolvimento normal do embrião. O diagnóstico de muitas anomalias fetais é passível de ser realizado no período pré-natal, permitindo a informação atempada do casal e a melhor programação do parto. Mais de 90% das anomalias estruturais e cromossómicas ocorrem em gravidezes sem factores de risco, mas algumas situações de risco aumentado podem ser identificadas após avaliação cuidadosa da história pessoal e familiar do casal ou recorrendo a técnicas específicas que envolvem a ecografia, avaliação analítica materna (não invasiva) e exames invasivos de diagnóstico pré-natal". Disponível em: <http://www.csaudeboavista.com/ clinica-diagnostico-pre-natal/>. Acesso em: 14 jun. 2016.

[19] Pelo menos essa é a conclusão que se pode tirar quando Silma Mendes Berti afirma que "a demanda do DP insere-se em dois tipos de situações diversas: o primeiro é o programado, escolhido pelos casais que, antes de conceberem um filho, procuram especialistas em genética, porque os antecedentes familiares indicam a possibilidade de filho portador de alguma anormalidade. O outro é solicitado quando a gravidez se complica, ou em razão de manifestações suspeitas" (BERTI, Silma Mendes. *Responsabilidade civil pela conduta da mulher durante a gravidez*, cit., p. 16).

pia, fetoscopia, aminiocentese, amostra de vilo corial, cordocentese, técnicas biológicas e análise genética.

Os casos de dano pré-concepcional deram origem à propositura de ações denominadas *wrongful life*[20], em que o filho propõe ação reparatória por danos (físicos e psicológicos) sofridos na vida intrauterina, em face dos médicos, por negligência ou por não ter impedido o seu nascimento[21]. Em 1950, o Tribunal de Piacenza reconheceu a responsabilidade dos pais por dano pré-concepcional, em razão da transmissão de moléstia que causou danos à integridade física do filho[22].

Não há notícia no Brasil da distribuição de uma ação de indenização promovida por descendente em face de um ou dos dois genitores em razão de danos pré-natal e/ou pré-concepcional, talvez por desconhecimento ou pela falta de uma norma específica.

Os pais deveriam ter consciência de que gerar um filho exige responsabilidades e às vezes sacrifícios, dependendo da vida que levam. Por exemplo, uma atleta em período gestacional não pode levar uma vida de treinamento como se não estivesse grávida, porque nos momentos iniciais o nascituro depende de cuidados especiais, principalmente se o esporte praticado for considerado de risco, como nos casos de lutas, corridas de carro ou de cavalo.

No mesmo sentido, a mulher que gosta de frequentar boate, participar do carnaval, seriam esses ambientes ideais para uma gestante frequentar, levando em consideração o bem-estar do nascituro? O barulho e os movimentos bruscos são prejudiciais ao nascituro? Consumir bebidas alcóolicas, apesar de ser conduta lícita, é benéfico ao ser que está sendo gerado? Essas são algumas situações que possibilitam a produção de danos ao ser humano em seu estágio inicial (embrião e nascituro).

---

[20] Explica Silma Mendes Berti que *wrongful life* é expressão americana que não tem equivalente na língua portuguesa. Indica uma variante da ação de responsabilidade civil que no Canadá tem por fundamento legal o art. 1.457 do Código Civil do Quebec, cuja primeira parte enuncia que "toda pessoa tem o dever de respeitar as regras de conduta que, segundo as circunstâncias, os usos ou a lei, se lhe impõem de modo a não causar prejuízo a outrem" (BERTI, Silma Mendes. *Responsabilidade civil pela conduta da mulher durante a gravidez*, cit., p. 191).

[21] BERTI, Silma Mendes. *Responsabilidade civil pela conduta da mulher durante a gravidez*, cit., p. 192.

[22] RESCIGNO, Pietro. Il danno da Procreazione. *Rivista di Diritto Civile*, Padova, giul./ago. 1956. p. 615 apud BERTI, Silma Mendes. *Responsabilidade civil pela conduta da mulher durante a gravidez*, cit., p. 194.

O direito à vida e à integridade física é garantido a todo ser humano (embrião, nascituro e pessoa nascida). Trata-se de uma garantia constitucional que deve ser tutelada desde a concepção, inclusive quando ela ocorre por meio das técnicas de reprodução humana assistida.

Quando esses direitos são transgredidos a Constituição Federal e o Código Civil brasileiro preveem a indenização por danos materiais ou morais por qualquer lesão ou outra ofensa à saúde do ofendido, seja ele o embrião, o nascituro ou a pessoa viva. Inúmeros são os danos que podem ser causados: morte, contaminações, deformações, intoxicações, transmissões de doenças, entre outros que serão apresentados nos tópicos seguintes.

3.3 DAS POSSÍVEIS CAUSAS DE DANOS PRODUZIDOS NO EMBRIÃO

Como titular de direitos, o embrião deve ser protegido contra qualquer ato que atentar contra a sua vida e sua integridade física, começando na concepção e, esteja implantado ou não, trata-se de um estágio inicial da pessoa humana. Posicionamento diferente têm Mário Luiz Delgado[23] e Silmara J. A. Chinellato[24], para quem o embrião deverá ter o mesmo tratamento que o nascituro a partir do momento em que estiver implantado no útero da gestante.

Clínicas, laboratórios, hospitais e médicos que trabalham com a reprodução humana assistida devem se atentar à ideia do princípio da dignidade do embrião e devem agir com a mesma prudência e atenção como se estivessem tratando de uma pessoa viva, para evitar a produção de qualquer dano que seja, pois, caso contrário, serão responsabilizados pelos prejuízos causados àqueles.

---

[23] "Entendemos que o embrião só pode ser tratado como nascituro, a merecer a adequada proteção do Estado, depois de fixado no útero materno. Antes disso, teremos apenas uma célula fora do corpo da mulher (ainda que uma célula humana), que jamais pode ser equiparada ao *conceptus* referido no Código Civil para fins de aquisição de direitos. Com muito mais razão em se tratando de material fecundante mantido em congelamento" (DELGADO, Mário Luiz. A responsabilidade civil da mãe gestante por danos ao nascituro. In: MADALENO, Rolf; BARBOSA, Eduardo (Coord.). *Responsabilidade civil no direito de família*, cit., p. 293).

[24] "Na fecundação *in vitro*, não se poderá falar em 'nascituro' enquanto o ovo (óvulo fertilizado *in vitro*) não tiver sido implantado na futura mãe, impondo-se, pois, o conceito de 'nascituro' sempre e apenas quando haja gravidez, seja ela resultado de fecundação *in anima nobile* (obtida naturalmente ou por inseminação artificial), seja de fecundação *in vitro*. Pela mesma razão não se poderá reputar 'nascituro' o embrião congelado, com finalidade de implantação futura no útero materno, conforme técnicas de reprodução humana" (*Tutela civil do nascituro*. São Paulo: Saraiva, 2000. p. 11).

Elimar Szaniawski faz menção ao periódico médico *The New England Journal of Medicine*, que faz referências a estudos que afirmam que crianças nascidas de técnicas de reprodução humana assistida (IFV e ICSI) têm grandes probabilidades de nascer com problemas de saúde, físicos e cerebrais[25], anomalias que podem estar ligadas à forma que os procedimentos são realizados.

As cirurgias intrauterinas, como de hérnia diafragmática fetal[26], da síndrome de transfusão feto-fetal[27], de feto acárdico[28], de tumores[29] e de

---

[25] SZANIAWISKI, Elimar. Considerações sobre a responsabilidade civil dos profissionais da saúde na atividade de reprodução humana assistida. In: LEITE, Eduardo de Oliveira (Coord.). *Grandes temas da atualidade*. Responsabilidade civil. Rio de Janeiro: Forense, 2006. p. 183).

[26] Caracteriza-se "por uma abertura no diafragma que separa o abdômen do tórax, fazendo com que o intestino e, às vezes, o estômago e o fígado subam e impeçam o desenvolvimento do pulmão. Por meio da fetoscopia, pode ser colocado um balão na traqueia do feto, melhorando as chances de as estruturas pulmonares se desenvolverem, aumentando a possibilidade de sobrevida, que é próxima de zero, para até 50%". Disponível em: <http://revistacrescer.globo.com/Bebes/Desenvolvimento/noticia/2015/02/cirurgiaintrauterina-5-problem as-que-podem-ser-corrigidos-no-bebe-no-utero.html>. Acesso em: 22 jul. 2016.

[27] "Ocorre quando vasos da circulação de gêmeos se comunicam. Isso faz com que um bebê receba parte do sangue do outro e fique com excesso de volume e o outro, com redução. O tratamento é feito no segundo trimestre e no início do terceiro, por fetoscopia, e consiste na cauterização a *laser* de vasos presentes na placenta, que levam ao desequilíbrio. As chances de sobreviver saltam de 5% para 85% e o risco de lesões neurológicas cai de 20% a 30% para cerca de 5%". Disponível em: <http://revistacrescer.globo.com/Bebes/Desenvolvimento/noticia/ 2015/02/ cirurgia-intrauterina-5-problemas-que-podem-ser-corrigidos-no-bebe-no-utero.html>. Acesso em: 22 jul. 2016.

[28] "Esse problema, que pode aparecer em gestações de gêmeos idênticos, também é conhecido como transfusão arterial reversa. Um dos fetos, considerado normal, bombeia sangue para o gêmeo que não tem um coração funcional. O trabalho cardíaco extra pode levar o bebê saudável à morte. A saída é apelar para a fetoscopia e, com laser, coagular o vaso que possibilita essa transferência. A taxa de sobrevida do gêmeo normal passa a ser de até 85%". Disponível em: <http://revistacrescer.globo.com/Bebes Desenvolvimento/noticia/2015/cirur gia-intrauterina-5-problemas-que-podem-ser-corrigidos-no-bebe-no-utero.html>. Acesso em: 22 jul. 2016.

[29] "O ultrassom permite diagnosticar e intervir em tumores na placenta, nas nádegas e no pescoço, reduzindo as consequências para o bebê, que pode ser tratado definitivamente após nascer. Por exemplo: quando o tumor cresce além da conta e, ávido por sangue, faz o coração do feto se esforçar demais para atender à demanda. Então, recorre-se ao laser para coagular seus vasos, aliviando a sobrecarga". Disponível em: <http://revistacrescer.globo.com/Bebes/Desenvolvimento/noticia/2015/02/cirurgia-intrauterina-5-problemas-que-podem-ser-corrigidos-no-bebe-no-utero.html>. Acesso em: 22 jul. 2016.

cardiopatias fetais[30], devem ser realizadas com o maior zelo possível e por profissionais habilitados, para que, em vez de resolver o problema, não venha causar dano ao embrião. No direito estrangeiro existem várias situações de danos causados ao embrião, por exemplo, em razão de dano pré-natal[31].

---

[30] "Já é possível tratar alterações nas válvulas do coração do feto. Algumas lesões decorrentes desses problemas seriam agravadas pelo crescimento natural do coração. Ou seja, quanto mais cedo a correção ocorrer, melhor. 'Assim, é possível que um lado do coração que esteja menor, passe a se desenvolver bem', exemplifica o cardiologista Marcelo Jatene, do Instituto do Coração (SP). A desobstrução da válvula pode ser feita com um cateter que, guiado por ultrassom, insere um balão que é inflado na câmara cardíaca, liberando a passagem do sangue. 'Depois do nascimento, é feita a correção definitiva', finaliza o cardiologista Fábio Peralta, da área de medicina fetal do Hospital do Coração (SP)". Disponível em: <http://revistacrescer.globo.com/Bebes/ Desenvolvimento/noticia/2015/02/cirurgia-intrauterina-5-problemas-que--podem-ser-corrigidos-no-bebe-no-ut ero.html> Acesso em: 22 jul. 2016.

[31] Court d'Appel du Nouveau-Brunswisck. Repertoire: Dobson (Tuteur à l'instance de) c. Dobson. 1998: 8 décembre; 1999: 9 juillet. "Em 14 de março de 1993, Cynthia Dobson, então na 27ª semana de gravidez, dirigindo seu automóvel, em direção de Moncton (Nouveau-Brunswick), durante uma tempestade de neve, perdeu o controle da direção e seu carro chocou-se com outro veículo que circulava em sentido contrário. O filho, ferido no útero, nasceu prematuramente, por cesariana, acometido de uma incapacidade mental e física permanente, notadamente paralisia cerebral. Representada pelo avô e tutor, a criança, Ryan Dobson, alegando negligência da mãe ao volante, intentou contra ela ação de responsabilidade para reparação do dano sofrido. Questionou-se a capacidade jurídica do autor, Ryan Dobson, tendo o juiz de primeira instância considerado ser o mesmo dotado de capacidade jurídica para postular e obter reparação do dano causado pela negligência de sua mãe, argumentando que se uma criança pode intentar uma ação contra seu pai ou sua mãe e se uma ação pode ser intentada contra um estranho por danos sofridos pela criança antes do seu nascimento, parece razoável permitir à criança intentar uma ação contra a própria mãe por dano corporal e pré-natal imputável à negligência desta última. Discutiu-se também que os atos da mulher grávida, inclusive direção de automóvel, são intrinsecamente ligados ao seu papel no meio familiar, à sua vida profissional e a seu direito à vida privada, à integridade física e à autonomia. E mais. O reconhecimento pelos tribunais desta causa teria graves consequências psicológicas tanto sobre a relação materno-filial quanto sobre a família mesma. A imposição de responsabilidade delitual neste contexto teria efeitos profundos sobre cada mulher grávida e sobre a sociedade canadense em geral. Estes e outros motivos de outros de ordem política no Canadá convenceram os juízes de que a melhor solução consiste em permitir que a obrigação da mulher em relação ao feto é uma obrigação moral reconhecida pela maioria das mulheres e por elas respeitada sem que a lei as obrigue" (BERTI, Silma Mendes. *Dano ao feto*. Disponível em: <http://www.ambito-juridico.com.br/site/index.php?n_link= revista_artigos_leitura&artigo_id=1414 #_ftn7>. Acesso em: 25 maio 2016).

Deve-se tratar o embrião como titular de direito, da mesma forma que o nascituro e a pessoa viva, pois os três possuem personalidade. No mesmo sentido, Maria Helena Diniz defende:

> O embrião ou o nascituro têm resguardados, normativamente, desde a concepção, os seus direitos, porque a partir dela passa a ter existência e vida organizada e biológica própria, independente da de sua mãe. Se as normas o protegem é porque tem personalidade jurídica. Na vida intrauterina, ou mesmo *in vitro*, tem personalidade jurídica formal, relativamente aos direitos da personalidade jurídica material apenas se nascer com vida, ocasião em que será titular dos direitos patrimoniais, que se encontravam em estado potencial, e do direito às indenizações por dano moral e patrimonial por ele sofrido[32].

Uma vez que possui personalidade jurídica formal, no que diz respeito aos direitos da personalidade, o embrião merece proteção quanto aos danos que podem ser produzidos na fase pré-concepcional. No entender de Keith L. Moore, "o conhecimento do médico clínico sobre o desenvolvimento normal do embrião e as causas das malformações congênitas contribui para dar ao embrião melhor oportunidade de se desenvolver normalmente"[33]. Por isso a importância da realização de um pré-natal completo, para tentar identificar supostas causas e amenizar os danos causados por anomalias congênitas.

Os defeitos genéticos são responsáveis por 50% das mortes dos bebês nos Estados Unidos da América do Norte e a estimativa no mundo é de que 1/50 das crianças nasça com defeito genético importante e, se consideradas também as doenças poligênica hereditária (exemplos: aterosclerose e hipertensão), o número pode alcançar 65/100. Os erros na morfogênese, anomalias cromossômicas, defeitos monogênicos, defeitos poligênicos, lesões transplacentárias e relacionadas ao parto são as causas mais comum de defeitos congênitos, contudo, 70% das causas são desconhecidas. São alterações causadas no DNA ou lesões produzidas no feto, ainda na vida intrauterina[34].

As anomalias congênitas podem ocorrer em razão de algum agente teratogênico[35], algumas das quais podem ser evitadas pela gestante através de uma

---

[32] DINIZ, Maria Helena. *O estado atual do biodireito*, cit., 2. ed., p. 113.
[33] MOORE, Keith L. *Embriologia básica*. Trad. Ariovaldo Vulcano. Rio de Janeiro: Guanabara, 1988. p. 6.
[34] FENDERSON, Bruce A. Doenças do desenvolvimento e doenças genéticas. In: DAMJANOV, Ivan. *Segredos em patologia*: respostas necessárias ao dia-a-dia em rounds, na clínica, em exames orais e escritos. Trad. Cláudio S. L. de Barros. Porto Alegre: Artmed, 2005. p. 114.
[35] "Agente teratogênico qualquer substância, organismo, agente físico ou estado de deficiência, que estando presente durante a vida embrionária ou fetal, produz alteração

conduta saudável, outras infelizmente não, por isso a importância de procurar um profissional especializado em genética humana. São exemplos de agentes teratogênicos: doenças maternas (diabetes, epilepsia e hipotireoidismo), drogas (ácido retinoico, aminopterina, anticoagulantes cumarínicos, bussulfano, ciclofosfamida, cocaína, mercúrio, misoprostol, talidomida e lítio), fatores metabólicos maternos (alcoolismo, diabetes, deficiência de ácido fólico e cretinismo endêmico), infecções congênitas (citomegalovírus, herpesvírus, sífilis, rubéola e toxoplasmose), radiações (armas atômicas, radioiodo e radioterapia) e substâncias químicas (chumbo, mercúrio, bifenilas policloradas e veneno).

Se nos Tribunais Brasileiros não se tem notícias de demandas envolvendo nascimento de filhos com anomalias, inclusive provenientes das técnicas de reprodução humana assistida, nos tribunais estrangeiros esses tipos de demandas não são novidades.

Em razão do desenvolvimento biotecnológico, a medicina disponibiliza inúmeras técnicas que permitem detectar possíveis anomalias cromossômicas, como no caso do Diagnóstico Genético Pré-implantacional (PGD)[36], que permite conhecer o sexo do embrião[37].

Como explica Mário Luiz Delgado, apesar de não estender a titularidade de direitos ao embrião, "a tutela dos direitos da personalidade, fundada no

---

na estrutura ou função da descendência." Disponível em: <http://www.siat.ufba.br/node/90>. Acesso em: 28 maio 2016.

[36] "1. O sexo de um pré-embrião pode ser confiavelmente determinado através da FISH (*Fluorescent 'in situ' Hibridization*) usando '*probes*' (pedaços de DNA marcados) específicos para os cromossomas X ou Y, ou por análises de sequências cromossômicas usando a técnica de PCR (*Polymerase Chain Reaction*), técnica em que se realiza a expansão da quantidade de DNA contida em uma célula. Dessa forma, doenças ligadas ao sexo podem ser determinadas e evitadas. 2. A enumeração da composição cromossômica pode ser conseguida através da FISH, permitindo, assim, a determinação da ploidia (número de cromossomos) exata do pré-embrião concomitante com o diagnóstico de certas aneuploidias (alterações da quantidade e constituição dos cromossomos) mais comuns. Em mulheres com idade materna avançada, isso reduz o risco de dar à luz, por exemplo, a uma criança com trissomias, tais como a Trissomia do cromossomo 21 (Síndrome de Down). A FISH e também a PCR podem ser usadas também para detectar anomalias cromossômicas estruturais em casos de translocações balanceadas. 3. Defeitos Genéticos envolvendo um único gene (tais como Fibrose Cística, Anemia Falciforme, Doença de Tay-Sachs) e outras doenças comuns com alterações genéticas podem ser detectadas pela técnica de PCR." Disponível em: <http://clinicafgo.com.br/fertilidade/diagnostico-genetico-pre-implantacional/>. Acesso em: 29 maio 2016.

[37] MIRANDA, Adriana Augusta Telles de. *Adoção de embriões excendentários*. Tese (Doutorado) – apresentada perante a Faculdade de Direito de São Paulo – FDISO, sob a orientação do Professor Doutor Flávio Tartuce, p. 110.

princípio da dignidade da pessoa humana, (...) abrange, indistintamente todos os que pertencem à espécie humana"[38].

Defende-se neste trabalho que o embrião possui personalidade jurídica formal (direitos da personalidade) e personalidade jurídica material (direitos patrimoniais), por pertencer à espécie humana. Por isso, deve ter protegido o seu direito à vida (esse direito deve ser garantido a quem esteja vivo) e a sua integridade física e psíquica.

Para que não fiquem dúvidas quanto à personalidade jurídica do embrião, opina-se pela alteração do art. 2º do Código Civil brasileiro, nos seguintes termos: "Art. 2º A personalidade civil da pessoa começa na concepção".

A justificativa para a mudança é que deve ser garantida ao embrião uma personalidade civil plena.

3.3.1 Abandono do embrião

No entender de Antônio Soares Amora o termo abandonar significa "1. Desamparado; 2. Desprezado, largado"[39]. Dos pais se espera que cumpram com os deveres estabelecidos para aqueles em relação aos filhos (mesmo os não nascidos), dentro deste grupo estão o embrião e o nascituro, pois resta alguma dúvida que os embriões produzidos em laboratórios são filhos biológicos dos doadores de gametas?

Imagina-se a seguinte situação: uma mulher com dificuldade de engravidar procura uma clínica de fertilização para realizar o projeto parental, uma vez que aquela se encontra casada, e seu esposo não possui impedimento para realizar a doação de esperma, por isso contrataram a reprodução humana assistida, na modalidade homóloga, para isso são produzidos dez embriões, sendo que são transferidos para o útero daquela mulher apenas dois embriões, dessa forma, sobram oito embriões. Qual o destino destes últimos? Também são filhos? Possuem o mesmo código genético? Serão abandonados, pois não são mais uteis para seus pais?

Na reprodução medicamente assistida, a produção de vários embriões deve ser prática comum e inclusive autorizada pelo Conselho Federal de

---

[38] DELGADO, Mário Luiz. A responsabilidade civil da mãe gestante por danos ao nascituro. In: MADALENO, Rolf; BARBOSA, Eduardo (Coord.). *Responsabilidade civil no direito de família*, cit., p. 294.
[39] AMORA, Antônio Soares. *Minidicionário Soares Amora da língua portuguesa*. 20. ed. São Paulo: Saraiva, 2014. p. 2.

Medicina[40], contudo, as pessoas que fazem uso dessa técnica parecem não se sentir responsáveis por todos os embriões produzidos em laboratório, o que acaba por se efetivar a visão utilitarista dada ao embrião.

O art. 229 da Constituição Federal prescreve que "os pais têm o dever de assistir, criar e educar os filhos menores, (...)", por isso, Clayton Reis defende que educar e transmitir valores ao filho cabe não só à mãe que gerou a criança, como também ao homem que ofertou seu material genético[41].

Todos os filhos provenientes das técnicas de reprodução humana assistida devem ser assessorados em todas as suas necessidades, independentemente de terem sido introduzidos ou não no ventre, reflexo do que se exige de uma paternidade responsável. Os pais são responsáveis por todas as fases de desenvolvimento do filho, que começa na fecundação (natural ou mecânica) e se estende pelo menos até a maioridade.

O abandono de embriões excedentários nas clínicas de fertilização *in vitro* trata-se de uma violação dos deveres de proteção dos filhos, inclusive daqueles que não nasceram e, até por isso mesmo, são considerados mais vulneráveis e merecem maior proteção. Se os pais não estão dispostos a cumprir com o dever legal que possuem em relação aos filhos nascidos ou por nascer, deveriam ser proibidos de utilizarem das técnicas de reprodução humana assistida ou pelo menos deveriam produzir apenas o número de embriões que serão implantados, com isso, evitariam a prática do abandono de embriões, como se fossem filhos do nada.

Em Nova York criou-se uma "taxa de estocagem para evitar o abandono de embriões"[42], estima-se que exista próximo de 100 mil embriões "abandonados" nos Estados Unidos da América.

---

[40] Resolução CFM 2.121/2015. Publicada em 24 de setembro de 2015, Seção I, p. 117. Disponível em: <http://www.portalmedico.org.br/resolucoes/CFM/2015/2121_2015.pdf>. Acesso em: 26 nov. 2016.

[41] REIS, Clayton. O planejamento familiar: um direito de personalidade do casal. *Revista Jurídica Cesumar*, Maringá, n. 2, v. 8, p. 415-435, 2008. p. 415-435.

[42] **Taxa para Estocagem pode Evitar 'Abandono' de Embriões**
NOVA YORK (Reuters Health) – A cobrança de uma taxa para manter embriões congelados pode ajudar a evitar que os não usados sejam "abandonados" pelos casais que fazem tratamento de fertilidade. A conclusão é de um estudo realizado em centro de fertilidade no Texas.
Geralmente quando o casal tem dificuldades para ter um filho, a mulher recebe drogas para estimular a ovulação. Os óvulos resultantes são coletados e fertilizados com esperma, mas apenas os embriões mais promissores são implantados no útero. Os demais óvulos fertilizados são preservados em nitrogênio líquido e raramente são usados. A preocupação com esses embriões abandonados motivou pesquisadores do Texas a desenvolver um sistema para manter contato regular com os pais e cobrar pela sua preservação. O trabalho foi publicado na edição de outubro da revista *Fertility and*

A produção irresponsável de embriões e consequentemente o abandono daqueles que não serão implantados configura dano moral. Aqueles que não foram utilizados normalmente estão condenados ao congelamento, à destruição ou ao descarte.

Sistema da Responsabilidade Civil		
Hipótese		**Abandono do embrião**
Conduta	Ação	A produção irresponsável do número de embriões.
	Omissão	Não utilização de todos os embriões produzidos.
Dano	Material	Ausente dano material.
	Moral	Integridade física (congelamento, destruição ou descarte dos embriões).
Nexo Causal	Causa	A produção e não implantação.
	Efeito	O dano à integridade física e morte.
Fundamento Legal		Constituição Federal: art. 5º, V, art. 196 e art. 229. Código Civil: art. 2º, art. 11, art. 12, art. 186 e art. 187, art. 927, art. 949 e art. 950. Código de Processo Civil: art. 72, parágrafo único.
Dever Jurídico Violado		Proteção aos filhos. Direitos da personalidade (integridade física e direito à vida). Direito à saúde.
Espécie de Responsabilidade Civil		Subjetiva

Sterility. Entre 1992 e 1997, os pedidos para descartar os embriões congelados estavam entre 0 e 55, apesar de um programa "de correspondência agressiva", segundo equipe de Robert G. Brzyski, do Centro de Ciências da Saúde da Universidade do Texas, em San Antonio. Durante esse período, a clínica não cobrou nada para armazenar os embriões congelados. Em 1998, a clínica decidiu cobrar uma taxa semestral de 100 dólares para cobrir o custo da preservação do embrião. A medida provocou um aumento de 18 por cento nos pedidos de descarte de embriões. "Acreditamos que a cobrança da taxa de estocagem, embora relativamente pequena em comparação a outros custos da reprodução assistida, representou uma motivação significativa para os pais decidirem pelo descarte" informaram os pesquisadores. Carl A. Eddy, um dos autores do estudo, informou à Reuters Health que atualmente o número de embriões não utilizados e mantidos em estoque nos Estados Unidos está estimado em 100 mil. "Ninguém vai destruir embriões não usados sem o consentimento dos pais e o governo está longe de se envolver em qualquer tipo de orientação regulamentar", declarou Eddy. Disponível em: <http://www.boasaude.com.br/noticias/1408/taxa-para-estocagem-pode-evitar--abandono-de-embrioes.html>. Acesso em: 17 abr. 2017.

3.3.2 Comercialização de embriões

Que por dinheiro o homem é capaz de tudo, isso ninguém duvida, contudo, algumas atitudes ainda chegam a surpreender a sociedade, entre elas a comercialização de embriões, seja para ser implantado em uma mulher ou para ser utilizado em pesquisas das indústrias de cosmetologias para a produção de produtos de beleza, casos que, pode se afirmar, trata-se da coisificação do embrião humano.

Apesar de o § 3º do art. 5º da Lei 11.105, de 24 de março de 2005, mais conhecida como Lei de Biossegurança, proibir a comercialização de embriões, uma vez que estabelece que "é vedada a comercialização do material biológico a que se refere este artigo e sua prática implica o crime tipificado no art. 15 da Lei n. 9.434, de 4 de fevereiro de 1997", parece que existe uma facilitação da comercialização de embriões, diante da falta de controle e de fiscalização das clínicas de reprodução humana.

Esse comércio supostamente ocorre sem o conhecimento dos doadores dos gametas. O ser humano não é coisa e nem bem para ser objeto de contrato, contudo, conhecendo a ganância e o egoísmo humano, é possível que embriões humanos estejam sendo comercializados e a pessoa está sendo reduzida a um meio. Parece que o desprezo pela vida humana passou de um limite, se é que algum dia existiu limite para isso.

O comércio de embriões pode estar ocorrendo para abastecer os centros de experimentos científicos, para fornecer produtos para as indústrias de cosméticos, para a fabricação de sabonetes, para a fabricação de armas biológicas e para que pessoas estéreis realizem o projeto parental. Entretanto, independentemente do destino, essas práticas ferem a dignidade da pessoa humana, que deve ser garantida ao embrião, pois trata-se de titular de direitos, alguém pertencente à espécie humana.

Sistema da Responsabilidade Civil			
Hipótese		Comercialização de embriões	
Conduta	Ação	Venda de embriões (prática considerada crime).	
	Omissão	X	
Dano	Material	Ausente dano material.	
	Moral	À integridade física e à vida.	

Sistema da Responsabilidade Civil			
Hipótese		Comercialização de embriões	
Nexo Causal	Causa	Fornecer embriões para as indústrias de cosméticos, para a fabricação de sabonetes, para a fabricação de armas biológicas.	
	Efeito	O dano a integridade física e a morte.	
Fundamento Legal		Constituição Federal: art. 5º, V, e art. 196. Código Civil: art. 2º, art. 11, art. 12, art. 186 e art. 187, art. 927 e art. 949. Código de Processo Civil: art. 72, parágrafo único. Lei de Biossegurança: art. 5º, § 3º, da Lei de Biossegurança c/c com o art. 15 da Lei 9.434, de 4 de fevereiro de 1997.	
Dever Jurídico Violado		Proteção aos filhos. Direitos da personalidade (integridade física e a vida). Direitos da personalidade (o corpo é *res extra commercium*).	
Espécie de Responsabilidade Civil		Objetiva.	

3.3.3 Coisificação do embrião – doação de embriões excedentários

Embriões excedentários são aqueles obtidos para a realização da procriação artificial, todavia, não são utilizados, porque não são viáveis ou porque já foi transferida a quantidade desejada ou limite de embriões permitidos por lei.

Os ditos embriões excedentários a princípio, nem deveriam existir, até mesmo por uma postura ética do médico que trabalha com reprodução humana assistida, uma vez que o art. 15, § 1º, do Código de Ética Médico[43], Resolução 1.931, de 17 de setembro de 2009, prevê que:

> Art. 15. Descumprir legislação específica nos casos de transplantes de órgãos ou de tecidos, esterilização, fecundação artificial, abortamento, manipulação ou terapia genética.
> § 1º No caso de procriação medicamente assistida, a fertilização não deve conduzir sistematicamente à ocorrência de embriões supranumerários.

---

[43] *Código de Ética Médica*. Disponível em: <http://www.portalmedico.org.br/novocodigo/integra_3.asp>. Acesso: 17 abr. 2017.

Conforme determinação da Resolução 2.121/2015 do Conselho Federal de Medicina, é permitida a transferência de no máximo quatro embriões[44], dependendo da idade da paciente.

A mencionada resolução prevê também que o número total de embriões produzidos em laboratórios será comunicado aos pacientes, e os que não forem transferidos serão criopreservados. Entretanto, esse congelamento está limitado ao prazo de cinco anos, período após o qual podem ser descartados (jogados no lixo) ou destinados a pesquisas de células-tronco, conforme a decisão dos seus genitores. Contudo, vale destacar casos de embriões que ficaram congelados por quase 20 anos e não foi impedimento para que a criança nascesse saudável[45].

---

[44] "7 – O número máximo de oócitos e embriões a serem transferidos para a receptora não pode ser superior a quatro. Quanto ao número de embriões a serem transferidos, fazem-se as seguintes determinações de acordo com a idade: a) mulheres até 35 anos: até 2 embriões; b) mulheres entre 36 e 39 anos: até 3 embriões; c) mulheres com 40 anos ou mais: até 4 embriões; d) nas situações de doação de óvulos e embriões, considera-se a idade da doadora no momento da coleta dos óvulos." Disponível em: <http://www.portalmedico. org.br/resolucoes /CFM/2015/2121_2015.pdf>. Acesso em: 1º jun. 2016.

[45] **Bebê nasce de embrião congelado há quase 20 anos.** Cientistas americanos conseguiram que uma mulher de 42 anos tivesse um filho saudável a partir de um embrião que permaneceu congelado por quase 20 anos. A técnica foi aplicada no Instituto Jones de Medicina Reprodutiva, da Escola de Medicina de Eastern Virginia, em Norfolk, na Virgínia. A mulher que recebeu os embriões havia registrado uma baixa reserva ovariana, ou seja, baixo estoque de óvulos disponíveis, e fazia tratamento de fertilização havia dez anos. Os médicos descongelaram cinco embriões que haviam sido doados anonimamente por um casal que realizara o tratamento de fertilização na clínica 20 anos antes. Dos embriões descongelados, dois sobreviveram e foram transferidos para o útero da paciente. Ao fim de uma única gravidez, a mulher deu à luz um garoto que nasceu saudável. O caso foi relatado em um artigo científico na publicação especializada *Fertility and Sterility*, da Sociedade Americana para a Medicina Reprodutiva. A equipe, liderada pelo pesquisador Sergio Oehninger, disse que não conhece nenhum caso de gravidez em que um embrião humano tenha permanecido tanto tempo congelado – 19 anos e sete meses. "Congelar embriões é uma prática que só começou a ficar frequente nos anos 1990, então este certamente estava entre os que foram congelados logo no início deste processo", explicou à BBC Brasil o diretor científico e professor honorário do Centro de Medicina Reprodutiva da Universidade de Glasgow, Richard Fleming. "Este é sem sombra de dúvida o caso mais antigo de que já ouvi falar, e mostra como um embrião de boa qualidade pode perfeitamente se desenvolver independentemente de ter sido gerado em 1990 ou 2010." **Tempo em suspenso** – O congelamento suspende biologicamente o envelhecimento das células, e os cientistas defendem que um embrião pode permanecer neste estado por décadas. Até agora, o maior tempo que um embrião permaneceu congelado antes de ser transferido para o útero e gerado um bebê foi 13 anos, em

Está-se diante de um embrião humano, de uma pessoa em uma das suas fases de desenvolvimento, portanto, titular do direito à vida; não se trata de uma coisa. Para evitar embriões excedentários, e consequentemente que vidas humanas sejam jogadas no lixo, o melhor a ser feito é regulamentar a fertilização *in vitro* de modo que apenas a quantidade de embriões que será implantada no útero da gestante seja produzida, acabando com o descarte da vida humana, procedimento já previsto nas legislações da Alemanha, da Áustria e da Itália.

Por outro lado, alguns países permitem que os embriões excedentários sejam destinados à pesquisa científica, como Espanha e Brasil[46], desde que seja autorizado pelos pais. Nesse sentido, foi também o voto do ministro Joaquim Barbosa que caberia aos genitores o direito de determinar a destinação dos embriões:

> os genitores dos embriões produzidos por fertilização *in vitro* têm a sua liberdade de escolha, ou seja, a sua autonomia privada e as suas convicções morais e religiosas respeitadas pelo dispositivo ora impugnado. Ninguém poderá obrigá-los a agir de forma contrária aos seus interesses, aos seus sentimentos, às suas ideias, aos seus valores, à sua religião, e à sua própria convicção acerca do momento em que a vida começa. Preservam-se, portanto, a esfera íntima reservada à crença das pessoas e o seu sagrado direito à liberdade[47].

Contudo, parece que legisladores e o mencionado ministro se esqueceram de que os pais são apenas genitores e não donos dos embriões, não são coisas, mas entes detentores do direito à vida, e ninguém pode ser proprietário da vida humana.

---

um caso na Espanha. No Brasil, o recorde é de uma mulher do interior de São Paulo que deu à luz a um bebê nascido de um embrião que ficara congelado por oito anos. Há ainda casos de pacientes que congelam suas células reprodutivas com fins terapêuticos, antes de tratamentos que podem deixá-los estéreis. Em 2004, um casal teve um filho a partir de esperma que havia permanecido congelado por 21 anos. Nesse caso, o pai tinha congelado espermatozoides aos 17 anos de idade, antes de começar a tratar um câncer de testículo com radioterapia e quimioterapia, que o deixaram sem capacidade reprodutiva. Disponível em: <https://noticias.terra.com.br/ciencia/bebe-nasce-de-embriao-congelado-ha-quase-20-anos,d608ac7bab2ea310VgnCL-D200000bbcceb0aRCRD.html>. Acesso em: 18 abr. 2017.

[46] BRASIL. Lei 11.105 de 24 de março de 2005. Disponível em: <http://www.planalto.gov.br/ccivil_03/_Ato2004-2006/2005/lei/L11105.htm>. Acesso em: 30 dez. 2016.

[47] BRASIL. STF. Disponível em: <http://redir.stf.jus.br/paginadorpub/paginador.jsp?docTP=AC&docID=611723>. Acesso em: 30 dez. 2016.

Para evitar a coisificação do embrião, a melhor alternativa é a de, ao contratar os serviços para a sua produção, os contratantes assinem um documento em que declaram que, caso sejam produzidos embriões que acabaram não sendo implantado, o que deve ser a exceção, aqueles serão destinados à adoção para casais que estejam impedidos de ter filhos. Contudo, para que isso ocorra é necessário que o Estatuto da Criança e do Adolescente seja alterado, pois os arts. 39 a 52 não deixam dúvidas de que o instituto da adoção é destinado à criança e ao adolescente. Percebe-se então que o embrião não foi contemplado por aquele ordenamento jurídico, por não ser coisa, e não pode ser destinado à doação e nem para adoção, pois o ECA não prevê essa possibilidade.

Sistema da Responsabilidade Civil			
Hipótese		Coisificação do embrião – doação de embriões excedentários	
Conduta	Ação	Produção de embriões excedentários.	
	Omissão	X	
Dano	Material	Ausente dano material.	
	Moral	Coisificar o embrião. Integridade física (destruição ou descarte dos embriões).	
Nexo Causal	Causa	Produção de embriões excedentários para doação.	
	Efeito	Destinação a pesquisas de células-tronco (instrumentalizado). Descartados depois de 5 anos (morte). Adoção por outras pessoas.	
Fundamento Legal		Constituição Federal: art. 5º, V, e art. 196. Código Civil: art. 2º, art. 11, art. 12, art. 186 e art. 187 e art. 927, parágrafo único. Código de Processo Civil: art. 72, parágrafo único. Código de Ética Médica: art. 15, § 1º.	
Dever Jurídico Violado		Proteção aos filhos. Direitos da personalidade (integridade física e direito à vida). Direito à saúde.	
Espécie de Responsabilidade Civil		Subjetiva.	

3.3.4 Congelamento dos embriões

A criopreservação serve para conservar os embriões produzidos mas não foram implantados e por isso são congelados, podendo ou não ser implantados posteriormente.

Para que ocorra a criopreservação o embrião é congelado a uma temperatura de –196 ºC, mas qual é o tempo máximo que os embriões podem permanecer congelados? É de conhecimento da sociedade que muitos embriões são abandonados nas clínicas de reprodução humana e permanecem congelados por muitos anos, será que isso não gera defeitos genéticos? Dessa forma, deve ser permitido o congelamento de embriões? Qual o prazo que um embrião pode e deve permanecer congelado? Corre risco de danos o processo de criopreservação dos embriões? A partir do Relatório Warnock, foi estabelecido o prazo máximo de cinco anos para que os embriões permaneçam criopreservados, contudo, não existe um estudo publicado que comprove a viabilidade dos embriões nessas condições. Sobre o congelamento e descongelamento de embriões, o Tribunal de Justiça de São Paulo se manifestou pela condenação da clínica de reprodução humana assistida, uma vez que no momento do descongelamento dos embriões os mesmos foram contaminados, impossibilitando o implante daqueles, fato que condenou a clínica a indenizar os autores da ação, pelos danos materiais e morais que sofreram[48].

Sabe-se que muitos embriões congelados são abandonados nas clínicas de reprodução humana, e vários são os motivos: a) o casal decidiu em não ter filhos; b) o casal se separou e um não deseja ter o filho com o outro; c) vários embriões foram produzidos e o casal já conseguiu o número de filhos que desejava; d) a morte de um dos doadores dos gametas utilizados; ou e) a morte de ambos os doadores de gametas.

Essas situações geram um debate ético sobre a condição jurídica desses embriões. Trata-se de milhares de vidas humanas trancadas em geladeiras de nitrogênio à espera da boa vontade dos pais, que muitas vezes nem querem mais dar continuidade ao projeto parental ou de terceiros que supostamente

---

[48] *"Prestação de serviços. Reprodução assistida. Contaminação do material utilizado no descongelamento de embriões. Impossibilidade de implantação de parte dos embriões formados. Responsabilidade objetiva da clínica.* Legitimidade passiva da comerciante do produto contaminado afastada, por ter sido identificada a fabricante. Indenizações por danos material e moral mantidas. Recurso da Ré provido e parcialmente provido o dos Autores. (TJSP; APL 0005475-21.2011.8.26.0302; Ac. 6913848; Jaú; Trigésima Sexta Câmara de Direito Privado; Rel. Des. Pedro Baccarat; Julg. 24/04/2014; DJESP 05/05/2014)" Editora Magister. Disponível em: <http://www.magisteronline.com.br/mgstrnet/lpext.dll?f=templates&fn=main-hit-j.htm&2.0>. Acesso em: 17 abr. 2017.

estão comercializando os embriões que foram esquecidos nas clínicas de reprodução, já que se sabe que praticamente não existe um controle dos embriões que são produzidos.

O casal que contratou a clínica para realizar os procedimentos para a fabricação dos embriões, por acaso, acompanha a fecundação do óvulo pelo espermatozoide? É possível verificar o número de embriões que foram produzidos? E, dos que foram produzidos, quantos vingaram e quantos morreram? Ao contratante só resta acreditar nas palavras do contratado!!! As três primeiras questões podem ser respondidas de forma negativa, os contratantes não acompanham o processo da fecundação; não sabem realmente quantos embriões foram produzidos, nem quantos morreram e quantos estão vivos.

Se, em razão do congelamento, os embriões excedentários sofrerem problemas genéticos e danos a sua integridade física, psíquica e à vida, estar-se-á diante de danos morais, e nesta hipótese (congelamento) é possível falar em danos materiais se ao nascer a pessoa ficar com sequelas que atinjam sua capacidade laboral.

Sistema da Responsabilidade Civil			
Hipótese		Congelamento dos embriões	
Conduta	Ação	Criopreservação.	
	Omissão	X	
Dano	Material	Perda da capacidade laboral.	
	Moral	Problemas genéticos.	
Nexo Causal	Causa	O congelamento.	
	Efeito	Danos à integridade física, psíquica e à vida.	
Fundamento Legal		Constituição Federal: art. 5º, V, e art. 196. Código Civil: art. 2º, art. 11, art. 12, art. 186 e art. 187, art. 927, art. 949 e art. 950. Código de Processo Civil: art. 72, parágrafo único.	
Dever Jurídico Violado		Proteção aos filhos. Direitos da personalidade (integridade física e à vida). Direito à saúde.	
Espécie de Responsabilidade Civil		Subjetiva.	

3.3.5 Diagnóstico genético pré-implantatório

O diagnóstico pré-implantatório é utilizado para identificar qual seria o melhor embrião a ser implantado, para evitar que o filho herde uma anomalia genética[49], contudo, supostamente acontece de não apenas os embriões que carregam o gene defeituoso como também os demais produzidos serem ignorados e descartados.

O diagnóstico genético pré-implantação enfrenta objeções éticas, pois o próprio ato da manipulação genética dos embriões pode gerar danos e até a morte dos mesmos e na escolha do embrião "sem defeito", pois tudo indica que os embriões considerados "defeituosos" são eliminados, nesses casos, os embriões são utilizados como meio ou fim[50].

Essa técnica possibilita, além da identificação do embrião que não carrega a herança genética defeituosa, também a escolha do sexo e das características físicas do bebê, efetivando-se a prática da eugenia, que é proibida no país, pois pode gerar prejuízos à futura prole.

A eugenia pode ser tanto negativa, que tem como finalidade eliminar as características indesejáveis, garantindo o nascimento de crianças saudáveis e livres de qualquer anomalia; como positiva, com a possibilidade de escolher as características desejáveis, que podem ser boas ou más (neste último caso, para favorecer o nascimento de crianças com deficiências preestabelecidas[51], com deficiência visual, auditiva, mental ou física graves).

Uma pesquisa realizada nos EUA revelou que 3% dos casais que fizeram tratamentos de fertilização *in vitro* escolheram embriões com anomalias genéticas para serem implantados, porque o desejo deles é o de ter filhos com a mesma deficiência, como a surdez e o nanismo[52].

Usar o diagnóstico genético pré-implantatório para obter embriões com anomalias genéticas é ferir o princípio da dignidade da pessoa humana, pois ninguém tem o direito de causar danos a outro ser, muito menos ferir a

---

[49] MONTEIRO, Juliano. Savior Sibling: limites ao poder familiar? In: GOZZO, Débora. *Informação e direitos fundamentais*. São Paulo: Saraiva, 2012. p. 180-202.

[50] NAMBA, Edison Tetsuzo. *Manual de bioética e biodireito*. 2. ed. São Paulo: Atlas, 2015. p. 172.

[51] VIEIRA, Tereza Rodrigues; FÉO, Cristina. Eugenia e o direito de nascer ou não com deficiência: algumas questões em debate. In: VIEIRA, Tereza Rodrigues (Org.). *Ensaios de bioética e direito*, cit., p. 47.

[52] *Folha Online*. Disponível em: <http://www.renorbio.org.br/portal/noticias/clinicas--nos-eua-usam-embrioes-com-mal-genetico-a-pedido-de-pais.htm>. Acesso em: 28 jul. 2016.

integridade física de outrem principalmente de forma consciente, originando sequelas físicas ou psíquicas de modo permanente. Trata-se de conduta tipificada no Código Penal brasileiro.

No entender de Edison Tetsuzo Namba, "o recurso do DGPI pode ser eticamente aceito, a título excepcional, quando, após avaliação médica, demonstre-se que pelo menos um dos genitores é portador de alteração genética hereditária causadora de doença grave"[53]. Foi o caso do casal de ingleses que utilizaram da técnica para que a filha não nascesse com o gene relacionado ao câncer de mama e de ovário, a justificativa foi que três gerações de mulheres (a avó, mãe, irmã e uma prima), da família da mãe tiveram o tumor diagnosticado[54].

---

[53] NAMBA, Edison Tetsuzo. *Manual de bioética e biodireito*, cit., p. 173.
[54] Selecionado, bebê nasce sem gene que gera câncer de mama. Tecnologia que analisa embrião após fertilização *in vitro* detecta anomalia que acarreta risco de até 80% de tumor. Uso da técnica, aplicada em 130 doenças, é polêmico porque a mutação significa apenas probabilidade de o tumor vir a ocorrer no futuro. Médicos britânicos anunciaram ontem o nascimento de uma menina selecionada para não ter um gene relacionado ao câncer de mama e de ovário (BRCA 1), que pode acarretar um risco de até 80% do desenvolvimento do tumor. Equipes médicas de outros dois países – Bélgica e Austrália – já relataram o mesmo feito em periódicos científicos. A mãe da menina, de 27 anos, decidiu recorrer à escolha genética porque três gerações de mulheres de sua família – entre elas sua avó, mãe, irmã e uma prima – tiveram o tumor diagnosticado. O marido também é portador do gene. A técnica é chamada de diagnóstico pré-implantacional (PGD), muito utilizada em tratamentos de fertilização *in vitro*, inclusive no Brasil, para o diagnóstico de 130 doenças genéticas e cromossômicas, entre elas a fibrose cística e a distrofia muscular progressiva. Não há registro de que o teste já tenha sido usado no Brasil para o diagnóstico do gene BRCA 1, mas essa utilização é polêmica porque a presença dessa mutação no embrião representa apenas uma probabilidade do desenvolvimento do tumor de mama ou de ovário – diferente dos outros casos em que a doença herdada vai se manifestar com certeza. Apenas 10% dos cânceres de mama são de origem hereditária – o restante está ligado a fatores ambientais. Os genes BRCA 1 e BRCA 2 (que também pode ser detectado no teste) estão relacionados a um terço desses tumores – outros genes são mais raros. "O teste feito no embrião não livra a menina de vir a ter câncer de mama ou de ovário. Ela simplesmente passa a ter o mesmo risco que qualquer mulher da população", afirma o geneticista Salmo Raskin, presidente da Sociedade Brasileira de Genética Médica. Segundo Raskin, o uso do teste genético para câncer também suscita outro questionamento: seria ético descartar um embrião apenas pela predisposição de um dia ter um câncer? "Em média 30% das pessoas com essa mutação genética serão indivíduos saudáveis." O ginecologista Arnaldo Cambiaghi, especialista em reprodução assistida, levanta outra questão. "Será que daqui a 30 anos esses embriões que carregam o gene [BRCA 1] não poderão ser tratados em vez de, antemão, tirar-lhes a possibilidade de viver?" Hoje, mulheres com essa mutação são monitoradas pelos médicos e, entre as alternativas, está a mastectomia (retirada

Não deve ser aceito o uso do DGPI para a escolha de embriões com determinadas características desde que não esteja ligada a alguma anomalia, quanto ao uso para selecionar embrião para ser doador de células estaminais para por fim a doença familiar, o autor defende que cada caso deverá ser analisado, não só pelos genitores, entretanto, por um grupo especializado[55].

A utilização do "bebê medicamento", de práticas eugênicas (escolher o sexo, a cor dos olhos, melhorar ou piorar as características físicas) e o descarte do embriões defeituosos configura dano moral, além de violar a integridade física dos embriões. Em relação ao dano material, este pode ser configurado se ao nascer a pessoa ficar limitada para a atividade laboral.

---

das mamas) preventiva. Não há legislação no Brasil que regulamente em que casos os testes genéticos podem ser aplicados na reprodução assistida. Uma resolução do CFM (Conselho Federal de Medicina), que trata da área da fertilização *in vitro*, considera éticas intervenções que tenham como finalidade avaliar a viabilidade do embrião ou detectar doenças hereditárias. Nas clínicas de reprodução assistida, o custo do PGD é em torno de R$ 1.500,00 por cada embrião analisado. "Se a ciência permite esse avanço, de fazer o diagnóstico de doenças incompatíveis com a vida ou de doenças graves que causam sofrimento ou diminuição de sobrevida, não há razão para não fazer uso dela", avalia o médico Reinaldo Ayer de Oliveira, do comitê de bioética do Cremesp (Conselho Regional de Medicina do Estado de São Paulo). Na sua opinião, ainda que o teste genético só vá beneficiar um terço dos portadores de câncer de mama hereditário e também pode levar ao descarte embriões que não desenvolverão a doença, sua utilização é válida, caso seja essa a vontade do casal. O ginecologista Thomaz Gollop, professor livre-docente em genética humana pela USP, também concorda com essa tese. "Cada pessoa sabe o que vai levar nas costas. Ninguém gostaria de ver uma filha fazendo mastectomia ou retirando os ovários aos 30 anos de idade." Segundo Gollop, como no processo de reprodução assistida são produzidos vários embriões, a escolha de um ou mais que não carregam genes com mutações acaba sendo a melhor opção para o casal. Legado. Em entrevista à rede britânica BBC, o especialista em fertilidade Paul Serhal, diretor da unidade de reprodução assistida do hospital University College, que acompanhou a seleção dos embriões e a gravidez da mulher britânica, disse que o grande legado do nascimento "é a erradicação da transmissão dessa forma de câncer, que fez essa família sofrer por gerações". A identidade dos pais da criança não foi divulgada. Cerca de mil bebês nasceram até agora no mundo após passarem – enquanto embriões – por esse método de seleção genética para a detecção de outras doenças, como a fibrose cística, a doença de Huntington e a Síndrome do X Frágil. Esse tipo de procedimento está proibido na Alemanha, Áustria, Itália e Suíça. É autorizado nos EUA, na Bélgica, Dinamarca, Espanha e no Reino Unido. Na França é permitido apenas para detectar uma doença genética incurável, como a miopatia ou a mucoviscidose. Em 2006, o Reino Unido ampliou a possibilidade de recorrer ao diagnóstico, acrescentando a mutação genética BRCA 1. Cláudia Collucci. Da reportagem local. Disponível em: <http://www1.folha.uol.com.br/fsp/saude/sd1001200901.htm>. Acesso em: 18 abr. 2017.

[55] NAMBA, Edison Tetsuzo. *Manual de bioética e biodireito*, cit., p. 173.

Sistema da Responsabilidade Civil		
Hipótese		**Diagnóstico genético pré-implantatório**
Conduta	Ação	Fazer uso do "bebê medicamento". Práticas eugênicas (escolher o sexo, a cor dos olhos, melhorar ou piorar as qualidades).
	Omissão	Não realizar a anamnese.
Dano	Material	Perda da capacidade laboral (para os que vierem a nascer).
	Moral	Danos à integridade física, psíquica e o descarte de embriões.
Nexo Causal	Causa	São várias as possíveis causas: produzir o "bebê medicamento", escolher o sexo ou a cor dos olhos, melhorar ou piorar as qualidades da pessoa, a não realização da anamnese.
	Efeito	Danos à integridade física, psíquica e a morte.
Fundamento Legal		Constituição Federal: art. 5º, V, e art. 196. Código Civil: art. 2º, art. 11, art. 12, art. 186, art. 187, art. 927, art. 949 e art. 950. Código de Processo Civil: art. 72, parágrafo único.
Dever Jurídico Violado		Proteção aos filhos. Direitos da personalidade (integridade física e psíquica e a vida). Direito à saúde.
Espécie de Responsabilidade Civil		Subjetiva.

3.3.6 Objeto de experiências científicas

A Resolução 1/1988 do Conselho Nacional de Saúde que normatiza a área de pesquisa em saúde no país estabelece que em toda pesquisa em que o ser humano for submetido a estudo deverá prevalecer o critério de respeito à sua dignidade e à proteção de seus direitos e bem-estar. Seguindo essa linha, o art. 40 da mencionada resolução prevê que os fetos poderão ser objeto de pesquisa apenas quando o procedimento experimental assegurar máxima segurança para a gravidez, o feto e a grávida.

Percebe-se que os embriões não podem ser utilizados para experiências científicas, como, por exemplo, tentar a produção de um super-homem, podendo determinar o sexo ou as características genéticas. Maria Helena Diniz cita três casos envolvendo experiências científicas com embriões:

um na Universidade Dalhouse onde "(...) rins fetais foram utilizados para analisar certas moléstias renais"; um na Universidade de Stanford, em que o médico "(...) fez experiências abrindo a caixa torácica de fetos humanos, de 24 semanas, ainda vivos, a fim de estudar o trabalho do coração (...)"; e outro na Universidade de Szeded, em que a prática era retirar "(...) o coração, ainda batendo, de bebês não nascidos, contando até 15 semanas"[56].

Essas não as únicas notícias envolvendo experimentos científicos com embriões humanos; constantemente o mundo é surpreendido com esse tipo de informação. Recentemente foi recusada por duas revistas de publicações científicas em razão de dilemas éticos pesquisa de cientistas chineses que supostamente teriam modificado genes de embrião humano[57].

---

[56] DINIZ, Maria Helena. *O estado atual do biodireito*, cit., 9. ed., 2014, p. 152.

[57] Cientistas chineses modificam geneticamente embriões humanos em experimento inédito. Rumores de que a pesquisa vinha sendo feita circulam no meio acadêmico desde março. Segundo o *site* da revista "Nature", tanto a "Nature" quanto a "Science", duas das mais prestigiadas publicações científicas do mundo, recusaram-se a publicar o artigo sobre o experimento pelo menos em parte devido a questões éticas que o trabalho suscita. Mas a equipe de pesquisadores, liderada pelo professor Junjiu Huang, da Universidade de Sun Yat-sen em Guangzhou, na China, conseguiu que seu estudo fosse aceito pelo bem menos conhecido periódico "Protein & Cell". Huang e seus colegas tentaram driblar as preocupações éticas quanto ao experimento usando embriões "inviáveis", ou seja, que não resultariam em nascimentos, obtidos em clínicas de fertilidade locais. A equipe buscou modificar o gene responsável pela betatalassemia, um distúrbio sanguíneo fatal, usando a técnica de edição genética conhecida como CRISPR/Cas9. Segundo os próprios pesquisadores, contudo, seus resultados revelam sérios obstáculos ao uso do método em aplicações médicas. – Acredito que este é o primeiro estudo de CRISPR/Cas9 aplicado a embriões humanos e, sendo assim, o trabalho é um marco, mas também é motivo de cautela – disse ao *site* da "Nature" o biólogo genético George Daley, da Escola de Medicina de Harvard, em Boston, nos EUA. – A pesquisa deve servir de aviso a qualquer cientista que pensa que a tecnologia está pronta para tentar erradicar doenças genéticas. No experimento, os cientistas injetaram nos embriões o complexo de enzimas CRISPR/Cas9, uma espécie de "tesoura" molecular que corta e une o DNA em locais específicos. O complexo pode ser programado para atuar sobre um gene problemático, que, então, é substituído ou reparado por outra molécula introduzida ao mesmo tempo. "O sistema é bastante estudado em células humanas adultas e em embriões de animais. Mas nunca houve pesquisas publicadas sobre o seu uso em embriões humanos", lembra o *site* da "Nature". "NÃO SOMOS RATOS DE LABORATÓRIO" Os cientistas testaram a técnica em 86 embriões. Após 48 horas, os pesquisadores testaram 54 dos 71 embriões sobreviventes e identificaram que desses, 28 tinham sido modificados com sucesso. De acordo com próprio grupo de cientistas, a baixa taxa de sucesso indica que o processo não será aplicado em embriões viáveis tão cedo, já que, para isso, a pesquisa precisaria alcançar 100% de eficácia. Em tese, a técnica pode servir de base para o tratamento de doenças genéticas. No entanto, a comunidade científica tem sérias preocupações

Os casos supramencionados tratam de flagrante afronta ao direito à vida e da proteção à integridade física do embrião. Apesar de os fatos narrados não terem sido realizados no Brasil, nada garante que isso também esteja sendo realizado, pois a fiscalização praticamente não existe e fica a cargo da consciência dos médicos pesquisadores, cabendo aos genitores dos embriões proibir que estes sejam utilizados em experiências científicas que possam colocar em risco a sua saúde e a sua segurança.

Sistema da Responsabilidade Civil		
Hipótese		Objeto de experiências científicas
Conduta	Ação	Autorizar que o embrião seja utilizado em experiência científica, por exemplo, tentar a produção de um super-homem.
	Omissão	X
Dano	Material	Perda da capacidade laboral (para os que vierem a nascer).
	Moral	O dano à integridade física e a morte.
Nexo Causal	Causa	Ser utilizado em experiências científicas.
	Efeito	Violação da integridade física e a morte do embrião.
Fundamento Legal		Constituição Federal: art. 5º, V, e art. 196. Código Civil: art. 2º, art. 11, art. 12, art. 15, art. 186, art. 187, art. 927, art. 949 e art. 950. Código de Processo Civil: art. 72, parágrafo único.

quanto a seu uso na medicina. Mudanças no código genético podem não apenas alterar o ser humano cujo DNA estaria sendo "reparado", mas também seus filhos, netos, bisnetos etc. Ou seja, uma alteração no gene de uma pessoa pode resultar em gerações de humanos geneticamente modificados, sendo que ainda não há pesquisas para saber quais seriam as consequências disso. No último dia 12 de março, a revista "Nature" publicou um alerta sobre pesquisas com embriões humanos, pedindo uma moratória total nesse tipo de estudo. Presidente da Aliança para a Medicina Regenerativa, o cientista Edward Lanphier e outros quatro pesquisadores pediram à comunidade mundial para não realizar experimentos nessa linha. "Não somos ratos de laboratório, muito menos algo como um milho transgênico. Por décadas, os países desenvolvidos debateram a modificação de genes em células reprodutivas e se posicionaram contra isso", disse Lanphier ao GLOBO em março. Disponível em: <http://oglobo.globo.com/sociedade/ ciencia/cientistas-chineses-modificam--geneticamente-embrioes-humanos-em-experimento-inedito-15954607>. Acesso em: 23 dez. 2016.

Sistema da Responsabilidade Civil	
Hipótese	Objeto de experiências científicas
Dever Jurídico Violado	Proteção aos filhos. Direitos da personalidade (integridade física, psíquica e a vida). Direito à saúde.
Espécie de Responsabilidade Civil	Subjetiva.

3.3.7 Questões nutricionais da mulher e a saúde do embrião

No entender de Márcia Regina Vitolo, "a saúde do embrião vai depender da condição nutricional pré-gestacional da mãe, não apenas quanto às suas reservas energéticas, mas também quanto às de vitaminas, minerais e oligoelementos"[58].

O estilo de vida da mulher antes da gestação acaba por influenciar no resultado da gestação, e, dessa forma, o estado nutricional da mulher antes da gravidez terá impacto sobre o desenvolvimento do feto[59]. Inclusive, há relatos de que a questão nutricional é a que mais tem influência na relação materno-fetal, pois pode influenciar no processo de toda a gestação: "mulheres que iniciaram a gravidez com peso inferior a 50kg apresentaram maior risco de gerarem crianças com baixo peso ao nascer"[60].

Para a configuração do dano material (perda da capacidade laboral) e moral (ofensa à saúde do embrião e prejuízo ao desenvolvimento do embrião), será considerado o estado nutricional da mulher antes da gravidez, uma vez que aquele poderá interferir no desenvolvimento do feto, como no caso de anorexia.

---

[58] VITOLO, Márcia Regina. Aspectos fisiológicos e nutricionais na gestação. In: VITOLO, Márcia Regina (Org.). *Nutrição da gestação ao envelhecimento*. 2. ed. rev. e ampl. Rio de Janeiro: Rubio, 2015. p. 79.

[59] ACCIOLY, Elizabeth; SAUDERS, Cláudia; LACERDA, Elisa Maria de Aquino. *Nutrição em obstetrícia e pediatria*. Rio de Janeiro: Cultura Médica, 2002. p. 21.

[60] ROCHA, Daniela da Silva; NETTO, Michele Pereira; PRIORE, Sílvia Eloiza; LIMA, Nerilda Martins Miranda de; ROSADO, Lina Enriqueta Frandsen Paez de Lima; FRANCESCHINI, Sylvia do Carmo Castro. *Estado nutricional e anemia ferropriva em gestantes: relação com o peso da criança ao nascer*. Disponível em: <http://www.scielo.br/pdf/rn/v18n4/25846.pdf>. Acesso em: 6 fev. 2017.

Sistema da Responsabilidade Civil			
Hipótese			Questões nutricionais da mulher
Conduta		Ação	O estilo de vida da mulher antes da gestação. O estado nutricional da mulher antes da gravidez terá impacto sobre o desenvolvimento do feto.
		Omissão	Não se alimentar de forma adequada.
Dano		Material	Se a pessoa sofrer limitações físicas e psíquicas – perda da capacidade laboral e eventuais lucros cessantes.
		Moral	Ofensa à saúde do embrião. Prejudicar o desenvolvimento do embrião.
Nexo Causal		Causa	Negligência quanto à prevenção.
		Efeito	O dano à saúde e o desenvolvimento do embrião (tamanho e peso).
Fundamento Legal			Constituição Federal: art. 5º, V, e art. 196. Código Civil: art. 2º, art. 11, art. 12, art. 186, art. 187, art. 927, art. 949 e art. 950. Código de Processo Civil: art. 72, parágrafo único.
Dever Jurídico Violado			Proteção aos filhos. Direitos da personalidade (integridade física, psíquica e direito à vida). Direito à saúde.
Espécie de Responsabilidade Civil			Subjetiva.

3.3.8 Redução embrionária

A redução embrionária é a interrupção do desenvolvimento do embrião, de forma que ocorre a eliminação de um ou mais embriões. Essa intervenção é realizada normalmente até o terceiro mês de gestação e trata-se de prática comum, contudo, muito criticada por parte da sociedade por questões éticas, morais e religiosas e também rejeitada por muitas gestantes por receio de sofrer abalos psicológicos por colocar fim à vida de um filho.

No ano de 1995 foi realizada a 47ª Assembleia Geral da Associação Médica Mundial na cidade de Bali (Indonésia), onde foi discutido sobre os aspectos éticos da redução embrionária, que ficou conhecida como a "Declaração de Bali", e ficou decidido que:

> Reconhecemos em gravidezes que envolvem mais de 3 fetos acontecer problemas de mortalidade fetal e retardo no crescimento juntamente com

debilidade em mais que 50% dos casos. Também temos que reconhecer os efeitos altamente prejudiciais nos nascimentos múltiplos à saúde física da mãe e às possíveis consequências psicológicas a ambos os pais.

Em relação às técnicas de fertilização *in vitro*, é desejável de preferência dois e não mais que três embriões implantados de cada vez.

Em casos que envolvem excitação médica da ovulação, não em técnicas de fertilização *in vitro* (IVF), existe o risco de gravidezes de nascimentos múltiplos e todo esforço deve ser feito para minimizar este risco, monitorando cuidadosamente o tratamento, inclusive com o uso de ultrassom e administração de hormônio.

Em alguns casos, podem ser indicadas reduções de oócitos e devem ser indicadas quando elas são possíveis por medicamentos.

Se acontecer uma gravidez que envolva mais que três fetos, apesar das precauções supramencionadas terem sido observadas, a prognóstico para os fetos é tão desfavorável que poderiam ser considerados os procedimentos de um aborto seletivo de embriões, com o sentido de melhorar a sobrevivência dos embriões restantes. Tal possibilidade deve ser incluída no aconselhamento no pré-natal.

No entanto, face o risco de complicações que podem surgir e porque realmente trata-se da eliminação de um ser humano em potencial, o médico deve evitar usar este tipo de procedimento simplesmente para obedecer ao pedido dos pais que preferem apenas uma criança por exemplo em lugar de duas crianças na gravidez[61].

Da assembleia realizada ficou decidido que era recomendação da Associação Médica Mundial que:

a) sempre que possível os médicos devem tomar medidas para prevenir as gravidezes de nascimentos múltiplos;

b) os pais devem ser informados claramente sobre as razões para procedimentos de redução embrionária ante os possíveis riscos envolvidos, e que esses procedimentos não devem ser feitos sem seu consentimento.

Para os casais que utilizam das técnicas de reprodução humana, a redução embrionária é um risco previsto no caso de todos os embriões se desenvolverem, e a gestação múltipla pode colocar em risco a vida da gestante e de todos os embriões. Nesse sentido é o magistério de Carlos Reinaldo de Souza, Luciana Cristina Correia e Lupércio Alaor Moreira, que alertam que

---

[61] Declaração de Bali. Disponível em: <http://www.ghente.org/doc_juridicos/bali.htm>. Acesso em: 17 dez. 2016.

essa técnica é utilizada "(...) como forma de viabilizar o desenvolvimento dos embriões e minimizar possíveis complicações maternas provenientes da gestação múltipla (...)[62]". E complementam que "(...) o risco de morbidade em longo prazo é significativo, uma vez que o nascimento ocorre antes do completo desenvolvimento fetal, gerando baixo peso, imaturidade pulmonar e necessidade de hospitalização (...)"[63].

O questionamento que surge é: existe diferença entre a "redução embrionária" e o "aborto"? Conforme Edgard Magalhães Noronha, o termo "aborto" pode ser conceituado como "a interrupção da gravidez, com a destruição do produto da concepção. É a morte do ovo, embrião ou feto[64]". Nota-se que redução embrionária e o aborto são condutas idênticas, com a mesma finalidade: a morte do ser que está sendo gerado.

É utilizada a expressão "redução embrionária", para impactar menos a sociedade e porque o aborto, por enquanto, é proibido no Brasil, contudo, o STF tomou uma decisão inédita autorizando a realização de um aborto até o terceiro mês de gestação, independentemente da motivação. Como escolher o filho que será eliminado? O filho que era tão esperado agora deve ser retirado?

Segundo a Resolução 2.121/2015 do Conselho Federal de Medicina é permitida a transferência de no máximo quatro embriões[65]. Será que, mesmo com a limitação da transferência de embriões, supostamente as clínicas realizam a transferência de mais do que o estabelecido? Pois o risco de realizar o tratamento e nenhum embrião se desenvolver existe, inclusive a taxa de insucesso do uso das técnicas de reprodução humana assistida é alta, como da mesma forma, pode ocorrer a gravidez múltipla, e nesse caso a possibilidade de complicações durante e após a gestação é real, como eclampsia, distensão uterina, hemorragia, perda do útero, inclusive até com risco de morte da gestante.

---

[62] SOUZA, Carlos Reinaldo de; CORREIA, Luciana Cristina; MOREIRA, Lupércio Alaor. Gestações múltiplas. In: CLEMENTE, Ana Paula Pacheco (Org.). *Bioética no início da vida*: dilemas pensados de forma transdisciplinar. Petrópolis: Vozes, 2006. p. 109.

[63] SOUZA, Carlos Reinaldo de; CORREIA, Luciana Cristina; MOREIRA, Lupércio Alaor. Gestações múltiplas. In: CLEMENTE, Ana Paula Pacheco (Org.). *Bioética no início da vida*: dilemas pensados de forma transdisciplinar, cit., p. 109.

[64] NORONHA, Edgard Magalhães. *Direito penal*. 21. ed. São Paulo: Saraiva, 1986. v. 2, p. 49.

[65] Disponível em: <http://www.portalmedico.org.br/resolucoes/CFM/2015/2121_2015.pdf>. Acesso em: 1º jun. 2016.

Ocorrendo a gestação múltipla, o que supostamente se pratica, apesar de ser considerado crime, é a interrupção da gestação de um ou mais embriões, assim sendo, se todos os embriões "vingarem", basta realizar a redução embrionária – uma forma é a parada cardíaca do feto, por meio da aplicação de cloreto de potássio. Maria Helena Machado lembra que:

> A morte dos fetos excedentes, através de injeção de cloreto de potássio injetada no coração, aplicada pelo médico, a fim de eliminar dois ou três fetos (escolhidos para morrer), diante das gestações de quíntuplos ou sêxtuplos, depois da implantação de um número elevado de embriões (até 10 embriões), ainda é a solução para resolver o problema da gestação múltipla causada pelas falhas técnicas da fertilização *in vitro*. Essa situação (ocultada pelos canais de informações) revela a mentalidade viciada, que transparece em muitos dos defensores da FIV, visto que, se admitem que o feto pode ser abortado, com maior razão admitem a eliminação do embrião implantado no útero[66].

Por mais desenvolvida que estejam a medicina e a biotecnologia, é impossível em algumas técnicas de reprodução humana assistida prever o número de embriões que serão produzidos, e, de acordo com o interesse da pessoa ou do casal, quantos continuarão vivos.

A prática da redução embrionária é proibida pela Resolução 2.121/2015 do Conselho Federal de Medicina, pois trata-se na verdade do crime de aborto. Exceção quanto à redução fetal em casos de gravidez múltipla que apresente risco de morte da gestante, seria um aborto necessário, pois trata-se de limitar o direito à vida do embrião. Para evitar o risco de morte da gestante, deveria ser produzido um embrião por vez para ser implantado.

Nunca se deve esquecer que se está diante de um embrião humano, de uma pessoa em uma das suas fases de desenvolvimento, portanto, titular do direito à vida, não se trata de uma coisa, assim sendo, merece proteção jurídica e não pode ser vítima de um homicídio programado.

Num país onde o aborto (por enquanto) é considerado crime, a prática da redução embrionária tem a mesma consequência, todavia, presume-se que se trata de prática corrente no país em razão inclusive da dificuldade de fiscalização, pois a impressão que se tem é que nem existe um controle nas clínicas de reprodução humana assistida ou mesmo dos hospitais.

---

[66] MACHADO, Maria Helena. *Reprodução assistida*: aspectos éticos e jurídicos. Curitiba: Juruá, 2009. p. 89.

É bem provável que supostamente a redução embrionária seja utilizada até mesmo para fins eugênicos, ou seja, de eliminar o embrião considerado defeituoso pelos médicos ou em razão do planejamento familiar, quando o intuito era o de ter dois filhos e os quatro embriões que foram implantados estão em perfeito desenvolvimento, sendo a solução eliminar dois daqueles (provavelmente o que apresentar alguma possibilidade de anomalia será o primeiro a ser descartado).

Enquanto essa prática for considerada crime, os pais não poderiam ser condenados por não terem realizado a prática, pois trata-se de uma conduta criminosa. Entretanto, no caso de o aborto vir a ser permitido no Brasil, como ficaria?

Sistema da Responsabilidade Civil		
Hipótese		Redução embrionária
Conduta	Ação	Solicitar a redução embrionária.
	Omissão	X
Dano	Material	Ausente dano material.
	Moral	Morte do embrião.
Nexo Causal	Causa	O procedimento para a redução embrionária.
	Efeito	Morte do embrião.
Fundamento Legal		Constituição Federal: art. 5º, V, e art. 196. Código Civil: art. 2º, art. 11, art. 12, art. 186, art. 187, art. 927, art. 949 e art. 950. Código de Processo Civil: art. 72, parágrafo único.
Dever Jurídico Violado		Proteção aos filhos. Direitos da personalidade (integridade física, psíquica e a vida). Direito à saúde.
Espécie de Responsabilidade Civil		Subjetiva.

3.3.9 Uso de embriões em pesquisas e terapias específicas

Além da redução embrionária, outro destino de muitos embriões é a sua "utilização" em pesquisas, inclusive "usado" como matéria-prima para a indústria cosmética ou em que o destino é a lata de lixo. Inclusive há quem defenda que não pode ser considerado crime, pois é uma conduta atípica e, dessa forma, jogar uma pessoa no lixo, quando se encontra em uma das suas fases de desenvolvimento, não é crime. Houve época em que matar negros também não era crime!!!

Com o julgamento da ADI 3.510, referente à inconstitucionalidade do art. 5º da Lei de Biossegurança, está autorizada a utilização de células-tronco dos embriões excedentários para fins de pesquisa e terapia. Contudo, o julgamento da constitucionalidade do mencionado artigo não altera em nada o fato de que vidas humanas estão sendo destruídas e descartadas.

Existe mesmo a necessidade da utilização das células-tronco de embriões nas pesquisas ou as células-tronco encontradas na medula óssea, no cordão umbilical e na placenta não são suficientes para as pesquisas?

O uso de células-tronco retiradas do embrião excedentário é uma prática inaceitável que fere o direito à vida, à integridade física e à dignidade da pessoa humana, que estão dentre as garantias constitucionais do ser humano.

O que não se pode esquecer é que se trata de um ser pertencente à raça humana, em sua forma inicial, considerando que a formação da pessoa tem início na concepção e merece proteção ao seu direito de nascer com vida, o que parte da ciência e do mundo jurídico esquecem, e de que trata-se de um embrião humano que possui vida humana.

No que diz respeito ao uso de embriões humanos em pesquisas e terapias, alguns países têm autorizado a prática, como são os casos da Suíça, Inglaterra, França, Espanha e Brasil. Por outro lado, os Estados Unidos da América e a Itália são países contrários a esse tipo de procedimento, de certo por respeitarem o direito à vida desde o seu início.

Chega a ser contraditório, pois intervenções clínicas são permitidas para garantir o bem-estar do embrião, e, da mesma forma é permitido às manipulações genéticas com fim de experimentos, mesmo que para isso venha atentar contra a saúde, a integridade física e a vida daquele. Parece que a parte que se refere à proteção a integridade física que prevê o art. 13 do Código Civil[67] é ignorada.

A proteção da dignidade da pessoa humana, inclusive, na sua fase inicial dá ares de ser ignorada para justificar a autorização para a manipulação de embriões e seu uso em pesquisas e terapias.

A utilização de embriões em pesquisas e terapias viola o direito à vida, à incolumidade física e a dignidade humana do embrião, este não é coisa trata-se de um ser pertencente à família da raça humana, portanto, ser huma-

---

[67] BRASIL. *Código Civil*. "Art. 13. Salvo por exigência médica, é defeso o ato de disposição do próprio corpo, quando importar diminuição permanente da integridade física, ou contrariar os bons costumes". Disponível em: <http://www.planalto.gov.br/ccivil_03/LEIS/2002/L10406.htm Acesso em: 16 abr. 2017.

no. O país caminha no sentido de reconhecer um animal[68] como pessoa não humana, deixando de tratá-lo como bem-coisa. Contudo, ignora o embrião humano como sujeito de direitos e pertencentes à raça humana. Trata-se de uma inversão de valores?

O Código de Nuremberg é bem claro e didático quando da prática de experimentos (pesquisas), uma vez que estabelece:

> 4 O experimento deve ser conduzido de maneira a evitar todo sofrimento e danos desnecessários, quer físicos, quer materiais.
>
> 5 Não deve ser conduzido qualquer experimento quando existirem razões para acreditar que pode ocorrer morte ou invalidez permanente; exceto, talvez, quando o próprio médico pesquisador se submeter ao experimento. (...)

---

[68] Animais não são coisas, decide Comissão de Constituição e Justiça do Senado. Projeto de autoria do senador Antonio Anastasia foi aprovado conclusivamente e segue agora para a Câmara dos Deputados. Os senadores da Comissão de Constituição, Justiça e Cidadania (CCJ) do Senado Federal aprovaram, nesta quarta-feira, por unanimidade, o Projeto de Lei (PLS 351/2015) que define no Código Civil brasileiro que os animais não serão considerados coisas. A proposta segue agora para apreciação na Câmara dos Deputados. De autoria do senador Antonio Anastasia (PSDB/MG), o texto muda o status dos animais no código civil, o que abre portas para futuros direitos dos bichos. "Infelizmente, não são poucas as pessoas que tratam animais como elementos descartáveis. Ignoram que eles sentem dor, frio, que têm necessidades. E a lei hoje também assim os trata. É isso que estamos mudando agora, a exemplo de países com legislação mais evoluída neste tema", afirmou. Para o senador mineiro, este é apenas um primeiro passo, mas muito relevante, para que os animais adquiram também no Brasil um novo status. "Ao assegurar que os animais não serão tratados como coisas, começamos a abrir uma série de possibilidades novas para garantir a eles mais direitos, vedando o descuido, o abuso, o abandono. Proteger os animais é estimular uma sociedade de paz e tolerância. Significa, portanto, cuidar também dos humanos", disse. Em dezembro do ano passado, em decisão inédita da Justiça da Argentina, uma orangotango foi reconhecida como "pessoa não humana" e, com isso, teve aceito um pedido de *habeas corpus* – impetrado por advogados da causa animal – para deixar o zoológico em que viveu confinada por mais de 20 anos e vir para um santuário de animais no Brasil. Na justificativa do projeto, Anastasia diz que falta no Brasil uma categoria de direitos atinentes à tutela do animal como ser vivo e essencial em sua dignidade, como ocorre na legislação de países europeus. A lei alemã estabelece a categoria "animais", intermediária entre coisas e pessoas. A Suíça e a Áustria também colocaram na lei que os animais não são coisas. A ideia, porém, é evoluir para uma legislação como a da França, que em 28 de janeiro deste ano fez constar do seu código civil que os animais são "seres vivos dotados de sensibilidade". Disponível em: <http://www.em.com.br/app/noticia/politica/2015/10/21/interna_politica,700097/animais-nao-sao-coisas-decide-comissao-de-constituicao--e-justica-do-s.shtml>. Acesso em: 16 abr. 2017.

7 Devem ser tomados cuidados especiais para proteger o participante do experimento de qualquer possibilidade de dano, invalidez ou morte, mesmo que remota[69].

Uma simples leitura é capaz de evidenciar que os experimentos, inclusive, os realizados com embriões deveriam evitar todo tipo de sofrimento e de danos, que não deve desenvolver experimentos que pode levar a morte ou a invalidez daquele participante do experimento e que se devem tomar cuidados especiais para a proteção integral daquele, no presente caso o embrião.

A vida humana deve ser protegida desde a concepção, qualquer intervenção médica sobre o patrimônio genético da pessoa humana, independente, da sua forma de desenvolvimento (zigoto, embrião ou nascituro), que não tenha como finalidade corrigir defeitos genéticos, deve ser encarado como uma tentativa de violação da dignidade da pessoa humana.

Para a configuração do dano moral basta que, ao se permitir a realização de uma pesquisa, que não seja para corrigir alguma anomalia hereditária do próprio embrião, venha este a ser atingido em sua integridade física, psíquica ou até mesmo chegue a morrer.

\multicolumn{2}{c	}{Hipótese}	Sistema da Responsabilidade Civil
		Uso de embriões em pesquisas e terapias específicas (projeção externa)
Conduta	Ação	Permitir a realização de uma pesquisa envolvendo o embrião que não seja para corrigir alguma anomalia hereditária do próprio embrião.
	Omissão	X
Dano	Material	Perda da capacidade laboral (para os que vierem a nascer).
	Moral	O dano à integridade física e a morte.
Nexo Causal	Causa	Ser utilizado em pesquisas e terapias específicas.
	Efeito	Violação da integridade física e a morte do embrião.
Fundamento Legal		Constituição Federal: art. 5º, V, e art. 196. Código Civil: art. 2º, artigos 11 ao 15, art. 186, art. 187, art. 927, art. 949 e art. 950. Código de Processo Civil: art. 72, parágrafo único.

---

[69] Código de Nuremberg (1947). Disponível em: <https://www.ufrgs.br/bioetica/nuremcod.htm>. Acesso em: 18 abr. 2017.

	Sistema da Responsabilidade Civil
Hipótese	Uso de embriões em pesquisas e terapias específicas (projeção externa)
Dever Jurídico Violado	Proteção aos filhos. Direitos da personalidade (integridade física, psíquica e direito à vida). Direito à saúde.
Espécie de Responsabilidade Civil	Subjetiva.

Quem causa danos à integridade física, psíquica ou a morte do embrião nos seguintes casos: abandono dos excedentários, na comercialização, na autorização da doação dos excedentários, que autoriza o congelamento, que não se preocupa com a consanguinidade entre os pais, fazer uso do bebê medicamento e de práticas eugênicas, autorizar o seu uso em experiência científica, no caso da gestante que leva uma vida alimentar desregrada, na redução embrionária e a autorização para que seja utilizado em pesquisas e terapias específicas, deve responder pela inobservância de condutas e comete ato ilícito, podendo praticar várias violações: a) de um dever geral para com o outro; b) da proteção aos filhos; c) do direito à saúde dos filhos; e d) dos direitos da personalidade. Trata-se de uma conduta culposa (responsabilidade subjetiva), exceto no caso da venda de embriões, que fica caracterizada a responsabilidade civil objetiva.

3.4 DAS POSSÍVEIS CAUSAS DE DANOS PRODUZIDOS NO NASCITURO

3.4.1 Considerações iniciais

É indiscutível que o nascituro[70] possui vida intrauterina[71], partindo do princípio de que ele é o ser já concebido, porém não nascido. Rubens Limon-

---

[70] Inclusive com o desenvolvimento da tecnologia a futura criança tem possibilidade de ter um álbum de fotografias, antes mesmo do nascimento, através das imagens ecográficas, que são realizadas *in útero*. Esse avanço tecnológico possibilita inclusive o acesso ao nascituro, para que possa ser tratado por uma equipe médica, ainda no útero, ou mesmo descartada, apesar de o aborto ser considerado crime no país, com as exceções já conhecidas.

[71] Tânia da Silva Pereira destaca que "A falta de proteção da vida intrauterina poderá acarretar, para o novo ser humano, deformações, traumatismos e mesmo moléstias comprometedoras de seu desenvolvimento, exigindo do Direito a delimitação da

gi França conceitua o nascituro como "(...) a pessoa que está por nascer, já concebida no ventre materno"[72]. No caso de danos ao nascituro, estes podem ser causados tanto pela gestante quanto por terceiros, entre eles, o médico, a enfermeira, o pai, o companheiro, entre outros.

Em razão da gestação, a gestante normalmente é a principal causadora de danos ao nascituro. Nesse sentido, Mário Luiz Delgado alerta que o comportamento inadequado da gestante pode causar danos irreparáveis ao nascituro, como o consumo de cocaína, de álcool ou de cigarro, comportamentos perfeitamente evitáveis[73].

O nascituro é sujeito de direito, e, assim sendo, todas as vezes que seu direito for violado, merece ser indenizado, seja por danos morais ou materiais. Tal conclusão pode ser retirada da leitura do art. 2º do Código Civil, porque aquele merece proteção integral (à saúde, à vida e à integridade física), até mesmo em razão do princípio da dignidade humana. Com esse espírito, Clayton Reis explana que:

> As ofensas à dignidade do nascituro, não importando a sua condição, assinalam sob nossa ótica, uma das mais graves ofensas perpetradas contra quem merece especial proteção jurídica, particularmente, dos próprios seres humanos, já que não poderemos jamais esquecer, que a nossa própria existência se iniciou desse processo de desenvolvimento[74].

Como sujeito de direito, é titular dos direitos da personalidade, uma vez que esses são garantidos a toda pessoa humana, independentemente de seu estágio de desenvolvimento, estando a proteção inclusive assegurada mesmo após a morte daquela. Rubens Limongi França conceitua os direitos da personalidade como "as faculdades jurídicas cujo objeto são os diversos aspectos da própria pessoa do sujeito, bem assim seus prolongamentos e projeções"[75].

---

responsabilidade por dano moral, também ao nascituro (...)" (PEREIRA, Tânia da Silva. *Direito da criança e do adolescente*: uma proposta interdisciplinar. Rio de Janeiro: Renovar, 1996. p. 148).

[72] FRANÇA, Rubens Limongi. *Instituições de direito civil*. Saraiva: São Paulo, 1988. p. 48.

[73] DELGADO, Mário Luiz. A responsabilidade civil da mãe gestante por danos ao nascituro. In: MADALENO, Rolf; BARBOSA, Eduardo (Coord.). *Responsabilidade civil no direito de família*, cit., p. 292.

[74] REIS, Clayton. A dignidade do nascituro. In: CORREA, Elídia Aparecida de Andrade; GIACIO, Gilberto; CONRADO, Marcelo. *Biodireito e dignidade da pessoa humana*. Curitiba: Jurua, 2010. p. 41.

[75] FRANÇA, Rubens Limongi. Direitos da personalidade: coordenadas fundamentais. *Revista do Advogado*, São Paulo, AASP, n. 38, p. 5.

Inúmeras são as doenças prejudiciais ao nascituro e que estão relacionadas à negligência da gestante (e ou do médico) e ao comportamento inadequado da gestante, como aids, rubéola e varicela. Importante ressalvar que a má conduta do pai também pode gerar danos ao nascituro.

A autonomia privada dos pais não pode prevalecer diante do direito à vida, à saúde e à integridade física e psíquica do nascituro. Não se pode defender o direito de liberdade de uma pessoa, se tal liberdade colocar em risco a vida e a integridade de outro ser humano. O caso de uma gestante consumir álcool e drogas e causando dano ao nascituro trata-se de conduta passível de indenização[76].

A família não pode ser um local onde seus membros sejam expostos a situações de riscos de dano. As relações familiares exigem deveres de cuidado, conforme estabelece o art. 229 da Constituição Federal. Os pais têm o dever de assistir, criar e educar os filhos, trata-se de um dever jurídico de cuidar, e esse cuidado deve ser estendido ao nascituro. Quando os pais ignoram esse dever de cuidar de seus filhos (embrião, nascituro e a criança), geram um ilícito civil que pode ser causado por uma ação positiva ou negativa, como será exposto na sequência.

O Poder Judiciário brasileiro já reconhece danos ao nascituro, quando, por exemplo, condena o causador de um acidente automobilístico a indenizar por danos morais o casal que em razão do acidente interrompe a gravidez da gestante, não se discutindo o tempo de gestação, e também o recebimento do seguro do DPVAT.

Em outro caso, o Estado reconheceu que o nascituro foi torturado pelo regime militar brasileiro, "(...) Criméia Alice Schmidt estava grávida de sete meses quando foi presa e torturada (...). Seu filho, João Carlos de Almeida Grabois, nasceu subnutrido e como a tortura incluía impedir a mãe de amamentar, chegou ao primeiro ano de vida com 2,7 kg"[77].

---

[76] DELGADO, Mário Luiz. A responsabilidade civil da mãe gestante por danos ao nascituro. In: MADALENO, Rolf; BARBOSA, Eduardo (Coord.). *Responsabilidade civil no direito de família*, cit., p. 294.

[77] "Estado reconhece que feto foi torturado. Decisão inédita favoreceu vítima, que teve direito a indenização de R$ 22 mil. A família considera o valor mínimo injusto e exige o valor máximo, de R$ 39 mil. A militante comunista Criméia Alice Schmidt estava grávida de sete meses quando foi presa e torturada em 1972 pelos militares em São Paulo. Seu filho, João Carlos de Almeida Grabois, nasceu subnutrido e como a tortura incluía impedir a mãe de amamentar, chegou ao primeiro ano de vida com 2,7 kg. O garoto acordava gritando todas as noites até os dez anos de idade, quando o neurologista finalmente convenceu-se de que os transtornos que apresentava não tinham causas físicas e os atribuiu a pesadelos. 'Ele era um bebê triste, que dormia

Está em tramitação no Congresso Nacional o Projeto de Lei 478/2007 que dispõe sobre o Estatuto do Nascituro, de propositura dos deputados Luiz Bassuma e Miguel Martini, e prevê nas disposições preliminares a proteção integral ao nascituro. Apresentado como o ser humano concebido e não nascido, inclui os seres humanos concebidos "in vitro" (reprodução humana assistida). A personalidade jurídica é adquirida ao nascer com vida, mas sua natureza humana é reconhecida desde a concepção, então, além da proteção jurídica estabelecida no estatuto, na lei civil e penal, gozará também da ex-

---

pouco e estava sempre de cara fechada. Agora é uma pessoa calada, diz Criméia. Embora ainda estivesse na barriga da mãe, João Carlos foi reconhecido como ex--preso político e vítima de tortura pela ditadura militar, decisão inédita da Comissão Estadual de Ex-Presos Políticos de São Paulo. Ele teve direito a indenização de R$ 22 mil, mas recorreu. A família considera o valor mínimo injusto e exige o valor máximo, de R$ 39 mil. 'Não existe tortura pequena, média ou grande. Não dá para medir, diz a mãe. A ex-presa política conta que recebeu tratamento' destinado a gestantes na prisão: por recomendação de alguém que se dizia médico, Criméia deixou de receber choques nas partes genitais, orelha e boca, como a maioria das presas, mas tinha sessões diárias de espancamentos na cabeça e choques nas mãos e pés, além de ouvir com frequência a ameaça de que seu bebê seria morto. Segundo Criméia, de dentro da barriga, o bebê percebia o momento de início da tortura com ela ou com os outros presos nas celas vizinhas. Todas as vezes que alguém ia ser torturado, os torturadores balançavam as chaves das celas. Por causa disso, todo mundo ficava tenso simplesmente ao ouvir o barulho. E o meu bebê soluçava. Esses soluços ficavam muito tempo depois. Depois que o meu filho nasceu, no Hospital do Exército, a comida vinha em peças de inox. O meu filho tinha soluços ao ouvir o barulho das peças. Era uma reação que ele tinha, sequela do medo que ele sentia.' Prima de João Carlos e filha dos ex-presos políticos Maria Amélia e César Teles, a historiadora Janaína Teles afirma que ela e seu irmão, o filósofo Edson Luiz Teles, também recorrem contra indenização pelo valor menor decidida pela Comissão Estadual de Ex-Presos Políticos de São Paulo. O assunto será discutido na próxima terça-feira (13) com a comissão. Janaína e o irmão tinham respectivamente 5 e 6 anos quando viram a mãe ser torturada nas celas do Destacamento de Operações de Informações – Centro de Operações de Defesa Interna (DOI-Codi), em São Paulo. Ela considera que as crianças vítimas da ditadura também devem ser indenizadas pelo teto e explica que a reivindicação não é movida pelo interesse no valor financeiro, mas pela importância do reconhecimento de que o estado brasileiro falhou durante a ditadura militar. Acho absurdo que se faça essa diferenciação (no valor das indenizações) só porque a gente viu e não foi torturado. Quando essas coisas acontecem quando você é criança as sequelas são mais profundas e permanentes, critica. A família Teles move um processo cível também inédito para que o coronel reformado Carlos Alberto Brilhante Ustra, que atuou no DOI-Codi, em São Paulo, seja considerado formalmente como torturador". Disponível em: <http://g1.globo.com/Noticias/SaoPaulo/0,,MUL4781-5605,00-ESTADO+RECONHECE+QUE+-FETO+FO I+TORTURADO.html>. Acesso em: 27 dez. 2016.

pectativa do direito à vida, à integridade física, à honra, à imagem e de todos os demais direitos da personalidade[78].

Estabelece no art. 4º do mesmo Estatuto que cabe à família, à sociedade e ao Estado assegurar ao nascituro, com absoluta prioridade, a expectativa do direito à vida, à saúde, à alimentação, à dignidade, ao respeito, à liberdade e à convivência familiar, além de colocá-lo a salvo de toda forma de negligência, discriminação, exploração, violência, crueldade e opressão[79].

Os deputados que propuseram o Projeto de Lei denominado "Estatuto do Embrião" justificaram que o Brasil deveria seguir os bons exemplos dos EUA e da Itália, que promulgaram leis de proteção integral ao nascituro. O primeiro estabeleceu que "concede à criança por nascer (nascituro) o status de pessoa, no caso de um crime", dessa forma, aquele que "causar morte ou lesão a uma criança no ventre de sua mãe, responderá criminalmente pela morte ou lesão ao bebê, além da morte ou lesão à gestante". E, na Itália a legislação "dá ao embrião humano os mesmos direitos de um cidadão" italiano[80].

3.4.2 Abandono do nascituro – dano moral em ricochete

O namorado, companheiro ou marido que abandona a mulher durante a gestação deve ser condenado a indenizar o nascituro por danos causados ainda na vida intrauterina. O abandono material e emocional da mãe em um momento em que esta se encontra mais sensível gera sentimentos de tristeza, frustração, irritação, insegurança, humilhação e abandono, e de forma reflexa acaba atingindo o nascituro, lesando seu patrimônio moral[81].

É também o entendimento de Jorge Cândido S. C. Viana, que entende que, "(...) quando se inicia efetivamente a gravidez, não pode sofrer qualquer tipo de abalo, quer físico, quer psíquico, pois essa violência pode ser absorvida pelo nascituro prejudicando-lhe psiquicamente, e até quem sabe,

---

[78] *Projeto de Lei 478/2007*. Disponível em: <http://www.camara.gov.br/proposicoesWeb/prop_mostrar integra? codteor=443584&filename=PL+478/2007>. Acesso em: 27 dez. 2016.

[79] *Projeto de Lei 478/2007*. Disponível em: <http://www.camara.gov.br/proposicoesWeb/prop_mostrar integra? codteor=443584&filename=PL+478/2007>. Acesso em: 27 dez. 2016.

[80] *Projeto de Lei 478/2007*. Disponível em: <http://www.camara.gov.br/proposicoesWeb/prop_mostrar integra? codteor=443584&filename=PL+478/2007>. Acesso em: 27 dez. 2016.

[81] DALVI, Luciano. *Curso avançado de biodireito*. Florianópolis: Conceito Editorial, 2008. p. 88.

ocasionando-lhe deformidades excepcionais"[82]. Parece que quando a gestante é abandonada por seu namorado, companheiro ou marido aquela não é a única a sofrer danos, pois o ser que está sendo gerado também se torna vítima do evento traumático. Trata-se de dano moral afetivo e psíquico (ricochete).

Sistema da Responsabilidade Civil			
Hipótese		Abandono do nascituro – dano moral em ricochete
Conduta	Ação	Abandonar a gestante.
	Omissão	X
Dano	Material	Abandono material.
	Moral	Dano afetivo (dano "ricochete").
Nexo Causal	Causa	Abandonar a gestante.
	Efeito	Dano psíquico.
Fundamento Legal		Constituição Federal: art. 5º, V, art. 127 e art. 196. Código Civil: art. 1º, art. 2º, art. 11, art. 12, art. 186, art. 187, art. 927, art. 949, art. 950 e 1.779. Código de Processo Civil: art. 72, parágrafo único. Estatuto da Criança e do Adolescente: art. 7º, art. 201, VIII.
Dever Jurídico Violado		Proteção aos filhos. Direitos da personalidade (integridade psíquica). Dignidade da pessoa humana.
Espécie de Responsabilidade Civil		Subjetiva.

3.4.3 Comercialização para a fabricação de sabão e cosméticos

Por dinheiro, o homem é capaz de vender sua própria alma. A afirmação pode parecer extremista, contudo, não é, pois em sã consciência alguém venderia uma pessoa ou faria "experiências" através de métodos cruéis com o ser humano? A história conta que os negros foram escravizados e vendidos e que, apesar de ser à época uma atividade muito lucrativa, foi uma prática condenada pela sociedade civilizada. Durante a Segunda Guerra Mundial o nazismo realizou "experiências" desumanas que muitas vezes levavam suas cobaias à morte.

---

[82] VIANA, Jorge Cândido S. C. *A mulher grávida e os direitos do nascituro*. Disponível em: <https://www.jurisway.org.br/v2/dhall.asp?id_dh=1174>. Acesso em: 17 abr. 2017.

Por determinação legal a comercialização do material biológico (leia-se: células-tronco embrionárias, embrião humano e o nascituro) é proibida e sua prática é considerada crime previsto no art. 15 da Lei 9.434, de 4 de fevereiro de 1997, contudo, pode ser indagado, de que forma é realizada a fiscalização para que esse negócio jurídico seja coibido? A previsão legal é suficiente para que o comércio ilegal e imoral não aconteça?

Para que a reprodução humana assistida tenha resultado positivo, muitas vezes são implantados mais de um embrião, sendo que a Resolução do Conselho Federal de Medicina permite até quatro, todavia, não existe uma fiscalização efetiva quanto a essa prática. No intuito de transferir uma quantidade maior de embriões para o útero da mulher para que pelo menos um se desenvolva, contudo, pode acontecer de mais de um ou até mesmo todos que foram implantados venham a desenvolver, colocando em risco a vida da gestante e dos próprios nascituros.

A solução para situações como a supramencionada é a redução embrionária/aborto que, como já foi observado, trata-se de interromper o desenvolvimento do nascituro, dessa forma, ocorre a eliminação de um ou mais nascituros, intervenção realizada geralmente até o terceiro mês de gestação. Interromper o desenvolvimento do nascituro seria uma prática análoga ao aborto? E, num passado não muito distante (hoje isso não acontece?), a venda desses fetos para as fábricas de sabão e cosmético era uma prática muito rentável.

Na obra "Bebês para Queimar – a indústria do aborto na Inglaterra", os autores Michael Litchfield e Susan Kentish, ambos repórteres, narram como as vítimas do aborto eram vendidas. Alguns trechos que foram gravados de conversas com médicos, pela sua pertinência, merecem ser reproduzido quase que na íntegra: "Há um ginecologista aqui em Harley Street, bem pertinho, que (...) o Sr. Vai achar difícil de acreditar porque é revoltante (...) que vende fetos para uma fábrica (...)". E continuam: "para uma fábrica de produtos químicos, e eles fazem sabão e cosméticos (...) e pagam-lhe muito bem pelos bebês, porque a gordura animal vale ouro no ramo deles (...)"[83]. As revelações são surpreendentes, senão veja-se:

> Por quanto o Sr. está vendendo? Veja, tenho bebês muito grandes. É uma pena jogá-los no incinerador, quando se podia fazer um uso muito melhor deles. Fazemos muitos abortos tardios. Somos especialistas nisto. Faço aborto que os outros médicos nunca fariam. Faço-os com sete meses, sem

---

[83] LITCHFIELD, Michel; KENTISH, Susan. *Bebês para queimar*: a indústria de aborto na Inglaterra. Trad. Euclides Carneiro da Silva. São Paulo: Paulinas, 1977. p. 150.

hesitar. A lei diz vinte e oito semanas. É o limite legal. Porém é impossível determinar a fase em que foi o aborto quando a criança é incinerada. Por isso não importa o período em que se faz o aborto. Se a mãe está pronta para correr o risco, eu estou pronto para fazer o aborto.

Muitos dos bebês que tiro já estão totalmente formados e vivem ainda um pouco, antes de serem eliminados. Uma manhã havia quatro deles, um ao lado do outro, chorando como desesperados. Não tive tempo de matá-los ali na hora, porque tinha muito o que fazer. Era uma pena jogá-los no incinerador, porque tinha muita gordura animal que poderia ser comercializada.

Naquele ponto, se tivessem sido colocados numa incubadora poderiam sobreviver, mas na minha clínica eu não possuo essa espécie de facilidades. O nosso negócio é por fim a vida e não ajudá-las a começar[84].

Na prática, enquanto interrupção da vida, existe diferença entre o aborto e a redução embrionária? Trata-se de redução embrionária ou aborto? Quem faz a fiscalização de quando e como o procedimento é realizado? Será que essa prática desumana deixou de acontecer? Trata-se de um "produto" muito importante para algumas indústrias? A constitucionalização do art. 5º da Lei de Biossegurança de alguma forma acaba validando a destinação dos embriões excedentários e o material resultante das "reduções embrionárias e/ou morte de nascituros" para as indústrias farmacêuticas e de cosméticos? Qual o limite da ganância humana?

Sistema da Responsabilidade Civil			
Hipótese		Comercialização para a fabricação de sabão e cosmético
Conduta	Ação	Comercialização do nascituro.
	Omissão	X
Dano	Material	Ausente dano material.
	Moral	Vida.
Nexo Causal	Causa	Venda do nascituro.
	Efeito	Morte do embrião.

---

[84] LITCHFIELD, Michel; KENTISH, Susan. *Bebês para queimar*: a indústria de aborto na Inglaterra, cit., p. 152.

Sistema da Responsabilidade Civil	
Hipótese	Comercialização para a fabricação de sabão e cosmético
Fundamento Legal	Constituição Federal: art. 5º, V, art. 127 e art. 196. Código Civil: art. 1º, art. 2º, art. 11, art. 12. art. 186, art. 187, art. 927, art. 949, art. 950 e art. 1.692. Código de Processo Civil: art. 72, parágrafo único. Estatuto da Criança e do Adolescente: art. 7º, art. 201, VIII.
Dever Jurídico Violado	Proteção aos filhos. Direitos da personalidade (integridade física, psíquica e direito à vida). Direito à saúde.
Espécie de Responsabilidade Civil	Objetiva.

3.4.4 Condutas inapropriadas para gestantes

Gravidez não é doença, contudo, esse período merece uma atenção especial da gestante principalmente nos primeiros meses de gestação, e algumas condutas devem ser evitadas para que não haja dano à própria gestante e ao nascituro.

Pode-se citar o consumo de bebidas alcoólicas e cigarros, a prática de esportes de contato (lutas e jogos) ou considerados de risco (provas de automobilismo ou de *motocross*), exemplos de condutas imprudentes que muitas vezes podem ser evitadas, como forma de prevenir a ocorrência de danos principalmente ao nascituro.

Na Austrália houve um caso em que uma filha, representada por uma tia, moveu e ganhou ação indenizatória em face da mãe, por conduta imprudente desta, pois, quando estava grávida foi ajudar a reunir o gado com uma caminhonete e acabou capotando o automóvel e, em razão do impacto Nicoly Lynch nasceu com deficiência cerebral, com dificuldade em falar, enxergar e de se locomover sozinha.

O contato da gestante com produtos químicos também pode ser um fator de risco para o bom desenvolvimento do nascituro, que pode ser evitado, existe uma relação entre os nascimentos com defeitos congênitos no Vale do São Francisco e a exposição dos genitores com agrotóxicos, as anomalias estão relacionadas aos sistemas musculoesquelético e nervoso[85].

---

[85] SILVA, Silvio Romero Gonlaves et al. Defeitos congênitos e exposição agrotóxicos no Vale do São Francisco. *Revista Brasileira de Ginecologia Obstetricia*, Rio de Janeiro, v. 33, n. 1, p. 20-26, jan. 2011. p. 22-23.

Dentre as condutas imprudentes das gestantes durante gravidez é o uso de alguns cosméticos, isso não significa que a mulher durante o período gestacional deva aposentar todos os seus produtos de beleza, contudo, alguns devem ser guardados e se possível descartados no lixo, para que em uma eventual pressa a gestante utilize de forma equivocada.

A Agência Nacional de Vigilância Sanitária (Anvisa), destaca três substâncias que a mulher não deve utilizar no período gestacional: cânfora, ureia acima de 3% e chumbo, são substâncias encontradas em creme para pernas e pés, hidratantes corporais e coloração. A cânfora pode causar anomalias no afeto e inclusive provocar aborto. Em relação a ureia, por ter condições de ultrapassar a placenta, pode prejudicar a formação e o crescimento do nascituro, por fim o chumbo pode causar efeitos colaterais na gestante (exemplos: aumentar a pressão arterial e prejuízos para os rins e os sistemas nervoso e cardiovascular), no nascituro desde retardo mental e a morte[86].

Médicos destacam outros produtos que devem ser evitados, entre eles, os ácidos, substâncias encontradas em produtos clareadores, antiacne e anti-idade, pois podem causar malformações. Da mesma forma, os cremes clareadores de pele que são produzidos à base de hidroquinona, há recomendação de evitar produtos destinados ao tratamento de manchas, oleosidade, acne, celulite e gordura localizada, se foram produzidos com derivados da vitamina A (exemplos: tretinoína, adapaleno e da isotretinoína). Deve-se evitar o uso de filtros solares que possua em sua composição o metoxicinamato[87].

Desviar-se do conservante parabeno, que pode ser encontrado na composição de: desodorantes, maquiagem e xampu. As gestantes que trabalham em SPA, salões, clínicas de beleza deve evitar um contato com o fitalato (o mesmo componente dos plásticos que foi recentemente banido das mamadeiras), encontrado em *sprays* fixadores e esmalte. Estudos publicados nos Estados Unidos indicam que "altas doses desse composto causam malformação na genitália dos meninos"[88].

---

[86] *Cosméticos que as mulheres podem usar na gravidez*. Disponível em: <http://bebe.abril.com.br/ gravidez/cosmeticos-que-as-mulheres-podem-usar-na-gravidez/>. Acesso em: 19 abr. 2017.

[87] *Cosméticos que as mulheres podem usar na gravidez*. Disponível em: <http://bebe.abril.com.br/ gravidez/cosmeticos-que-as-mulheres-podem-usar-na-gravidez/>. Acesso em: 19 abr. 2017.

[88] *Cosméticos que as mulheres podem usar na gravidez*. Disponível em: <http://bebe.abril.com.br/ gravidez/cosmeticos-que-as-mulheres-podem-usar-na-gravidez/>. Acesso em: 19 abr. 2017.

Da mesma forma, a gestante que utiliza de métodos abortivos, por exemplo, o uso do misoprostol, comercializado no país para o tratamento de úlcera gástrica e duodenal, contudo, utilizado também para a prática do aborto, trata-se de clara intenção de atentar contra a vida e a integridade física do nascituro.

A idade avançada para ter filhos é mais uma situação considerada como conduta imprudente dos genitores, pois pode gerar dano genético. Sabe-se que a faixa etária biológica ideal para que as pessoas tenham filhos é entre 18 a 30 anos para a gestante, acima dessa idade o risco de gerar filhos com malformação é aumentado[89]. Por exemplo, "as idades paterna e materna têm influência no risco da geração de uma criança portadora da síndrome de Down, e que o aconselhamento genético proporciona um atendimento diferenciado para cada caso com especificidade para cada família"[90].

O dano moral pode ser configurado por ações mesmo que sem nenhuma pretensão de causar danos, como o consumo de bebidas alcoólicas e de cigarros, a prática de esportes de contato (lutas e jogos) ou considerados de risco (provas de automobilismo, de *motocross* e hipismo). Não se resume aos danos morais, pois podem ser produzidos danos materiais também, como, por exemplo, ao nascer a pessoa ficar limitada para a atividade laboral.

Sistema da Responsabilidade Civil		
Hipótese		**Condutas inapropriadas para a gestante**
Conduta	Ação	O consumo de bebidas alcoólicas e de cigarros, a prática de esportes de contatos (lutas e jogos) ou considerados de risco (provas de automobilismo, de *motocross* e hipismo).
	Omissão	X
Dano	Material	Perda da capacidade laboral (para os que vierem nascer).
	Moral	À integridade física e à vida.

---

[89] MONTENEGRO, Carlos Antônio Barbosa; REZENDE FILHO, Jorge de. *Obstetrícia fundamental*. 10. ed. Rio de Janeiro: Guanabara Koogan, 2008. p. 309.

[90] NAKADONARI, E. K.; SOARES, A. A. *Síndrome de Down: considerações gerais sobre a influência da idade materna avançada*. p. 5-9. Arq Mudi. 2006, p. 9. Disponível em: <http://eduem.uem.br/ojs/ index.php/ArqMudi/article/viewFile/19919/10813>. Acesso em: 19 abr. 2017.

Sistema da Responsabilidade Civil		
Hipótese		**Condutas inapropriadas para a gestante**
Nexo Causal	Causa	O consumo de bebidas alcoólicas e de cigarros, a prática de esportes de contatos (lutas e jogos) ou considerados de risco (provas de automobilismo, de *motocross* e hipismo).
	Efeito	Dano à integridade física, psíquica e a morte.
Fundamento Legal		Constituição Federal: art. 5º, V, art. 127 e art. 196. Código Civil: art. 1º, art. 2º, art. 11, art. 12, art. 186, art. 187, art. 927, art. 949, art. 950 e art. 1.692. Código de Processo Civil: art. 72, parágrafo único. Estatuto da Criança e do Adolescente: art. 7º, art. 201, VIII.
Dever Jurídico Violado		Proteção aos filhos. Direitos da personalidade (integridade física, psíquica e a vida). Direito à saúde.
Espécie de Responsabilidade Civil		Subjetiva.

3.4.5 Consumo de bebidas alcoólicas

As bebidas alcoólicas[91] têm o poder de causar grandes danos à sociedade, uma vez que estão normalmente relacionadas à violência interpessoal, inclusive nas relações familiares, e estão correlacionadas com mais de 200 doenças, como, por exemplo, câncer no esôfago, câncer na laringe, pancreatite, cirrose hepática e a que interesse no momento, a Síndrome alcoólica fetal, que, além de causar a dependência, gera abortos espontâneos, crianças prematuras, natimortos e diversas lesões.

A Síndrome do Alcoolismo Fetal ou Síndrome Alcoólica Fetal (SAF) é uma doença causada pelo consumo de álcool pelas mulheres durante o período da gravidez. O álcool, como qualquer outra bebida ou alimento, chega ao nascituro através do cordão umbilical, causando inúmeros danos e podendo afetar o sistema nervoso central e, dessa forma, comprometer funções como o aprendizado e a memória.

---

[91] Importante destacar a quantidade de álcool existente nas principais bebidas alcoólicas, sendo que esse número varia. A porcentagem geralmente é de: nas cervejas de 3% a 6%, nos vinhos de 9% a 12, nos licores de 25% e nos destilados (cachaça, conhaque, *vodka* etc.) mais de 40%. Editorial. *Revista Medicina & Cia*, ano I, n. 1, set./out. 2000, p. 22.

Pesquisas norte-americanas apontam que a síndrome do álcool fetal "tem uma incidência de 1 a 3/1.000 nascimentos vivos nos Estados Unidos. É a causa principal de retardo mental e de instabilidade emocional"[92]. E complementam que "Estudos recentes em modelos animais indicam que o etanol precipita morte celular programada (apoptose) de forma massiva no sistema nervoso central"[93]. Talvez por isso o QI da maioria das crianças que nascem com a mencionada síndrome está abaixo de 85.

Em 1983, Heber Soares Vargas já afirmava que o consumo de álcool na gravidez desenvolvia problemas craniofaciais e cita Santolaya, que sintetizou os sintomas do alcoolismo fetal: aumento de tendência de abortos; gravidez mais curta; nanismo intrauterino; crescimento pós-natal deficiente; atraso psicomotor; dismorfia facial; alterações das extremidades; alterações do dermatoglifos; defeitos cardíacos e alterações genitais[94]. Nessas situações, Mário Luiz Delgado se posiciona no sentido de que:

> (...) o direito do concepto ao nascimento com vida e com saúde em oposição à autonomia privada da mãe de consumir álcool e drogas durante a gravidez, não hesitaremos em sustentar a prevalência do primeiro, a ponto de o exercício dessa autonomia privada configurar, no caso, ato ilícito, passível de reparação civil quando houver causado dano ao concepto[95].

Dessa forma, nos casos de a criança nascer com a síndrome do alcoolismo fetal, as gestantes devem ser responsabilizadas pelos danos causados ao nascituro pelo consumo de álcool durante a gravidez[96]. De acordo com

---

[92] FENDERSON, Bruce A. Doenças do desenvolvimento e doenças genéticas. In: DAMJANOV, Ivan. *Segredos em patologia*: respostas necessárias ao dia-a-dia em rounds, na clínica, em exames orais e escritos. Trad. Cláudio S. L. de Barros. Porto Alegre: Artmed, 2005. p. 117.

[93] FENDERSON, Bruce A. Doenças do desenvolvimento e doenças genéticas. In: DAMJANOV, Ivan. *Segredos em patologia*: respostas necessárias ao dia-a-dia em rounds, na clínica, em exames orais e escritos, cit., p. 117.

[94] VARGAS, Heber Soares. *Repercussões do álcool e do alcoolismo*. São Paulo: Fundo Editorial Byk-Procienx, 1983. p. 154-155.

[95] DELGADO, Mário Luiz. A responsabilidade civil da mãe gestante por danos ao nascituro. In: MADALENO, Rolf; BARBOSA, Eduardo (Coord.). *Responsabilidade civil no direito de família*, cit., p. 294.

[96] "Por ano nascem na Suíça cerca de 250 bebés portadores de lesões derivadas ao álcool. Este facto ainda que esteja cientificamente provado, ainda não é do conhecimento geral; considera-se que é mais fácil ignorá-lo ou minimizá-lo, que admiti-lo. Agora, o Instituto Suíço para a prevenção do alcoolismo e outras toxicodependências (ISPA) decidiu-se a informar o público, pois as deformações à nascença, frequentemente

muito graves, poderiam ser evitadas. O álcool ingerido pela grávida é inevitavelmente absorvido pelo organismo do bebé em gestação através do sistema circulatório. Se uma mãe bebe muito, o mesmo acontece com o seu bebé. Se ele beber com regularidade, a criança estará constantemente sob a influência do álcool. Como o feto não possui ainda um mecanismo de defesa, o álcool pode impedir o seu desenvolvimento de diversas maneiras: pelo retardamento do crescimento, provocando lesões cerebrais e malformações físicas ou orgânicas. A sua gravidez depende de vários factores: a duração do tempo em que a mãe bebeu, os seus hábitos de beber, a quantidade de álcool absorvida e a forma como o seu metabolismo elimina o álcool. Nos últimos 30 anos este problema tem sido conhecido nos meios científico e médico como 'Síndroma de Alcoolismo Fetal' (SAF). Apesar disso, ele é desconhecido do público em geral por se recear que, quando as grávidas fossem postas ao corrente dos factos, elas iriam encarar a sua gravidez com medo em vez de alegria. Além disso, o SAF é considerado como sendo um problema de apenas uma minoria específica das mulheres. Todavia, para os especialistas em prevenção, este problema diz respeito a todos, incluindo homens que frequentemente, pelo seu exemplo, encorajam as suas esposas a beberem apesar da sua gravidez tornando-se-lhes difícil abandonarem a bebida, os amigos conhecidos e a sociedade, no geral, compartilham esta responsabilidade; ao condenarem o alcoolismo nas mulheres eles só estão encorajando-as a beber às escondidas. O ISPA, baseado em pesquisas levadas a cabo noutros países, chegou à conclusão de que na Suíça (população total: 6,5 milhões) uma criança em cada 200 ou 300 exibe lesões de nascença devidas ao álcool. E mesmo assim este assunto é ainda 'tabu', largamente ignorado tanto pelo público como por círculos especializados. É claro que toda a mulher sabe que beber durante a gravidez é perigoso para o bebé, mas no geral desconhece até que ponto e em que quantidade. É assim que, ano após ano, sem querer e geralmente sem intencionalidade, mulheres dão à luz bebés sofrendo de SAF, crianças que evidenciam sintomas de graves anomalias, por vezes irreparáveis, que as vão acompanhar por toda a sua vida. E ainda o que é mais perturbador, é sabermos que essas malformações poderiam ter sido evitadas. Estes bebés nascem subdesenvolvidos e com peso abaixo do normal. Nos casos mais graves eles sofrem de problemas físicos e orgânicos tais como malformações do coração, olhos, dedos ou dos órgãos genitais externos. Uma cabeça pequena e certos traços faciais são característicos: pequenas cavidades oculares, nariz pequeno e achatado, lábio superior achatado e estreito. Apresentam perturbações do seu comportamento, tais como hiperactividade, dificuldades de linguagem e de aprendizagem, descoordenação de movimentos, desenvolvimento emocional retardado e atraso mental. Os sintomas da SAF tanto podem ser ligeiros como extremamente sérios. Variam desde a falta de capacidade de concentração, o que se torna evidente na idade escolar, às dramáticas malformações e anomalias acima mencionadas. Muitas crianças são mais ou menos atrasadas no seu desenvolvimento físico e mental; outras mostram desarranjos mentais ou de comportamento. À medida que as crianças crescem, a maior parte das anomalias externas desaparece. Contudo, as deficiências mentais subsistem na maioria dos casos. Estudos demorados cobrindo o período do nascimento à adolescência e levados a cabo em crianças que sofrem do SAF provam os factos expostos. Dez anos mais tarde, dois terços das crianças estavam atrasadas ou eram deficientes mentais. Mais de 80% não conseguiram completar a escolaridade.

Moore, Persaud e Torchia independentemente da quantidade da ingestão de bebidas alcoólicas principalmente no início da gestação pode haver alterações do crescimento e da mortofogênese do feto e, quanto maior o consumo, maior serão as consequências. São vários os defeitos gerados: "deficiência do crescimento pré e pós-natal, retardo-mental e outras anomalias[97]". Continuam os autores: "Microcefalia, fendas palpebrais curtas, pregas do epicanto, hipoplasia maxilar, nariz curto, lábio superior fino, sucos palmares anormais, anomalias articulares e doenças cardíaca congênita também estão presentes na maioria destas crianças[98]".

Pesquisas europeias parecem indicar que uma grávida poderá, quando muito beber uma bebida 'normal' por dia, ou seja, 1dl de vinho ou 3dl de cerveja. Um copo a mais já pode ter efeitos graves no bebé. Estudos em larga escala levados a cabo nos Estados Unidos, com mulheres que continuaram a beber 'normalmente' durante a gravidez, isto é, 29g de álcool puro por dia, o equivalente a 2,5 dl de vinho, provaram que o QI das suas crianças era, em média, 7 pontos abaixo do normal. E não devemos esquecer que a inteligência é apenas uma das múltiplas funções do cérebro. As crianças que são mais severamente afectadas são evidentemente os filhos de mães alcoólicas, mas um exagero na bebida, mesmo ocasional, expõe subitamente o feto a uma alta concentração de álcool e também isso, pode ser perigoso. Contudo, a quantidade de álcool consumida pela mãe não é o único factor decisivo que determina o efeito do álcool na criança; a tolerância individual da mãe e da criança também tem um papel importante. Consequentemente, não é possível estipular qual a quantidade que a mãe pode beber sem provocar danos ao nascituro. Em termos gerais, o álcool é um veneno para o nascituro e muitos especialistas, como precaução, recomendam abstinência total durante a gravidez. Também as mulheres que desejam ter um filho devem ser cuidadosas pois só virão a saber da sua gravidez umas semanas depois da concepção. Há alguma cura possível para as crianças afectadas pelo SAF? Infelizmente a resposta é NÃO! É verdade que certas malformações podem ser corrigidas ou reduzidas, mas para o atraso no desenvolvimento não existe tratamento médico. Felizmente, ao tempo do nascimento muito órgãos ainda não estão completamente desenvolvidos; isto é especialmente verdade no caso do cérebro e através da estimulação podem-se obter melhorias espetaculares, mesmo nos casos em que a cura completa é impossível" (*"Info"* da Federação Internacional da Cruz Azul. Disponível em: <http://www.cruzazul.pt/Fls2/147feminino.htm>. Acesso em: 21 dez. 2016).

[97] MOORE, Keith L.; PERSAUD, T. V. N.; TORCHIA, Mark G. *Embriologia básica*. Trad. Adriana Paulina do Nascimento. 9. ed. Rio de Janeiro: Elsevier, 2012. p. 492.

[98] MOORE, Keith L.; PERSAUD, T. V. N. *Embriologia básica*. 5. ed. Rio de Janeiro: Guanabara Koogan, 2000. p. 148.

Sistema da Responsabilidade Civil	
Hipótese	**Consumo de bebidas alcoólicas**
Conduta — Ação	Consumo de bebidas alcoólicas.
Conduta — Omissão	X
Dano — Material	Perda da capacidade laboral (para os que vierem nascer)
Dano — Moral	A integridade física e psíquica e a morte (abortamento espontâneo).
Nexo Causal — Causa	Consumo de bebidas alcoólicas.
Nexo Causal — Efeito	Danos à integridade física, psíquica e a morte.
Fundamento Legal	Constituição Federal: art. 5º, V, art. 127 e art. 196. Código Civil: art. 1º, art. 2º, art. 11, art., art. 186, art. 187, art. 927, art. 949, art. 950 e art. 1.692. Código de Processo Civil: art. 72, parágrafo único. Estatuto da Criança e do Adolescente: art. 7º e art. 201, VIII.
Dever Jurídico Violado	Proteção aos filhos. Direitos da personalidade (integridade física, psíquica e direito à vida). Direito à saúde.
Espécie de Responsabilidade Civil	Subjetiva.

3.4.6 Consumo de cigarro

Conforme os ensinamentos de Mario Cesar Carvalho[99], "o cigarro matou mais no século 20 que todas as guerras somadas: foram 100 milhões de vítimas, segundo a Organização Mundial de Saúde (OMS)", e trata-se da "maior causa isolada e evitável de morte no mundo, causando mais mortes prematuras do que o total de mortes causadas por Aids, cocaína, álcool e acidentes de trânsito juntas"[100].

Apesar dos inúmeros danos que o consumo do cigarro causa à saúde de seus consumidores, no Brasil informações são inclusive trazidas nos próprios maços de cigarros sobre a relação de causalidade entre o consumo do cigarro e várias doenças. Há pouco mais de 400 anos, o tabaco era conhecido por alguns nativos da América, e hoje seu consumo está espalhado pelos quatro cantos do globo terrestre. Não é difícil compreender, todavia, como ocorreu essa explosão, pois o seu consumo sempre esteve vinculado aos "esportes radicais, mulheres e

---

[99] CARVALHO, Mario César. O cigarro. *Publifolha*, São Paulo, 2001, p. 9.
[100] KIRCHENCHTEJN, Ciro. *Revista Diálogo Médico*, ago./set. 2002, p. 18.

homens bonitos, *status* social, liberdade, maturidade, independência, virilidade, sucesso, sensualidade, poder, entre outras coisas que as pessoas geralmente buscam incessantemente para preencher uma necessidade"[101]. Evidentemente, o cinema e a televisão (filmes, novelas e desenhos) muito colaboraram para o consumo de cigarro ter se espalhado pelo mundo.

Indiscutivelmente inúmeros são os danos provocados pelo consumo de cigarro, em seus consumidores. As gestantes[102] e os nascituros[103] são também vítimas do tabaco, e este último em especial, isso em razão dos elementos tóxicos (mais de 4.800) que são encontrados na fumaça do cigarro, seja na fase gasosa ou na fase condensada. Mesmo com os alertas informando os males que o cigarro causa ao nascituro, 25% das gestantes continuam fumando durante esse período[104].

Lúcio Delfino[105] alerta que "estudos realizados por longos anos trouxeram dados concludentes sobre a forma como o tabaco mata, lesa ou inabilita seu consumidor", seja ela o consumidor ativo (gestante) ou passivo (nascituro).

Matar, lesar e inabilitar seus consumidores não podem ser considerados nenhuma surpresa, basta analisar alguns dos elementos tóxicos absorvidos pelo organismo da gestante e levado para o nascituro através do cordão umbilical a cada tragada e onde podem ser encontrados, são eles:

---

[101] MORAES, Carlos Alexandre. *Responsabilidade civil das empresas tabagistas*, cit., p. 127.
[102] "Está bem estabelecido que nas gestantes fumantes, em comparação com as que não fumam durante a gravidez, há maior incidência de recém-nascidos com peso inferior e de prematuros; maior frequência de aborto e mortalidade perinatal (natimortalidade e mortalidade neonatal); maior número de complicações como placenta prévia, separação precoce da placenta, episódios hemorrágicos, partos prematuros ruptura prematura das membranas e maior risco para o feto na pré-eclâmpsia; maior prevalência de filhos com altura e circunferência da cabeça menores, de síndrome da morte súbita, e atraso psicomental relativo verificado entre os de 7 e os 11 anos; há também evidencia de maior probabilidade de anomalias congênitas nos filhos."
[103] José Rosemberg alerta que "talvez uma das mais dramáticas consequências do tabagismo seja seus efeitos nocivos sobre a criança, quando a mãe fuma durante a gravidez; aquela é transformada em 'fumante involuntária' desde a vida intrauterina e sofre com isso importantes prejuízos, que põem em risco sua vida e seu desenvolvimento" (ROSEMBERG, José. *Tabagismo*. Sério problema de saúde pública. São Paulo: Almed, 1987. p. 181).
[104] MOORE, Keith L.; PERSAUD, T. V. N. *Embriologia básica*, cit., 5. ed., p. 148.
[105] DELFINO, Lúcio. *Responsabilidade civil e tabagismo no Código de Defesa do Consumidor*. Belo Horizonte: Del Rey, 2002. p. 13.

amônia[106], propilenoglicol[107], acetato de chumbo[108], formol[109], naftalina[110], fósforo[111], acetona[112], terebentina[113], xileno[114], butano[115], monóxido de

---

[106] (NH_3): Utilizado em limpadores de banheiro. Pode causar a cegueira e levar a pessoa a óbito. Ao nariz e aos olhos é corrosiva. Causa a dependência. As empresas tabagistas defendem que a amônia é para acentuar o sabor do tabaco (MORAES, Carlos Alexandre. *Responsabilidade civil das empresas tabagistas*, cit., p. 146).

[107] ($C_3H_8O_2$): É utilizado em desodorantes e sprays. Faz a nicotina chegar ao cérebro. Utilizado como umectante para hidratar o tabaco, já que 30% (trinta por cento) do cigarro é formado por um composto de folhas baratas, restos de fumo e poeira (MORAES, Carlos Alexandre. *Responsabilidade civil das empresas tabagistas*, cit., p. 146).

[108] [$Pb(CH_3CO_2)_2$]: Presente na fórmula de tinturas para cabelo. Cancerígeno, é cumulativo no corpo humano. Se inalado ou ingerido, atrapalha o crescimento de crianças e adolescentes. Provoca anorexia e dor de cabeça. A exposição prolongada ao produto gera câncer no pulmão e nos rins (MORAES, Carlos Alexandre. *Responsabilidade civil das empresas tabagistas*, cit., p. 147).

[109] (CH_2O): Conservante. Dá câncer no pulmão, problemas respiratórios e gastrointestinais (MORAES, Carlos Alexandre. *Responsabilidade civil das empresas tabagistas*, cit., p. 147).

[110] ($C_{10}H_8$): Para matar barata. Provoca tosse, irritação na garganta, náuseas, transtornos gastrointestinais e anemia. Os níveis de naftalina no cigarro são menores que a quantidade máxima recomendada, mas o contato prolongado com a substância ataca rins e olhos (MORAES, Carlos Alexandre. *Responsabilidade civil das empresas tabagistas*, cit., p. 147).

[111] (P_4 ou P_6): Entra na preparação de veneno para ratazana, como o Racumin. Venenoso e letal, dependendo da porção ingerida. As indústrias se recusam a informar a quantidade adicionada ao cigarro (MORAES, Carlos Alexandre. *Responsabilidade civil das empresas tabagistas*, cit., p. 147).

[112] (C_3H_6O): Removedor de esmalte. Entorpecente e inflamável. A inalação mata. Em pequenas quantidades, irrita a pele e a garganta, dá dor de cabeça e tontura. Está na fumaça do cigarro (MORAES, Carlos Alexandre. *Responsabilidade civil das empresas tabagistas*, cit., p. 147).

[113] Dilui tintas a óleo e limpa pincéis. Substância tóxica extraída de resinas de pinheiros. A inalação irrita olhos, rins e mucosas. Provoca vertigem, desmaios e danos ao sistema nervoso. A quantidade encontrada no cigarro nunca foi revelada (MORAES, Carlos Alexandre. *Responsabilidade civil das empresas tabagistas*, cit., p. 147).

[114] (C_8H_{10}): Presente em tintas de caneta Inflamável e cancerígeno. A simples inalação irrita fortemente a vista, causa tontura, dor de cabeça e perda de consciência. Se ingerido, provoca pneumonia. Por causa dos riscos que oferece à saúde, as indústrias de canetas estão retirando o xileno da composição de seus produtos (MORAES, Carlos Alexandre. *Responsabilidade civil das empresas tabagistas*, cit., p. 147).

[115] (C_4H_{10}): Gás de cozinha. Mortífero e altamente inflamável. Quando inalado, vai direto para o pulmão, onde toma o lugar do oxigênio e é bombeado para o sangue. Causa falta de ar, problemas na visão e coriza. Cheirar butano é mais prejudicial que fumar

carbono[116], alcatrão[117], carcinogênios[118], nicotina[119], benzopireno[120], nitrosaminas; substâncias radioativas[121], agrotóxicos[122]; solventes[123], níquel e arsênio[124], cianeto hidrogenado; formol[125]; monóxido de carbono[126].

Em sua obra *Tabagismo – sério problema de saúde pública*, laureada com o prêmio Azevedo Sodré 1978 pela Academia Nacional de Medicina,

---

crack (MORAES, Carlos Alexandre. *Responsabilidade civil das empresas tabagistas*, cit., p. 147).

[116] (CO): Dificulta a oxigenação do sangue, privando alguns órgãos do oxigênio e causando doenças (MORAES, Carlos Alexandre. *Responsabilidade civil das empresas tabagistas*, cit., p. 147).

[117] Composto de mais de 40 substâncias comprovadamente carcinogênicas que incluem o arsênio, níquel, benzopireno e cádmio; é altamente cancerígeno, dando início à formação de tumores. "Por onde passa, causa alterações nas células que podem levar ao desenvolvimento de vários tipos de câncer, como o de pulmão e o de boca (...)" Revista Isto É, n. 1.675, p. 88. MORAES, Carlos Alexandre. *Responsabilidade civil das empresas tabagistas*, cit., p. 147.

[118] São substâncias que provocam câncer como os resíduos de agrotóxicos nos produtos agrícolas, como o DDT, e até substâncias radioativas, como é o caso do polônio 210 e do carbono 14, todos encontrados no tabaco (MORAES, Carlos Alexandre. *Responsabilidade civil das empresas tabagistas*, cit., p. 147).

[119] No sistema nervoso central tem atuação igual a cocaína, porém chega entre 2 e 4 segundos mais rápido ao cérebro, é a causadora da dependência e diminui a chegada do sangue nos tecidos e no sistema nervoso central.

[120] Substância que facilita a combustão existente no papel que envolve o fumo (MORAES, Carlos Alexandre. *Responsabilidade civil das empresas tabagistas*, cit., p. 147).

[121] Como o polônio 210 e carbono 14 (MORAES, Carlos Alexandre. *Responsabilidade civil das empresas tabagistas*, cit., p. 147).

[122] Como o DDT (MORAES, Carlos Alexandre. *Responsabilidade civil das empresas tabagistas*, cit., p. 147).

[123] Como o benzeno; metais pesados, como chumbo e o cádmio (um cigarro contém de 1 a 2 mg, concentrando-se no fígado, rins e pulmões, tendo meia-vida de 10 a 30 anos, o que leva a perda de capacidade ventilatória dos pulmões, além de causar dispneia, enfisema, fibrose pulmonar, hipertensão, câncer nos pulmões, próstata, rins e estômago) (MORAES, Carlos Alexandre. *Responsabilidade civil das empresas tabagistas*, cit., p. 147).

[124] Armazenam-se no fígado e rins, coração, pulmões, ossos e dentes – resultando em gangrena dos pés, causando danos ao miocárdio etc. (...) (MORAES, Carlos Alexandre. *Responsabilidade civil das empresas tabagistas*, cit., p. 147).

[125] Componente de fluído conservante (MORAES, Carlos Alexandre. *Responsabilidade civil das empresas tabagistas*, cit., p. 147).

[126] É o mesmo gás que sai dos escapamentos de automóveis, e como tem mais afinidade com a hemoglobina do sangue do que o próprio oxigênio toma o lugar do oxigênio, deixando o corpo do fumante – ativo ou passivo – totalmente intoxicado (MORAES, Carlos Alexandre. *Responsabilidade civil das empresas tabagistas*, cit., p. 147).

José Rosemberg alerta que os danos provocados pelo tabagismo não se limitam ao período intrauterino da vida do nascituro, porque, ao nascer, os sofrimentos continuam e há maior incidência de morte súbita, anomalias congênitas, prejuízo no desenvolvimento físico e mental, das crianças filhos de mães que continuaram fumando durante a gravidez[127], além dos casos de abortos[128] e dos natimortos[129].

Ao analisar os casos de morte súbita infantil no *Ontario Perinatal Mortality Study*, Steele e Langworth identificaram que a frequência era de 60% nos casos de gestantes que fumaram durante a gravidez, contra 30% das abstêmias. No estudo norte-americano Colaborative Perinatal Project a proporção foi de 61% contra 42% entre as que fumaram durante a gestação e as que não fumaram[130].

Do material colido pelo British Perinatal Mortality Survey e pelo National Child Development Study, ambos localizados na Inglaterra, a incidência em filhos de gestantes tabagistas foi de 7,7 por mil, contra 4,7 para as mães não fumantes, quase 50% a mais nas primeiras[131].

Em relação ao desenvolvimento físico, José Rosemberg menciona que os filhos de gestantes tabagistas eram 1 a 2 centímetros menores que os filhos de gestantes não fumantes, e a diferença também pode ser constatada no peso[132], pois existia uma diferença de 250 gramas. Considerando a idade gestacional, o British National Child Development Study percebeu a dife-

---

[127] ROSEMBERG, José. *Tabagismo*. Sério problema de saúde pública, cit., p. 206.

[128] ROSEMBERG, José. *Tabagismo*. Sério problema de saúde pública, cit., p. 190. "(...) Em cinco trabalhos, reunidos 18.281 gestações, a proporção a mais de abortos nas grávidas tabagistas sobre as abstêmias variou de 33% a 144% (...)".

[129] ROSEMBERG, José. *Tabagismo*. Sério problema de saúde pública, cit., p. 191. "Quanto à natimortalidade, estudada isoladamente, lembramos o grande inquérito britânico de 200.000 gestações, onde aquela foi de 44% mais nas gestantes fumantes que nas abstêmias. (...) Segundo o Departamento de Saúde, Educação e Bem-estar dos Estados Unidos, o risco de morte neonatal aumenta de 10% a 100%, dependendo da quantidade de cigarros fumados pela gestante (...)".

[130] ROSEMBERG, José. *Tabagismo*. Sério problema de saúde pública, cit., p. 206.

[131] ROSEMBERG, José. *Tabagismo*. Sério problema de saúde pública, cit., p. 207.

[132] José Rosemberg destaca que "A soma de cinco estudos realizados no País de Gales, Estados Unidos e Canadá, totalizando cerca de 113.000 nascimentos, havendo de 34% a 54% de gestantes fumantes, constatou em média duas vezes mais recém-nascidos com peso inferior ao verificado nos partos de mães abstêmias. Nessas condições pôde-se estimar para toda a corte que 21% a 39% de recém-nascidos com menor peso foram devidos ao consumo de cigarros pela mãe durante a gravidez. O Departamento de Saúde, Educação e Bem-estar dos Estados Unidos revelou recentemente que naquele país nascem por ano mais de 30 mil crianças com peso inferior ao normal

rença de 1 centímetro na altura de crianças entre 7 a 11 anos, descendentes de gestantes tabagistas[133].

A configuração do dano material dependerá dos exames feitos após o nascimento da criança, para verificar se ela dependerá de tratamentos médicos e se estará inabilitada para o trabalho. Em relação ao dano moral, dependerá do quanto o tabagismo afetou a integridade física, psíquica e a vida do nascituro após o seu nascimento.

Trata-se de uma questão de causa (fumar) e efeito (as doenças – anomalias congênitas, prejuízo no desenvolvimento físico ou mental, aborto, morte súbita e natimortos), portanto, de responsabilidade civil subjetiva, comportamento culposo.

Sistema da Responsabilidade Civil			
Hipótese		Consumo de cigarros
Conduta	Ação	Consumo de cigarros.
	Omissão	X
Dano	Material	Perda da capacidade laboral (para os que vierem nascer).
	Moral	A integridade física, psíquica e a morte.
Nexo Causal	Causa	Consumo de cigarros.
	Efeitos	Anomalias congênitas, prejuízo no desenvolvimento físico, prejuízo no desenvolvimento mental, aborto, morte súbita e os natimortos.
Fundamento Legal		Constituição Federal: art. 5º, V, art. 127 e art. 196. Código Civil: art. 1º, art. 2º, art. 11, art. 12, art. 186, art. 187, art. 927, art. 949, art. 950 e art. 1.692. Código de Processo Civil: art. 72, parágrafo único. Estatuto da Criança e do Adolescente: art. 7º e art. 201, VIII.
Dever Jurídico Violado		Proteção aos filhos. Direitos da personalidade (integridade física, psíquica e a vida). Direito à saúde.
Espécie de Responsabilidade Civil		Subjetiva.

---

porque suas mães fumaram durante a gravidez" (ROSEMBERG, José. *Tabagismo. Sério problema de saúde pública*, cit., p. 182-183).

[133] ROSEMBERG, José. *Tabagismo. Sério problema de saúde pública*, cit., p. 208.

3.4.7 Consumo de drogas ilegais

O uso de tóxicos pelos genitores e, principalmente, pela gestante pode causar algumas sequelas ao nascituro, atingindo seu desenvolvimento físico, psíquico e intelectual. Em relação ao consumo de cocaína, as anomalias congênitas mais comuns são: "(...) prematuridade, microcefalia, infarto cerebral, defeitos urogenitais e perturbações neurocomportamentais"[134]. As principais drogas ilícitas consumidas pelas gestantes são a cocaína, o crack e alucinógenos. Esses elementos afetam o desenvolvimento do nascituro, reduzindo a chegada de oxigênio ao seu cérebro, gerando malformações urogenitais, cardiovasculares e do sistema nervoso central, baixo crescimento fetal e baixo peso ao nascer[135].

Nos EUA, uma gestante foi "condenada a 15 anos de *probation*, por ter contaminado o filho, com forte dose de cocaína, por meio do cordão umbilical"[136].

Para a configuração do dano moral pelo consumo de drogas ilegais basta que o nascituro sofra lesões físicas ou psíquicas ou venha a morrer. Em relação ao dano material, pode ser configurado se, ao nascer, a pessoa ficar limitada para a atividade laboral.

Sistema da Responsabilidade Civil			
Hipótese		**Consumo de drogas ilegais**	
Conduta	Ação	Consumidor drogas (maconha, cocaína, crack, cocaína, LSD entre outras).	
	Omissão	X	
Dano	Material	Perda da capacidade laboral (para os que vierem nascer).	
	Moral	Integridade física, psíquica e a vida do nascituro.	
Nexo Causal	Causa	Fazer uso das drogas.	
	Efeito	Algumas sequelas ao nascituro: atingindo seu desenvolvimento físico, psíquico e intelectual.	

---

[134] MOORE, Keith L.; PERSAUD, T. V. N.; TORCHIA, Mark G. *Embriologia básica*, cit., 9. ed., p. 488.

[135] LANDO, Giorge André. *Responsabilidade civil da gestante por condutas prejudiciais à saúde do nascituro*. Tese (Doutorado) – apresentada na Faculdade Autônoma de Direito de São Paulo – FADISP. São Paulo, 2014. p. 254.

[136] BERNARDI, Marie-Josée. *Le Droit à la Santé du foetus au Canada*. Montréal: Themis, 1995. p. 210 apud BERTI, Silma Mendes. *Responsabilidade civil pela conduta da mulher durante a gravidez*, cit., p. 197.

Sistema da Responsabilidade Civil	
Hipótese	Consumo de drogas ilegais
Fundamento Legal	Constituição Federal: art. 5º, V, art. 127 e art. 196. Código Civil: art. 1º, art. 2º, art. 11, art. 12, art. 186, art. 187, art. 927, art. 949, art. 950 e art. 1.692. Código de Processo Civil: art. 72, parágrafo único. Estatuto da Criança e do Adolescente: art. 7º, art. 201, VIII.
Dever Jurídico Violado	Proteção aos filhos. Direitos da personalidade (integridade física, psíquica e a vida). Direito à saúde.
Espécie de Responsabilidade Civil	Subjetiva.

3.4.8 Consumo de drogas legais (medicamentos)

Em razão do estado gravídico, várias alterações acabam acontecendo no corpo da gestante, causando alguns efeitos indesejados, como enjoos, náuseas, vômitos, fraquezas, irritabilidade entre outros. A indústria farmacêutica, percebendo a necessidade da sociedade e a possibilidade de altos lucros, acabou investindo na produção de medicamentos para amenizar aquelas situações incômodas das gestantes e garantir lucro para a empresa.

Ocorre que, por meio da placenta, é possível a passagem dos medicamentos, causando efeitos teratogênicos no nascituro. Dessa forma, o que tem efeito terapêutico para a gestante pode ser prejudicial ao nascituro, por isso, quando da prescrição de um remédio, devem ser analisados seus efeitos colaterais no sistema "mãe-placenta-feto"[137].

O uso de remédios no período em que a mulher está gravida requer cuidados especiais, inclusive uma análise para rigorosa do binômio risco/proveito, com risco da produção de malformações graves durante o desenvolvimento do nascituro produzidas pelo uso de alguns medicamentos pela gestante[138].

Dentre as malformações em razão da contaminação com remédios, durante os três primeiros meses de gestação, estão: sirenomelia, anencefalia, mielomeningocele, extroversão da bexiga, atresia do esôfago, fístula traqueoe-

---

[137] BIOSSON, Marcelo Polacow. *Farmácia clínica & atenção farmacêutica*. 2. ed. Barueri: Manole, 2007. p. 257.

[138] BIOSSON, Marcelo Polacow. *Farmácia clínica & atenção farmacêutica*, cit., 2. ed., p. 263.

sofágica, transposição dos grandes vasos, defeito no septo ventricular, aplasia do rádio, sindactilia, atrasia retal, hérnia diafragmática, atrasia duodenal, onfalocele, útero bicorne e hipospádias[139].

Com o intuito a princípio de resolver o problema da náusea nas gestantes nos primeiros meses de gestação, a German Company Chemie Grünenthal, com sede à época na Alemanha Ocidental, sintetizou a Talidomina no ano de 1954. Dois anos depois, o medicamento passou a ser comercializado naquele país para diversos tratamentos, entre eles: irritabilidade, baixa concentração, ansiedade, insônia, náuseas, hipertireoidismo, doenças infecciosas, dentre outras. O medicamento era facilmente adquirido, pois não necessitava de receita médica, então no mesmo ano de lançamento do remédio foi diagnosticado o primeiro caso de malformação congênita relacionado ao fato de a gestante ter consumido o produto durante a gestação, e uma criança nasceu sem as orelhas. Seu pai era funcionário da indústria que fabricava o remédio[140].

A partir do ano de 1959, ou seja, três anos após o lançamento do remédio, vários foram os relatos dos nascimentos de crianças com malformações congênitas, não só na Alemanha, mas também em outros países[141]. Em razão da relação das malformações congênitas dos recém-nascidos e o consumo do talidomida durante a gestação, menos de cinco anos após o seu lançamento a comercialização do remédio foi proibida na Alemanha e na Inglaterra, e, posteriormente em vários países. Estima-se que entre 12 e 15 mil crianças tenham nascido com malformação congênita no mundo em razão dos efeitos do remédio, ou seja, ele gerava a diminuição do tamanho dos membros (Síndrome da talidomida ou Membros em Foca)[142].

No Brasil, a talidomida também fez várias vítimas, tanto que foi publicada uma lei prevendo o direito a pensão especial aos deficientes físicos portadores da Síndrome da Talidomida.

Apesar dos efeitos devastadores que a droga causa, o mesmo continua sendo comercializado no Brasil e causando defeitos físicos nos bebês filhos de gestantes com Hanseníases, uma vez que o remédio é utilizado para o

---

[139] FONSECA, Almir Lourenço. *Medicamentos na gravidez e lactação*. Rio de Janeiro: Ed. de Publicações Científicas, 1994. p. 4.

[140] LANDO, Giorge André. *Responsabilidade civil da gestante por condutas prejudiciais à saúde do nascituro*, cit., p. 161.

[141] OLIVEIRA, Maria Auxiliadora; BERMUDEZ, Jorge Antônio Zepeda; SOUZA, Arthur Custódio Moreira de. Talidomida no Brasil: vigilância com responsabilidade compartilhada? *Cad Saúde Pública*, Rio de Janeiro, n. 1, v. 15, p. 99-112, jan. 1999.

[142] LANDO, Giorge André. *Responsabilidade civil da gestante por condutas prejudiciais à saúde do nascituro*, cit., p. 161.

tratamento dessa doença[143]. No país, a União[144] ainda é condenada a pagar indenização aos "filhos da talidomida" e no mundo o laboratório alemão

---

[143] "Talidomida continua a causar defeitos físicos em bebês no Brasil. Um estudo ao qual a BBC teve acesso exclusivo mostra que o uso da talidomida continua a causar defeitos físicos em bebês nascidos no Brasil. A polêmica droga é distribuída na rede pública para tratar pessoas com hanseníase – doença antigamente chamada de lepra, causada pelo bacilo de Hansen, o *Mycobacterium leprae*, que ataca nervos periféricos e a pele. Mas algumas mulheres, por desconhecerem seus riscos, têm tomado o medicamento no Brasil durante a gestação. (...) Os casos de hanseníase no Brasil são mais recorrentes do que em qualquer outra parte do mundo, exceto a Índia. Mais de 30 mil casos são diagnosticados todos os anos – com milhões de pílulas de talidomida sendo distribuídas para tratar a doença. Mas pesquisadores dizem que atualmente existem cem casos de crianças com defeitos físicos exatamente como os causados pela talidomida nos anos 1950. 'Uma tragédia está ocorrendo no Brasil... Esta é uma síndrome completamente evitável', afirma Lavinia Schuler-Faccini, professora da Universidade Federal do Rio Grande do Sul (UFRGS). Mas as pessoas a favor do uso da talidomida para tratamento da hanseníase dizem que a droga é vital para estas pessoas. Eles acreditam que os benefícios ultrapassam os riscos. A professora Lavinia Schuler-Faccini e outros pesquisadores da UFRGS investigaram os registros de nascimento de 17,5 milhões de bebês entre 2005 e 2010. 'Nós investigamos todos os defeitos de membros que tinham características parecidas com os causados pela talidomida', afirma Schuler-Faccini. (...) Para a pesquisadora, falta de educação para a saúde e o hábito generalizado de dividir medicamentos com outras pessoas contribuem para o problema. Isto é o que parece ter acontecido com Alan, criança que vive numa pequena cidade de uma área central do Brasil. (...) Onde a hanseníase é mais comum, a talidomida continuará a ser prescrita e o risco de bebês nascerem com defeitos físicos continuará. Artur Custodio, do Morhan (Movimento de Reintegração das Pessoas Atingidas pela Hanseníase), reconhece que a talidomida é perigosa, mas afirma que carros causam mais acidentes com vítimas que se tornam deficientes físicos no Brasil do que o medicamento. 'Nós não falamos sobre banir o uso de carros, nos dizemos que deveríamos ensinar as pessoas a dirigir com responsabilidade', afirma. 'É a mesma coisa para a talidomida.'" Disponível em: <http://www.bbc.com/portuguese/videos_e_fotos/2013/07/130725_brasil_talidomida_gm>. Acesso em: 21 dez. 2016.

[144] "TRF3 condena União a indenizar vítimas da talidomida. O Tribunal Regional Federal da 3ª Região (TRF3) confirmou na última quinta-feira (16/7) a condenação da União para indenizar por danos morais pessoas com Síndrome de Talidomida e elevou o valor da indenização para cem vezes o valor da pensão vitalícia que as vítimas já recebem, que deverá ser efetuada em pagamento único. A decisão beneficia a primeira geração de pessoas com a Síndrome, nascidas entre 1957 e 1965, representadas pela Associação Brasileira dos Portadores da Síndrome da Talidomida (ABPST). A Talidomida, medicamento distribuído nas décadas de 1950 e 1960 pelo laboratório alemão 'Chemie Grunenthal', chegou ao mercado brasileiro em 1957 e foi muito utilizada por mulheres grávidas para combater enjoos. Em 1961, o remédio foi proibido em todo o mundo por provocar deformações no feto. No Brasil, a Talidomida foi retirada do mercado apenas quatro anos depois. Segundo o acórdão

Grünenthal, fabricante de talidomida, também continua sendo responsabilizado pelos danos causados às pessoas vítimas do medicamento[145].

A Lei 12.190, de 13 de janeiro de 2010, concede indenização por dano moral às pessoas com deficiência física decorrente do uso da talidomida, e alterou a Lei 7.070, de 20 de dezembro de 1982, em que ficou prevista uma indenização no valor de R$ 50.000,00 (cinquenta mil reais), multiplicado pelo número dos pontos indicadores da natureza e do grau da dependência resultante da deformidade física e o pagamento de uma pensão especial de um a oito salários mínimos à vítima, de acordo com o grau de deficiência que a pessoa sofreu. Essa pensão é vitalícia, contudo, intransferível.

Essa pensão especial não é acumulável com rendimento ou indenização que, a qualquer título, venha a ser pago pela União a seus beneficiários, salvo

---

publicado em 21/7 no Diário Eletrônico da Justiça Federal da 3ª Região, 'fica evidente que houve falha das autoridades sanitárias ao não impedirem que a Talidomida fosse comercializada no Brasil até o ano de 1965, quando seus efeitos nefastos sobre os fetos já eram conhecidos da comunidade científica mundial, acarretando, em consequência, a responsabilidade pela indenização por dano moral às suas vítimas'. O relator do processo, o juiz federal convocado Rubens Calixto, também explicou a diferença entre essa indenização e a pensão especial que as vítimas já recebem: 'a pensão da Lei 7.070/82 tem em vista a subsistência digna das vítimas da Talidomida, enquanto a indenização por danos morais encontra fundamento na reparação do sofrimento causado pelas adversidades psíquicas e sociais experimentadas por estas mesmas pessoas' A decisão foi proferida pela terceira turma do TRF3. Ainda cabe recurso para instâncias superiores." Disponível em: <http://www.cjf.jus.br/cjf/outras-noticias/2012-1/dezembro/trf3-condena-uniao-a-indenizar-vitimas-da-talidomida>. Acesso em: 21 dez. 2016.

[145] "Laboratório alemão condenado a indenizar vítimas espanholas da talidomida. O laboratório alemão Grünenthal, fabricante de talidomida, um medicamento que provocou a má-formação em milhares de crianças nos anos 1950-60, foi condenado pela justiça a indenizar os afetados na Espanha, que reclamavam 204 milhões de euros. A Associação de Vítimas da Talidomida na Espanha, Avite, processou a farmacêutica calculando que a cifra total de vítimas desse produto neste país pode chegar a 3.000. Apesar de muitas das vítimas já terem falecido, a Avite reclamava 204 milhões de euros (275 milhões de dólares) para repartir entre seus membros em função da gravidade das más-formações. A talidomida, que foi prescrita às mulheres grávidas no final dos anos 50 e princípio dos anos 60 contra náuseas, acabou provocando danos irreversíveis no desenvolvimento do feto. Calcula-se que entre 10.000 e 20.000 pessoas nasceram com más-formações ou, às vezes, sem alguns de seus membros, em todo mundo. O medicamento foi retirado do mercado no final dos anos 1961 na Alemanha e Grã-Bretanha." Disponível em: <https://saude.terra.com.br/laboratorio-alemao-condenado-a-indenizar-vitimasespanholasda-talidomida,a8699f8413572410VgnCLD2000000ec6eb0aRCRD.html>. Acesso em: 21 dez. 2016.

a indenização por dano moral concedida por lei específica (art. 3º da Lei 12.190/2010, alterada pela Lei 7.070/2010). Apesar dos males que a talidomida causou a muitos brasileiros, a droga continua sendo vendida no país, sob rigoroso controle da Agência Nacional de Vigilância Sanitária, conforme dispõe a Portaria 344/1998.

O misoprostol é comercializado com os nomes Cytotec e Arthrotec, que são medicamentos maléficos ao nascituro. O primeiro é utilizado para o tratamento de úlceras gástricas e duodenais, e o segundo, usado para tratar dores nos ligamentos (reumatismo ou artrite), muitas vezes consumidos por gestantes para provocar um aborto. Entretanto, quando esse objetivo não é alcançado, o nascituro nasce com malformações.

Há medicamentos que aparentemente não são capazes de causar lesões, todavia, essa não é a realidade, por exemplo, o ácido retinoico jamais deve ser utilizado por gestante, pois tem poder de causar graves sequelas ao nascituro. Trata-se de substância derivada da "vitamina A", utilizada para combater o envelhecimento da pele, principalmente em razão da exposição ao Sol, e também para o tratamento de acnes, estrias, hiperpigmentação, manchas, rugas e sardas na pele. Sendo comercializado na forma de cremes, loções e sérum, é determinantemente proibido para gestantes.

Durante a gestação é alto o número de remédios que a gestante consome, incluindo aqueles prescritos e os que não foram prescritos por médicos. Estudos indicam que algumas mulheres grávidas consumem em média quatro drogas diferentes, além dos suplementos alimentares, e 50% delas tomam esses remédios durante os três primeiros meses de gestação[146], contudo, o índice de anomalias congênitas provocada por drogas é considerado baixo, menos de 2%. Mesmo assim, o recomendado é que a gestante não tenha a necessidade de consumir nenhum tipo de drogas, principalmente no período indicado, pois trata-se do período mais importante na formação do ser que nascerá.

Nos EUA, os remédios são classificados em relação aos riscos de seus efeitos nas gestantes e nos nascituros, sendo classificados nas seguintes categorias: A, B, C, D e X[147].

---

[146] MOORE, Keith L.; PERSAUD, T. V. N. *Embriologia básica*, cit., 5. ed., p. 148.
[147] BIOSSON, Marcelo Polacow. *Farmácia clínica & atenção farmacêutica*. 2. ed. Barueri: Manole, 2007. p. 266.

Categoria	Tipo de risco
A	Estudos controlados em mulheres não demonstraram riscos no primeiro trimestre. Estudos bem controlados em gestantes não evidenciaram riscos para o feto.
B	Estudos de reprodução em animais não demonstraram riscos para o feto, embora não se tenham realizado estudos adequados e bem controlados em grávidas.
C	Estudos de reprodução em animais demonstraram efeitos adversos no feto. Embora não se tenham realizado estudos adequados e bem controlados em humanos, os benefícios potenciais podem justificar o uso desses medicamentos em gestantes, apesar dos riscos potenciais.
D	Há evidências positivas de risco fetal, mas o benefício do uso por mulheres grávidas pode ser justificado.
X	Contraindicado na gestação. Estudos em animais e humanos demonstraram risco fetal, e o risco do uso sobrepôs-se ao benefício.

Fonte: BIOSSON, Marcelo Polacow. *Farmácia clínica & atenção farmacêutica*, cit., p. 266.

Para a configuração do dano moral pelo uso de medicamentos, basta que a gestante faça uso sem acompanhamento médico, não realize a prevenção (negligência ou imprudência) e em razão disso o nascituro venha ser prejudicado, atingindo-se sua integridade física, psíquica ou até mesmo causando a sua morte. Em relação ao dano material, pode ser configurado se ao nascer a pessoa ficar limitada para a atividade laboral.

Sistema da Responsabilidade Civil		
Hipótese		Consumo de drogas legais (medicamentos)
Conduta	Ação	Consumo de medicamentos prejudiciais ao nascituro.
	Omissão	X
Dano	Material	Perda da capacidade laboral (para os que vierem nascer).
	Moral	Integridade física, psíquica e a vida do nascituro.
Nexo Causal	Causa	Fazer uso de medicamentos prejudicial ao nascituro.
	Efeito	Algumas sequelas ao nascituro: atingindo seu desenvolvimento físico, psíquico e intelectual.
Fundamento Legal		Constituição Federal: art. 5º, V, art. 127 e art. 196. Código Civil: art. 1º, art. 2º, art. 11, art. 12, art. 186, e art. 187, art. 927, art. 949, art. 950 e art. 1.692. Código de Processo Civil: art. 72, parágrafo único. Estatuto da Criança e do Adolescente: art. 7º, art. 201, VIII.

Sistema da Responsabilidade Civil	
Hipótese	Consumo de drogas legais (medicamentos)
Dever Jurídico Violado	Proteção aos filhos. Direitos da personalidade (integridade física, psíquica e a vida). Direito a saúde.
Espécie de Responsabilidade Civil	Subjetiva.

3.4.9 Durante o diagnóstico pré-natal

É de suma importância para o nascituro que a gestante faça o pré-natal, sendo este uma assistência médica para a mãe, o embrião e/ou nascituro durante os nove meses do período de gestação. Trata-se também de uma preparação para o momento do parto, buscando com isso evitar, por exemplo, partos prematuros e gravidez de risco. Nesse período, a gestante é submetida a vários exames (fator Rh, glicemia, hemograma, hepatite B, rubéola, sangue, sífilis, sorologia, tipagem e toxoplasmose), como é de conhecimento alguns dos exames pelos quais a gestante é submetida dizem respeito à proteção do nascituro. Conforme institui o art. 8º do Estatuto da Criança e do Adolescente, cabe inclusive ao Estado garantir uma assistência à gestante no período pré-natal como forma de evitar riscos ao nascituro.

O diagnóstico pré-natal é o exame realizado com a finalidade de acompanhar o desenvolvimento do nascituro e em algumas situações corrigir anomalias de formação na vida intrauterina, devendo ser respeitada a integridade física e o direito à vida daquele. Dessa forma, o paciente desse tipo de serviço é o próprio nascituro. Como já foi apresentado no Capítulo 2, vários são os procedimentos disponíveis: a ecografia, a ressonância magnética, a fetoscopia, placentocentese, a retirada das vilosidades coriais, a amniocentese, cordocentese, biópsia das vilosidades coriónicas, embrioscopia, recolha percutânea de amostras de sangue umbilical, entre outros.

O diagnóstico pré-natal pode causar dano ao nascituro, por exemplo, a ressonância magnética não é recomenda nos primeiros três meses de gestação para não haver o risco de prejudicar o nascituro pela exposição às ondas de radiofrequência, causando aumento da temperatura dos tecidos e, com isso, atingir o sistema nervoso central e os ossos que estão em formação, levando a uma deformidade no tubo neural. O exame de amniocentese pode causar desprendimento da placenta, ferir o nascituro com a agulha, transmitir uma infecção e causar um aborto.

Na fetoscopia, os riscos são de ruptura prematura das membranas gestacionais, infecções ou a morte do nascituro. A amnioscopia pode causar hemorragia e infecção do nascituro; biópsia das vilosidades coriónicas e na recolha percutânea de amostras de sangue umbilical podem originar um aborto espontâneo.

Sistema da Responsabilidade Civil		
Hipótese		**Diagnóstico pré-natal**
Conduta	Ação	Realização inadequada e/ou incompleta do pré-natal.
	Omissão	Não realização do pré-natal.
Dano	Material	Perda da capacidade laboral (para os que vierem nascer).
	Moral	Integridade física, psíquica e a morte do nascituro.
Nexo Causal	Causa	Não realizar ou realizar de forma inadequada ou incompleta.
	Efeito	Atingir o sistema nervoso central e os ossos que estão em formação, levando a uma deformidade no tubo neural. Desprendimento da placenta, ferir o nascituro com a agulha, transmitir uma infecção e causar um aborto. Ruptura prematura das membranas gestacionais, infecções ou a morte do nascituro. Hemorragia e infecção do nascituro; biópsia das vilosidades coriônicas e na recolha percutânea de amostras de sangue umbilical podem originar um aborto espontâneo.
Fundamento Legal		Constituição Federal: art. 5º, V, art. 127 e art. 196. Código Civil: art. 1º, art. 2º, arts. 11 a 15, arts. 186 e 187, art. 927, art. 949, art. 950 e art. 1.692. Código de Processo Civil: art. 72, parágrafo único. Estatuto da Criança e do Adolescente: art. 7º, art. 201, VIII.
Dever Jurídico Violado		Proteção aos filhos. Direitos da personalidade (integridade física, psíquica e à vida). Direito à saúde.
Espécie de Responsabilidade Civil		Subjetiva.

3.4.10 Infecções e das doenças maternas

A rubéola é uma doença contagiosa. Trata-se do principal teratógeno infeccioso e, caso a gestante seja infectada com o vírus causador desta doença durante os três primeiros meses de gestação, o risco de contaminação do embrião/nascituro é de 20%. As principais características da doença são: catarata, defeitos cardíacos e surdez, podendo causar também deficiência mental e defeitos dos dentes[148].

A possibilidade de transmissão do HIV (vírus da imunodeficiência humana) existe, dessa forma, o recomendado é que o aleitamento seja suspenso para que o recém-nascido não seja contaminado[149].

No caso de a gestante estar infectada com o vírus da hepatite, o aconselhável é que cesse a amamentação no caso de hepatite aguda, até que seja conhecida a causa, a probabilidade de transmissão para o recém-nascido e as medidas apropriadas para que não ocorra a contaminação do filho. A transmissão das hepatites "A" e "B" por meio da amamentação é muito rara; no caso da Hepatite "C" a possibilidade da transmissão vertical, causada pela amamentação, acentua-se caso a gestante esteja contaminada também com o HIV, caso em que o risco é de 100% de chance de contaminação via amamentação[150].

A Citomegalovírus (CMV) é a infecção mais comum causada por um vírus. É uma doença praticamente fatal que causa o abortamento quando afeta o embrião nos três primeiros meses de gestação. Quando não ocorre a interrupção da gravidez, a infecção pode ocasionar "IUGR, microftalmina, coriorretinite, cegueira, microcefalia, calcificação cerebral, retardo mental, surdez, paralisia cerebral e hepatoesplenomegalia[151]".

O Vírus Herpes Simples (HSV) aumenta em três vezes a possibilidade de aborto, com tendência alta de parto prematuro, em que se verificou a

---

[148] MOORE, Keith L.; PERSAUD, T. V. N.; TORCHIA, Mark G. *Embriologia básica*, cit., 9. ed., p. 496.

[149] MOORE, Keith L.; PERSAUD, T. V. N.; TORCHIA, Mark G. *Embriologia básica*, cit., 9. ed., p. 496.

[150] BIOSSON, Marcelo Polacow. *Farmácia clínica & atenção farmacêutica*, cit., p. 288-289.

[151] MOORE, Keith L.; PERSAUD, T. V. N.; TORCHIA, Mark G. *Embriologia básica*, cit., 9. ed., p. 496.

ocorrência das seguintes anomalias: "lesões cutâneas típicas, microcefalia, microftalmia, espasticidade, displasia retiniana e retardo mental"[152].

Nos casos da varicela (catapora) e do herpes zoster (cobreiro), doenças causadas pelo mesmo vírus, há registros de que a infecção da gestante no primeiro quadrimestre de gestação pode causar: "cicatrizes na pele, atrofia muscular, hipoplasia dos membros, dedos rudimentares, lesões cerebrais e oculares e retardo mental[153]".

A Toxoplasma gondii pode infectar a gestante pelo consumo de carne crua ou mal cozida, normalmente encontrada em carne de porco ou carneiro e pelo contato com animais domésticos ou o solo que esteja contaminado com o parasita. Em contato com o embrião/nascituro, provoca "alterações destrutivas no encéfalo (calcificações intracranianas) e nos olhos (coriorretinite), que resultam em deficiência mental, microcefalia, microftalmia e hidrocefalia[154]". Pode causar inclusive a morte do nascituro.

A sífilis congênita é causada pelo *Treponema pallidum*, com a qual o nascituro pode ser infectado durante todo o período gestacional, entretanto, é uma doença que, se adequadamente tratada, causa a morte do organismo causador da sífilis. As anomalias relacionadas à sífilis congênita não tratada são: "(...) surdez congênita, dentes e ossos anormais, hidrocefalia e retardo mental[155]".

Na Doença de Lyme a mãe é infectada pela picada do carrapato infectado pela espiroqueta *Borrelia burgdorferi*[156] e pode causar insuficiência cardíaca e é transmitida pela amamentação.

E, por fim, em caso de suspeita de a mãe estar com contaminada com tuberculose, não deve ter contato com o recém-nascido independentemente do meio de alimentação, uma vez que o que coloca o filho em situação de risco é o contato respiratório. O recém-nascido pode continuar a ser alimentado com o leite materno, desde que seja retirado e oferecido por outro meio,

---

[152] MOORE, Keith L.; PERSAUD, T. V. N.; TORCHIA, Mark G. *Embriologia básica*, cit., 9. ed., p. 496.
[153] MOORE, Keith L.; PERSAUD, T. V. N.; TORCHIA, Mark G. *Embriologia básica*, cit., 9. ed., p. 496.
[154] MOORE, Keith L.; PERSAUD, T. V. N.; TORCHIA, Mark G. *Embriologia básica*, cit., 9. ed., p. 496.
[155] MOORE, Keith L.; PERSAUD, T. V. N.; TORCHIA, Mark G. *Embriologia básica*, cit., 9. ed., p. 497.
[156] BIOSSON, Marcelo Polacow. *Farmácia clínica & atenção farmacêutica*, cit., p. 290.

como através de uma seringa, sendo recomendado o uso de profilático de isoniazida para prevenir a infecção por tuberculose[157].

Para a configuração do dano moral por infecções e doenças maternas, basta que a gestante não realize a prevenção (negligência ou imprudência) e, em razão disso, o nascituro venha ser contaminado. Essa contaminação deve gerar danos que atinjam sua integridade física, psíquica (malformações congênitas, alteração oftalmológica, calcificação cerebral, hidrocefalia) ou até mesmo causar a morte do nascituro. Em relação ao dano material, pode ser configurado se, ao nascer, a pessoa ficar limitada para a atividade laboral.

Sistema da Responsabilidade Civil		
Hipóteses		**Infecções e das doenças maternas**
Conduta	Ação	X
	Omissão	Não realizar a prevenção.
Dano	Material	Perda da capacidade laboral (para os que vierem a nascer).
	Moral	Integridade física, psíquica e à vida.
	Perda de uma chance	Direito à vida em caso de morte e de uma vida saudável se nascer com deficiências graves.
Nexo Causal	Causa	Não realizar a prevenção.
	Efeitos	Malformações congênitas, alteração oftalmológica, calcificação cerebral, hidrocefalia, a morte entre outras.
Fundamento Legal		Constituição Federal: art. 5º, V, art. 127 e art. 196. Código Civil: art. 1º, art. 2º, arts. 11 a 15, arts. 186 e 187, art. 927, art. 949, art. 950 e art. 1.692. Código de Processo Civil: art. 72, parágrafo único. Estatuto da Criança e do Adolescente: art. 7º, art. 201, VIII.
Dever Jurídico Violado		Proteção aos filhos. Direitos da personalidade (integridade física, psíquica e direito à vida). Direito à saúde.
Espécie de Responsabilidade Civil		Subjetiva.

---

[157] BIOSSON, Marcelo Polacow. *Farmácia clínica & atenção farmacêutica*, cit., p. 290.

3.4.11 Negligência dos genitores – cirurgia fetal

Imagina-se o seguinte caso: o casal, através do pré-natal, é informado de que o futuro filho é portador de uma anomalia provocada por um defeito genético, que pode ser corrigido por uma cirurgia ainda no útero materno. Considerando que o fato acontece no futuro próximo, que mesmo os defeitos genéticos ou malformações poderão ser corrigidos por uma simples cirurgia, o casal decide por não realizar mencionado procedimento cirúrgico e o filho nasce com inúmeras sequelas.

Os pais têm o dever de providenciar o melhor ambiente para sua prole? Os genitores poderiam ser responsabilizados pelas limitações impostas àquele filho, por uma negligência daqueles? Trata-se de conduta omissiva dolosa? Trata-se de crime? Deixar o filho nascer com diabetes, anemia de células falciformes ou hemofilia quando se pode evitar caracteriza má-fé?

O Código Civil brasileiro é capaz de responder essa questão, pois em seu art. 186 prescreve que "Aquele que por ação ou omissão negligência ou imprudência, violar direito e causar dano a outrem, mesmo que exclusivamente moral comete ato ilícito".

Sistema da Responsabilidade Civil		
Hipótese		Negligência dos genitores – cirurgia fetal
Conduta	Ação	X
	Omissão	Não realizar a cirurgia.
Dano	Material	Perda da capacidade laboral.
	Moral	O dano à integridade física ou a morte.
Nexo Causal	Causa	Negligência dos genitores em não realizar uma cirurgia fetal.
	Efeito	O dano a integridade física ou a morte.
Fundamento Legal		Constituição Federal: art. 5º, V, art. 127 e art. 196. Código Civil: art. 1º, art. 2º, arts. 11 a 15, arts. 186 e 187, art. 927, art. 949, art. 950 e art. 1.692. Código de Processo Civil: art. 72, parágrafo único. Estatuto da Criança e do Adolescente: art. 7º, art. 201, VIII.
Dever Jurídico Violado		Proteção aos filhos. Direitos da personalidade (integridade física, psíquica e direito à vida). Direito à saúde.
Espécie de Responsabilidade Civil		Subjetiva.

3.4.12 Negligência na vacinação

Todas as pessoas devem estar em dia com as vacinas como forma de prevenir as doenças, e em especial as mulheres, pois elas podem engravidar e algumas vacinas não são dadas para gestantes para que não cause danos ao nascituro. Isso se aplica principalmente às mulheres que farão uso das técnicas de reprodução humana assistida, uma vez que a intenção é engravidar, e a recomendação é a de que a imunização ocorra antes da gestação, pois está garantindo também a proteção para o nascituro.

Faz parte obrigatória vacinas para mulheres de 19 a 45 anos com o intuito de imunização e que não podem ser aplicada em gestante: HPV – só deve ser aplicada em gestante em situações de exposições; Tríplice viral (sarampo, caxumba e rubéola); Varicela (catapora); Febre amarela; por outro lado, existem as que devem ser aplicadas durante a gestação: Influenza (gripe), Penumocócica, Hepatite B e Meningocócica; só em situações de riscos podem ser aplicada de Difteria, Coqueluche, Tétano, Hepatite A e Raiva.

A negligência da gestante quanto à vacinação (por exemplo: rubéola) pode ocasionar sequelas graves ao recém-nascido, entre elas, catarata, defeitos no funcionamento de alguns órgãos, deficiência mental, problemas cardíacos congênitos, problema de crescimento e surdez.

O dano moral resta configurado quando a gestante não realiza a prevenção (negligência ou imprudência) por meio das vacinas recomendadas para o período gestacional e, em razão disso, o nascituro vem ser contaminado, se a contaminação gerar danos que atinjam a integridade física, psíquica ou até mesmo causem a morte do nascituro. Em relação ao dano material, pode ser configurado se, ao nascer, a pessoa ficar limitada para a atividade. A não observância de condutas preventivas pela gestante gera o ato ilícito.

Sistema da Responsabilidade Civil			
Hipótese		**Negligência na vacinação**	
Conduta	Ação	X	
	Omissão	Não prevenção – ausência das vacinas.	
Dano	Material	Se a pessoa ficar com limitação resta tanto eventuais lucros cessantes para o tratamento, como também perda da capacidade laboral (para os que vierem nascer).	
	Moral	Integridade física e psíquica.	
	Perda de uma chance	Direito a vida em caso de morte e de uma vida saudável se nascer com deficiências graves.	

Sistema da Responsabilidade Civil		
Hipótese		**Negligência na vacinação**
Nexo Causal	Causa	Não ter tomada as vacinas.
	Efeito	Sequelas graves ao recém-nascido, entre elas: catarata, defeitos no funcionamento de alguns órgãos, deficiência mental, problemas cardíacos congênitos, problema de crescimento e surdez.
Fundamento Legal		Constituição Federal: art. 5º, V, art. 127 e art. 196. Código Civil: art. 1º, art. 2º, arts. 11 a 15, arts. 186 e 187, art. 927, art. 949, art. 950 e art. 1.692. Código de Processo Civil: art. 72, parágrafo único. Estatuto da Criança e do Adolescente: art. 7º, art. 201, VIII.
Dever Jurídico Violado		Proteção aos filhos. Direitos da personalidade (integridade física, psíquica e a vida). Direito à saúde.
Espécie de Responsabilidade Civil		Subjetiva.

3.4.13 Questões nutricionais da gestante – parentalidade irresponsável

Sobre a importância da mulher no período gestacional Giorge André Lando informa que "durante a gestação ocorrem alterações fisiológicas importantes, que exigem uma necessidade nutricional diferenciada, pois o organismo materno está formando milhões de novas células"[158]. O art. 8º do ECA determina que o poder público deve proporcionar às gestantes uma nutrição adequada e, com isso, evitar prejuízos ao desenvolvimento do nascituro, inclusive após o seu nascimento. A recomendação é que no período gestacional a mulher tenha no mínimo, quatro consultas com nutricionista[159]. Para a mulher no período gestacional "é necessário um consumo extra de energia para atender à demanda de crescimento fetal, placenta e tecidos maternos associados (...)"[160].

Manter uma alimentação saudável e equilibrada é indispensável para que qualquer pessoa tenha uma boa qualidade de vida, principalmente para a gestante, uma vez que o que for ingerido por ela consequentemente será con-

---

[158] LANDO, Giorge André. *Responsabilidade civil da gestante por condutas prejudiciais à saúde do nascituro.* Tese (Doutorado) – apresentado na Faculdade Autônoma de Direito de São Paulo – FADISP. São Paulo, 2014. p. 205.

[159] LANDO, Giorge André. *Responsabilidade civil da gestante por condutas prejudiciais à saúde do nascituro*, cit., p. 205.

[160] LANDO, Giorge André. *Responsabilidade civil da gestante por condutas prejudiciais à saúde do nascituro*, cit., p. 205.

sumido pelo nascituro também. Dessa forma, são recomendados os seguintes alimentos: frutas, verduras, legumes, leite, ovos e carnes magras; por outro lado, devem ser evitados: frituras, carnes gordas, massas, doces e chocolates.

Durante a gestação a mulher sofre algumas alterações fisiológicas e isso gera a necessidade de um aumento da demanda nutricional, visando um melhor desenvolvimento do feto e dispondo a mulher para dois momentos que geram preocupações: o parto e a amamentação[161].

Os efeitos da má alimentação da mulher durante a gestação podem gerar problemas no crescimento e baixo peso no recém-nascido, deixando-os mais suscetíveis de infecções, problemas cognitivos, dificuldade de aprendizagem, visão deficiente, aumento do risco de mortalidade durante o parto e defeitos congênitos no nascituro.

A dieta com baixas calorias tem figurado como um dos problemas envolvendo a alimentação das gestantes e consequentemente o bom desenvolvimento do nascituro, a busca cada vez maior pela beleza e o culto ao corpo perfeito tem levado muitas gestantes a controlar o peso e a alimentação durante a gestação. Em razão da pressão exercida pela sociedade, inclusive a utilização de mulheres grávidas magérrimas, deu origem a um novo termo a pregorexia[162]:

> A pregorexia é um transtorno alimentar em que a gestante fica extremamente preocupada com o ganho de peso e inicia uma rotina de rigorosa dieta e exercícios físicos ou então se alimenta compulsivamente para depois tentar compensar esse ato com o uso de laxantes ou provocando o vômito. É importante destacar que nem todas as mulheres que tentam não ganhar peso durante a gravidez apresentam pregorexia e que a realização de exercícios e uma alimentação adequada são, de fato, importantes para o desenvolvimento da criança.
>
> Mulheres com pregorexia não conseguem compreender que os seus atos podem prejudicar a sua saúde e a da criança, o que caracteriza, portanto, um *transtorno psicológico*. Assim como na bulimia e anorexia, as grávidas muitas vezes escondem o problema e muitas acreditam, inclusive, que não há nada de errado no comportamento realizado[163].

---

[161] HINKELMANN, Jéssica Viana; LUQUETTI, Sheila Cristina; AGUIAR, Aline Silva de; TOFFOLO, Mayla Cardoso. *Diagnóstico e necessidades nutricionais do paciente hospitalizado – da gestante ao idoso*. Rio de Janeiro: Rubio, 2015. p. 5.

[162] LANDO, Giorge André. *Responsabilidade civil da gestante por condutas prejudiciais à saúde do nascituro*, cit., p. 206.

[163] *Pregorexia: um transtorno alimentar na gravidez*. Disponível em: <http://mundoeducacao.bol. uol. com.br/biologia/pregorexia-um-transtorno-alimentar-na-gravidez. htm>. Acesso em: 17 abr. 2017.

Por outro lado, o "sobrepeso e/ou a obesidade durante a gravidez, pode oferecer à mulher e ao nascituro uma série de problemas, desde o surgimento de doenças associadas tais como diabetes e hipertensão na gestação, até o nascimento de bebês prematuros e com retardo no crescimento, malformados ou macrossômicos (...)"[164]. Dessa forma, "o ganho de peso adequado, a ingestão de energia e nutrientes, o fator emocional e o estilo de vida serão determinantes para o crescimento e o desenvolvimento do feto[165]". Para o benefício do desenvolvimento sadio do nascituro, a gestante deve evitar alimentos industrializados.

Os cuidados nutricionais são indispensáveis no período gestacional, tanto para a gestante quanto para aquele que está por nascer, de tal maneira que a preocupação deve estar relacionada com o baixo peso e com o excesso de peso, pois ambos podem identificar algo desfavorável e propenso ao desenvolvimento de doenças[166]. Os danos podem ser tanto materiais (perda da capacidade laboral ao nascer) quanto morais (ofensa à saúde do nascituro e prejuízo a seu desenvolvimento).

Sistema da Responsabilidade Civil		
Hipótese		Questões nutricionais da gestante
Conduta	Ação	A alimentação da mulher durante da gestação (anorexia, desnutrição/sobrepeso/obesidade).
	Omissão	Não se alimentar de forma adequada.
Dano	Material	Perda da capacidade laboral (para os que vierem nascer).
	Moral	Problemas no crescimento e baixo peso do recém-nascido. Ofensas à saúde do nascituro (mais suscetíveis de infecções, problemas cognitivos, dificuldade de aprendizagem, visão deficiente, aumento do risco de mortalidade durante o parto e defeitos congênitos no nascituro)

---

[164] LANDO, Giorge André. *Responsabilidade civil da gestante por condutas prejudiciais à saúde do nascituro*, cit., p. 206.

[165] VITOLO, Márcia Regina. Aspectos fisiológicos e nutricionais na gestação. In: VITOLO, Márcia Regina (Org.). *Nutrição da gestação ao envelhecimento*. 2. ed. rev. e ampl. Rio de Janeiro: Rubio, 2015. p. 79.

[166] LANDO, Giorge André. *Responsabilidade civil da gestante por condutas prejudiciais à saúde do nascituro*, cit., p. 208.

Sistema da Responsabilidade Civil		
Hipótese		Questões nutricionais da gestante
Nexo Causal	Causa	Negligência quanto à prevenção.
	Efeito	O estado nutricional da mulher durante a gravidez terá impacto sobre à saúde e o desenvolvimento do nascituro (tamanho, peso e deficiências).
Fundamento Legal		Constituição Federal: art. 5º, V, art. 127 e art. 196. Código Civil: art. 1º, art. 2º, arts. 11 a 15, arts. 186 e 187, art. 927, art. 949, art. 950 e art. 1.692. Código de Processo Civil: art. 72, parágrafo único. Estatuto da Criança e do Adolescente: art. 7º, art. 201, VIII.
Dever Jurídico Violado		Proteção aos filhos. Direitos da personalidade (integridade física, psíquica e direito à vida). Direito à saúde.
Espécie de Responsabilidade Civil		Subjetiva.

3.4.14 Recusa da gestante em ingerir medicamentos ou de se submeter a tratamentos cirúrgicos ou médicos em benefício do nascituro

A Organização Mundial da Saúde recomenda o uso de Vitamina B9 (ácido fólico) pela mulher antes e durante a gestação para diminuir o risco de gerar um filho com defeito do tubo neural (anencefalia e espinha-bífida), uso do qual indispensável para preservar a saúde e a integridade física do nascituro. Da mesma forma, a mulher pode se negar a se submeter a uma intervenção cirúrgica para salvar a vida do nascituro? A gestante é obrigada a correr risco de vida? O que deve prevalecer, o interesse do nascituro ou o interesse da gestante? E, se a cirurgia não colocar a gestante em risco de morte, deve ser levada compulsoriamente a sala de cirurgia?

A recusa da gestante a ingerir medicamentos ou a se submeter a tratamentos cirúrgicos ou médicos em benefício do nascituro (desde que não coloque em risco de morte a mãe) configura ato ilícito se, em razão dela, o nascituro vier a sofrer violação da integridade física, psíquica ou até mesmo morrer. Em relação ao dano material, pode ser configurado se, ao nascer, a pessoa ficar limitada para a atividade laboral.

Sistema da Responsabilidade Civil		
Hipóteses		Recusa da gestante em ingerir medicamentos ou de se submeter a tratamentos cirúrgicos ou médicos em benefício do nascituro
Conduta	Ação	Recusa da gestante em ingerir medicamentos ou de se submeter a tratamentos cirúrgicos ou médicos em benefício do nascituro. Transfusão de sangue (testemunhas de Jeová).
	Omissão	X
Dano	Material	Perda da capacidade laboral (para os que vierem nascer).
	Moral	Integridade física e a saúde.
Nexo Causal	Causa	A recusa do medicamento e de submeter a tratamentos em benefício do nascituro.
	Efeito	Anencefalia e espinha-bífida.
Fundamento Legal		Constituição Federal: art. 5º, V, art. 127 e art. 196. Código Civil: art. 1º, art. 2º, arts. 11 a 15, arts. 186 e 187, art. 927, art. 949, art. 950 e art. 1.692. Código de Processo Civil: art. 72, parágrafo único. Estatuto da Criança e do Adolescente: art. 7º, art. 201, VIII.
Dever Jurídico Violado		Proteção aos filhos. Direitos da personalidade (integridade física, psíquica e à vida). Direito à saúde.
Espécie de Responsabilidade Civil		Subjetiva.

3.4.15 Terapias à base de radiações

Mulheres gestantes devem evitar terapias à base de radiações, pois é estimado que a incidência de malformações do nascituro quando este é exposto aos efeitos das radiações, principalmente nos primeiros meses de gestação, está associada às malformações congênitas, aos defeitos de ossificação, à hidrocefalia, à microcefalia, ao retardo de crescimento, ao retardo mental, ao risco de aborto e ao risco para o câncer infantil.

Os mencionados danos podem surgir em maior ou menor grau, e isso dependerá da quantidade de radiação a que o embrião e o nascituro foram expostos. A recomendação é de no máximo 5 rads durante a gestação, valor a partir do qual o nascituro pode sofrer alterações[167].

---

[167] Disponível em: <https://www.tuasaude.com/perigo-do-raio-x-na-gravidez/>. Acesso em: 26 dez. 2016.

Sobre as terapias a base de radiações, Giorge André Lando estabelece algumas considerações:

> (...) deve-se convir que experiências continuam a mostrar que há cada vez mais efeitos negativos desta exposição sobre o nascituro, mesmo que os estudos e os testes que possuam mensurar estes problemas ainda sejam incipientes. Por isso, indica-se o mínimo contato da gestante com todos os tipos de radiação, com vistas a minimizar futuros problemas[168].

Moore, Pesaud e Torchia alertam que "No passado, grande quantidade de radiação ionizante (centenas a vários milhares de rads) foram aplicadas inadvertidamente a embriões e fetos de mulheres grávidas que tinham câncer da cervical[169]". O resultado foi a morte ou a malformação dos embriões, que deu origem a crianças com inúmeros problemas (retardo do crescimento, microcefalia, espinha bífida cística, alterações pigmentares da retina, catarata, fenda palatina, anormalidades esqueléticas e viscerais e retardo mental[170]).

A terapia antineoplástica é o tratamento a base de fármacos no organismo da paciente com o intuito de destruir as células cancerosas. Afinal o que seria o câncer? O Instituto Nacional do Câncer – INCA informa que:

> Câncer é o nome dado a um conjunto de mais de 100 doenças que têm em comum o crescimento desordenado (maligno) de células que invadem os tecidos e órgãos, podendo espalhar-se (metástase) para outras regiões do corpo. Dividindo-se rapidamente, estas células tendem a ser muito agressivas e incontroláveis, determinando a formação de tumores (acúmulo de células cancerosas) ou neoplasias malignas. Por outro lado, um tumor benigno significa simplesmente uma massa localizada de células que se multiplicam vagarosamente e se assemelham ao seu tecido original, raramente constituindo um risco de vida. Os diferentes tipos de câncer correspondem aos vários tipos de células do corpo. Por exemplo, existem diversos tipos de câncer de pele porque a pele é formada de mais de um tipo de célula. Se o câncer tem início em tecidos epiteliais como pele ou mucosas ele é denominado carcinoma. Se começa em tecidos conjuntivos como osso, músculo ou cartilagem é chamado de sarcoma. Outras características que diferenciam os diversos tipos de câncer entre

---

[168] LANDO, Giorge André. *Responsabilidade civil da gestante por condutas prejudiciais à saúde do nascituro*, cit., p. 174.
[169] MOORE, Keith L.; PERSAUD, T. V. N.; TORCHIA, Mark G. *Embriologia básica*, cit., 9. ed., p. 498.
[170] MOORE, Keith L.; PERSAUD, T. V. N. *Embriologia básica*, cit., 5. ed., p. 154.

Cap. 3 • DA RESPONSABILIDADE CIVIL DOS PAIS NA REPRODUÇÃO HUMANA ASSISTIDA | 201

si são a velocidade de multiplicação das células e a capacidade de invadir tecidos e órgãos vizinhos ou distantes (metástases)[171].

Fala-se de uma incidência de câncer durante a gestação na proporção aproximada de uma em mil gestações[172], os remédios utilizados para o tratamento do câncer têm efeitos teratogênicos seus efeitos sobre o nascituro são vários, entre eles alterações no formato do crânio, a hidrocefalia e o hiperfelorismo[173]. Dessa forma deve-se evitar, sempre que possível o uso de terapias à base de radiações, sob pena de causar danos irreversíveis ao nascituro.

O uso de terapias a base de radiações pode causar danos morais, uma vez que atingem a integridade física, psíquica e podem causar a morte. Esses danos materiais podem ser configurados se, ao nascer, a pessoa ficar limitada para a atividade laboral.

Sistema da Responsabilidade Civil			
Hipótese		**Terapias à base de radiações**	
Conduta	Ação	Realizar terapias à base de radiações.	
	Omissão	X	
Dano	Material	Perda da capacidade laboral (para os que vierem nascer).	
	Moral	Integridade física, psíquica e a vida.	
Nexo Causal	Causa	Realizar terapias à base de radiações.	
	Efeito	Malformações congênitas, aos defeitos de ossificação, à hidrocefalia, à microcefalia, ao retardo de crescimento, ao retardo mental, ao risco de aborto e ao risco para o câncer infantil.	
Fundamento Legal		Constituição Federal: art. 5º, V, art. 127 e art. 196. Código Civil: art. 1º, art. 2º, arts. 11 a 15, arts. 186 e 187, art. 927, art. 949, art. 950 e art. 1.692. Código de Processo Civil: art. 72, parágrafo único. Estatuto da Criança e do Adolescente: art. 7º, art. 201, VIII.	

---

[171] INSTITUTO NACIONAL DO CÂNCER – INCA. O que é o câncer [s.l.: s.n.], 2013. Disponível em: <http://www1.inca.gov.br/conteudo_view.asp?id=322>. Acesso em: 19 abr. 2017.

[172] SCHÜNEMANN JÚNIOR, Eduardo et al. Neoplasias intraepiteliais cervicais e câncer do colo do útero durante a gestação. *Femina*, Rio de Janeiro, v. 33, n. 12, p. 943-947, dez. 2005. p. 945.

[173] SCHÜNEMANN JÚNIOR, Eduardo et al. Neoplasias intraepiteliais cervicais e câncer do colo do útero durante a gestação. *Femina*, cit., p. 944.

Sistema da Responsabilidade Civil	
Hipótese	Terapias à base de radiações
Dever Jurídico Violado	Proteção aos filhos. Direitos da personalidade (integridade física, psíquica e direito à vida). Direito à saúde.
Espécie de Responsabilidade Civil	Subjetiva.

3.4.16 Uso em pesquisas e das intervenções cirúrgicas

O nascituro não pode ser objeto de pesquisas científicas, sob pena de ser exposto a riscos de morte ou de dano a sua integridade física e psíquica. Restritos ao benefício do nascituro e da gestante, os testes diagnósticos são autorizados desde que realizados de forma adequada, contudo, devem ser ponderados os benefícios e os riscos produzidos, inclusive como forma de proteção da gestante[174].

Para proteger a integridade física e psíquica do nascituro, a gestante está terminantemente proibida até mesmo de realizar cirurgias com finalidades altruísticas, como fazer doação de órgãos ou tecidos; a exceção é a doação de tecidos para ser utilizado em transplantes de medula óssea, sob a condição de não colocar em risco a vida, a saúde e a integridade física do nascituro e da gestante[175].

O art. 15 do Código Civil estabelece inclusive que "ninguém pode ser constrangido a submeter-se, com risco de vida, a tratamento médico ou a

---

[174] ROMEO-CASABONA, Carlos-Maria. Questions de droits de l'homme dans la recherche em génétique médicale. *Ethique et génetique humaine*: actes 2e. Symposium du Conseil de l'Europe sur la bioéthique. Strasbourg: Conseil de l'Europe, 1994, p. 189 apud BERTI, Silma Mendes. *Responsabilidade civil pela conduta da mulher durante a gravidez*, cit., p. 200.

[175] Lei 9.434, de 4 de fevereiro de 1997. "Art. 9º É permitida à pessoa juridicamente capaz dispor gratuitamente de tecidos, órgãos e partes do próprio corpo vivo, para fins terapêuticos ou para transplantes em cônjuge ou parentes consanguíneos até o quarto grau, inclusive, na forma do § 4º deste artigo, ou em qualquer outra pessoa, mediante autorização judicial, dispensada esta em relação à medula óssea. (...) § 7º É vedado à gestante dispor de tecidos, órgãos ou partes de seu corpo vivo, exceto quando se tratar de doação de tecido para ser utilizado em transplante de medula óssea e o ato não oferecer risco à sua saúde ou ao feto". Disponível em: <http:// www.planalto.gov.br/ccivil_03/leis/L9434.htm>. Acesso em: 27 dez. 2016.

intervenção cirúrgica"[176] e, dessa forma, como representantes do nascituro, cabe aos pais impedir que aquele seja submetido a qualquer procedimento cirúrgico que coloque em risco sua vida, sob pena de responder junto à equipe médica por qualquer dano que o nascituro venha sofrer em razão da cirurgia.

O uso do nascituro em pesquisas e a autorização de intervenções cirúrgicas (desde que não coloquem a vida do nascituro em risco) podem gerar danos morais, uma vez que atingem a integridade física, psíquica e até mesmo causar a morte do nascituro, dano material esse que pode ser configurado se, ao nascer, a pessoa ficar limitada para a atividade laboral.

Se os pais autorizarem o uso do nascituro em pesquisas ou a submissão a intervenções cirúrgicas que coloquem em risco a vida daquele, estar-se-á diante de condutas negligentes e imprudentes.

Sistema da Responsabilidade Civil		
Hipótese		Uso em pesquisas e das intervenções cirúrgicas
Conduta	Ação	Autorizar a pesquisa e intervenções cirúrgicas no nascituro que não sejam para benefício do próprio.
	Omissão	X
Dano	Material	Perda da capacidade laboral (para os que vierem nascer).
	Moral	Integridade física, psíquica e a morte.
Nexo Causal	Causa	Pesquisas e intervenções cirúrgicas no nascituro que não sejam para benefício do próprio.
	Efeito	Danos físicos, psíquicos e morte.
Fundamento Legal		Constituição Federal: art. 5º, V, art. 127 e art. 196. Código Civil: art. 1º, art. 2º, arts. 11 a 15, arts. 186 e 187, art. 927, art. 949, art. 950 e art. 1.692. Código de Processo Civil: art. 72, parágrafo único. Estatuto da Criança e do Adolescente: art. 7º, art. 201, VIII.
Dever Jurídico Violado		Proteção aos filhos. Direitos da personalidade (integridade física, psíquica e direito à vida). Direito à saúde.
Espécie de Responsabilidade Civil		Subjetiva.

---

[176] BRASIL. *Código Civil*. Disponível em: <http://www.planalto.gov.br/ccivil_03/LEIS/2002/L10406.htm>. Acesso em: 27 dez. 2016.

Quem causa ou permite que sejam causados danos à integridade física, psíquica ou a morte do nascituro nos casos de abandono, comercialização para as fábricas de sabão e cosméticos, condutas inapropriadas da gestante, consumo de bebidas alcoólicas e de cigarros, consumo de drogas legais e ilegais, durante o diagnóstico pré-natal, nas infecções e doenças maternas, negligência dos genitores – cirurgia fetal, negligência na vacinação, questões nutricionais da gestante, a recusa da gestante em ingerir medicamentos ou de se submeter a tratamentos cirúrgicos ou médicos em benefício do nascituro, realizar terapias a base de radiações e uso em pesquisas e autorizações para intervenções cirúrgicas deve responder pela inobservância de condutas preventivas e comete ato ilícito, podendo praticar várias violações: a) de um dever geral para com o outro; b) da proteção aos filhos; c) do direito à saúde dos filhos; e d) dos direitos da personalidade. Trata-se de condutas culposa (responsabilidade subjetiva), exceto no caso da comercialização dos nascituros para as fabricas de sabão e cosméticos, pois caracteriza uma responsabilidade civil objetiva.

3.5 DAS POSSÍVEIS CAUSAS DE DANOS PRODUZIDOS NO FILHO

3.5.1 Considerações iniciais

Começar-se-á pela seguinte pergunta: alguém tem o direito de excluir a figura social do pai ou da mãe por meio da produção independente? O princípio do melhor interesse da criança, do adolescente e do jovem deve ser ignorado? Já perguntaram para a criança que vai nascer se ela prefere ter os dois genitores (pai e mãe) ou tanto faz?

O desejo de ser pai ou mãe está praticamente intrínseco na pessoa, para alguns a questão é se perpetuar no tempo, a princípio sem uma preocupação com o novo ser que vai nascer; à questão é: ser pai ou mãe. O mais importante é o desejo de ter um filho, principalmente para aquelas pessoas que não se casaram ou não constituíram nenhuma forma de família, a preocupação maior é não ficar "sozinha no mundo", principalmente quando a velhice chegar. Se essas são as motivações para se ter um filho, não parece ser correta. Não se pode vislumbrar nessas motivações o amor e o afeto, sentimentos que devem ser presentes nas relações familiares, mas parece muito mais com um sentimento de egoísmo sem limites.

Não se pode esquecer o ensinamento de Paulo Lôbo, que proclama que "o pátrio poder existia em função do pai; já o poder familiar existe em função e no interesse do filho (...)"[177]. Destaque para o "interesse do filho", referência ao melhor interesse da criança, do adolescente e do jovem.

---

[177] LÔBO, Paulo Luiz Netto. *Direito civil*: famílias, cit., p. 53.

Nesta tese não se discutirá se a pessoa solteira (homem ou mulher) tem condições de criar um filho sozinha, pois essa fase já foi superada há muito tempo, são inúmeras as famílias constituídas por um de seus genitores e uma prole, e isso não impede que os mesmos sejam felizes, inclusive a família monoparental tem proteção constitucional. Não se pode relativizar a forma da origem da família monoparental[178].

Da mesma forma, não vai ser debatido se a pessoa solteira e/ou homossexual pode adotar uma criança? Ou se é melhor a criança ficar em um orfanato ou ser adotada por uma pessoa solteira e/ou homossexual? Não é essa a questão, não se está discutindo a questão da adoção (é claro que para a criança é melhor ser adotada por uma pessoa que vai lhe dar uma vida melhor do que viver em um orfanato). O que se propõe a questionar é, no caso da reprodução humana assistida, assim sendo, alguém tem o direito de excluir a figura do pai biológico ou a figura social de um dos pais? De querer que o filho nasça com deficiência? De que o filho corra o risco de nascer com HIV? É possível falar em produção de danos ao filho nas situações mencionadas. Não é uma questão de concordar ou não, e muito menos se trata aqui de uma tese homofóbica, mas apenas de uma discussão jurídica. Essas questões serão abordadas considerando o princípio constitucional do melhor interesse da criança, do adolescente e do jovem. Inclusive tem-se no Brasil jurisprudência que reconhece ser nociva a adoção de criança por casal de lésbicas[179].

Tem-se conhecimento de que a Resolução 2.121/2015 do Conselho Federal de Medicina, que normatiza as regras éticas para a utilização das técnicas de reprodução assistida, permite "(...) o uso das técnicas de RA para

---

[178] OLIVEIRA, Maria Rita de Holanda Silva. Reprodução assistida e uma releitura das presunções jurídicas da filiação. In: PEREIRA, Rodrigo da Cunha (Coord.). *Família entre o público e o privado*. Porto Alegre: Magister/IBDFAM, 2012. p. 199.

[179] Nesse sentido: "(...) *infinitamente menos nocivo* do que as agruras que experimentaria, caso viesse a crescer sem lar e sem família, na indiferença e isolamento de um abrigo para menores. O conceito de pai e mãe se baseia nos princípios do amor, até mais do que no 'gerar', desimportando que tal função seja exercida por um homem e uma mulher, por dois homens, por duas mulheres, ou apenas por um indivíduo. Importa, isso sim, que as necessidades da criança estejam plenamente supridas, notadamente as afetivas, sendo possível, fática e juridicamente, que a adoção seja exercida conjuntamente por pessoas do mesmo sexo" (BRASIL. *Tribunal de Justiça do Rio Grande do Sul*. Apelação Cível 70031574833. 7ª Cam. Cível, Rel. Juiz André Luiz Planella Villarinho. Disponível em: <http://www1.tjrs.jus.br/site_php/consulta/consulta_processo.php?nome_comarca=Tribunal+de+Justi%E7a&versao=&versao_fonetica=1&tipo=1&id_comarca=700&num_processo_mask=70031574833&num_processo=70031574833&codEmenta=3220914&temIntTeor=true>. Acesso em: 1º jun. 2016) (grifou-se).

relacionamentos homoafetivos e pessoas solteiras, respeitado o direito da objeção de consciência do médico"[180].

Sobre o interesse da criança e o uso da técnica por pessoas solteiras, o autor português Jorge Duarte Pinheiro destaca que:

> Sendo o direito de procriar intrinsecamente limitado pelo interesse da criança, é compreensível que seja dada preferência ao seu exercício por aqueles que estão em melhores condições de proporcionar à criança vindoura "um ambiente familiar normal". A monoparentalidade não se enquadra na "normalidade" do ambiente familiar que constitui um ideal constitucional para a infância. (...) Mal ou bem, a biparentalidade exprime uma característica do que socialmente se entende que deve ser a família composta por filhos menores. Mal ou bem, é a biparentalidade que inspira o regime do estabelecimento da filiação e que é incentivada pelas regras da constituição do vínculo da adopção plena e do exercício do poder paternal. É exacto que há famílias monoparentais e que a lei até permite a sua formação por sentença de adopção[181].

Por fim, o pai ou a mãe faz falta na vida dos filhos? Se a resposta for positiva, é possível mensurar essa falta? A ausência do pai ou da mãe acarreta alguma consequência psicológica? Será que os filhos carregam alguma tristeza pela ausência da figura do pai ou da mãe?

Quem melhor para responder essas indagações realizadas? Seriam os juristas, psicólogos, psiquiatras, padres, pastores, pais, mães ou os filhos? Quem sofre pela ausência de seus genitores? Muitas vezes um sofrimento em silêncio para não magoar a mãe ou o pai com quem vive.

É pertinente e por isso será reproduzido parte do depoimento de Michely Glaucy, realizado a Kátia Regina Ferreira Lobo Andrade Maciel, quando da publicação do artigo intitulado "A alienação da identidade familiar: os filhos do anonimato".

> Falar nesse assunto ainda é bastante difícil e complicado, pois traz ao presente lembranças, sentimentos e saudades que eu não costumo tirar do baú das minhas memórias e trazer à tona. O depoimento que darei é um passo muito grande na evolução dos meus sentimentos e autoestima, pois durante muitos anos não consegui nem escrever sobre eles, nem tampouco falar. Durante bastante tempo me culpei pela separação de meus pais, não

---

[180] Disponível em: <http://www.portalmedico.org.br/resolucoes/CFM/2013/2013_2013.pdf>. Acesso em: 30 maio 2016.
[181] DUARTE PINHEIRO, Jorge. O direito da família contemporâneo, cit., p. 247.

que minha mãe tenha falado algo desse tipo, mas pelas circunstâncias de como tudo aconteceu.

Se hoje falo, é porque tenho consciência de que posso vir a ajudar outras pessoas. Mostrando que elas não estão sozinhas neste confuso mundo que é o que chamo de FILHOS DO ANONIMATO. Porque é assim que me sinto quando alguém me pergunta por que não tenho o nome do meu pai na identidade. Ou quando algum parente que não me vê há muitos anos me encontra e diz que sou a cara do meu pai, e eu me pergunto: como será o rosto dele? (...)

Espero que minha história sirva de exemplo pra alguém, especialmente pras mães que acham que podem substituir plenamente um pai ou vice--versa; que elas deem a seus filhos a chance de escolha, que não sejam tão egoístas[182] (destacou-se).

A falta do pai causa danos irreparáveis do ponto de vista psicológico, além da ausência da figura paterna, pode gerar também um distanciamento da família do pai, sendo privada da convivência com os avós, tios e primos. Além do que a mãe acaba sobrecarregada pelas inúmeras funções que passará a desenvolver, não só aquelas destinadas normalmente a ela, mas também outras que normalmente são exercidas pelo pai. A "maior a agonia de perder um pai, é a angústia de jamais ter podido conhecê-lo, de nunca ter recebido um gesto de carinho, enfim, de ser privado de qualquer lembrança ou contato, por mais remoto que seja, com aquele que lhe proporcionou a vida" (STJ – REsp 931.556, j. em 17.06.2008)[183].

3.5.2 Coisificação da pessoa no "bebê medicamento"

Em razão da procriação medicamente assistida, é possível uma análise (escolher) das características do embrião, possível por meio do Diagnóstico Genético Pré-Implantacional. Esse procedimento possibilita também a produção em laboratório do "bebê medicamento", uma das inovações trazidas pelo Conselho Federal de Medicina e que merece destaque, visto que permite inclusive a transferência de células do bebê para o irmão mais velho que tenha doença genética grave.

---

[182] MACIEL, Kátia Regina Ferreira Lobo Andrade. A alienação da identidade familiar: os filhos do anonimato. In: SILVA, Alan Minas Ribeiro da; BORBA, Daniela Vitorino (Org.). *A morte inventada*: alienação parental em ensaios e vozes. São Paulo: Saraiva, 2014. p. 37-48.

[183] Disponível em: <http://professorflaviotartuce.blogspot.com.br/2014_04_01_archive.html>. Acesso em: 17 abr. 2017.

O "bebê medicamento" é produzido em laboratório com a finalidade de salvar a vida de um irmão mais velho que está acometido de alguma doença genética. Nesses casos, diversos embriões são fabricados para que apenas aquele que se enquadrar nas características prescritas pelo médico seja implantado no útero, sendo os demais embriões descartados.

O questionamento é no sentido de se verificar se existe diferença do "bebê medicamento" para a "pessoa seta[184]", quando analisados do ponto de vista da dignidade da pessoa humana. O "bebê medicamento" e a "pessoa seta" são utilizados como meio ou fim para um objetivo?

Como foi exposto no Capítulo 2, é o que ocorreu no Brasil com Maria Vitória, uma menina de seis anos de idade que sofria de talassemia *major*, tendo sido curada após se submeter a um transplante de medula óssea e de sangue de cordão umbilical doados pela sua irmã, Maria Clara, de um ano, que nasceu após ter sido geneticamente selecionada, já que, além de não possuir o gene da talassemia, era 100% compatível com a irmã mais velha. Ocorre que, para que Maria Clara fosse gerada, foram produzidos dez embriões em laboratório, dos quais apenas dois foram inseridos no útero da mãe e apenas um deles se desenvolveu.[185]

O próprio Conselho Federal de Medicina autoriza no Capítulo 6 da Resolução 2.121/2015 a utilização do diagnóstico pré-implantação para produzir um "bebê medicamento":

> 2. As técnicas de RA também podem ser utilizadas para tipagem do sistema HLA do embrião, no intuito de selecionar embriões HLA – compatíveis com algum(a) filho(a) do casal já afetado pela doença e cujo tratamento efetivo seja o transplante de células-tronco, de acordo com a legislação vigente[186].

Percebe-se que a produção do "bebê medicamento" por meio das técnicas de reprodução humana acaba por coisificar a pessoa, por mais que a finali-

---

[184] A "pessoa seta" e a dignidade humana. TARTUCE, Flávio. Disponível em: <http://www.flaviotartuce.adv.br/assets/uploads/artigos/201405081621000.artigo_pessoas-setas.doc>. Acesso em: 12 jul. 2016.

[185] BASSETE, Fernanda. *Transplante inédito de cordão e medula cura menina com talassemia*. Disponível em: <http://www.estadao.com.br/noticias/impresso,transplante-inedito-de-cordao-e-medula-cura-menina-co m-talassemia-,1022797,0.htm>. Acesso em: 5 set. 2013.

[186] Resolução CFM 2.121/2015. Publicada no *DOU* de 24 de setembro de 2015, Seção I, p. 117. Disponível em: <http://www.portalmedico.org.br/resolucoes/CFM/2015/2121_2015.pdf>. Acesso em: 26 nov. 2016.

dade seja altruística por parte dos pais, e o amor um pai ou de uma mãe (de verdade) é capaz de dar a própria vida para salvar um filho. Contudo, não se pode dispensar um tratamento utilitarista para com uma pessoa. Além disso, a produção o "bebê medicamento" custará a fabricação de quantos embriões, que jamais serão utilizados? Qual será o destino do que não forem utilizados? O descarte? Utilizados em pesquisas[187]?

Por isso, questiona-se a responsabilidade civil dos pais em relação a todos os embriões produzidos em decorrência da utilização das técnicas de fertilização artificial. O direito ao livre planejamento familiar deve ser associado aos princípios da parentalidade responsável e da dignidade da pessoa humana[188]?

O Poder Legislativo brasileiro já passou do momento de regulamentar de forma específica o número máximo de ovócitos a serem fecundados em cada tentativa de gestação, inclusive nos casos de bebê medicamento[189].

No ano de 2009 foi lançado o filme americano *My sister's keeper*, no Brasil com o título "Prova de Amor" e em Portugal "Para Minha Irmã". Estrelado por Cameron Diaz, o filme foi baseado em um livro de autoria de Jodi Picoult, que narra a história de um casal que tem uma filha (Kate) doente e que, por orientação médica, resolvem ter uma segunda filha (Anna) por meio de reprodução humana assistida, na modalidade *in vitro*, para ser compatível geneticamente com aquela irmã que sofria de leucemia promielocítica aguda.

No filme, fica evidente que o objetivo de ter Anna é o que ela pudesse ceder tecidos, sangue e órgãos para salvar a irmã mais velha. Para isso, foi produzida e selecionada em laboratório, e os demais embriões que não eram compatíveis foram descartados. Quando a irmã mais velha completa 15 anos começa a sofrer de insuficiência renal, e Anna sabe que nasceu para ser a doadora, todavia, sabe também que por isso terá uma vida limitada. Por isso, processa os pais para poder ter os direitos sobre seu próprio corpo e não quer

---

[187] MORAES, Carlos Alexandre; MOCHI, Tatiane de Freitas Giovanni. *Da responsabilidade parental quanto aos embriões produzidos em um ciclo de reprodução humana assistida*: uma análise à luz do princípio da paternidade responsável. Florianópolis: FUNJAB, 2013. p. 168-190. Disponível em: <http://www.publicadireito.com.br/artigos/? cod=864dc00769 bd 71 79>. Acesso em: 20 jun. 2016.

[188] MORAES, Carlos Alexandre; MOCHI, Tatiane de Freitas Giovanni. *Da responsabilidade parental quanto aos embriões produzidos em um ciclo de reprodução humana assistida*: uma análise à luz do princípio da paternidade responsável, cit., p. 168-190.

[189] MORAES, Carlos Alexandre; MOCHI, Tatiane de Freitas Giovanni. *Da responsabilidade parental quanto aos embriões produzidos em um ciclo de reprodução humana assistida*: uma análise à luz do princípio da paternidade responsável, cit., p. 168-190.

mais ser obrigada a ajudar sua irmã. O filme mostra que a mãe é capaz de fazer de tudo para salvar a filha que nasceu com a doença, inclusive utilizar a outra filha para esse fim.

O filme apresenta algumas reflexões para serem feitas sobre o "bebê medicamento" e seu confrontamento com a tutela da dignidade da pessoa humana. Estava nos planos do casal outro filho ou Anna foi produzida exclusivamente para salvar Kate? Anna era amada pelos pais, tanto quanto sua irmã? É justo os pais obrigarem Anna a ser uma doadora compulsória de Kate? Anna age de forma acertada ao se negar em ceder o rim à sua irmã? Qual o sentimento que Anna tem em relação ao seu nascimento? Anna tinha o direito de procurar um advogado para representá-la, com o intuito de conseguir de forma judicial que seu rim não fosse doado para sua irmã? Anna teve sua integridade física violada?

É possível afirmar que Anna foi uma filha sonhada, no mais genuíno amor que possa existir quando da espera de um filho? O desenvolvimento psicológico de uma criança é afetado ao saber que foi "fabricada" em laboratório para salvar a vida de uma pessoa? É ética e moral a produção de uma pessoa com a única finalidade de salvar outra? O ser humano pode ser meio e não fim? Estar-se-á diante da coisificação da pessoa humana, com um fim justificado? Se o fato ocorresse no Brasil, como ficaria o interesse de Anna ante o princípio do afeto e da solidariedade que permeiam as relações familiares? Ao ser obrigada a ser doadora, o princípio constitucional do melhor interesse da criança, do adolescente e do jovem estava sendo aplicado para Anna?

As técnicas de reprodução humana assistida possibilitam a criação do bebê medicamento em laboratório, quando, por exemplo, no caso narrado acima. É evidente a coisificação da pessoa humana, se por um lado a manipulação genética possibilita o desejo de casais estéreis de ter filhos, por outro, apresenta um grande problema para o direito, que é a coisificação do ser humano, por isso, devem ser estabelecidos limites legais para as clínicas médicas que prestam esse tipo de serviço, mas também regular a responsabilidade civil por danos que porventura possam causar[190].

Jorge Pinheiro Duarte explica que está implícito no cerne do princípio da dignidade da pessoa humana que a pessoa não deve ser coisificada, instrumentalizada e nem comercializada[191]. O uso da técnica de reprodução

---

[190] DINIZ, Maria Helena. *O estado atual do biodireito*, cit., 7. ed., p. 570.
[191] PINHEIRO, Jorge Duarte. *O direito de família contemporâneo*. Lisboa: AAFDL, 2013. p. 216.

humana assistida com a finalidade de produzir o "bebê medicamento" não estaria instrumentalizando a pessoa?

Cláudia Aparecida Costa Lopes e Pedro Henrique Sanches afirmam que "o bebê é querido pela família, não pelo papel que representará ou que esteja designado para representar, mas por ele mesmo"[192]. Será que ele é amado só por ele mesmo? O "bebê medicamento" existiria se não fosse para salvar o irmão de uma doença? Que ele será amado pelos pais e seus familiares não podem existir dúvidas quanto a isso, uma vez que o seio familiar é um lugar de afeto, agora, defender que ele é querido só por existir, parece defesa equivocada, pois ele foi feito em laboratório para ser meio de um fim específico, e, até por isso, é provável que sua vinda seja mais esperada do que a chegada do primeiro filho.

Não resta dúvida nenhuma de que o "bebê medicamento" é a coisificação da pessoa, pois trata-se de uma perfeita combinação de cromossomos para ser a salvação de outra pessoa, produzida em laboratório como "meio" para um fim. A vida daquele vai ser um entra e sai de hospital até que o objetivo seja alcançado, contudo, não se pode esquecer que não é uma pessoa doente. Provavelmente será submetido a inúmeros procedimentos médicos e cirúrgicos, como retirada de sangue do cordão umbilical, retiradas de células, cateterismos, hormônios para crescimento acelerado, remédios para dormir, retirada de sangue, além dos efeitos colaterais: dor, hematomas, sangramentos, efeitos psicológicos, entre outros.

A fabricação do "bebê medicamento" é para garantir o melhor interesse do filho que precisa ser salvo, entretanto, qual o interesse do "bebê medicamento"? Qual o benefício do "bebê medicamento"? O bem-estar do bebê está sendo considerado?

Enquanto não cumprir com a obrigação a que veio ao mundo, o "bebê medicamento" jamais terá uma vida normal, como frequentar festas, praticar atividades esportivas, vai ter que ser cuidar talvez por toda a vida, sempre será visto como uma "fábrica". O "bebê medicamento" tem sua vida comprometida em razão da vida de outra pessoa.

Por fim, a pessoa não pode ser tratada como uma "coisa" e merece ser vista como "ser humano", independentemente da sua fase de desenvolvimento. De acordo com as lições de Immanuel Kant, "a dignidade da pessoa é considerada como fim e não como meio, repudiando toda e qualquer coi-

---

[192] LOPES, Claudia Aparecida Costa; SANHES, Pedro Henrique. *Do bebê medicamento: instrumento de dignidade familiar*. Disponível em: <http://www.publicadireito.com.br/artigos/?cod=8ec959b57278128a>. Acesso em: 19 jun. 2016.

sificação e instrumentalização do ser humano"[193]. O respeito ao princípio da dignidade humana só se justifica quando o ser humano não for tratado como objeto ou propriedade de outra pessoa, caso contrário, não existe razão para o mencionado princípio existir.

A produção do "bebê medicamento" para salvar a vida de um irmão mais velho, caracteriza a coisificação da pessoa, pois esta estaria sendo utilizada como um meio, além do que fere a integridade física, psíquica e em alguns casos coloca até mesmo a vida do filho em risco. A pessoa pode ficar inabilitada para algumas atividades profissionais.

Sistema da Responsabilidade Civil		
Hipótese		Coisificação da pessoa no "bebê medicamento"
Conduta	Ação	Realizar o procedimento que dê ensejo ao "bebê medicamento".
	Omissão	X
Dano	Material	Perda da capacidade laboral para determinadas profissões.
	Moral	Integridade física, psíquica e a vida. Dano afetivo.
Nexo Causal	Causa	Fazer uso do "bebê medicamento".
	Efeito	Danos a integridade física, psíquica e a morte.
Fundamento Legal		Constituição Federal: art. 5º, V, art. 127, art. 196 e art. 227. Código Civil: art. 1º, art. 2º, arts. 11 a 15, arts. 186 e 187, art. 927, art. 949, art. 950 e art. 1.692. Código de Processo Civil: art. 70, art. 71 e art. 72, I. Estatuto da Criança e do Adolescente: art. 17 e art. 201, VIII.
Dever Jurídico Violado		Proteção aos filhos. Direitos da personalidade (integridade física, psíquica e à vida). Direito à saúde.
Espécie de Responsabilidade Civil		Subjetiva.

---

[193] VASCONCELOS, Cristiane Beuren. *A proteção jurídica do ser humano* in vitro *na era da biotecnologia*. São Paulo: Atlas, 2006. p. 113.

3.5.3 Contaminação do vírus HIV

Se por um lado é garantido a todas as pessoas o direito à procriação (direitos reprodutivos e sexuais), por outro, é garantia constitucional à criança o direito à inviolabilidade da integridade física e do direito à vida, à saúde, à dignidade, à igualdade, à convivência familiar, à educação, ao lazer, ao respeito, à liberdade, à cultura, não podendo ser exposto a situação de discriminação. Esses direitos estão assegurados na Constituição Federal, previstos nos seguintes artigos: 5º, *caput*, 196, 226 e 227, e com fundamentos nestes mesmos artigos as pessoas portadoras do vírus HIV possuem direito à procriação.

Como não existe legislação a respeito do assunto no Brasil, as pessoas portadoras daquele vírus podem utilizar-se livremente das técnicas de reprodução humana assistida para levar para a frente o projeto parental de ter filhos, independentemente da doença, uma vez que no país "o que não é proibido é permitido". Contudo, faz-se necessária uma legislação proibindo que pessoas portadoras do HIV possam utilizar daqueles procedimentos para dar origem a um filho, pelo menos enquanto a técnica não garantir 100% de chance de o feto não ser contaminado pelo vírus.

Não se pode esquecer que o princípio do melhor interesse da criança, do adolescente e do jovem está instituído no art. 227 da Constituição Federal, cabendo à família, à sociedade e ao Estado uma proteção prioritária à criança, também estabelecido na Convenção Internacional dos Direitos da Criança. Se os interesses dos pais conflitarem com os interesses da criança, deverão prevalecer os interesses da criança, fazendo jus a uma proteção integral, o que envolve o risco de contaminação por doenças transmitidas seja pelos genitores ou doadores de gametas.

Por maior que seja o cuidado das clínicas e dos laboratórios com a preocupação em se evitar a contaminação do feto por meio das técnicas de reprodução humana assistida envolvendo os portadores de HIV, o risco da transmissão para a prole existe e, dessa forma, deve ser proibido[194], enquanto não for desenvolvido um procedimento que elimine qualquer chance de contaminação[195].

---

[194] "GESTAÇÃO E HIV (vírus da imunodeficiência humana) Sem tratamento adequado, estima-se que 15 a 30% das crianças nascidas de mães soropositivas para o HIV (mães que são portadoras do vírus) adquirem o vírus durante a gestação, parto ou através da amamentação." Disponível em: <https://www.abcdasaude.com.br/ginecologia-e-obstetricia/gestacao-e-hiv>. Acesso em: 17 dez. 2017.

[195] "HIV – Risco de mãe pra filho. A chamada 'transmissão vertical', que acontece de mãe para filho, é uma das principais preocupações dos especialistas em relação à infecção pelo vírus HIV. De acordo com dados do Ministério da Saúde, cerca de 8%

Havendo o conflito entre o direito de procriar da pessoa contaminada com o vírus HIV e o melhor interesse da criança, do adolescente e do jovem de não viver com aqueles vírus e todas as formas de discriminações, deve prevalecer o que for melhor para a criança, inclusive o de não existir, a criança tem direito a um viver sadio, não pode ser exposta pelas ações de terceiros (clínicas, laboratórios, enfermeiros, médicos e os próprios genitores) ao risco de conviver com o HIV.

As clínicas e laboratórios de reprodução humana assistida são também responsáveis pelos danos que porventura a pessoa vier a sofrer em razão da prestação de serviço daqueles. Não se pode esquecer que nesse caso trata-se de responsabilidade civil objetiva, a que os prestadores de serviços respondem independentemente de culpa, conforme dispõe o Código de Defesa do Consumidor, uma vez que se estará diante de uma relação de consumo.

Se a clínica ou laboratório inseminar mulher com sêmen de doador contaminado com o vírus HIV e este for transmitido para a futura prole, aqueles serão responsabilizados e conjuntamente com o médico responderão de forma solidária, conforme dispõe o art. 942 do Código Civil.

O filho como vítima do evento configura-se como consumidor, pois foi contaminado com o vírus que se encontrava no sêmen do doador, apesar de não existir nenhum contrato de serviço entre aquele primeiro (filho) e os prestados de serviços (clínica, laboratório e médico). O futuro filho será tratado como consumidor também, conforme expõe o art. 17 do CDC: "para efeitos desta Seção equiparam-se aos consumidores todas as vítimas do evento"; sobre o artigo, explicam Vidal Serrano Nunes Júnior e Yolanda Alves Pinto Serrano[196] que "proporciona o Código tratamento equiparado a todas as vítimas de acidente de consumo (os denominados *bystanders*) (...)".

Da mesma forma, o nascituro pode ser contaminado pelo vírus HIV no caso de a gestante ser soro positivo. Atualmente, durante o pré-natal todas as gestantes devem realizar exames para identificar se são portadoras daquele vírus, e existem tratamentos que reduzem a contaminação perinatal, momento de maior incidência no país de contaminação[197].

---

das gestantes soropositivas transmitem a doença para o bebê. A taxa é muito alta, já que em países de Primeiro Mundo esse índice é quase nulo." Disponível em: <http://guiadobebe.uol.com.br/hiv-risco-de-mae-pra-filho/>. Acesso em: 17 dez. 2016.

[196] NUNES JÚNIOR, Vidal Serrano; SERRANO, Yolanda Alves Pinto. *Código de Defesa do Consumidor anotado*. São Paulo: Saraiva, 2003. p. 71.

[197] No Brasil e em todo o mundo a transmissão perinatal é responsável pela vasta maioria de infecções entre a população infantil, sendo responsável por aproximadamente 87,2% dos casos de AIDS notificados até 2012, no Brasil, entre menores de 13 anos.

Não se trata de discriminação com a pessoa portadora do vírus HIV. Todas as pessoas portadoras de doença genéticas graves (sem cura) e que, mesmo com o uso da técnica de reprodução humana assistida, tenha alguma chance de transmitir a doença para seus filhos, devem ser proibidas de exercer o direito à procriação, como forma de garantir o princípio constitucional do melhor interesse da criança, do adolescente e do jovem.

Para a configuração do dano moral, basta que o filho, ao nascer, seja contaminado pelo vírus HIV, caso sua mãe seja portadora daquele vírus. Essa contaminação gera danos que atingem a integridade física, psíquica e podem causar a morte do filho.

Sistema da Responsabilidade Civil		
Hipótese		Contaminação do vírus HIV
Conduta	Ação	Pessoa contaminada com o vírus HIV fazer uso das técnicas de reprodução humana assistida.
	Omissão	X
Dano	Material	Ausente dano material.
	Moral	Integridade física, psíquica e a morte.
Nexo Causal	Causa	Realizar das técnicas de reprodução humana assistida.
	Efeito	Contaminar o filho com o vírus HIV.
Fundamento Legal		Constituição Federal: art. 5º, V, art. 127, art. 196 e art. 227. Código Civil: art. 1º, art. 2º, art. 11, art. 12, art. 186, art. 187, art. 927, art. 949, art. 950 e art. 1.692. Código de Processo Civil: art. 70, art. 71 e art. 72, I. Estatuto da Criança e do Adolescente: art. 17 e art. 201, VIII.
Dever Jurídico Violado		Proteção aos filhos. Direitos da personalidade (integridade física, psíquica e à vida). Direito à saúde.
Espécie de Responsabilidade Civil		Subjetiva.

3.5.4 Filho indesejado

Os termos "filho" e "indesejado" podem ser conceituados da seguinte forma: filho é o descendente. De Plácido e Silva ensina que é "(...) empregado

---

Disponível em: <http://ftp.medicina.ufmg.br/observaped/artigos_ infecciosas/HIV_22_08_2014.pdf>. Acesso em: 17 dez. 2016.

na acepção de oriundo, descendente, nascido ou aquele se gerou de outrem, (...)"[198]; indesejado é derivado de indesejável, "exprime o adjetivo o caráter ou estado do que não é desejado, do que não convém"[199]. Em relação à pessoa, trata-se daquela que não é aceita, por ser prejudicial ou inconveniente a sua presença, porque contraria os interesses de alguém, sua figura não é desejada.

Dessa forma, filho indesejado é aquela pessoa que foi gerada por uma mulher, contudo, o seu nascimento não foi algo planejado ou sonhado, tratou-se de um erro, que veio contrariar os interesses de uma pessoa ou de um casal. No caso do uso das técnicas de reprodução humana assistida, pode ser alegado que não existe a possibilidade de ser gerado um filho indesejado! Mas por meio destas técnicas podem-se encontrar os filhos indesejados também, quando, por exemplo, não foi realizada a seleção de embriões e o ser que está sendo gerado é portador de anomalias congênitas graves. Será que esse filho será desejado pelos pais?

Outro exemplo é o fato ocorrido na capital paranaense, onde os pais optaram por deixar as trigêmeas no hospital para um processo de adoção. Uma das meninas nasceu com insuficiência pulmonar e o casal queria levar somente as outras duas para casa. Ao saber do fato, o Conselho Tutelar esteve na maternidade e conseguiu evitar que a que nasceu com o problema pulmonar fosse abandonada no hospital, assim sendo, os pais resolveram deixar as três filhas para adoção (deve-se destacar que os pais tinham condições financeiras para cuidar de todas as crianças)[200]. É possível mensurar os prejuízos que essas crianças sofreram ainda na vida intrauterina e que vão sofrer quando ficarem sabendo que foram rejeitadas por seus genitores? A informação de que elas foram abandonadas está disponível na internet e todos têm acesso. Qual será o sentimento, da filha que nasceu com problemas? Além de ser abandona, foi a causa de os pais abandonarem as outras duas irmãs!

Os filhos indesejados também são gerados pela forma natural. Em razão da liberdade sexual, filhos são gerados apesar de a gravidez ter sido indesejada, uma vez que os pais não queriam ter filhos e para isso utilizaram dos meios disponíveis para evitar a gestação, contudo, nem sempre os resultados são

---

[198] SILVA, De Plácido e. *Vocabulário jurídico*. 11. ed. Rio de Janeiro: Forense, 1993. p. 293.
[199] SILVA, De Plácido e. *Vocabulário jurídico*, 11. ed., p. 454.
[200] "Caso de abandono de trigêmeas causa polêmica sobre gravidez induzida. Brasil não tem lei que regulamente a reprodução assistida. Acompanhamento psicológico dos futuros pais não é obrigatório." Disponível em: <http://www.gazetadopovo.com.br/vida-e-cidadania/caso-de-abandono-de-trigemeas-causa-polemica-sobre-gravidez-induzida-3wcltv6ifi0nviicr8qr8xphq>. Acesso em: 4 jan. 2017.

positivos, pois os métodos anticonceptivos parecem não ser 100% garantidos. Se estão disponíveis do mercado de consumo, deveriam cumprir com a sua finalidade, jamais poderia prevalecer a tese de que a falha (gravidez indesejada) é um defeito inerente ao produto, uma vez que sua produção é destinada a evitar a gravidez, não tendo outro fim.

Por outro lado, existem aquelas pessoas que não tomam nenhum cuidado para evitar a gestação, e, como diz o ditado, "procuram contar mais com a sorte do que com o juízo" e acabam gerando filhos indesejados.

Nos Tribunais Brasileiros já começaram a ser julgadas ações de reparações de danos pelo nascimento de filhos indesejados, como o famigerado caso Microvlar, conhecido mais como o das "pílulas de farinha".

O fato de os pais rejeitarem um filho evidencia uma conduta que agride a integridade psíquica de uma pessoa, principalmente no caso dos filhos provenientes das técnicas de reprodução humana assistida, pois estes não são fruto do acaso ou do descuido dos pais; pelo contrário; foram desejados e queridos, contudo se tornaram indesejados.

Sistema da Responsabilidade Civil		
Hipótese		Filho indesejado
Conduta	Ação	Fazer uso das técnicas de reprodução humana assistida e renegar o filho.
	Omissão	X
Dano	Material	Ausente dano material.
	Moral	Integridade psíquica (abandono afetivo).
Nexo Causal	Causa	Fazer uso das técnicas de reprodução humana assistida.
	Efeito	Abandonar o filho. Rejeitar o filho.
Fundamento Legal		Constituição Federal: art. 5º, V, art. 127, art. 196 e art. 227. Código Civil: art. 1º, art. 2º, art. 11, art. 12, art. 186, art. 187, art. 927, art. 949, art. 950 e art. 1.692. Código de Processo Civil: art. 70, art. 71 e art. 72, I. Estatuto da Criança e do Adolescente: art. 17 e art. 201, VIII.
Dever Jurídico Violado		Proteção aos filhos. Direitos da personalidade (integridade física, psíquica e à vida). Direito à saúde.
Espécie de Responsabilidade Civil		Subjetiva.

3.5.5 Parto prematuro

Quando do uso das técnicas de reprodução humana assistida na modalidade inseminação artificial, em razão do custo financeiro e do sofrimento da futura gestante, existe a prática de ser transferido mais de um embrião para o útero daquela, pois a probabilidade de insucesso é alta e, quanto mais embriões forem transferidos, maior é a chance de algum ou alguns deles "vingarem".

Por outro lado, corre-se o risco de gestação múltipla e, o que a princípio era uma solução, passa a ser um problema, inclusive com risco de morte da gestante e dos embriões, por isso, como já se viu, é recomendado pelas clínicas a redução embrionária (aborto), contudo, por questões morais, éticas e religiosas muitas gestantes não autorizam que a redução seja realizada e o risco de parto prematuro é muito alto.

Adnaldo Paulo Cardoso, Carlos Dalton Machado, Denise Campolina de Oliveira, Maíra de Freitas e Otenevidio Mariano alertam que nas gestações múltiplas "o mais vulnerável é o bebê que sofre riscos físicos e psicológicos"[201]. E complementam que "A separação forçada da mãe durante a longa internação, que normalmente os prematuros passam, gera sentimentos contraditórios na mãe, que pode até rejeitar os filhos"[202].

Estudos revelam que nos Estados Unidos da América e na Europa os pais precisam de um acompanhamento psicológico para se adaptar aos filhos prematuros, pois são tratados como filhos problemáticos, inclusive como alguém que ameaçou a estabilidade emocional, financeira e física da gestante. Os bebês prematuros norte-americanos estão sendo estigmatizados de bebês negligenciados, pois as mães não se preocupam nem em visitá-los, tendo que a equipe médica entrar em contato com a família. A situação se agrava quando nascem três ou quatro bebês de forma prematura[203].

O sentimento de rejeição ou de abandono sem dúvidas gera danos psicológicos em qualquer pessoa, principalmente quando aqueles sentimentos são produzidos pelos pais, quando é bem provável que os danos sejam

---

[201] CARDOSO, Adnaldo Paulo; MACHADO, Carlos Dalton; OLIVEIRA, Denise Campolina de; FREITAS, Maíra de; MARIANO, Otenevidio. Redução embrionária. In: CLEMENTE, Ana Paula Pacheco (Org.). *Bioética no início da vida*: dilemas pensados de forma transdisciplinar. Petropólis: Vozes, 2006. p. 128.

[202] CARDOSO, Adnaldo Paulo; MACHADO, Carlos Dalton; OLIVEIRA, Denise Campolina de; FREITAS, Maíra de; MARIANO, Otenevidio. Redução embrionária, cit., p. 128.

[203] CARDOSO, Adnaldo Paulo; MACHADO, Carlos Dalton; OLIVEIRA, Denise Campolina de; FREITAS, Maíra de; MARIANO, Otenevidio. Redução embrionária, cit., p. 128.

potencializados, uma vez que daqueles se espera carinho, atenção, cuidado, amor e as relações familiares devem ser uma fonte de afeto.

O implante de vários embriões pode causar o nascimento de filhos prematuros, e isso, por sua vez, pode gerar danos à integridade física, psíquica e até mesmo a morte dos recém-nascidos.

Sistema da Responsabilidade Civil		
Hipótese		Filho prematuro
Conduta	Ação	Implantação de vários embriões.
	Omissão	X
Dano	Material	Ausente dano material.
	Moral	Integridade física, psíquica e a morte.
Nexo Causal	Causa	Implantação de vários embriões.
	Efeito	Danos psicológicos. Alguns prematuros tem limitação do tempo de vida.
Fundamento Legal		Constituição Federal: art. 5º, V, art. 127, art. 196 e art. 227. Código Civil: art. 1º, art. 2º, art. 11, art. 12, art. 186, art. 187, art. 927, art. 949, art. 950 e art. 1.692. Código de Processo Civil: art. 70, art. 71 e art. 72, I. Estatuto da Criança e do Adolescente: art. 17 e art. 201, VIII.
Dever Jurídico Violado		Proteção aos filhos. Direitos da personalidade (integridade física, psíquica e a vida). Direito à saúde.
Espécie de Responsabilidade Civil		Subjetiva.

3.5.6 Gerar filhos premeditadamente com deficiências

Para o Conselho Internacional de Ética utilizar a reprodução humana assistida para gerar embrião com a mesma deficiência dos pais é considerado antiético. Usar das técnicas para intencionalmente gerar filho com deficiências deveria ser proibido[204] e, sem dúvida, é uma situação para que futuramente

---

[204] VIEIRA, Tereza Rodrigues; FÉO, Cristina. Eugenia e o direito de nascer ou não com deficiência: algumas questões em debate. In: VIEIRA, Tereza Rodrigues (Org.). *Ensaios de bioética e direito*, cit., p. 72-73.

aquele busque o Poder Judiciário com o intuito de ser indenizado pelos pais que optaram em produzir a prole com anormalidade.

Solicitar embriões com deficiências genéticas parece não ser algo tão incomum. Nos Estados Unidos da América do Norte o médico Darshak Sanghavi revelou que, em uma pesquisa realizada em 190 clínicas de reprodução humana naquele país, 3% dos clientes selecionam embriões com anomalia genética para serem implantados[205], como o caso do casal de lésbicas com deficiência auditiva que queriam ter uma filha com a mesma deficiência:

> **Lésbicas surdas decidem ter filho surdo nos EUA.** Um casal de lésbicas gerou polêmica nos Estados Unidos ao decidir ter um bebê surdo. Sandra Duchesneau e Candy McCullough são surdas de nascimento. Elas abordaram diversos bancos de sêmen pedindo que a fertilização de uma delas fosse feita com material doado por um homem que sofre do mesmo problema. Depois que o pedido foi rejeitado por todos os estabelecimentos que procuraram, elas acabaram usando o sêmen de um amigo que é totalmente surdo e em cuja família a deficiência se manifesta já há cinco gerações. O sêmen foi usado para fertilizar Sharon, que deu à luz um bebê, Gauvin McCullough, que agora tem quatro meses de idade e muita pouca audição em apenas um ouvido. As duas disseram que o bebê vai poder escolher, quando for mais velho, se quer ou não usar um aparelho

---

[205] "Clínicas nos EUA usam embriões com mal genético a pedido de pais. Uma pesquisa que sondou 190 clínicas de reprodução assistida nos Estados Unidos revela que 3% delas já havia selecionado embriões com defeitos genéticos, a pedido de casais, para uso em tratamentos de fertilização in vitro. A divulgação do levantamento – que deve ser publicado na revista especializada 'Fertility and Sterility' – foi antecipada neste final de semana pelo médico Darshak Sanghavi, em artigo escrito para o jornal 'The New York Times'. Segundo Sanghavi, o procedimento tem sido solicitado por casais com defeitos genéticos – sobretudo nanismo e surdez hereditária – que pretendem recorrer a diagnóstico genético pré-implantação (PGD, na sigla em inglês). A intenção, porém, é selecionar embriões com o mesmo problema antes de levá-los ao útero. Ter filhos com o mesmo tipo de deficiência, alegam, seria uma forma de tornar as crianças mais próximas dos pais. O estudo citado por Sanghavi, liderado pela pesquisadora Suzana Baruch, da Universidade Johns Hopkins, reflete uma tendência de casais a tratar suas anomalias genéticas mais como traços culturais do que como doenças. Robert Stillman e Yury Verlinsky, chefes de clínicas de fertilidade entrevistados pelo 'Times', afirmam que recebem pedidos como esse com uma certa frequência, mas negaram a fazer a 'seleção negativa' do embrião. Nenhum dos médicos, porém, se opõe a encaminhar um casal que solicita o serviço a outros que o façam. Os nomes das clínicas que declararam à pesquisa ter realizado a seleção de embriões com defeitos não foram divulgados" (*Folha Online*, 13 dez. 2006. Disponível em: <http://www.renorbio.org.br/portal/noticias/clinicas-nos-eua-usam-embrioes--com-mal-genetico-a-pedido-de-pais.htm>. Acesso em: 28 jul. 2016).

auditivo. **Bênção** "Um bebê que tem a audição perfeita seria uma bênção", disse Sharon antes do nascimento de Gauvin. "Um bebê surdo seria uma bênção especial." Sharon e Candy já têm uma filha, Jennifer, 5, gerada com o sêmen do mesmo doador e que só consegue se comunicar por meio de linguagem de sinais. As duas fazem parte de um grupo em expansão nos Estados Unidos que identifica a surdez não como uma deficiência, mas como uma identidade cultural. Muitos desses militantes se opõem à realização de cirurgias para que as pessoas surdas passem a ouvir. Sharon e Candy trabalham como terapeutas na cidade de Bethesda, em Maryland, atendendo pessoas que sofrem de surdez e de problemas psíquicos. **Críticas** Mas a decisão do casal atraiu pesadas críticas nos Estados Unidos. "Privar o bebê de uma faculdade natural é um comportamento antiético", afirma Peter Garrett, diretor da ONG LIFE. "Quando você pensa que já ouviu de tudo, vem uma história que vai além das fronteiras do imaginável", disse Peter Sprigg, do Conselho de Pesquisas da Família dos Estados Unidos. Mas o porta-voz da Associação Britânica da Surdez, Stephen Rooney, disse que o verdadeiro tema em questão não é se as pessoas estão tentando criar bebês surdos. "O verdadeiro tema é como a sociedade hoje nega às crianças surdas os mesmos direitos, responsabilidades, oportunidades e qualidade de vida das outras pessoas"[206].

Situações como essa, em que há escolha do embrião com anomalia genética para ser implantado, deveriam ser tratadas como lesão corporal antecipada? Dentro dos princípios gerais do direito, está que ninguém deve causar danos a outrem! No caso mencionado, está-se diante de uma conduta dolosa, que deveria ser tratada não apenas no campo civil, mas também na área penal.

O uso das técnicas de reprodução humana assistida para gerar filhos premeditadamente com deficiências e para práticas eugênicas fere a dignidade da pessoa humana, a integridade física e psíquica do filho, podendo inabilitar a pessoa para o trabalho.

Sistema da Responsabilidade Civil			
Hipótese		Gerar filhos premeditadamente com deficiências	
Conduta	Ação	Fazer uso das técnicas de reprodução humana assistida para gerar filhos com deficiências. Práticas eugênicas.	
	Omissão	X	

---

[206] Disponível em: <http://www.bbc.com/portuguese/ciencia/020408_surdaro.shtml>. Acesso em: 21 jun. 2016.

Sistema da Responsabilidade Civil		
Hipótese		Gerar filhos premeditadamente com deficiências
Dano	Material	Perda da capacidade laboral (para os que vierem nascer).
	Moral	Integridade física e psíquica.
Nexo Causal	Causa	Fazer uso das técnicas de reprodução humana assistida para gerar filhos com deficiências.
	Efeito	Filhos nascem com deficiências físicas e/ou psicológica.
Fundamento Legal		Constituição Federal: art. 5º, V, art. 127, art. 196 e art. 227. Código Civil: art. 1º, art. 2º, arts. 11 a 15, arts. 186 e 187, art. 927, art. 949, art. 950 e art. 1.692. Código de Processo Civil: art. 70, art. 71 e art. 72, I. Estatuto da Criança e do Adolescente: art. 17 e art. 201, VIII.
Dever Jurídico Violado		Proteção aos filhos. Direitos da personalidade (integridade física, psíquica e à vida). Direito à saúde.
Espécie de Responsabilidade Civil		Objetiva.

3.5.7 Impossibilidade de conhecer os pais biológicos

Nos casos dos usos das técnicas de reprodução humana assistida (banco de sêmen, de óvulo ou de embrião) utilizada por pessoas estéreis, inférteis, solteiras, viúvas, separadas ou homossexuais, o ser gerado terá uma filiação socioafetiva e, principalmente na última situação, não será possível esconder que o filho é fruto daquelas técnicas.

Independentemente de sua condição social ou intelectual, regra geral, as pessoas, sejam elas criança, adolescente, jovem, adulta ou idosa, têm interesse em saber quem são seus pais. As perguntas são inevitáveis: Quem é o meu pai? Quem é minha mãe?

Quais seriam as respostas corretas para as pessoas provenientes de algumas técnicas de reprodução humana assistida? "Seus pais são aquelas pessoas que te desejaram, que sonharam com a sua existência, que não mediram esforços e nem recursos para você existir!" "Seus pais são aqueles que estiveram do seu lado em todos os momentos da sua vida, que te levaram para a escola, que te deram amor, carinho e atenção, que te ensinaram o caminho certo e te mostraram o errado!" "Seus pais são aqueles que se sacrificaram para que você tivesse uma boa formação, uma vez que se privou de uma vida mais prazerosa para te proporcionar a possibilidade de estudar em bons colégios e se formar em uma boa universidade!"

Por outro lado, a resposta pode ser: seu pai é uma pessoa que doou espermatozoide e/ou a sua mãe foi quem doou um óvulo para que você fosse formado. Afinal, quem são os pais, quando do uso das técnicas de reprodução humana assistida? Como diz o ditado popular "pai é quem cria" e pode ser estendido à mãe, assim "mãe é quem cria", pois com certeza foram estabelecidos laços de afetividade com o filho.

É direito do filho concebido a qualquer tempo saber sua origem genética[207]. Sabe-se que os direitos da personalidade são direitos imprescritíveis, indisponíveis, irrenunciáveis e intransferíveis. Até porque estabelece a Constituição Federal em seu art. 5º que "todos são iguais perante a lei, sem distinção de qualquer natureza (...)", e, em complemento, o art. 227 prevê o princípio da igualdade dos filhos, não podendo esquecer que as decisões envolvendo as crianças devem ser tomadas sempre considerando o melhor interesse daquela.

No entender de Kátia Regina Ferreira Lobo Andrade Maciel "toda pessoa precisa conhecer a história de seus ascendentes, saber como foi gerado, conhecer o próprio patrimônio genético, pertencer a uma família e ser cuidado, preferencialmente, por ela"[208].

Como conciliar o direito ao segredo do doador do material genético com o direito do filho de saber quem são seus pais biológicos? A análise deve ser feita partindo do princípio de que não existe um direito absoluto, inclusive, nem mesmo o maior direito tutelado que é a vida não é absoluto, como, por exemplo, pode-se citar o caso do aborto para salvar a vida da gestante.

É certo que, se o filho concebido por meio das técnicas de reprodução humana desejar saber quem são seus pais biológicos, o Poder Judiciário deverá ordenar à clínica que realizou os procedimentos que revele a identi-

---

[207] BRASIL. Estatuto da Criança e do Adolescente. "Art. 48. O adotado tem direito de conhecer sua origem biológica, bem como de obter acesso irrestrito ao processo no qual a medida foi aplicada e seus eventuais incidentes, após completar 18 (dezoito) anos. Parágrafo único. O acesso ao processo de adoção poderá ser também deferido ao adotado menor de 18 (dezoito) anos, a seu pedido, assegurada orientação e assistência jurídica e psicológica".

[208] MACIEL, Kátia Regina Ferreira Lobo Andrade. A alienação da identidade familiar: os filhos do anonimato. In: SILVA, Alan Minas Ribeiro da; BORBA, Daniela Vitorino (Org.). *A morte inventada*: alienação parental em ensaios e vozes. São Paulo: Saraiva, 2014. p. 37-48.

dade daqueles, pois, caso contrário, será caso de discriminação com os filhos provenientes das técnicas e aqueles que são frutos de relações sexuais.

Não se pode esquecer que a responsabilidade de arquivar as informações é da clínica, mas e no caso de esta não existir mais, o médico responsável já ter falecido ou em razão de um desastre a clínica pegar fogo e todas as informações se perderam?

A Resolução 2.121/2015 do CFM prescreve sobre os doadores de gametas e embriões que "Os doadores não devem conhecer a identidade dos receptores e vice-versa"[209]. E completa que "Obrigatoriamente será mantido o sigilo sobre a identidade dos doadores de gametas e embriões, bem como dos receptores"[210].

O tribunal alemão decidiu a favor de as crianças conhecerem a identidade do pai biológico[211]. No Brasil, o Superior Tribunal de Justiça já reconheceu o direito de um filho adotivo de ter acesso às informações referentes à identidade dos pais biológicos. Dessa forma, poderia ser aplicada a analogia para os casos de doadores de gametas e embriões[212]? No mesmo sentido, em 2002, o Tribunal de Justiça do Estado do Rio Grande do Sul[213], deu o direito de filhos adotivos conhecerem as suas origens.

Mas quais são as consequências jurídicas de o filho conhecer as origens genéticas? E dos pais? Em que implica conhecer as origens genéticas? O que vai acontecer com os doadores de esperma? Deixarão de existir? Poderá a gestante demandar do pai biológico o pagamento de alimentos? Sobre o anonimato do doador, Leila Donizetti ensina que:

> O princípio do anonimato do doador é bastante respeitado em quase todas as legislações mundiais, sendo exigido, em sua maioria, com o intuito de proteger a integridade psíquica da criança gerada por meio de inseminação artificial heteróloga. Nas clínicas de fertilização, portanto, referido princípio é seguido à risca, ou seja, os pais decidem e se submetem às

---

[209] Disponível em: <http://www.portalmedico.org.br/resolucoes/CFM/2013/2013_2013.pdf>. Acesso em: 30 maio 2016.
[210] Disponível em: <http://www.portalmedico.org.br/resolucoes/CFM/2013/2013_2013.pdf>. Acesso em: 30 maio 2016.
[211] FRITZ, Karina Nunes. Disponível em: <http://www.conjur.com.br/2015-mar-16/direito-civil-atual-tribunal-alemao-reconhece-identificacao-doador-semen>. Acesso em: 1º jun. 2016.
[212] BRASIL. STJ. REsp 127.541, 3ª Turma, Rel. Min. Eduardo Ribeiro, 10.04.2000, Rio Grande do Sul, DJ 28.08.2000, p. 72, RSTJ 139/241.
[213] BRASIL. TJRS. Apelação Cível 70004148490, 7ª Câmara Cível, 15.05.2002.

regras impostas, sem, entretanto, redarguir que aquele ser será gerado e, que, momentaneamente, surge com intuito de satisfazer um desejo pessoal terá vida própria e, de futuro, gostará, talvez, de saber informações sobre sua formação biológica[214].

E, em casos extraordinários "(...), as informações sobre doadores, por motivação médica, podem ser fornecidas exclusivamente para médicos, resguardando-se a identidade civil do doador"[215].

E, assim sendo, o filho proveniente das técnicas de reprodução assistida não pode conhecer seus pais biológicos? Essa normativa é correta? É justo para aquele ser que nasceu? E os direitos da personalidade não são absolutos? Para Jaqueline da Silva Paulichi "a identidade genética da pessoa é algo a ser preservado, pois é uma manifestação essencial da personalidade humana"[216]. No entender de Maria de Fátima Freire de Sá e de Ana Carolina Brochado Teixeira:

> Saber de onde vem conhecer a progenitura proporciona ao sujeito a compreensão de muitos aspectos da própria vida. Descobrir as raízes, entender seus traços (aptidões, doenças, raça, etnia) socioculturais, saber quem nos deu a nossa bagagem genético-cultural básica são questões essenciais para o ser humano, na construção da sua personalidade e para seu processo de dignificação. Afinal, é assim que ele poderá entender a si mesmo[217].

O Tribunal de Justiça do Estado de São Paulo já decidiu de forma favorável o direito da pessoa conhecer sua identidade genética[218]. Por analogia,

---

[214] DONIZETTI, Leila. *Filiação socioafetiva e direito à identidade genética*. Rio de Janeiro: Lumen Juris, 2007. p. 82-83.

[215] BRASIL. *Resolução 2.121/2015 do Conselho Federal de Medicina*. Disponível em: <http://www.portal medico.org.br/resolucoes/CFM/2015/2121_2015.pdf>. Acesso em: 30 maio 2016.

[216] PAULICHI, Jaqueline da Silva. *Da responsabilidade civil dos bancos de sêmen*, cit., p. 77.

[217] SÁ, Maria de Fátima Freire de; TEIXEIRA, Ana Carolina Brochado. *Filiação e biotecnologia*. Belo Horizonte: Mandamentos, 2005. p. 64.

[218] "Medida cautelar. Exibição de documentos. Pretensão do autor no sentido de ter acesso ao Livro de Registro de Partos da entidade hospitalar requerida. Sentença de procedência do pedido na origem. Recurso de Apelação da requerida. Requerida que ao cumprir uma expressa determinação judicial. Tal qual a situação em foco. Por óbvio que não será responsabilizada (cível ou criminalmente) pelo eventual uso inadequado das informações a serem visualizadas pelo autor no Livro de Registro de Partos cujo acesso se pretende obter. Boa-fé do autor que é presumida, não se podendo conjecturar, que este último causaria danos a terceiros a partir do acolhimento de

deve-se aplicar o art. 48 do Estatuto da Criança e do Adolescente nos casos de reprodução humana assistida. Para Leila Donizetti, o anonimato atinge o princípio da dignidade da pessoa humana da criança:

> No âmbito do Direito, os argumentos desfavoráveis ao anonimato do doador são de ordem constitucional, porquanto esteados no entendimento de que a imposição dessa obrigatoriedade atenta contra a Lei Fundamental. Para essa corrente, a observância do anonimato do doador de gameta pelos "estabelecimentos" que cuidam da infertilidade, bem como para aqueles que fazem a doação do material, contraria o princípio da dignidade pessoa humana, que, segundo eles, atinge tanto a criança, que nascerá com a utilização do material recebido, quanto o próprio doador[219].

Na Alemanha, Bélgica, Reino Unido, Suécia e Suíça as pessoas têm direito ao acesso a todas as informações a respeito da identidade do doador de gametas. Por outro lado, há países, entre eles o Brasil, que só autorizam algumas informações, mas de forma que não possa ser identificado o doador, como é o caso da Espanha, da Grécia e de Portugal. Por seu turno, a França e algumas clínicas norte-americanas proíbem qualquer tipo de informação, em especial sobre a identidade dos doadores[220]. José de Oliveira Ascensão entende que o mero doador de gametas não é juridicamente o progenitor, logo, não poderá vir posteriormente reivindicar a paternidade[221].

Qual direito deve prevalecer: o de conhecer as origens genéticas (*pais biológicos*) ou o direito ao anonimato do doador? Compartilha-se da ideia de que se deve conhecer os país biológicos. Comunga da mesma posição Maria Berenice Dias:

---

seu pedido. Descabida, demais disso, a defesa de hipotéticos direitos alheios, por parte da apelante, como se fossem próprios. Direito do autor à identidade genética e consequente historicidade pessoal que é personalíssimo, reflexo da dignidade da pessoa humana. Tecnicamente correta a concessão de tutela equivalente (acesso ao prontuário) caso frustrado o acesso ao Livro de Partos. Recurso de Apelação da requerida não provido" (TJSP, APL 1000845-65.2014.8.26.0344, Ac. 9381518, Marília, 9ª *Câmara de Direito Privado, Rel. Des. Alexandre Bucci, j.* 26.04.2016, *DJeSP* 20.05.2016). Disponível em: <http://www.magisteronline.com.br/mgstrnet/lpext.dll?f=templates&fn=main-hit-j.htm&2.0>. Acesso em: 30 maio 2016.

[219] DONIZETTI, Leila. *Filiação socioafetiva e direito à identidade genética*, cit., p. 82-83.
[220] BRAUNER, Maria Crespo; VIEIRA, Tereza Rodrigues. Reprodução humana assistida e anonimato de doadores de gametas. In: VIEIRA, Tereza Rodrigues (Org.). *Ensaios de bioética e direito*. Brasília: Consulex, 2009. p. 36.
[221] OLIVEIRA ASCENSÃO, José de. O início da vida. In: OLIVEIRA ASCENSÃO, José de (Coord.). *Estudos de direito e bioética*. Coimbra: Almedina, 2008. v. II, p. 17.

Apesar da proibição de identificação dos proprietários do material genético, não há como negar a possibilidade de o fruto de reprodução assistida heteróloga propor ação de investigatória de paternidade para a identificação genética, ainda que o acolhimento da ação não tenha efeitos registrais[222].

É possível afirmar que a maioria das pessoas tem o desejo de saber quem são seus pais biológicos, mesmo que depois disso nunca mais volte a ter contato, mas existe até mesmo uma curiosidade em relação às suas origens, independentemente da forma que é tratado em sua família atual ou da sua condição socioeconômica[223].

Existe o direito ao reconhecimento da origem genética e ninguém pode sofrer qualquer limitação a esse direito, que se origina do princípio da dignidade da pessoa humana consagrado pela Constituição Federal de 1988.

O concebido pode ser prejudicado se sua história genética se perder. Por exemplo, se num futuro próximo aquele se ver acometido de leucemia, uma doença que pode ser curada pela compatibilidade consanguínea. O tratamento será prejudicado pelo desconhecimento de sua origem genética, além dos danos psicológicos que isso pode acarretar, por não conhecer seus pais biológicos, existindo ainda a chance de grave risco de incesto, por serem filhos do mesmo doador, como também do doador com seu filho ou filha biológicos.

Ao se utilizarem das técnicas de reprodução humana assistida na modalidade heteróloga, os pais tiram dos filhos o direito de conhecer seus pais biológicos. Os direitos da personalidade são imprescritíveis, indisponíveis, irrenunciáveis e intransferíveis, e tal prática fere a integridade psíquica da criança, podendo gerar graves danos à personalidade da pessoa, até mesmo casos de incesto.

---

[222] DIAS, Maria Berenice. *Manual de direito das famílias*. 5. ed. rev., atual e ampl. São Paulo: RT, 2011. p. 336.

[223] O jornal *O Estado de São Paulo* publicou no dia 6 de novembro de 2005, p. A27: "Usando nada mais do que um *swab* (haste para coleta de materiais) com saliva e a internet, um rapaz de 15 anos rastreou seu anônimo pai doador de esperma, segundo detalhes divulgados na revista britânica *New Scientist*. Ao enviar um *swab* com amostra retirada de dentro de sua bochecha para testes genéticos, o adolescente usou sites de pesquisa genealógica para rastrear seu pai ao procurar por um homem com cromossomo Y compatível, pois este é o transmitido pela linhagem masculina. Esse trabalho detetivesco terá implicações importantes para homens que doaram esperma na condição de anonimato e esperam que sua identidade permaneça secreta. A notícia deve causar um aumento das tentativas de outros filhos de doadores de achar os pais genéticos (...)".

Sistema da Responsabilidade Civil			
Hipótese			**Impossibilidade de conhecer os pais biológicos**
Conduta	Ação		Utilizar da técnica de reprodução humana assistida. Compra de embriões ou de sêmen.
	Omissão		X
Dano	Material		Ausente dano material.
	Moral		Integridade psíquica.
Nexo Causal	Causa		Utilizar das técnicas de reprodução humana assistida (banco de sêmen, de óvulo ou de embrião) utilizada por pessoas estéreis, inférteis, solteiras, viúvas, separadas ou homossexuais.
	Efeito		Graves repercussões à personalidade do filho. Dignidade da pessoa humana. Possibilidade de incesto.
Fundamento Legal			Constituição Federal: art. 5º, V, art. 127 e art. 227. Código Civil: art. 1º, art. 2º, art. 11, art. 12, art. 186, art. 187, art. 927, art. 949, art. 950 e art. 1.692. Código de Processo Civil: art. 70, art. 71 e art. 72, I. Estatuto da Criança e do Adolescente: art. 17 e art. 19.
Dever Jurídico Violado			Proteção aos filhos. Direitos da personalidade (integridade física, psíquica e à vida).
Espécie de Responsabilidade Civil			Subjetiva.

3.5.8 Impossibilidade de conhecer e conviver com os pais (inseminação homóloga *post mortem*, produção independente heterossexual e homossexual)

É fato público e notório que as formações das famílias vêm sendo alteradas ao longo dos anos. Aquela tradicional formada pelo pai, pela mãe e pelos filhos não é mais a única forma de se constituir uma família, um exemplo, é a família monoparental, formada por um dos pais e um filho.

Profissionais da área de psicologia defendem que pai e mãe exercem papéis diferentes na formação dos filhos, sendo importante a participação de ambos na formação daqueles.

No mesmo sentido, Kátia Regina Ferreira Lobo Andrade Maciel aponta a importância da convivência, como um direito ligado ao princípio da dignidade da pessoa humana:

A convivência com o outro é um direito vinculado ao princípio da dignidade da pessoa humana; a convivência em família é um direito humano fundamental[224]. Independentemente da origem do laço de parentesco, o vínculo familiar somente preenche a personalidade do ser com o convívio dos envolvidos. *Está é uma das dimensões relacionais da identidade: conviver com os pais*. É a perspectiva relacional do princípio da dignidade da pessoa humana, que se exerce na alteridade e no relacionamento com o outro[225].

Os filhos não podem ser privados da convivência com um de seus genitores de forma premeditada, como acontece com as crianças provenientes das técnicas de reprodução humana assistida utilizada por pessoas solteiras. Concordem ou não, pai e mãe têm sim funções diferentes na vida de um filho, contudo, isso pode ser superado pela necessidade, mais dizer que é a mesma coisa ter um pai e uma mãe ou não ter um deles ou nenhum só diz isso quem não conviveu com seu pai ou sua mãe[226], em uma grande família que todos outros membros tinham os dois genitores.

---

[224] BRASIL. Constituição Federal. "Art. 227. É dever da família, da sociedade e do Estado assegurar à criança, ao adolescente e ao jovem, com absoluta prioridade, o direito à vida, à saúde, à alimentação, à educação, ao lazer, à profissionalização, à cultura, à dignidade, ao respeito, à liberdade e à convivência familiar e comunitária, além de colocá-los a salvo de toda forma de negligência, discriminação, exploração, violência, crueldade e opressão". Disponível em: <https://www.planalto.gov.br/ccivil_03/Constituicao/Constituicao.htm>. Acesso em: 11 abr. 2017.

[225] MACIEL, Kátia Regina Ferreira Lobo Andrade. *A alienação da identidade familiar*: os filhos do anonimato, cit., p. 37-48.

[226] "Certo dia de manhã, escuto minha filha me chamar, com aquela 'delicadeza': 'mamãenhêêê!'. Eu estava no andar de baixo, dou bom dia e peço para ela descer, para que eu pudesse dar-lhe um beijo e o café da manhã. Nada feito. Bom... fui, para dar o chamego da manhã. Cheguei lá, toda carinhosa, mas antes de conseguir dar o beijo, a criatura olha para mim, com a cara amassada de sono, e tem a coragem de dizer: 'eu quero o papai, mamãe!'. Bom, contei esse pequeno 'causo' apenas para ilustrar que mãe é um ser importantíssimo, porém, todavia, entretanto... o pai também desempenha importância ímpar na vida de seus filhotes. Acho este um assunto de grande importância, ainda mais neste momento pelo qual a sociedade vem passando: cada vez mais mulheres são obrigadas (ou escolhem) estar à frente de suas famílias tanto no quesito financeiro, quanto no emocional e físico. Os motivos são variados e o objetivo desta reflexão não é analisar se essas mulheres estão certas ou erradas (nem acho que isso seja possível, uma vez que cada caso é um caso... então, sem generalizações). Vamos pensar aqui que o homem, ao se tornar pai, carrega em si a chance de ser um mundo para outro ser. Carrega autoridade, força, segurança, coragem. Sua presença na vida desse novo ser pode fazer toda a diferença e, para muitos, isso depende da escolha de efetivamente querer desempenhar esse papel e realmente crescer como ser humano. Podem me dizer que a presença do pai não é assim tão importante.

Entendo o ponto de vista. As mulheres são tão fortes, tão batalhadoras, tão ultra em tantas áreas, que realmente compreendo essa forma de pensar. Quantas mulheres estão tendo que levar uma família inteira nos ombros e fazem isso com maestria? Admiro. De verdade. Merecem uma verdadeira salva de palmas. Fazem isso com tanta garra, que seus filhos simplesmente podem chegar a dizer que o pai foi uma figura inexpressiva em suas vidas e que não sentem sua falta. Isso pode ser verdade. O pai realmente foi uma nulidade, logo não existe motivo para sentir sua falta e, para alguns, isso pode levar ao pensamento de que, se um pai não fez diferença, então é possível que a presença de qualquer um possa ser posta na berlinda. Há quem diga: terei meus filhos sozinha. Não tive pai, ele não fez falta e sei que dou conta. Porém, o fato de alguns homens, tristemente, abdicarem da alegria de educar seus filhos e de fazer parte da vida e do crescimento deles não anula o que suas presenças poderiam ter feito ou o que elas poderiam ter contribuído para o desenvolvimento das crianças, futuros adultos. Sim. Nós mulheres, poderosas, damos um jeito pra tudo. *Mas um casal, unido, contribuindo com as especificidades próprias de seus sexos, para a formação dos filhos, vai ao infinito.* Talvez nunca se chegue a saber em que um pai ausente poderia ter contribuído para a vida de um filho. *Influência.* Vamos nos aprofundar só um pouco. Segundo artigo de 2010, da Associação Americana de Psicologia, *as memórias de uma relação calorosa com o pai durante a infância estão diretamente relacionadas com a capacidade para enfrentar o estresse do dia a dia.* Como mostra essa investigação, o pai desempenha um papel fundamental na saúde mental dos seus filhos, e isso é visível na idade adulta. *Os homens que relataram ter mantido uma boa relação com o pai durante a infância tendem a ser menos impulsivos na forma como reagem aos eventos estressantes do dia a dia* do que aqueles que relataram relações mais pobres. Acredito que esse estudo pode ser um exemplo de que a influência positiva ou negativa do pai nem sempre é tão óbvia. É claro que nem todos os impulsivos assim o são por causa de seu relacionamento com o pai. Mas é uma possibilidade. O pai pode fazer maravilhas e também pode fazer grandes estragos. Tanto com sua presença quanto com sua ausência. Mas isso também acontece com a figura materna. Dependerá da maneira como cada um entender e se dedicar ao seu papel. No *site* Pediatria em Foco, encontrei uma análise interessante sobre o papel do pai na vida de uma criança. O autor faz uma breve análise da importância do pai desde os primeiros meses, mesmo que nesse tempo seja a mãe que ocupe a figura protagonista do ponto de vista do bebê. 'A partir do primeiro ano de vida, o pai começa a aparecer mais. Ele representa a responsabilidade. É o contato com a realidade. O pai que ama os filhos não é somente aquele que manda, mas aquele de quem a criança tem orgulho e com quem quer se parecer. Essa admiração é o elemento de masculinidade que o pai transmite. Encontrar-se com o pai significará não somente poder separar-se da mãe, mas também encontrar uma fonte de identificação masculina, imprescindível tanto para a menina como para o varão. Isso porque a condição bissexual da psique humana (o que Jung chamava de *animus* nas mulheres e *anima* nos homens) torna necessário o casal 'pai' e 'mãe' para que se consiga um desenvolvimento normal da personalidade.' O ideal? O ideal, a meu ver, é um pai consciente de suas possibilidades, de suas limitações, mas que não se esquiva de sua responsabilidade quando acha que pode não dar conta. Enfrenta o 'tranco'. Mostra coragem, vai à luta contra suas más inclinações, contra seus defeitos. Escorrega de vez em quando e não tem

Giselda Maria Fernandes Novaes Hironaka estabelece como direito da criança o "acesso igual e à oportunidade com ambos os pais, do direito de ser guiado e criado por ambos os pais, do direito para ter as decisões principais feitas pelo exercício do julgamento, da experiência e da sabedoria de ambos os pais"[227]. Quando uma mulher solteira contrata uma clínica de reprodução humana assistida para realizar o projeto parental de forma independente, está desrespeitando o direito de seu futuro filho de conviver com seu pai? Impedindo o filho da convivência paterno-filial, a genitora está criando o fato gerador do abandono afetivo antecipado, pois a formação do futuro filho será prejudicada?

As respostas para as perguntas supramencionadas devem ser realizadas considerando os princípios constitucionais da dignidade da pessoa humana e do melhor interesse da criança, do adolescente e do jovem, com as regras estabelecidas nos incisos V e X da Constituição Federal e os arts. 186 e 187 do Código Civil.

No caso da utilização da inseminação *post mortem*, o filho resultado dessa técnica será privado da convivência paterna ou materna, o que poderá causar danos no desenvolvimento psicoafetivo do filho, ferindo assim os princípios da parentalidade responsável e do melhor interesse da criança, do adolescente e do jovem, porque estará impedido da convivência com pai em razão de ser falecido e, conforme a ciência que estuda o comportamento humano, a figura paterna é insubstituível na vida de um filho.

Dentro dos direitos da personalidade consta implicitamente o direito de ter família. Tradicionalmente e em situações normais é um direito da prole que está por nascer ter um pai e uma mãe. A opção de utilizar-se da técnica da inseminação homóloga *post mortem* para gerar uma criança com o esperma criopreservado de uma pessoa falecida, sugere uma conduta sovina e egocêntrica, inclusive com interesses escusos de não necessariamente ser mãe, mas

---

vergonha de, nessa hora, estender a mão na direção da mulher e pedir-lhe ajuda. Age dessa maneira até sem saber que, assim, mostra uma grandeza imensa diante dos filhos que o observam. Esses pais, que existem sim, também merecem aplausos. Pois vão contra a maré da sociedade light. São ativos, são dotados de uma humanidade linda e, ao meu ver, são muito, mas muito mais homens" (SCANDELARI, Cibele. *A importância do pai na vida dos filhos*. Disponível em: <http://www.sempre familia.com.br/a-importancia-do-pai-na-vida-dos-filhos/>. Acesso em: 27 nov. 2016).

[227] HIRONAKA, Giselda Maria Fernandes. Os contornos da responsabilidade afetiva na relação entre pais e filhos além da obrigação legal de caráter material. In: HIRONAKA, Giselda Maria Fernandes Novaes (Coord.). *A outra face do Poder Judiciário*: decisões inovadoras e mudanças de paradigmas. Belo Horizonte: Del Rey, 2005. p. 446-447.

sim a possibilidade de usufruir do patrimônio do *de cujus*. Estar-se-á diante de uma criança que será gerada condenada a viver sem a figura do pai, órfã antes mesmo da concepção.

O uso dessa técnica não pode ser equiparado às situações em que a criança nasce sem o pai em razão de tragédias do dia a dia, como em um acidente automobilístico ou em razão de uma doença inesperada. Nesse caso trata-se de uma decisão egoísta em que a mulher pensa exclusivamente nela, nem mesmo pode alegar que está realizando o projeto parental do casal, porque, com a morte do marido ou companheiro, não é possível falar na existência do casal. O princípio do melhor interesse da criança, do adolescente e do jovem fica em segundo plano quando da utilização da reprodução humana assistida *post mortem*.

Uma mãe não tem o direito de condenar um filho à orfandade. O Superior Tribunal de Justiça tem reconhecido o direito à indenização de filhos que por ação de terceiros ficaram impossibilitados de conhecer o próprio pai, mesmo nos casos em que a perda do pai tenha ocorrido na época em que o filho era apenas um nascituro[228]. Há de se destacar ainda que o fato de não

---

[228] "Agravo regimental. Agravo em recurso especial. Ação de indenização. Danos materiais e morais. Nascituro. Perda do pai. 1. Não há falar em omissão, contradição ou obscuridade no acórdão recorrido, que apreciou todas as questões que lhe foram submetidas de forma fundamentada, ainda que de modo contrário aos interesses da Recorrente. 2. 'O nascituro também tem direito aos danos morais pela morte do pai, mas a circunstância de não tê-lo conhecido em vida tem influência na fixação do *quantum*' (REsp 399.028/SP, Rel. Min. Sálvio de Figueiredo Teixeira, *DJ* 15.4.2002). 3. 'A jurisprudência desta Corte é disposta no sentido de que o benefício previdenciário é diverso e independente da indenização por danos materiais ou morais, porquanto, ambos têm origens distintas. Este, pelo direito comum; aquele, assegurado pela Previdência; A indenização por ato ilícito é autônoma em relação a qualquer benefício previdenciário que a vítima receba' (AgRg no AgRg no REsp 1.292.983/AL, Rel. Min. Humberto Martins, *DJe* 7.3.2012). 4. 'Em ação de indenização, procedente o pedido, é necessária a constituição de capital ou caução fidejussória para a garantia de pagamento da pensão, independentemente da situação financeira do demandado' (Súmula 313/STJ). 5. 'A apreciação do quantitativo em que autor e réu saíram vencidos na demanda, bem como a verificação da existência de sucumbência mínima ou recíproca, encontram inequívoco óbice na Súmula 7/STJ, por revolver matéria eminentemente fática' (AgRg nos EDcl no REsp 757.825/RS, Rel. Min. Denise Arruda, *DJe* 2.4.2009). 6. O recurso não trouxe nenhum argumento capaz de modificar a conclusão do julgado, a qual se mantém por seus próprios fundamentos. 7. Agravo Regimental improvido" (AgRg no AgRg no AREsp 150.297/DF, 3ª Turma, Rel. Min. Sidnei Beneti, j. 19.02.2013, *DJe* 07.05.2013). Disponível em: <http://www.stj.jus.br/SCON/jurisprudencia/ doc.jsp?livre=nascituro+pessoa&b =ACOR&p=true&t=JURIDICO&l=10&i=3>. Acesso em: 19 jun. 2016.

conhecê-lo em vida deve trazer consequência em relação ao *quantum* a indenizar, conforme entendimento do ministro Sálvio de Figueiredo Teixeira[229].

Kátia Regina Ferreira Lobo Andrade Maciel resume que "alijar a parentalidade de uma pessoa significa cunhar uma orfandade[230] psicológica". E, complementa "como descreveu Michelly, o sentimento que a cerca é o de que seja filha do anonimato"[231].

A prática da reprodução humana assistida homóloga *post mortem* fere pelo menos três princípios: da parentalidade responsável, do melhor interesse da criança, do adolescente e do jovem e da igualdade entre os filhos. No primeiro caso, até por uma questão física, o pai está impedido de realizar a paternidade responsável; no segundo, é tirada da criança a possibilidade de ela conhecer seu pai, não sendo possível que essa situação esteja em acordo com o melhor interesse da criança, do adolescente e do jovem; e, no terceiro, o filho gerado após a morte de seu pai jamais terá a possibilidade de convivência paterna[232]. Da mesma opinião, Eduardo de Oliveira Leite alerta que deve ser proibida a prática dessa técnica:

> A resposta negativa a um pedido desta natureza se impõe. E isto, por diversas razões. Inicialmente, vale lembrar que tal pedido sai do plano ético reconhecido à inseminação homóloga; ou seja, se não há mais um casal solicitando um filho, nada mais há que justifique a inseminação. Num segundo momento, tal solicitação provoca perturbações psicológicas em relação à criança e em relação à mãe. Nada impede que nos questionamentos se esta criança desejada pela mãe viúva não o é, antes de tudo, para preencher o vazio deixado pelo marido. Além, disso a viuvez e a sensação de solidão vividas pela mulher podem hipotecar pesadamente o desenvolvimento psicoafetivo da criança[233].

Ninguém deveria ter o direito de tirar de outrem a possibilidade de conviver com o seu pai[234], e o uso dessa técnica, produz danos irreparáveis ao

---

[229] STJ, REsp 399.028/SP, Ac. Quarta Turma, Rel. Min. Sálvio de Figueiredo Teixeira, j. 26.02.2002, *DJU* 15.04.2002, p. 232.
[230] Orfandade é a condição social de uma criança cujo pai e/ou mãe faleceram ou a abandonaram.
[231] MACIEL, Kátia Regina Ferreira Lobo Andrade. *A alienação da identidade familiar*: os filhos do anonimato, cit., p. 37-48.
[232] GAMA, Guilherme Calmon Nogueira da. *A nova filiação*: o biodireito e as relações parentais de acordo com o novo Código Civil, cit., p. 1000.
[233] LEITE. Eduardo de Oliveira. *Procriações artificiais e o direito*, cit., p. 155.
[234] "Ausência paterna e sua repercussão no desenvolvimento da criança e do adolescente: um relato de caso. A influência da ausência paterna durante o desenvolvimento de um

filho em relação ao desenvolvimento afetivo e psicológico da criança, sendo que seus interesses têm que estar acima da vontade da mulher de ser mãe. Percebe-se que se trata de uma conduta egoísta e que a futura genitora está preocupada apenas com ela, não se importa que a futura prole vai nascer e estará impedida do convívio com o seu pai[235].

---

filho é um tema rico e complexo. Concomitantemente aos diversos fatores individuais de cada caso, é indispensável examinar o impacto dessa ausência no desenvolvimento psicológico, intelectual e comportamental de uma criança ou adolescente. Este tema desperta especial interesse nos dias de hoje, devido à modificação da estrutura familiar atual, em que se observa a crescente ausência do pai. As principais teorias do desenvolvimento se baseiam no modelo de família convencional, e, possivelmente, as novas configurações familiares repercutem nas relações interpessoais e intrapsíquicas, tornando este tema relevante. (...)". Disponível em: <http://dx.doi.org/10.1590/S0101-81082004000300010>. Acesso em: 16 dez. 2016.

[235] "Gerar um filho a partir do sêmen de um marido que já morreu é uma situação que há 20, 30 anos, mal se podia imaginar. Foi assim com Luiza Roberta, que nasceu essa semana em Curitiba e foi notícia em todo Brasil. Foi assim com Camila, que já tem 14 anos. O que leva uma mulher a decidir ter um filho que já nasce órfão? Luiza Roberta nasceu segunda-feira (20), em Curitiba. Dois dias depois, mãe e filha já estavam em casa. Início para Luiza. Recomeço para Kátia. 'Essa risadinha era do pai', lembra Kátia. Kátia Lernerneier, 39 anos, vive a felicidade de ter a filha nos braços, mas também a dor pela saudade do marido. 'Ainda tem lá no fundo alguma coisa faltando, que é a presença dele', lamenta Kátia. A história de Kátia e Roberto foi interrompida. Ele teve um câncer, diagnosticado em fevereiro de 2009. Antes disso, o casal já tentava engravidar do primeiro filho. Com o aparecimento da doença e a possibilidade de ficar estéril, Roberto resolveu congelar seu sêmen. 'Na hora que ele foi internado, a gente imaginava só que ele ia ser mais uma internação, mas não foi isso que aconteceu. Prometi pra ele nesse momento que eu ia ter nosso filho', lembra Kátia. Não foi fácil. Roberto não deixou por escrito que Kátia poderia usar o sêmen após a morte dele. Por isso, ela só pôde engravidar depois de uma autorização da Justiça, dada em maio do ano passado. 'Como se trata de uma questão que envolve segredo de Justiça, são processos sigilosos, acaba que nós não temos como identificar até em termos de estatísticas o número de casos, mas pelo menos há 13 anos, com certeza, já há exemplos de técnicas de reprodução post mortem aqui no Brasil', explica Guilherme Calmon, professor de Direito Civil da Uerj. O caso da menina Luiza Roberta não é o único no Brasil. Há 14 anos, a Camilinha passou pela mesma situação. Ela foi gerada três meses depois da morte do pai dela. 'Fiz uma inseminação e ela nasceu quase um ano depois que o pai tinha falecido', conta Monica Noronha, mãe de Camilinha. 'Faltavam 29 dias para gente casar quando ele teve o diagnóstico de uma doença séria, grave, diagnóstico de leucemia e a gente veio a casar no hospital depois. Eu só pensei 'eu amo esse cara que morreu e vou ter um filho'. E vou arcar com as consequências de ser uma mãe sem o pai', contou Monica na época. 'A minha família apoiava a decisão de eu ter um filho sozinha. A família dele apoiava e queria ter um neto. Eu procurei o médico e ele consultou a Sociedade Brasileira de Medicina, disse que não havia nenhum problema em fazer a inseminação porque

O ponto de partida é que o interesse da pessoa de utilizar das técnicas de reprodução humana assistida não deve sobrepor o interesse da criança, e que ter uma família, regra geral, é o melhor para a formação dela, mesmo que seja na reprodução humana assistida realizada por pessoa solteira.

É conhecido de todos que algumas mulheres estão utilizando da reprodução humana assistida para produzir seus filhos, por meio dos bancos de sêmen. Os motivos para a busca de bancos de sêmen são vários, desde não querer um relacionamento amoroso, passando por uma desilusão amorosa ou por acreditar que não vai encontrar ninguém para a realização do projeto parental, até mesmo por medo de uma velhice solitária, motivos que têm levado mulheres solteiras, viúvas e separadas a contratarem banco de sêmen.

Mesmo que a genitora seja pessoa de muitas posses, que garanta ao futuro filho as necessidades relacionadas a alimentação, vestimenta, transporte, moradia, saúde, educação e lazer, indispensável é a convivência diária com os dois genitores. Para a formação da criança nada é mais importante do que esse convívio com seus pais, o que pode garantir na vida adulta uma autoestima, fundamental tanto para a vida pessoal quanto profissional dela.

---

todas as partes envolvidas aceitavam. E ele fez a inseminação. Não passou nem pela Justiça. A Justiça veio depois', conta. 'Na certidão de nascimento, dizia que existia o pai dela, mas não falava que ele tinha morrido um ano antes. E a certidão de óbito dizia que ele não tinha herdeiro. Então, eu precisava regularizar a certidão de óbito do meu marido, para que ficasse coerente com a certidão de nascimento da minha filha', explica Mônica. Depois de sete anos lutando na Justiça, Mônica conseguiu acrescentar, na certidão de óbito do marido a informação de que ele tinha, sim, uma herdeira. 'No entanto, eu nunca questionei a herança da Camila e não sei qual é a opinião da Justiça em relação a isso, se ela é ou não é herdeira tendo nascido um ano depois que o pai morreu', diz Mônica. No Brasil, ainda não há leis sobre a reprodução assistida após a morte. O que existe é uma resolução do Conselho Federal de Medicina, de janeiro deste ano. Ela autoriza a inseminação ou a fertilização in vitro, desde que o marido tenha deixado uma autorização. Camila, hoje com 14 anos, cresceu sabendo de tudo. 'A história é que meu pai morreu um ano antes de eu nascer, de leucemia e que minha mãe querendo dar continuidade ao amor que você tinha por ele, quis me ter. Eu acho que foi um ato de grande amor dela e muitas vezes quando a gente conta para as pessoas, elas se confundem com o que você fala. Elas pensam que eu conheci ele e depois ele morreu. E pedem desculpas pensando que eu sofro com isso', diz Camila Noronha, de 14 anos. E não sofre? 'Não, porque eu considero o meu avô como um pai, nunca senti falta de um pai', conta Camila. 'A Camila foi a minha saída emocional. Eu vivi intensamente a morte do meu marido. Então, a gravidez da Camila foi uma recuperação da possibilidade de viver', diz Mônica". Disponível em: <https://lucianaleis.wordpress.com/2011/06/27/nasce-em-curitiba-a-menina-luiza-roberta-fruto-de-um-procedimento-de-reproducao-assistida-post-mortem/>. Acesso em: 5 jun. 2016.

As pessoas necessitam de carinho e atenção, e as crianças rebeldes nos colégios muitas das vezes são fruto da ausência dos pais, por não participarem da vida social de seus filhos. É direito das crianças, dos adolescentes e dos jovens viver em um ambiente "familiar normal", contudo, muitas vezes aquele ambiente é impossível em razão de separação ou da morte de um dos genitores. Essas situações são distintas e inevitáveis, diferentemente da mulher que utiliza do banco de sêmen para gerar uma criança, situação que pode ser evitada.

É praticamente a mesma situação da pessoa homossexual[236] que faz uso das técnicas de reprodução humana para ter um filho. Por uma questão biológica, o filho daquela pessoa originária de reprodução humana assistida será privado de conhecer e conviver com sua mãe ou seu pai. Isso é fato incontestável, até porque é previsto por lei o anonimato dos doadores de gametas. Assim sendo, é justo o uso das técnicas de reprodução humana assistida por pessoa homossexual com a finalidade de ser pai ou mãe, tendo como fundamento o princípio do melhor interesse da criança, do adolescente e do jovem? Lembrando que o melhor interesse da criança, do adolescente e do jovem deve ser interpretado como "(...) conjunto de normas jurídicas concebidas como direitos e garantias frente ao mundo adulto, colocando os pequenos como sujeitos ativos de situações jurídicas"[237].

O constituinte estabeleceu que a "parentalidade" deva ser exercida de forma responsável, sendo que essa responsabilidade está atrelada ao bem-estar da criança e do adolescente, à assistência financeira, moral e afetiva dos pais em relação àqueles.

O art. 5º, *caput*, da Constituição Federal estabelece que todos são iguais perante a lei e, por isso, aqueles casais não podem sofrer qualquer tipo de discriminação. O Supremo Tribunal Federal já decidiu em 2010 no julgamento conjunto da ADI 4.277-DF e ADPF 132-RJ equiparando a relação homoafetiva à união estável heterossexual e, com isso, afastou as interpretações que estavam sendo feitas do art. 1.723 do Código Civil de 2002 de que não se aplicava à união estável homoafetiva, inclusive atualmente podendo transformá-lo em casamento.

---

[236] Explica Debora Vanessa Caus Brandão que o termo "homossexual" "vem do prefixo grego *hómos* e significa "o mesmo/semelhante", e não da palavra latina *homo*, que significa "homem", "Sexual", vem do latim *sexu* e significa "relativo ou pertencente ao sexo", donde se conclui "pertencente ao mesmo sexo" (BRANDÃO, Debora Vanessa Caus. *Parcerias homossexuais*: aspectos jurídicos. São Paulo: RT, 2002. p. 15).

[237] PAULA, Paulo Afonso Garrido de. *Direito da criança e do adolescente* – tutela jurisdicional diferenciada. São Paulo: RT, 2002. p. 23.

Desde o ano de 1998 a jurisprudência já equiparava a união estável entre casais heterossexuais e homoafetivos, como no julgamento do Superior Tribunal de Justiça no REsp 148.897/MG, em que o ministro Ruy Rosado Aguiar alertou que "as relações entre casais homossexuais constituem sociedade de fato e ensejam partilha do bem comum".

Cleide Aparecida Gomes Fermentão e Maria de Fátima Domingues asseveram que reconhecer a união homoafetiva é consequência de uma sociedade democrática[238] e Vera Lucia da Silva Sapko protesta que privá-los do uso das técnicas de reprodução humana assistida além de retrocesso jurídico seria afrontar à dignidade da pessoa humana[239].

Por outro lado, a criança pode ser afrontada? E o seu direito de conviver com seus pais (pai e mãe)? O princípio da afetividade não se aplica nessa situação? O uso das técnicas de reprodução humana assistida realizada por pessoa solteira homossexual seria abandono afetivo antecipado? Da mesma forma de quando é usada por pessoa solteira? Ou por se tratar de pessoa homossexual a interpretação necessariamente tem que ser outra?

Como explica Luiz Edson Fachin, na família moderna não é a pessoa que existe para a família, mas a família que existe para que o indivíduo seja feliz[240]. E a criança é feliz não tendo a figura do pai ou da mãe? Letícia Carla Rosa Baptista afirma que "toda criança tem o direito de crescer na convivência com seus pais"[241]. O termo pais foi utilizado considerando o pai e a mãe.

---

[238] "O reconhecimento da união homoafetiva como família é apenas a consequência lógica de uma sociedade democrática, que tem como finalidade última a dignidade de cada indivíduo na busca daquilo que considera ser a sua felicidade. Este é o papel de um verdadeiro Estado Democrático, este é o verdadeiro papel do Direito" (DOMINGUES, Maria de Fátima; FERMENTÃO, Cleide Aparecida Gomes Rodrigues. O reconhecimento das famílias homoafetivas como realização do princípio da dignidade da pessoa humana. *XXIII Congresso Nacional do CONPEDI*. 2014, João Pessoa. Direito de Família II. Net. p. 365-392. Disponível em: <http://www.publicadireito.com.br/artigos/?cod=7e4a87d1535b45ec>. Acesso em: 7 jun. 2016).

[239] "Não conceder aos pares homoafetivos acesso às técnicas de reprodução assistida, além de representar grave retrocesso de ordem jurídica e social, afronta à dignidade da pessoa humana" (SAPKO, Vera Lucia da Silva. *Do direito a paternidade e maternidade dos homossexuais*: sua viabilização pela adoção e reprodução assistida, cit., p. 93).

[240] FACHIN, Luiz Edson. *Direito de família*: elementos críticos à luz do novo Código Civil brasileiro Rio de Janeiro: Renovar, 1999. p. 56.

[241] ROSA, Letícia Carla Baptista. *Da vulnerabilidade da criança oriunda da reprodução humana assistida quando da realização do projeto homoparental*, cit., p. 166.

A afetividade (inclusive o afeto) é ponto determinante nas relações familiares, e isso deve sobressair principalmente entre pais e filhos. Quando não ocorre, grandes traumas surgem, e geralmente as crianças são as mais prejudicadas. Inclusive num processo de separação, em que o filho passa a viver com um dos genitores, a falta diária de convivência com o outro genitor gera consequências negativas na sua personalidade, em razão do rompimento das relações afetuosas, que eram constantes e diárias. Eduardo de Oliveira Leite, sobre os rompimentos familiares, alerta que:

> A literatura especializada (e abalizada, isto é, oriunda de efetivos estudos e observações científicas) tem demonstrado que o rompimento dos laços conjugais gera uma série de danos, dos mais diversos matizes. Desde a consideração mais materialista (do tipo, efeitos econômico-financeiros) até a concepção, mais subjetiva (dor moral e efeitos emocionais) o rompimento, necessariamente, provoca efeitos nefastos – emocionais e físicos – nas pessoas[242].

Percebe-se que as rupturas familiares são capazes de gerar não apenas danos patrimoniais, mas também danos morais em seus membros. O fato de não conviver com o pai ou a mãe sobre o mesmo teto é capaz de gerar prejuízos emocionais em uma pessoa, assim sendo, seria possível mensurar a falta que um pai ou uma mãe pode causar da vida de um filho, principalmente nas primeiras fases da vida?

As relações familiares são regidas principalmente pelo afeto e pela solidariedade e, nesse sentido, Cristiano Chaves de Farias e Nelson Rosenvald proclamam que "o escopo precípuo da família passa a ser a solidariedade social e demais condições necessárias ao aperfeiçoamento e progresso humano, regidos os núcleos familiares pelo afeto, como mola propulsora"[243]. A afetividade passou a ser tratada como um princípio do direito de família, posicionamento defendido por Flávio Tartuce, Giselda Maria Fernandes Novaes Hironaka, Luiz Edson Fachin, Maria Berenice Dias, Rodrigo da Cunha Pereira, Rolf Madaleno, Paulo Lôbo, entre outros, os quais defendem que aqueles que forem vítimas do abandono afetivo merecem indenização (ação de indenização por abandono afetivo).

---

[242] LEITE, Eduardo de Oliveira. Reparação do dano moral na ruptura da sociedade conjugal. In: LEITE, Eduardo de Oliveira (Coord.). *Grandes temas da atualidade*: dano moral. Rio de Janeiro: Forense, 2002. p. 133.
[243] FARIAS, Cristiano Chaves de; ROSENVALD, Nelson. *Direito das famílias*. 2. ed. Rio de Janeiro: Lumen Juris, 2009. p. 4.

Os Tribunais Brasileiros não têm caminhado no mesmo sentido, poucas vezes optando pela condenação do(a) genitor(a) pela prática do abandono afetivo, que comprovadamente causa abalo emocional na prole. Para que exista a condenação pelos danos morais, é necessária a presença dos elementos que caracterizam a responsabilidade civil (ação, dano e nexo causal). O abandono afetivo é caracterizado pela conduta omissiva, que pode ser configurada pela ausência de prestar assistência moral, educação, atenção, carinho, afeto e orientação ao filho. Um parecer do psicólogo pode ser utilizado para caracterizar o nexo causal entre a conduta omissiva e o dano que o filho tenha sofrido[244].

A falta da presença dos pais na vida de seus filhos tem sido um dos motivos de as clínicas de psicologias e psiquiatrias estarem sempre cheias, pois tem levado muitas crianças e adolescentes às sessões psicológicas, psiquiátricas e em muitos casos são tratados a base de remédios. A ausência de relações afetuosas é capaz de gerar lesões irreversíveis na formação da personalidade dos filhos.

A possibilidade da indenização pelos danos morais e materiais sofridos foi fundamentada pela Constituição Federal de 1988, e o instituto da responsabilidade civil, embora devesse ser impróprio para as relações familiares, por ser um lugar de afeto e solidariedade, infelizmente não o é, pelo contrário, trata-se de uma fonte de situações geradoras de danos patrimoniais e morais, como demonstrado anteriormente.

Parece que a pergunta já formulada (O uso das técnicas de reprodução humana assistida realizada por pessoa homossexual produz um abandono afetivo antecipado?) deve ser respondida de forma positiva, uma vez que o abandono afetivo é identificado pela ausência dos pais (pai e/ou mãe) de prestar assistência moral, educação, atenção, carinho, afeto e orientação ao filho.

A prole proveniente das técnicas de reprodução humana assistida realizada por pessoas solteiras, viúvas, separadas, heterossexuais, homossexuais estará condenada a conviver com apenas um dos pais, faltando o convívio, a assistência, a atenção, o carinho, o afeto e a orientação de um dos lados, do pai ou da mãe. A figura deles é insubstituível. A falta do pai pode ser amenizada pela presença de um avô, de um tio, do companheiro da mãe, da mesma forma que a ausência da mãe também pode ser atenuada pela

---

[244] TJDF, Rec. 2012.01.1.190770-7, Ac. 800.268, 3ª Turma Cível, Rel. Des. Getúlio de Moraes Oliveira, *DJDFTE* 07.07.2014, p. 125. Disponível em: <http://www.magisteronline.com.br/mgstrnet/lpext.dll?f= templates&fn=main-hit-j.htm&2.0>. Acesso em: 21 dez. 2016.

presença da avó, de uma tia, da companheira do pai; mas pai e uma mãe são figuras únicas na vida de um filho. A ausência de um ou de ambos faz falta na formação de uma criança?

Essa pergunta pode ser respondida por qualquer pessoa, seja um profissional da Psicologia com especialidade e experiência em atendimento familiar, por um advogado da área de família ou até mesmo por um indivíduo qualquer sem nenhuma formação escolar; com certeza as opiniões e as soluções para os casos serão diversos, contudo, as respostas que merecem maior atenção serão aquelas proferidas por aqueles que não tiveram o convívio com um de seus genitores principalmente quando eram crianças e adolescentes.

Este trabalho está sendo desenvolvido considerando também o princípio constitucional do melhor interesse da criança, do adolescente e do jovem. Para a criança, o adolescente e o jovem é indiferente ter um pai e uma mãe, como ter dois pais ou ter duas mães? O importante é o afeto?

O filho de mãe ou pai solteiro pode apresentar alguma conduta diferente no colégio? A criança que nasce sem um dos seus genitores sofre algum prejuízo em seu desenvolvimento psicossocial? A criança de pais separados é feliz tanto quanto a criança que tem pai e mãe?

Alguns psicólogos ensinam que muitos dos comportamentos das crianças que vão surgindo de acordo com sua fase de desenvolvimento estão centralizados na figura da mãe, como sugar, agarrar, seguir, chorar e sorrir[245]. Percebe-se que principalmente nas primeiras fases de vida de uma criança a mãe torna-se uma pessoa mais importante do que o próprio pai, principalmente porque a figura da mãe está associada ao leite, alimento indispensável para suprir a fome do recém-nascido.

O filho proveniente das técnicas de reprodução humana assistida utilizada por casal homoafetivo masculino é privado do relacionamento mãe-bebê desde o nascimento. A ausência da mãe (não está-se falando da figura materna que pode ser ocupada por terceiros) pode acarretar prejuízos afetivos, psicológicos e sociais para aquela criança?

A figura da mãe pode ser substituída pela da avó, por uma tia ou pela companheira ou esposa do pai? Esse fato normalmente acontece, todavia, para a criança, o relacionamento que existiria com a mãe é o mesmo que será desenvolvido com aquelas pessoas?

---

[245] BARROS, Célia Silva Guimarães. Desenvolvimento do comportamento social. *Pontos de psicologia do desenvolvimento*. 3. ed. São Paulo: Ática, 1988. p. 113.

A figura do pai ou da mãe faz falta? Quando na comemoração do dia dos pais ou do dia das mães, existe um constrangimento natural da criança que não possui um ou nenhum deles? Por que algumas escolas criaram o dia da família? Seria para contemplar as famílias homoafetivas e/ou para amenizar o constrangimento de quem não tem pai e/ou mãe?

Hoje em dia as pessoas precisam ser politicamente corretas e concordar com tudo que é posto pela mídia. Fazer crítica ao uso das técnicas de reprodução humana assistida por pessoa solteira ou homossexual parece proibido, pois você não pode ter posicionamento diferente. Não é questão de ser contra o homossexual ou a relação homoafetiva, mas de fazer uma reflexão quanto ao princípio do melhor interesse da criança, do adolescente e do jovem nesses casos. É preferível que uma criança seja adotada por uma pessoa solteira, viúva, separada, heterossexual ou homossexual a viver em um orfanato, pois naquela situação já estava condenada a não conviver com a figura de seus pais.

A pessoa pode processar um banco de sêmen por negligência, pelo fato de este ter utilizado o esperma de um doador negro em uma mulher branca que mora em uma região de população branca e preconceituosa, e sua filha poderá sofrer preconceito[246]. Queriam ter uma filha branca porque a cidade onde moram é formada por uma comunidade racista[247]. Agora, cogitar a possibilidade de o filho processar os pais pelo fato de eles terem se utilizado das técnicas de reprodução humana, porque estão condenados a não conhecer e conviver com o pai e/ou a mãe biológicos ou até mesmo por sofrerem preconceito por viver em uma sociedade preconceituosa, isso não é permitido, é homofobia! Mas a mãe processar o banco de sêmen porque a filha não nasceu branca, isso não é considerado preconceito!!! Qual é a diferença?

A pessoa homossexual é vítima de preconceitos na sociedade brasileira? Sobre o preconceito à pessoa homossexual, escreveu com precisão Maria Berenice Dias:

> Por absoluto preconceito, a Constituição Federal emprestou de modo expresso juridicidade somente às uniões estáveis entre um homem e uma

---

[246] Mulher branca processa banco de sêmen por mandar esperma de negro. *G1*. Disponível em: <http://g1.globo.com/mundo/noticia/2014/10/mulher-branca-processa-banco--de-semen-por-mandar-esperma-de-negro.html>. Acesso em: 8 jan. 2017.

[247] Jennifer Cramblett e sua parceira gostariam de ter filha branca, pois alegam que a população da cidade onde moram é racista. Disponível em: <http://ultimosegundo.ig.com.br/mundo/2014-10-02/mulher-branca-processa-banco-de-semen-apos-dar--luz-a-filha-mestica.html>. Disponível em: 8 jan. 2017.

mulher, ainda que em nada se diferencie a convivência homossexual da união estável. A nenhuma espécie de vínculo que tenha por base o afeto se pode deixar de conferir status de família, merecedora da proteção do Estado, pois a Constituição Federal consagra, em norma pétrea, o respeito à dignidade da pessoa humana[248].

Se até a Constituição Federal é preconceituosa com as pessoas homossexuais, quanto mais a sociedade. Existe um preconceito por eles não seguirem os padrões que a sociedade estabelece e que por isso é condenado o uso das técnicas de reprodução humana assistida, uma vez que "(...) poderia acarretar prejuízos ao desenvolvimento psicológico e social de uma criança não preservando, assim, o princípio do melhor interesse"[249].

A discriminação e o preconceito aos homossexuais é fato marcante na história da humanidade: num passado não muito distante, foram perseguidos pela Inquisição e caçados pelos nazistas, o que é pouco divulgado, até porque o foco principal era os judeus. Apesar de não serem os únicos a sofrer discriminação e preconceitos no Brasil, mulheres, negros, índios, moradores de ruas também são vítimas dessas práticas, mas nada se compara ao que os homossexuais sofrem, o preconceito com esse grupo é até maior, as ações contra os homossexuais não se limitam à discriminação ou preconceito, vai muito além: 50% do homicídio contra homoafetivos no mundo acontece no Brasil[250].

---

[248] DIAS, Maria Berenice. *Manual de direito das famílias*. 8. ed. rev., atual. e ampl. São Paulo: RT, 2011. p. 47.

[249] CARDIN, Valéria Silva Galdino. *Da vulnerabilidade do filho oriundo da reprodução humana assistida em decorrência da ausência de parentalidade responsável*, cit., p. 58.

[250] "Homofobia deve ser tratado como racismo. O Brasil, em 2011, registrou 266 assassinatos documentados através da mídia, portanto são números incompletos, certamente esses números são maiores. Somente nos três primeiros meses de 2012, o Grupo Gay da Bahia, através de seu banco de dados, já documentou 111 assassinatos, o que dá uma média de uma morte a cada 21 horas. Nunca antes na história do Brasil houve tanta violência, tantos assassinatos como atualmente. Lastimamos que o governo federal, sobretudo no governo Lula, que teve tantas manifestações verbais, tantos projetos de defesa da igualdade cidadã para a população GLBT, infelizmente esse governo não está acertando em suas políticas públicas, sobretudo nos últimos dois anos em que o número de assassinatos de homossexuais aumentou 113% no Brasil. Metade dos assassinatos de homossexuais em todo o mundo acontece no Brasil. Mata-se aqui mais do que nos países onde há pena de morte para os homossexuais. E como explicar isso? Lastimavelmente, é o lado vermelho sangue da nossa cultura extremamente violenta em que há um aumento expressivo de assassinatos em geral e que se reflete sobretudo na população mais vulnerável, no caso os homossexuais,

Até mesmo quem defende a realização do projeto homoparental afirma que a sociedade brasileira é "(...) heterossexista, onde a heterossexualidade é tratada com maior naturalidade e até com uma certa superioridade a homossexualidade (...)"[251]. E continua a autora alertando que as práticas homossexuais são toleradas no Brasil e que o "padrão ideal" e considerado "normal" é a heterossexualidade, e aquele que não se encaixa no "padrão heterossexual" sofre punições indiretas, como censuras veladas[252]. A sociedade brasileira tem dificuldade de aceitar os novos valores e, no dizer de Giselda Maria Fernandes Novaes Hironaka:

> (...) a desconstrução paradigmática em prol da pós-modernidade sempre me sugere a ideia de "oxigenar ranços ancestrais", e a ideia me agrada muito, mesmo que possa, eventualmente, deixar a descoberto a ansiada segurança que a era anterior tanto procurou conceber e estruturar. (...) Por isso, e na esfera de minha singular preferência científica e axiológica – direito e justiça – renovo a afirmação de que prefiro o justo ao seguro. (...) seu traço mais consentâneo com a contemporaneidade que permite a cada um de nós a chance de descobrir uma outra maneira de se ver o mundo[253].

A homossexualidade existe, e essas pessoas merecem respeito como qualquer outra pessoa humana, porque, acima de tudo, são titulares de direito, é uma questão de justiça, e só por isso, merecem respeito e dignidade, contudo, pelo que já foi exposto, não é isso que normalmente acontece, e essas situações podem atingir a família do homossexual?

Os filhos de casais homoafetivos sofrem constrangimentos na escola? Apresentar o documento de identidade com o nome de duas mães ou de dois pais gera constrangimentos[254]? A família do casal homoafetivo normalmente

---

negros, etc...". Disponível em: <https://homofobiamata.wordpress.com/quem-somos-3/homofobia-e-crime/>. Acesso em: 21 dez. 2016.

[251] ROSA, Letícia Carla Baptista. *Da vulnerabilidade da criança oriunda da reprodução humana assistida quando da realização do projeto homoparental*, cit., p. 180.

[252] ROSA, Letícia Carla Baptista. *Da vulnerabilidade da criança oriunda da reprodução humana assistida quando da realização do projeto homoparental*, cit., p. 180.

[253] HIRONAKA, Giselda Maria Fernandes Novaes. A incessante travessia dos tempos e a renovação dos paradigmas: a família, seu *status* e seu enquadramento na pós-modernidade. In: BASTOS, Eliene Ferreira; DIAS, Maria Berenice (Coord.). *A família além dos mitos*. Belo Horizonte: Del Rey, 2008. p. 55.

[254] "A respeito da afirmação do Ministério Público de que eventuais incômodos que a criança adotada possa enfrentar em virtude de ter sido registrada como filha de duas pessoas do sexo feminino, arrebata a Min. Nancy Andrighi que, de fato, a situação é incômoda para a criança, principalmente quando a questão se reporta à obtenção de documentos. Todavia, esclarece a Ministra, tal constrangimento ocorre mesmo nas

apoia que se utilize das técnicas de reprodução humana assistida para a efetivação do projeto parental? A essa última pergunta, Valéria Silva Galdino Cardin e Letícia Carla Rosa Baptista Rosa respondem que:

> Nem sempre o casal homoafetivo recebe o apoio dos familiares que se disponibilizem a realizar este ato com fim altruístico; acaba por isso, recorrendo à 'barriga de aluguel', o que neste caso deverá ser permitido, por quanto a gestante está cedendo apenas o "invólucro" para que o feto se desenvolva e esse casal possa realizar o seu projeto parental[255].

Essa resposta gera outra pergunta: por que a própria família não apoia? Discriminação? Preconceito? Por qual motivo Portugal proibiu que casais homossexuais façam uso das técnicas de reprodução humana assistida, seja para mulheres solteiras ou para casais homoafetivos[256]? O que deve prevalecer: a vontade das pessoas em efetivar o projeto parental ou o melhor interesse da criança, do adolescente e do jovem? Sobre esse assunto, Maria Berenice Dias ensina que:

> Em qualquer circunstância, o supremo valor é o melhor interesse do menor. Como o afastamento do filho do convívio de um ou de ambos os pais certamente produz sequelas que podem comprometer seu desenvolvimento psicológico, recomendável que, ao ser decretada a suspensão ou perda do poder familiar, seja aplicada alguma medida protetiva de acompanhamento, apoio e orientação ao filho (ECA 100) e aos pais (ECA 129)[257].

---

situações em que a adoção da criança não se concretiza e, o assento do seu nome se realiza somente com a maternidade singular, ou seja, em sua certidão de nascimento registra-se apenas o nome da mãe, fato que pode causar, muitas vezes, tratamentos diferenciados à criança" (VILLAS BÔAS, Regina Vera. A dupla maternidade garantida às companheiras em união estável homoafetiva criança concebida por inseminação artificial (paternidade desconhecida) por uma das companheiras e requerida em adoção unilateral pela outra companheira. *Revista de Direito Privado*, v. 55, p. 311-325, jul./set. 2013. p. 6).

[255] CARDIN, Valéria Silva Galdino; ROSA, Letícia Carla Baptista. Do planejamento familiar e da parentalidade responsável na união homoafetiva. *XX Encontro Nacional do Conpedi*. Belo Horizonte, Florianópolis: Fundação Boiteux, 2011.

[256] Art. 6º, 1. "1 – Só as pessoas casadas que não se encontrem separadas judicialmente de pessoas e bens ou separadas de facto ou as que, sendo de sexo diferente, vivam em condições análogas às dos cônjuges há pelo menos dois anos podem recorrer a técnicas de PMA." Disponível em: <http://www.pgdlisboa.pt/ leis/lei_mostra_articulado.php?nid=903&tabela=leis>. Acesso em: 1º jun. 2016.

[257] DIAS, Maria Berenice. *Manual de direitos das famílias*. 4. ed. São Paulo: RT, 2008. p. 388.

Fica claro que o que importa é o melhor interesse da criança, do adolescente e do jovem, independentemente da situação, tanto que, como já se viu, a falta de convívio com um dos pais causa sequelas que podem afetar o desenvolvimento normal da criança.

Analisando apenas o fato em si, é possível afirmar que a homossexualidade escandaliza a sociedade brasileira? Com sensibilidade aguçada, Maria Berenice Dias escreveu que "o repúdio social de que são alvo as uniões homossexuais inibiu o legislador constituinte de enlaçá-las no conceito de entidade familiar"[258]. Nesse mesmo espírito, na visão social dominante é considerada normal a parentalidade exercida por um casal homoafetivo no Brasil?

Por fim, percebe-se que, ocorre um conflito entre princípios, pois, de um lado, há a pessoa solteira, querendo realizar o projeto parental e ter um filho de forma independente e sozinha (princípio do planejamento familiar e a parentalidade responsável), e, do outro, a criança, que já está condenada a não conviver com um de seus pais (princípio do melhor interesse da criança, do adolescente e do jovem).

Dessa forma, duas perguntas devem ser respondidas: Qual princípio deve prevalecer? E um pai ou uma mãe vivendo sozinho consegue providenciar todas as condições financeiras, sociais, psicológicas e afetivas necessárias para o desenvolvimento completo de uma criança? Por tudo que já foi apresentado, a resposta da primeira pergunta é que deve prevalecer o princípio do melhor interesse da criança, do adolescente e do jovem; e, na segunda indagação, sem a companhia de um(a) companheiro(a) para distribuir as funções, por mais esforçados, dedicados e amorosos que aqueles possam ser para com seus filhos, não vão conseguir suprir todas as necessidades que surgirão com o passar dos anos. O simples "dia dos pais" na escola para quem só tem a figura da mãe é provavelmente algo constrangedor e angustiante – e quanto mais se aproxima daquele dia, maior é o sofrimento.

Jennifer Cramblett, que processou o banco de sêmen por ser branca e terem utilizado o sêmen de um homem negro, alegou que "(...) sua filha de 2 anos, gerada com espermatozoide desse doador, ficará estigmatizada em sua família e na cidade 'intolerante' onde vivem"[259]. Será que os filhos de pessoas homossexuais solteiras ou casadas são estigmatizados pela sociedade brasi-

---

[258] DIAS, Maria Berenice. *Amor não tem sexo*. Porto Alegre: Livraria do Advogado, 2001. p. 23.
[259] G1. Mulher Branca Processa Banco de Semen por Mandar Esperma de Negro. Disponível em: <http:// g1.globo.com/mundo/noticia/2014/10/mulher-branca-processa-banco-de-semen-por-mandar-esperma-de-negro.html>. Acesso em: 8 jan. 2017.

leira? Trata-se de uma comunidade preconceituosa, discriminatória, racista e intolerante com o homossexual, com os negros, com os índios, com os pobres, ou seja, com o que não está dentro de um padrão estabelecido pela própria sociedade. E aquelas práticas são cada vez mais agravadas proporcionalmente inverso ao tamanho na comunidade (cidade) em que aquelas pessoas vivam?

No Brasil filhos têm sido indenizados pelo fato de serem impedidos de conhecer e conviver com um de seus genitores, quando a presença deles lhes foi retirada de forma ilícita, como, por exemplo, em razão de um acidente automobilístico. Da mesma forma deveria acontecer quando a presença de um dos genitores é negada a uma criança pelo uso das técnicas de reprodução humana assistida, realizada por pessoa solteira (heterossexual ou homossexual), porque, conforme entendimento jurisprudencial e doutrinário, a falta da convivência com os pais pode acarretar graves danos à personalidade, ao psicológico e às relações interpessoais da criança, por toda a sua vida.

A jurisprudência brasileira tem caminhado por essa trilha, reconhecendo direito inclusive ao nascituro de receber indenização provocada pela morte de um de seus genitores.

Com sensibilidade aguçada, Maria Helena Diniz ensina que "o nascituro deve ter assegurado o direito à indenização por morte de seu pai pela dor de nunca tê-lo conhecido"[260]. Tanto mais direito deve ter quando, por uma atitude egoísta, é tirada de uma pessoa qualquer possibilidade de ter um pai ou uma mãe, como acontece na reprodução humana assistida realizada por pessoas solteiras (heterossexuais ou homossexuais), viúvas e, separadas. A ausência, seja do pai ou da mãe, acarreta danos imensuráveis na vida da pessoa, desde a falta do convívio familiar, passando pela assistência física, psíquica e financeira, chegando-se a privar o filho da convivência com os parentes (tios, primos e avós) do genitor que não existe.

O direito de conviver com o pai e com a mãe deveria ser inato da pessoa, trata-se de uma injustiça para com a criança, nascer e estar condenada a não conviver com seu pai e sua mãe, em especial quando a decisão foi tomada por um dos genitores que decidiu fazer uso da produção independente.

Os países que já possuem legislação a respeito da reprodução humana assistida, proibiram à monoparentalidade, como acontece na Alemanha, Suécia e Itália[261], o Brasil deveria seguir os mesmos passos, com isso evitando

---

[260] DINIZ, Maria Helena. *O estado atual do biodireito*, cit., 2. ed., p. 125-126.
[261] GAMA, Guilherme Calmon Nogueira da. Filiação e reprodução assistida: introdução ao tema sob a perspectiva do direito comparado. *Revista dos Tribunais*, São Paulo: RT, v. 776, p. 78-79, jun. 2000.

que crianças sejam prejudicadas em sua formação. Claro que, "muitas vezes, a ausência do pai ou da mãe é salutar para a criança e para o adolescente, devendo colimar com o afastamento de um dos pais do lar; (...)"[262], contudo, essa não é a regra.

Ao se utilizarem das técnicas de reprodução humana assistida na modalidade heteróloga, os pais tiram dos filhos o direito de conhecer e agora de conviver com seus pais biológicos. É direito do filho conhecer e conviver com seus pais biológicos. Os direitos da personalidade são imprescritíveis, indisponíveis, irrenunciáveis e intransferíveis, e isso fere a integridade psíquica da criança, podendo gerar graves danos à personalidade, inclusive incesto.

Sistema da Responsabilidade Civil		
Hipótese		Impossibilidade de conhecer e conviver com os pais – utilizada por pessoas solteiras
Conduta	Ação	Utilizar das técnicas de reprodução humana assistida (banco de sêmen, de óvulo ou de embrião) utilizada por pessoas estéreis, inférteis, solteiras, viúvas, separadas ou homossexuais.
	Omissão	X
Dano	Material	Ausente dano material.
	Moral	Integridade psíquica.
Nexo Causal	Causa	Utilizar das técnicas de reprodução humana assistida (banco de sêmen, de óvulo ou de embrião) utilizada por pessoas estéreis, inférteis, solteiras, viúvas, separadas ou homossexuais.
	Efeitos	Graves repercussões à personalidade do filho. Dignidade da pessoa humana. Possibilidade de incesto.
Fundamento Legal		Constituição Federal: art. 5º, V, art. 127 e art. 227. Código Civil: art. 1º, art. 2º, art. 11, art. 12, art. 186, art. 187, art. 927, art. 949, art. 950 e art. 1.692. Código de Processo Civil: art. 70, art. 71 e art. 72, I. Estatuto da Criança e do Adolescente: art. 17 e art. 19.
Dever Jurídico Violado		Proteção aos filhos. Direitos da personalidade (integridade psíquica).
Espécie de Responsabilidade Civil		Subjetiva.

---

[262] NAMBA, Edison Tetsuzo. *Manual de bioética e biodireito*, cit., p. 158.

3.5.9 Impossibilidade de ser herdeiro legítimo – inseminação homóloga *post mortem*

A reprodução humana assistida na forma inseminação artificial homóloga *post mortem* não é polêmica apenas por tirar do filho a possibilidade de conviver com os pais (pai e/ou mãe), vai além: pode gerar um problema relacionado aos herdeiros referente ao patrimônio deixado pelo(s) genitor(es).

Imagina-se a seguinte situação: um filho nasceu de forma natural enquanto os pais estavam vivos; contudo, querendo realizar o projeto parental do casal, que era ter dois filhos, a mãe resolve utilizar de material genético criopreservado do marido agora falecido para ter um segundo filho. Como fica a questão patrimonial nesse caso?

Há quem considere o primeiro filho herdeiro legítimo, enquanto o segundo filho será considerado, no máximo, herdeiro testamentário, conforme dispõe o art. 1.799, I, do Código Civil de 2002: "Na sucessão testamentária, podem ainda ser chamados a suceder: I – os filhos, ainda não concebidos, de pessoas indicadas pelo testador, desde que vivas estas ao abrir-se a sucessão". Nesse sentido, Juliane Fernandes Queiroz observa que, "se o testador pode atribuir a sua herança à prole eventual de terceiros, também o pode, sem qualquer restrição à sua própria prole"[263].

Mário Luiz Delgado parte da premissa de que, se a inseminação for realizada sem o consentimento expresso do marido/esposa ou do companheiro(a), o filho tem direito ao vínculo de filiação e não aos direitos sucessórios[264], com isso evitando conflitos patrimoniais entre o filho já nascido (ou outro herdeiro em caso do casamento em regime de separação de bens) à época da morte e o que vier nascer depois por puro interesse patrimonial do pai ou mãe.

Tais posicionamentos merecerem todo o respeito, contudo, devem ser rechaçados, pois identifica-se evidente desrespeito ao princípio da igualdade entre os filhos, garantido na Constituição Federal.

Trata-se de uma tese inconstitucional dar tratamento diferente para os filhos da mesma mãe e do mesmo pai pelo fato do momento que nasceram. Os filhos são herdeiros legítimos, independentemente da forma como foram gerados ou da data do seu nascimento, e, por isso, merecem o mesmo

---

[263] QUEIROZ, Juliane Fernandes. *Paternidade*: aspectos jurídicos e técnicas de inseminação artificial Belo Horizonte: Del Rey, 2001. p. 80.
[264] DELGADO, Mário Luiz. Os direitos sucessórios do filho havido por procriação assistida, implantado no útero após a morte de seu pai. *Revista Jurídica Consulex*, ano VIII, n. 188, 15 nov. 2004.

tratamento[265]. Vale lembrar que este trabalho está sendo desenvolvido considerando que a personalidade jurídica da pessoa tem início na concepção, conforme tese defendida pela teoria concepcionista. Zeno Veloso assevera: "Não tenho dúvida de garantir que, mesmo depois da morte do pai, vindo o embrião a ser implantado e havendo termo na gravidez, o nascimento com vida, e consequentemente aquisição da personalidade, este filho é herdeiro, porque estava concebido quando o genitor faleceu, e dado o princípio da igualdade entre os filhos (CF, art. 227, § 6º)"[266].

Maria Helena Diniz assevera que o concepto tem direito de herdar se, na época da morte do titular da herança, o embrião já existia e estivesse criopreservado, tendo a fecundação sido realizada com o material genético do *de cujus*, mesmo no caso de o embrião ter sido implantado depois da morte daquele[267].

Vale repetir o que já fora exposto anteriormente: Silmara, Juny de Abreu Chinellato, Giselda Maria Fernandes Novaes Hironaka[268] e Maria Helena

---

[265] Para José Luiz Gavião de Almeida, "os filhos nascidos de inseminação artificial homóloga *post mortem* são sucessores legítimos. Quando o legislador atual tratou do tema, apenas quis repetir o contido no Código Civil (LGL\2002\400) anterior, beneficiando o concepturo apenas na sucessão testamentária porque era impossível, com os conhecimentos de então, imaginar-se que um morto pudesse ter filhos. Entretanto, hoje a possibilidade existe. O legislador, ao reconhecer efeitos pessoais ao concepturo (relação de filiação), não se justifica o prurido de afastar os efeitos patrimoniais, especialmente o hereditário. Essa sistemática é reminiscência do antigo tratamento dado aos filhos, que eram diferenciados conforme a chancela que lhes era aposta no nascimento. Nem todos os ilegítimos ficavam sem direitos sucessórios. Mas aos privados desse direito também não nascia relação de filiação. Agora, quando a lei garante o vínculo, não se justifica privar o infante de legitimação para recolher a herança. Isso mais se justifica quando o testamentário tem aptidão para ser herdeiro" (ALMEIDA, José Luiz Gavião de. *Código Civil comentado*. São Paulo: Atlas, 2003. v. 18: Direito das sucessões. Sucessão em geral. Sucessão legítima, p. 104).

[266] VELOSO, Zeno. Livro V – Do direito das sucessões. Título I – Da Sucessão em Geral. In: SILVA, Regina Beatriz Tavares da (Coord.). *Código Civil comentado*. 10. ed. São Paulo: Saraiva, 2016. p. 1.900.

[267] DINIZ, Maria Helena. *Curso de direito civil brasileiro*. 26. ed. São Paulo: Saraiva, 2012. v. 6: Direito das sucessões.

[268] "(...) Embrião, afinal, é singularmente um dos estágios de evolução do ovo, que se fará nascituro. Ainda que não implantado, o embrião está concebido e, desde que identificado com os doadores de gametas, a ele será possível conferir herança, assim como ao nascituro, eis que o art. 1.798 do Código Civil admite estarem legitimados a suceder não apenas as pessoas nascidas, mas também aquelas concebidas ao tempo da abertura da sucessão. No entendimento de Silmara Juny de Abreu Chinellato, o *embrião pré-implantatório poderá herdar como herdeiro legítimo ou testamentário*. Assim, herdará legitimamente se se tratar de fertilização homóloga, isto é, se *houver*

Diniz[269] defendem que os embriões, mesmo criopreservados, estão aptos para suceder. No mesmo sentido, Flávio Tartuce explica que "ao embrião igualmente deve ser reconhecida uma personalidade jurídica plena, inclusive no tocante à tutela sucessória, assim como acontece com o nascituro"[270].

O inciso III do art. 1.597 do Código Civil de 2002 reconhece a presunção da paternidade dos filhos provenientes das técnicas de reprodução humana assistida, como fecundação artificial homóloga, inclusive a *post mortem*. Neste sentido, o Enunciado n. 106 do Conselho Federal de Justiça, que exige apenas que "(...) a mulher esteja na condição de viúva, sendo obrigatória, ainda, a autorização escrita do marido para que se utilize seu material genético após sua morte"[271], por isso, estes filhos não podem ser excluídos da condição de herdeiros legítimos. Nesse mesmo sentido, Carlos Cavalcanti de Albuquerque Filho entende que:

> não se pode excluir da participação nas repercussões jurídicas, no âmbito do direito de família e no direito das sucessões, aquele que foi engendrado com intervenção médica ocorrida após o falecimento do autor da sucessão, ao argumento de que tal solução prejudicaria ou excluiria o direito dos outros herdeiros já existentes ou pelo menos concebidos no momento da abertura da sucessão. Além disso, não devem prevalecer as assertivas que privilegiam a suposta segurança no processo sucessório[272].

---

coincidência entre a mãe que o gera e a que o gesta, após a crioconservação. E poderá herdar testamentariamente (art. 1.799 do Código Civil) se se tratar de fertilização heteróloga, isto é, se *forem diferentes pessoas a doadora do óvulo e a que gesta*" (HIRONAKA, Giselda Maria Fernandes Novaes. As inovações biotecnológicas e o direito das sucessões. In: TEPEDINO, Gustavo. *Direito civil contemporâneo*: novos problemas à luz da legalidade constitucional, cit., p. 318).

[269] "Se, por ocasião do óbito do autor da herança, já existia embrião crioconservado, gerado com material germinativo do *de cujus*, terá capacidade sucessória, se, implantado num útero, vier a nascer com vida e, por meio de ação de petição de herança, que prescreve em dez anos após a sua maioridade (18 anos), poderá pleitear sua parte no acervo hereditário" (DINIZ, Maria Helena. *Manual de direito civil*. São Paulo: Saraiva, 2011. p. 533).

[270] TARTUCE, Flávio. *Direito civil*: direito das sucessões, cit., 9. ed., v. 6. p. 71.

[271] Enunciado n. 106 – "Art. 1.597, III Para que seja presumida a paternidade do marido falecido, será obrigatório que a mulher, ao se submeter a uma das técnicas de reprodução assistida com o material genético do falecido, esteja na condição de viúva, sendo obrigatória, ainda, a autorização escrita do marido para que se utilize seu material genético após sua morte." Disponível em: <http://www.cjf.jus.br/enunciados/pesquisa/resultado>. Acesso em: 1º jan. 2017.

[272] ALBUQUERQUE FILHO, Carlos Cavalcante de. *Fecundação artificial post mortem e o direito sucessório*. Disponível em: <http://www.esmape.com.br/downloads/mat_profa_mariarita/prof_maria_rita_7.doc>. Acesso em: 28 jun. 2016.

Em razão do que foi exposto, estar-se-á diante de duas alternativas possíveis: de proibir-se a prática da reprodução humana assistida na modalidade inseminação artificial homóloga *post mort* ou, admitindo-a, o filho seja tratado como herdeiro legítimo, caso contrário estará sendo prejudicado apesar da condição de filho.

Nessa hipótese o filho será vítima de dano material, uma vez que não recebe sua quota-parte na herança e dano moral quando perde o direito de conhecer e conviver com seu pai biológico.

Sistema da Responsabilidade Civil		
Hipótese		Impossibilidade de ser herdeiro legítimo – Inseminação homóloga *post mortem*
Conduta	Ação	Utilizar da técnica inseminação homóloga *post mortem*.
	Omissão	X
Dano	Material	Parte da herança.
	Moral	Integridade psíquica (já foi abordado).
Nexo Causal	Causa	Utilizar da técnica inseminação homóloga *post mortem*.
	Efeito	Não receber sua quota-parte a herança na figura de herdeiro legítimo.
Fundamento Legal		Código Civil: art. 1º, art. 2º, art. 11, art. 12, art. 186, art. 187, art. 1.597, III, art. 1.692 e art. 1.798. Código de Processo Civil: art. 70, art. 71 e art. 72, I.
Dever Jurídico Violado		Proteção aos filhos. Condição de herdeiro.
Espécie de Responsabilidade Civil		Subjetiva.

3.5.10 Ser gerado em laboratório

Alguém pode sofrer danos por ter sido gerado em um laboratório? Sabe-se que as técnicas de reprodução humana assistida são procedimentos artificiais para que uma vida seja gerada. Nos casos da fertilização *in vitro* (FIV) e da injeção de espermatozoide (ICSI), é utilizado um tubo de ensaio, no primeiro caso para que o óvulo seja fecundado pelo espermatozoide fora do útero materno e no segundo o espermatozoide é injetado diretamente no óvulo ainda no corpo da mulher.

Ocorre que, segundo pesquisas realizadas por ingleses e australianos entre 1993 e 1997 com mil bebês provenientes daquelas técnicas, verificou-se a ocorrência de problemas cardíacos, distúrbios neuromusculares e até paralisia cerebral em quase 10% dos bebês em seu primeiro ano de vida, o que representa o dobro da chance de isso ocorrer com uma criança concebida de forma natural[273].

---

[273] "Um estudo publicado recentemente na revista científica *The New England Journal of Medicine* revela que as crianças concebidas em laboratórios pelas técnicas mais modernas de reprodução assistida têm mais do que o dobro da probabilidade de nascer com alguma complicação de saúde do que os bebês concebidos naturalmente. Realizado por pesquisadores ingleses e australianos, o trabalho acompanhou mais de 1000 bebês, nascidos entre 1993 e 1997. Ao longo do primeiro ano de vida, quase 10% deles apresentam problemas cardíacos, distúrbios neuromusculares e até paralisia cerebral. A pesquisa não representa uma condenação dos métodos de concepção artificial, mas deve servir de alerta. 'Apesar dos progressos da medicina reprodutiva, é preciso avisar os casais que recorrem a ela sobre os riscos embutidos na terapia', diz o urologista Jorge Hallak, diretor de andrologia da Sociedade Brasileira de Reprodução Humana. Por incrível que pareça, na maioria dos casos os especialistas não fazem isso. Os bebês estudados foram gerados pela fertilização *in vitro*, a FIV, e pela técnica reconhecida por ICSI. Esses são os métodos mais modernos e eficientes da medicina reprodutiva. Utilizada no Brasil desde 1984, a FIV junta, em um tubo de ensaio, os espermatozoides do homem com os óvulos da mulher. A fecundação ocorre, em geral, em até doze horas. De dois a cinco dias depois, os embriões são colocados no útero materno. Desenvolvida em 1990 e considerada a grande revolução da concepção assistida, a ICSI consiste em injetar o espermatozoide diretamente no óvulo. As taxas de sucesso das duas técnicas chegam a ser 50% superiores às dos métodos tradicionais. Elas, no entanto, se destinam a casos específicos de infertilidade – quando o homem produz espermatozoides, mas não os ejacula, ou quando eles têm problemas de locomoção. O médico Hallak calcula que dois terços dos casais que utilizam a ICSI ou a FVI poderiam ter bebê por intermédio de procedimentos mais simples, menos invasivos e mais baratos. Os médicos acreditam que 'a mãozinha' dada pela FIV e pela ICSI, ao provocar a fecundação, pode explicar grande parte das doenças dos recém-nascidos. Muitas vezes a medicina junta duas células que, no que dependesse da natureza, dificilmente se associariam. 'O processo é feito de modo aleatório, porque não há como verificar se elas são saudáveis ou não', afirma a geneticista Mayana Zatz, da Universidade de São Paulo. Esse problema já não ocorre com tanta frequência com as técnicas de indução da ovulação ou de inseminação artificial. No primeiro método, o organismo feminino é induzido a reproduzir mais óvulos que o normal. No segundo, o método injeta células sexuais masculinas dentro do útero. Em ambos os espermatozoides têm de nadar até os óvulos e tentar penetrá-los. Se uns e outros apresentam incompatibilidade, a fecundação tende a não ocorrer, o que aumenta a garantia de que não se terá um filho com doença congênita. A indução de ovulação e a inseminação artificial são, enfim, mais parecidas com o método natural do que FIV e a ICSI. E por isso

Em 15 de junho de 2015, foi publicado um estudo coordenado pela pesquisadora norueguesa Marte Reigstad, da Universidade Norueguesa de Aconselhamento da Saúde da Mulher, dizendo que as técnicas de reprodução humana assistida elevam a taxa de risco de leucemia em crianças provenientes delas. A pesquisa teve como objeto os dados referentes às crianças nascidas no período de 1985 a 2011[274]. Se ficar comprovado que o desenvolvimento da doença teve como nexo de causalidade o fato de ter sido gerada em laboratório, caracterizada estará a produção do dano moral, uma vez que atinge a integridade física da pessoa.

Sistema da Responsabilidade Civil		
Hipótese		Produção em laboratório
Conduta	Ação	Utilizar da técnica de reprodução humana assistida.
	Omissão	X
Dano	Material	Perda da capacidade laboral (para os que vierem nascer).
	Moral	Integridade física e a vida.
Nexo Causal	Causa	Utilizar da técnica de reprodução humana assistida.
	Efeito	Problemas cardíacos, distúrbios neuromusculares, paralisia cerebral e leucemia.
Fundamento Legal		Constituição Federal: art. 5º, V, art. 127, art. 196 e art. 227. Código Civil: art. 1º, art. 2º, arts. 11 a 15, arts. 186 e 187, art. 927, art. 949, art. 950 e art. 1.692. Código de Processo Civil: art. 70, art. 71 e art. 72, I. Estatuto da Criança e do Adolescente: art. 17.
Dever Jurídico Violado		Proteção aos filhos. Direitos da personalidade (integridade física, psíquica e à vida). Direito à saúde.
Espécie de Responsabilidade Civil		Subjetiva.

---

mesmo, a probabilidade de nascimento de uma criança saudável é maior" (*Veja*, ed. 1.752, de 22.05.2002, p. 35, n. 20).

[274] *Técnicas de procriação médica elevam a taxa de risco de leucemia infantil.* Disponível em: <http://expresso.sapo.pt/sociedade/2015-06-15-Tecnicas-de-procriacao-medica-elevam-taxa-de-risco-de-leucemia-infantil>. Acesso em: 8 jan. 2017.

3.5.11 Questões nutricionais da lactante – parentalidade irresponsável

A alimentação da lactante pode gerar riscos principalmente para o recém-nascido, no caso de mães que amamentam e possuem uma dieta vegetariana podem estar produzindo leite com deficiências em nutrientes que estão disponíveis só em proteínas animais, da mesma forma aquelas que fazem uma alimentação hipocalórica, com menos de 1.800 calorias por dia, devem aumentar alimentos ricos em nutrientes para chegarem pelo menos a 1.800 hcal/dia, existem casos em que é recomendada a suplementação multivitamínica mineral.

Para as mães que evitam o consumo de leite e seus derivados, seja em razão ou não da intolerância à lactose, a dieta deve ser corrigida por uso de suplementação de cálcio de 600 mg/dia no momento das refeições. Existe uma necessidade do consumo de alimentos ricos em vitamina D (leite fortificado ou cereais), que também pode ser obtido por meio de suplementação.

Sistema da Responsabilidade Civil		
Hipótese		**Questões nutricionais da lactante – parentalidade irresponsável**
Conduta	Ação	O estilo de vida da mulher durante o período de amamentação. O estado nutricional da mulher durante o período de amamentação terá impacto sobre o desenvolvimento do filho.
	Omissão	Não se alimentar de forma adequada.
Dano	Material	Ausente o dano material.
	Moral	Ofensa à saúde do filho. Prejudicar o desenvolvimento físico e psíquico da pessoa. Dano afetivo.
Nexo Causal	Causa	Não se alimentar de forma adequada.
	Efeito	O dano à saúde e ao desenvolvimento do filho.
Fundamento Legal		Constituição Federal: art. 5º, V, art. 127, art. 196 e art. 227. Código Civil: art. 1º, art. 2º, art. 11, art. 12, art. 186, art. 187, art. 927, art. 949, art. 950 e art. 1.692. Código de Processo Civil: art. 70, art. 71 e art. 72, I. Estatuto da Criança e do Adolescente: art. 17.
Dever Jurídico Violado		Proteção aos filhos. Direitos da personalidade (integridade física, psíquica e à vida). Direito à saúde.
Espécie de Responsabilidade Civil		Subjetiva.

3.5.12 Uso de remédios durante a amamentação

São indiscutíveis os benefícios da amamentação para o recém-nascido e há especialmente uma recomendação da Unicef (Fundo das Nações Unidas para a Infância) de que as crianças devem ser amamentadas até os seis meses de vida exclusivamente com o leite materno e que a amamentação deveria durar pelo menos até aos 2 anos de idade, sendo assim certamente evitada a morte de 1 milhão e 300 mil crianças por ano[275]. Não se pode esquecer que "o aleitamento materno está associado a benefícios de ordem nutricional, imunológica, afetiva, econômica e social"[276].

Percebe-se que os benefícios da amamentação são muitos, contudo, é normal que as mães deixem de amamentarem seus filhos antes mesmo de completarem 1 ano de vida, sendo vários os motivos, até mesmo pelo preconceito de algumas pessoas (amigos, familiares e até de estranhos), que ficam "olhando de canto de olho", como se estivessem reprovando o comportamento. Entretanto, algumas mães são obrigadas a deixar de amamentar suas crias em razão da necessidade de tomar remédios, e com isso não expor seus filhos a riscos de contaminações.

A American Academy of Pediatrics (AAP) elaborou uma classificação da transferência de drogas para o leite materno, com a finalidade de orientar os médicos na indicação de remédios para as lactantes. Esse "manual" foi publicado nos anos de 1983, 1989, 1994 e 2001, em que foram catalogadas:

- drogas citotóxicas que podem interferir no metabolismo celular do lactante;
- drogas de abuso com efeitos adversos descritos no lactante;
- compostos radioativos que requerem a suspensão temporária da amamentação;
- drogas com efeitos desconhecidos, mas que requerem preocupação;
- drogas com efeitos significativos em alguns lactentes e que devem ser usadas com cautela;
- drogas compatíveis com a amamentação[277].

---

[275] *Amamentar até que idade?* Disponível em: <http://guiadobebe.uol.com.br/amamentar-ate-que-idade/>. Acesso em: 3 jan. 2017.
[276] BIOSSON, Marcelo Polacow. *Farmácia clínica & atenção farmacêutica*, cit., p. 294.
[277] BIOSSON, Marcelo Polacow. *Farmácia clínica & atenção farmacêutica*, cit., p. 296.

Em sua obra "Farmácia clínica & atenção farmacêutica", Marcelo Polacow Biosson[278] também apresenta uma classificação do uso de drogas relacionadas com o período da amamentação, que merece destaque: a) drogas incompatíveis com a amamentação[279]; b) drogas com efeitos desconhecidos nos lactantes, mas que requerem cuidados[280]; c) drogas com efeitos desconhecido nos lactentes, mas que requerem cuidados[281]; d) drogas que têm sido associadas com efeitos significativos em alguns lactentes e devem ser usadas com cuidados pelas nutrizes[282]; e e) drogas usualmente compatíveis com a amamentação[283].

Sistema da Responsabilidade Civil		
Hipótese		**Uso de remédios durante a amamentação**
Conduta	Ação	Consumo de medicamentos prejudiciais ao filho.
	Omissão	X
Dano	Material	Ausente dano material.
	Moral	Integridade física, psíquica e à vida do filho.
Nexo Causal	Causa	Medicamentos com efeitos colaterais ao lactente.
	Efeito	Danos físicos, psíquicos ou a morte.
Fundamento Legal		Constituição Federal: art. 5º, V, art. 127, art. 196 e art. 227. Código Civil: art. 1º, art. 2º, art. 11, art. 12, art. 186, art. 187, art. 927, art. 949, art. 950 e art. 1.692. Código de Processo Civil: art. 70, art. 71 e art. 72, I. Estatuto da Criança e do Adolescente: art. 17.

---

[278] BIOSSON, Marcelo Polacow. *Farmácia clínica & atenção farmacêutica*, cit., p. 296.
[279] Ciclofosfamida, anfetamina, ciclosporina, cocaína, doxorrubicina, heroína, metotrexato, marijuana e fenciclidina.
[280] Cobre 64 (Cu 64), iodo 125 (I125), gálio 67 (Ga67), iodo 131 (I 131) índio 111 (In 111), tecnécio 99 (Tc 99), iodo 123 (I123) e sódio radioativo.
[281] Alprazolam, diazepam, lorazepam, midazolam, perfenazina, prazepam, quazepam, temazepam, amitriptilina, amoxapine, bupropiona, clomipramina, desipramina, dotiepina, doxepin, fluoxetina, fluvoxamina, imipramina, nortriplina, paroxetina, sertalina, trazodone, clorpromazina, clorprotixeno, clozapina, haloperidol, mesoridazina, trifluoperazina, amiodarona, cloranfenicol, clofazimina, lamotrigina, metoclopramida, metronidazol, tinidazol.
[282] Acebutulol, aspirina, fenindiona, ciclo 5-aminosalicílico, clemastina, fenobarbital, atenolol, ergotamina, primidona, bromocriptina, lítio, sulfasalazina.
[283] Acitretin, aciclovir, amoxicilina, apazone, baclofeno, bromide, cafeína, cáscara, cisplatina, dipirona, enalapril, fenitoína, iodo, ioexol, entre outros.

	Sistema da Responsabilidade Civil
Hipótese	**Uso de remédios durante a amamentação**
Dever Jurídico Violado	Proteção aos filhos. Direitos da personalidade (integridade física, psíquica e à vida). Direito à saúde.
Espécie de Responsabilidade Civil	Subjetiva.

Quem causa danos à integridade física, psíquica ou a morte de um filho nos casos de utilização como bebê medicamento, filho indesejado, filho prematuro, gerar filhos premeditadamente com deficiência, impossibilidade de conhecer os pais biológicos, impossibilidade de conhecer e conviver com os pais – utilizada por pessoas solteiras, ter sido produzido em laboratório, por causa de questões nutricionais da lactante e pelo uso de remédios durante a amamentação deve responder pela inobservância de condutas preventivas e comete ato ilícito, podendo praticar várias violações: a) de um dever geral para com o outro; b) da proteção aos filhos; c) do direito à saúde dos filhos; e d) dos direitos da personalidade. Trata-se de condutas culposa (responsabilidade subjetiva).

CONCLUSÃO

A responsabilidade civil dos pais por danos causados aos filhos oriundos das técnicas de reprodução humana assistida e a parentalidade responsável tratam de temas que geram muitas controvérsias, em razão dos próprios assuntos e também por não se limitar a uma única ciência, pois trilha os caminhos do Direito (Constitucional e Civil), da Tecnologia (Biotecnologia), da Saúde (Medicina) e da Filosofia (Ética).

Nos últimos anos, aumentou a busca de casais e pessoas inférteis ou não pelas clínicas e laboratórios que trabalham com as técnicas de reprodução humana assistida, seja pelo desejo de realizar o projeto parental ou pela necessidade da realização de um diagnóstico genético pré-implantatório com o intuito de escolher embriões não portadores de doenças congênitas ou até mesmo para gerar uma criança que seja geneticamente compatível com um filho mais velho portador de alguma doença, tornando-o com isso o doador ideal.

O planejamento familiar é um direito de qualquer cidadão, garantido pelo § 7º do art. 226 da Constituição Federal de 1988, entretanto, o uso das técnicas de reprodução humana assistida deve estar em consonância com o princípio da dignidade da pessoa humana e da parentalidade responsável. É possível ir além: a utilização das técnicas deve estar atrelada a outros princípios também, em especial ao do melhor interesse da criança, do adolescente e do jovem, pois esta será o fruto daquelas técnicas, de forma que o direito de ser pai ou mãe se justifica desde que observados os regulamentos desses princípios. Cabe aos pais garantir a assistência material, moral, intelectual e espiritual aos filhos.

São vários os princípios constitucionais e infraconstitucionais aplicados às relações familiares, lembrando que o Brasil adotou um sistema de aplicação horizontal imediata dos princípios constitucionais nas relações privadas. Como Estado Democrático de Direito, o país tem como fundamento máximo a dignidade da pessoa humana, que coloca a pessoa como o centro do ordenamento jurídico. Como exemplo de desrespeito do princípio quando do uso das técnicas de reprodução humana assistida, destaque para a "fabricação" do "bebê medicamento", uma vez que a pessoa passa a ser utilizada como meio para um fim maior, contrariando os ensinamentos do filósofo alemão Imannuel Kant, para quem a pessoa jamais pode ser utilizada como meio.

Em relação aos princípios aplicados ao Direito da Família, pode-se afirmar que a essência do princípio da solidariedade está fincada no dever de cuidado e assistência que deve prevalecer nas relações familiares. O art. 5º, *caput*, da Constituição Federal consagra a igualdade entre as pessoas; em relação à família, essa isonomia foi aplicada em relação aos filhos e à posição dos cônjuges e companheiros, não existindo mais discriminação em relação aos filhos que não são provenientes do casamento ou da união estável, principalmente os denominados adulterinos e incestuosos. E o princípio da igualdade entre cônjuges e companheiros prevê que os direitos e deveres referentes à sociedade conjugal são exercidos pelo homem e pela mulher, fato extensivo aos companheiros.

O Estado não deve interferir no ambiente familiar, mas protegê-lo e apoiá-lo, caracterizando o princípio da não intervenção estatal e garantindo às pessoas a constituição, a modificação e a extinção da entidade familiar, quando assim entender. Para que o princípio do melhor interesse da criança, do adolescente e do jovem seja efetivo, deve-se buscar sempre atender às necessidades e aos interesses da criança, inclusive quando da interpretação da lei. A legislação deve garantir os direitos do menor e isso só vai acontecer quando atender aos interesses daqueles. A expressão "melhor interesse da criança, do adolescente e do jovem" não pode ser relativizada, sob pena de condená-la a mais uma perfumaria do direito brasileiro.

Acertadamente a afetividade foi elevada a princípio constitucional implícito, uma vez que passou a ter papel fundamental, e pode-se dizer mais: trata-se de elemento imprescindível para a existência da família moderna, gera vínculo entre as pessoas, com reconhecimento jurídico, como é o caso da adoção socioafetiva do padrasto que registra a filha de sua esposa ou companheira como sua própria filha. A afetividade é o fundamento principal e indispensável para que as relações familiares não sejam destruídas.

O princípio da função social da família está ancorado na realização de seus membros e, dessa forma, a família deve existir em prol de seus pares, para que estes possam se realizar como pessoa.

A Constituição Federal de 1988 estabelece que o direito deve proteger todas as formas de família, não apenas aquelas três entidades familiares previstas no art. 226 da CF (casamento, união estável e monoparental), assim, foi instituído o princípio da diversidade familiar. O mencionado artigo constitucional deve ser interpretado de forma exemplificativa, porque inúmeras são as entidades familiares: a matrimonial, a informal, a homoafetiva, a paralela ou simultânea, a poliafetiva, a monoparental, a parental, a mosaico, a natural, a extensa ou ampliada, a substitutiva, a eudemonista, entre outras.

A Lei 9.263/1996 regulamenta o direito ao planejamento familiar devendo ser acessível a qualquer cidadão capaz. Trata-se de um direito fundamental e personalíssimo, sendo função do Estado a orientação de toda a sociedade sobre informações, meios, métodos e técnicas disponíveis tanto para ter quanto para não filhos. A legislação, além de garantir direitos, estabelece também penalidades e providências.

O uso das técnicas de reprodução humana assistida tem sido uma das formas encontradas pela sociedade para a concretização do projeto parental. Contudo, apesar do desenvolvimento da biotecnologia, nem sempre o resultado é satisfatório, o que acaba por frustrar ainda mais as pessoas que utilizam a técnica. Entretanto, muitos casais estão sendo beneficiados pelo desenvolvimento da biotecnologia e realizando o projeto parental.

Infelizmente o uso dessas técnicas não são destinadas exclusivamente para propiciar o ser humano procriar, em razão até mesmo da falta fiscalização, possibilitando a prática de condutas contrárias à razoabilidade, à ética, à moral, aos bons costumes e à própria resolução do Conselho de Medicina, como no caso da eugenia, seja ela positiva ou negativa.

No Brasil inúmeras técnicas estão disponíveis na sociedade para resolver os problemas de esterilidade e de infertilidade, podendo-se citar como exemplos: a transferência de gametas ou de zigotos nas trompas de Falópio, a transferência intratubária de gametas ou de zigotos, a inseminação vaginal intratubária e a intraperitoneal direta, a transferência de óvulo e sêmen, a injeção de intracitoplasmática do espermatozoide, a transferência intratubária de gametas, a fertilização *in vitro* seguida da transferência de embrião excedentários, a inseminação artificial (homóloga, heteróloga e *post mortem*), a fertilização *in vitro* ou bebê de proveta (homóloga e heteróloga), a gestação de substituição ou "barriga de aluguel" e a doação de embriões excedentários.

Um dos problemas enfrentados quando da utilização das técnicas de reprodução humana assistida é referente ao início da vida e, consequentemente, quando se dá início à personalidade jurídica da pessoa. Durante a realização desta tese, adotou-se a teoria concepcionista, que considera que a vida tem início na concepção e, dessa forma, o embrião, o nascituro e a pessoa são titulares de direitos e deveres na ordem civil. Para isso, foi utilizado o Código Civil brasileiro de 2002 como fundamentação.

Dessa forma, o embrião e o nascituro devem ter o mesmo tratamento dispensado à pessoa, ou seja, de titulares de direitos e deveres, sendo que o exercício daqueles direitos deve ocorrer por meio de um representante legal, que pode ser seus genitores ou um curador especial.

A reprodução humana assistida como se pode constatar não está normatizada pelo direito brasileiro, sendo abordado superficialmente e de forma implícita pela Constituição Federal de 1988, contudo, existem alguns projetos de leis em tramitação no Congresso Nacional referentes à temática. O Código Civil de 2002 faz algumas referências ao tema, como as consequências da inseminação *post mortem*, e reconhece a presunção da paternidade dos filhos provenientes das técnicas de reprodução humana assistida. Por seu turno, a Lei de Biossegurança autorizou as pesquisas com células-tronco embrionárias. A matéria é regulamentada pela Resolução 2.121/2015 do Conselho Federal de Medicina, que estabelece normas éticas sobre os procedimentos. O Brasil pode utilizar das experiências e legislações estrangeiras para subsidiar o legislador brasileiro a respeito do assunto.

No que se refere à responsabilidade civil, é possível afirmar que tenha sido gerada com a sociedade, pois a história comprova que toda agressão contra um semelhante é rechaçada pela humanidade.

A responsabilidade civil é o dever que a pessoa tem de indenizar os danos causados a outrem. O Código Civil de 2002 prevê tanto a responsabilidade subjetiva como a responsabilidade objetiva, que despreza o elemento culpa na apuração do dever de indenizar, seguindo um caminho que já havia sido trilhado pelo Código de Defesa do Consumidor, buscando que as vítimas de danos sejam reparadas integralmente em seus prejuízos, independentemente da culpa dos causadores.

A Constituição Federal de 1988 passou a limitar aplicação do direito privado, que deve estar em consonância com as normas constitucionais. Percebe-se que o que já foi chamado de "Constituição do Direito Privado (Código Civil)" deixa de ser a principal fonte do direito civil, pois este deve ser estudado a partir da Constituição Federal e esta estabelece como um dos valores – e o principal deles – a dignidade da pessoa humana, de forma que a pessoa passa a ser o centro das atenções no direito civil.

Para que cumpra com a finalidade de que o lesado seja restituído pelos danos sofridos, a responsabilidade civil sugere três funções: a reparatória ou compensatória da vítima, para que esta não arque com o prejuízo do qual foi vítima; a função punitiva, em que o causador do dano é compelido a pagar pela lesão causada, mesmo que para isso ocorra diminuição em seu patrimônio, como forma de castigá-lo e, com isso, não volte a causar estrago a outrem; e, por fim, a função pedagógica, para que a punição ao causador do dano sirva de exemplo inibidor para toda a sociedade e que esta se sinta desmotivada a agir de forma que possa prejudicar seu semelhante.

O dever de indenizar danos produzidos não se origina apenas dos atos ilícitos; aquele pode decorrer tanto do abuso de direito como de atos lícitos, como acontecem em algumas situações de danos provocados ao embrião, ao nascituro e aos filhos provenientes das técnicas de reprodução humana assistida.

O instituto da responsabilidade civil possui um campo amplo e pode e deve ser aplicado também nas relações familiares, caso contrário, estaria homenageando as agressões entre os membros da família.

A reprodução humana assistida potencializa a vulnerabilidade do embrião quando este é submetido a determinados procedimentos que podem provocar danos irreversíveis ao seu normal desenvolvimento e inclusive sua morte, não podendo se esquecer de que trata-se de alguém pertencente à família humana e, dessa forma, titular de vida humana.

Nesta tese, verificou-se que são inúmeros os comportamentos prejudiciais e que causam danos ao embrião, ainda que não sejam praticados de forma intencional. A condição nutricional da mulher antes do período gestacional é importante para o bom desenvolvimento da saúde do embrião.

A produção de embriões maior do que o número que será implantado na mulher gera um excedente que talvez nunca seja utilizado e, por isso, condenado ao abandono. A parentalidade responsável exige dos pais um dever de cuidado, de zelo e de atenção que deve ser estendido ao primeiro estágio da pessoa humana, evitando que embriões sejam abandonados nas clínicas e laboratórios como mera coisa.

A resolução do Conselho Federal de Medicina prevê que os embriões criopreservados com mais de cinco anos podem ser descartados se essa for a vontade dos pacientes, ou seja, ter como destino o lixo. Deveria ser normatizada a produção de embriões de acordo com o número que será implantado, conforme já acontece na Alemanha e na Itália, impedindo o descarte e o desrespeito ao princípio da dignidade da pessoa humana dos embriões. Trata-se de uma visão utilitarista do embrião humano.

A suposta comercialização de embriões, seja para ser implantado em uma mulher ou para ser utilizado em pesquisas das indústrias de cosméticos, é uma evidente coisificação do embrião humano. A criopreservação de embriões não implantados, a uma temperatura de −196 ºC, por longos anos pode gerar defeitos genéticos e comprometer o direito a uma vida digna.

No caso de fatores ambientais, o contato dos genitores com produtos químicos ou radioativos antes mesmo da gestação pode causar anomalias congênitas no embrião, em razão de gametas defeituosos. O dano pré-natal pode ser originado também pela conduta inadequada ou negligência da gestante e por doenças adquiridas no período de gestação. O dano pré-concepcional está relacionado à condição hereditária dos pais, que podem ter sido contaminados por substâncias tóxicas ou até mesmo da contaminação da gestante antes da gravidez.

O diagnóstico genético pré-implantacional trata de um procedimento permitido pelo Conselho Federal de Medicina e percebe-se indispensável para casais portadores de patologias congênitas. Esse procedimento deve ser utilizado com a finalidade de tratar ou prevenir uma doença hereditária, entretanto, é possível a utilização da técnica para práticas eugênicas positivas e negativas, como também para a coisificação da pessoa por meio da "fabricação do bebê medicamento". Nos Estados Unidos da América, 3% dos casais que procuram clínicas ou laboratórios desejam ter filhos com deficiências, entre elas a surdez e o nanismo. Trata-se de mais uma visão utilitarista do embrião.

Os embriões órfãos devem ser tratados como herdeiros de seus genitores e, dessa forma, garantindo o direito à sucessão do patrimônio deixado, sob pena de sofrerem discriminação em razão de sua procedência.

A biotecnologia possibilita aos pais intervir até mesmo antes do nascimento de seu filho, dessa forma, possibilitando eliminar inclusive alguns defeitos genéticos enquanto nascituro. A omissão dos pais quanto à utilização de diagnósticos e de cirurgias corretivas é motivo suficiente para que os genitores sejam responsabilizados por negligência.

A utilização de embriões humanos destinados pelos pais para serem utilizados em experiência científica é flagrante afronta ao direito à vida e à proteção à integridade física do embrião. Sabe-se que tal prática é proibida no Brasil, contudo, o ato da fiscalização é praticamente inexistente.

Estudos realizados por ingleses e australianos apontam uma ocorrência maior de problemas cardíacos, distúrbios neuromusculares e até paralisia cerebral em bebês que foram produzidos em laboratório por meio das técnicas de reprodução humana assistida. No mesmo sentido, na Noruega notou-se uma elevada a taxa de risco de leucemia em crianças provenientes daquelas técnicas.

A redução embrionária (que consiste no procedimento destinado a reduzir o número de fetos nas gestações múltiplas), apesar de proibida no Brasil pelo CFM, supostamente ocorre livremente no país, uma vez que não existe um controle. Trata-se de uma prática velada de aborto.

Apesar de permitido, o uso de embriões em pesquisas e terapias trata de uma afronta à dignidade do embrião. Supostamente embriões são utilizados como matéria-prima para a indústria cosmética e utilizados em pesquisa e terapia, tudo isso com a autorização dos pais, entretanto, não se pode esquecer que os pais são genitores e não donos dos embriões, pois não se está tratando de uma coisa, mas de embrião humano, titular do direito à vida e à integridade física.

Inúmeras são as práticas prejudiciais dos pais ao nascituro, em especial, o comportamento inadequado da gestante, pois é ela quem carrega em seu ventre aquele que está por nascer; contudo, a má conduta do pai também pode gerar danos ao nascituro: o abandono por parte do marido ou companheiro a que muitas vezes a mulher é submetida durante a gravidez de forma reflexa acaba atingindo o nascituro, lesando seu patrimônio moral. A má alimentação da mulher durante a gestação pode gerar inúmeros problemas ao nascituro, inclusive defeitos congênitos.

A suposta destinação de fetos à fabricação de sabão e sua destinação à pesquisa da indústria cosmética talvez sejam as condutas mais cruéis praticadas contra aqueles que se encontram em uma condição de extrema vulnerabilidade e impossibilitados de produzir sequer uma defesa. Trata-se da coisificação da pessoa humana.

Observa-se que várias são as condutas imprudentes praticadas pela gestante que são prejudiciais ao nascituro: o consumo de álcool, cigarros, drogas lícitas e ilícitas, a prática de esportes de contato (lutas e jogos) ou considerados de risco (provas de automobilismo ou de *motocross*), comportamentos que deveriam ser evitados, para não colocar em risco a saúde e a vida do nascituro.

O diagnóstico pré-natal é o exame realizado com a finalidade de acompanhar o desenvolvimento do nascituro e em algumas situações corrigir anomalias de formação na vida intrauterina. Caso o exame seja negligenciado pela gestante, e vindo a criança a nascer com deficiência que poderiam ser corrigidas, ainda *in útero*, aquela deve ser responsabilizada.

No que se refere às infecções e doenças maternas, deve-se analisar se as situações em que o nascituro foi contaminado, para que seja apurada a responsabilidade da gestante. Nos casos em que a contaminação do nascituro ocorre sem que sua genitora tenha colaborado para que aquele fosse prejudicado, deve-se exími-la de qualquer culpa. Contudo, nos casos em que a gestante não se cuidou ou não se preocupou com sua condição e dos riscos de transmissão ou contaminação do nascituro, deverá responder pelos danos que o filho venha sofrer, mesmo que não tenha tido a intenção de causar o dano.

A falta de cuidados da gestante quanto à sua vacinação pode ocasionar sequelas graves ao nascituro, entre elas, catarata, defeitos no funcionamento de alguns órgãos, deficiência mental, problemas cardíacos congênitos, problema de crescimento e surdez, situações em que se evidencia negligência por parte da gestante e se verifica pelo menos uma conduta culposa.

A gestante deve evitar terapias à base de radiações, pois é estimado que a incidência de malformações do nascituro quando é exposto aos efeitos das radiações está associada às malformações congênitas, aos defeitos de ossificação, à hidrocefalia, à microcefalia, ao retardo de crescimento, ao retardo mental, ao risco de aborto e ao risco para o câncer infantil.

A recusa da gestante de ingerir medicamentos ou se submeter a tratamentos cirúrgicos ou médicos em benefício do nascituro, desde que não coloque a vida dela própria em risco, a sua negativa nas ações acima e o consequente prejuízo causado ao nascituro caracterizam mais uma vez condutas culposas, que gerem o dever de reparar os danos causados. O nascituro não pode ser objeto de pesquisas científicas sob pena de expô-lo a riscos de vida e de sua integridade física e psíquica. Cabe aos pais impedir essas práticas, sob pena de responder em conjunto com os pesquisadores pelos prejuízos produzidos.

Verificou-se que o filho (pessoa nascida) também pode ser sujeito de danos originários da conduta de seus pais, lesões causadas pelo uso das técnicas de reprodução humana assistida e pela falta da observância dos princípios da parentalidade responsável, da dignidade da pessoa humana, da proteção integral e do melhor interesse da criança, do adolescente e do jovem.

A prole pode ser vítima de uma falta de cuidados nutricionais que pode gerar malformação congênita, e em especial aquelas mulheres que fazem alimentação com menos de 1.800 calorias por dia ou que são vegetarianas devem buscar alimentos ricos em nutrientes e em alguns casos é recomendado a suplementação multivitamínica mineral. Para as mães que evitam o consumo de leite e seus derivados, devem buscar uma suplementação de cálcio de 600 mg/dia no momento das refeições.

A produção do "bebê medicamento" por meio das técnicas de reprodução humana acaba por coisificar a pessoa, por mais que a finalidade seja altruística por parte dos pais, e o amor do pai ou da mãe (de verdade) é capaz de dar a própria vida para salvar um filho, contudo, não se pode dispensar um tratamento utilitarista para com uma pessoa. O respeito ao princípio da dignidade humana só se justifica quando o ser humano não for tratado como objeto ou propriedade de outra pessoa, caso contrário, não existe razão para o mencionado princípio existir.

Pessoas portadoras do vírus HIV podem se utilizar livremente das técnicas de reprodução humana assistida para levar para a frente o projeto parental de ter filhos, independentemente da doença, uma vez que no país "o que não é proibido é permitido", contudo, se faz necessário uma legislação proibindo que pessoas portadoras do HIV possam utilizar daqueles procedimentos para dar origem a um filho, pelo menos enquanto a técnica não garantir 100% de chance de o feto não ser contaminado pelo vírus, caso contrário, os pais deverão ser responsabilizados pela contaminação, se não pela culpa, contudo, pela situação de risco que exposto o filho.

A Resolução 2.121/2015 do Conselho Federal de Medicina também regulamentou a possibilidade de realização da inseminação *post mortem*, podendo a mulher casada ou em união estável realizá-la desde que previamente autorizado por seu cônjuge ou companheiro no momento da criopreservação, devendo expressar ainda o destino que será dado aos embriões criopreservados, em caso de divórcio, doenças graves ou de falecimento de um deles ou de ambos. O problema referente a essa técnica é que retira da criança o direito de conviver com os dois genitores e, dessa forma, é desconsiderado o direito indisponível da criança de ter uma família e a convivência com aqueles. Tal recurso afronta no mínimo dois princípios constitucionais: o da dignidade da pessoa humana e do melhor interesse da criança, do adolescente e do jovem.

Um pai faz muita falta na vida de um filho, sendo as consequências imensuráveis da ausência daquele na formação psíquica e emocional quando do nascimento. A jurisprudência segue o mesmo entendimento, pois as decisões têm reconhecido o direito à indenização por danos morais ao nascituro pela perda do pai. Por analogia, a mulher que faz uso da inseminação *post mortem* deveria ser condenada pelo uso de mencionada técnica por privar o filho do convívio com seu pai.

Da mesma forma da mulher que faz uso da técnica de inseminação *post mortem*, as pessoas solteiras, viúvas, separadas e homossexuais que fazem uso das técnicas de reprodução humana assistida para uma produção independente e, com isso, privam a futura prole do convívio com o pai ou a mãe estão afrontando o principal interesse de uma criança, que é o convívio com seus genitores e suas famílias, referindo-se àquela formada pelos avós paternos e maternos, pelos tios e primos da família do pai e da mãe.

O princípio do melhor interesse da criança, do adolescente e do jovem deve ser interpretado de forma extensiva, em especial à criança que necessita dos pais para orientá-la. Esse papel de condutor pode ser exercido por outra pessoa, contudo, as figuras da mãe e do pai são insubstituíveis na formação de uma criança. Pela sua condição de vulnerável, ela deve ser protegida para que suas potencialidades floresçam, uma proteção integral, e isso não acontece plenamente se a criança não tem a figura do pai e da mãe. Trata-se de um objeto de três pés: na falta de um, a tendência é cair e quebrar, mesmo que alguns se esforcem para se equilibrar.

Em condições de igualdade familiar, o que é melhor para a criança: ter o pai e a mãe ou ter só um deles? Para a formação do ser humano, em condições de normais (leia-se uma família em que seus membros se respeitam, que não há cenas de violência, que as drogas e a bebida alcoólica não os levaram à degradação, ou seja, aquela família em que o afeto é mola propulsora), para a formação integral da criança, o melhor é terem em sua companhia a figura do pai e da mãe.

Em relação à formação psicossocial da criança e o cumprimento do princípio do melhor interesse da criança, do adolescente e do jovem, as figuras do pai e da mãe são insubstituíveis na formação daquela.

O não reconhecimento de herdeiro (direito sucessório) ao filho oriundo da inseminação artificial homóloga *post mort* fere alguns dos princípios constitucionais aplicados à família, ou seja, o da proteção da dignidade da pessoa humana, o da solidariedade familiar, da igualdade entre os filhos, do melhor interesse da criança, do adolescente e do jovem e o do planejamento familiar e da responsabilidade parental.

A sociedade não pode perder a ideia de que o Direito existe para regulamentar as situações de desordem. Como se pode constatar, são inúmeros os casos de conflitos existentes quando da aplicação das técnicas de reprodução humana assistida e, dessa forma, cabe ao legislador em caráter de urgência suprir as lacunas existentes sobre a temática, caso contrário, mais uma vez caberá à doutrina e à jurisprudência caminhar à frente da legislação.

Sempre que ocorrer a utilização das técnicas de reprodução humana, não se pode perder de vista o paradigma norteador de todo o procedimento envolvendo o ser humano, ou seja, o princípio da dignidade da pessoa humana, em conjunto com os demais princípios constitucionais e infraconstitucionais, em especial o do melhor interesse da criança, do adolescente e do jovem.

Quando os pais não exercem a parentalidade de forma responsável, causando danos aos filhos, independentemente de sua fase de desenvolvimento, violam o dever de cuidado, desrespeitam os direitos da personalidade de seus filhos e, portanto, devem ser responsabilizados por ações e omissões que derem causas aos prejuízos causados à sua prole.

Por fim, não é exagero afirmar que os filhos são os maiores prejudicados pelas condutas (lícitas, ilícitas ou pelo abuso de direito) de seus pais, ou seja, acabam sendo punidos pelos erros de seus genitores e sofrem por desacertos que não cometeram.

Deve ser reconhecida a responsabilidade civil dos pais por danos causados ao filho oriundos das técnicas de reprodução humana assistida. Tais danos estão presentes nos seguintes casos, quanto aos embriões: abandono, comercialização, coisificação na doação dos excedentários, congelamento, diagnóstico genético pré-implantatório, objeto de experiências científicas, questões nutricionais da mulher, redução embrionária e uso em pesquisas e terapias; quanto ao nascituro: abandono – dano moral em ricochete –, comercialização para a indústria de sabão e de cosméticos, condutas inapropriadas para a gestante, consumo de bebidas alcoólicas, cigarros, drogas ilegais e legais (medicamentos) durante o diagnóstico pré-natal, infecções e doenças maternas, negligência na vacinação, negligência dos genitores – cirurgia fetal, questões nutricionais da gestante –, parentalidade irresponsável, recusa da gestante a ingerir medicamentos ou a se submeter a tratamentos cirúrgicos ou médicos em benefício do nascituro, terapias à base de radiações e uso em pesquisas e intervenções cirúrgicas; em relação ao filho: coisificação da pessoa na produção do "bebê medicamento", contaminação pelo vírus HIV, filho indesejado, filho prematuro, gerar filho premeditadamente com deficiência, impossibilidade de conhecer os pais biológicos, impossibilidade de conhecer e conviver com os pais na inseminação homóloga *post mortem*, produção independente heterossexual e homossexual, impossibilidade de ser herdeiro legítimo na inseminação homóloga *post mortem*, ser gerado em laboratório, questões nutricionais da lactante e uso de remédios durante a amamentação.

REFERÊNCIAS

ACCIOLY, Elizabeth; SAUDERS, Cláudia; LACERDA, Elisa Maria de Aquino. *Nutrição em obstetrícia e pediatria*. Rio de Janeiro: Cultura Médica, 2002.

AGUIRRE, João Ricardo Brandão. O dano moral pela infidelidade. In: MADALENO, Rolf; BARBOSA, Eduardo (Coord.). *Responsabilidade civil no direito de família*. São Paulo: Saraiva, 2015.

ALBUQUERQUE FILHO, Carlos Cavalcanti de. Fecundação artificial *post mortem* e o direito sucessório. *V Congresso Brasileiro de Direito de Família*. Belo Horizonte, 2005. Anais. Disponível em: <http://www.ebah.com.br/content/ABAAAgMk0AJ/fecundacao-artificial-post-mortem-direito-sucessorio>. Acesso em: 7 jun. 2016.

ALDROVANDI, Andrea; FRANÇA, Danielle Galvão de. *A reprodução assistida e as relações de parentesco*. Teresina, n. 58, ano 6, ago. 2002. Disponível em: <https://jus. com.br/artigos/3127/a-reproducao-assistida-e-as-relacoes-de-parentesco/3>. Acesso em: 28 jun. 2016.

ALEXY, Robert. *Teoria dos direitos fundamentais*. Trad. Virgílio Afonso da Silva. São Paulo: Malheiros, 2008.

ALMEIDA, José Luiz Gavião de. *Código Civil comentado*. São Paulo: Atlas, 2003. v. 18.

ALVES, José Carlos Moreira. *Direito romano*. 16. ed. Rio de Janeiro: Forense, 2014.

AMORA, Antônio Soares. *Minidicionário Soares Amora da língua portuguesa*. 20. ed. São Paulo: Saraiva, 2014.

ARAÚJO, Luiz Alberto David; NUNES JÚNIOR, Vidal Serrano. *Curso de direito constitucional*. 10. ed. São Paulo: Saraiva, 2006.

ASCENSÃO, José de Oliveira. Direito e bioética. *ROA*, 51, 1991.

_____. Problemas jurídicos da procriação assistida. *Revista Forense*, n. 328, out.-dez. 1994.

ATALIBA, Geraldo. *República e Constituição*. São Paulo: RT, 1985.

AZEVEDO, Álvaro Villaça. Ética, direito e reprodução humana assistida. *Revista dos Tribunais*, ano 85, v. 729, p. 43-51, jul. 1996.

BANDEIRA DE MELLO, Celso Antônio. *República e Constituição*. São Paulo: RT, 1985.

BARBOSA, Aguida Arruda. A mediação no novo Código Civil Brasileiro. *Boletim do IBDFAM*, n. 20, publicado em 08.07.2005. Disponível em: <http://www.pailegal.net/mediacao/55?rvTextoId=-2111197493>. Acesso em: 1º mar. 2017.

BARBOZA, Heloisa Helena. *A filiação*: em face da inseminação artificial e da fertilização *in vitro*. Rio de Janeiro: Renovar, 1993.

_____. Grandes temas da atualidade: bioética e biodireito. In: LEITE, Eduardo de Oliveira (Coord.). *Direito à procriação e às técnicas de reprodução assistida*. Rio de Janeiro: Forense, 2004.

_____. O princípio do melhor interesse do idoso. In: PEREIRA, Tânia da Silva; OLIVEIRA, Guilherme de (Coord.). *O cuidado como valor jurídico*. Rio de Janeiro: Forense, 2008.

_____. Proteção dos idosos. In: PEREIRA, Rodrigo da Cunha (Org.). *Tratado de direito das famílias*. Belo Horizonte: IBDFAM, 2015.

BARROS, Célia Silva Guimarães. Desenvolvimento do comportamento social. *Pontos de psicologia do desenvolvimento*. 3. ed. São Paulo: Ática, 1988.

BARROSO, Luís Roberto. *A dignidade da pessoa humana no direito constitucional contemporâneo*: a construção de um conceito jurídico à luz da jurisprudência mundial. Trad. Humberto Laport de Mello. Belo Horizonte: Fórum, 2014.

_____. *Curso de direito constitucional contemporâneo*: os conceitos fundamentais e a construção do novo modelo. São Paulo: Saraiva, 2009.

_____; BARCELLOS, Ana Paula de. Regime jurídico da participação de crianças e adolescentes em programas de televisão. *Revista Trimestral de Direito Civil*, n. 7, v. 2, jul.-set. 2001.

BASSETE, Fernanda. *Transplante inédito de cordão e medula cura menina com talassemia*. Disponível em: <http://www.estadao.com.br/noticias/impresso,transplante-inedito-de-cordao-e-medula-cura-menina-com--talassemia-,1022797,0.htm>. Acesso em: 5 set. 2013.

BERTI, Silma Mendes. *Responsabilidade civil pela conduta da mulher durante a gravidez*. Belo Horizonte: Del Rey, 2008.

BIOSSON, Marcelo Polacow. *Farmácia clínica & atenção farmacêutica*. 2. ed. Barueri: Manole, 2007.

BITTAR, Carlos Alberto. *Direito de família*. 2. ed. Rio de Janeiro: Forense Universitária, 1993.

BOLZAN, Alejandro. *Reprodução assistida e dignidade humana*. São Paulo: Paulinas, 1998.

BRANDÃO, Debora Vanessa Caus. *Parcerias homossexuais*: aspectos jurídicos. São Paulo: RT, 2002.

BRAUNER, Maria Clara Crespo. *Direito, sexualidade e reprodução humana*: conquistas médicas e o debate bioético. Rio de Janeiro: Renovar, 2003.

_____; VIEIRA, Tereza Rodrigues. Reprodução humana assistida e anonimato de doadores de gametas. In: VIEIRA, Tereza Rodrigues (Org.). *Ensaios de bioética e direito*. Brasília: Consulex, 2009.

CALDERÓN, Ricardo Lucas. *Princípio da afetividade no direito de família*. Rio de Janeiro: Renovar, 2013.

CAMARGO, Juliana Fronzel de. *Reprodução humana*: ética e direito. Campinas: Edicamp, 2003.

CAMILLO, Carlos Eduardo Nicoletti. Da filiação. In: SCAVONE JR., Luiz Antônio; CAMILLO, Carlos Eduardo Nicoletti; TALAVERA, Glauber Moreno; FUJITA, Jorge Shiguemitsu (Org.). *Comentários ao Código Civil*: artigo por artigo. 2. ed. São Paulo: RT, 2009.

CAMPOS, Diogo Leite de. A nova família. In: TEIXEIRA, Sálvio de Figueiredo (Coord.). *Direito de família e do menor*: inovações e tendências – doutrina e jurisprudência. 3. ed. rev. e ampl. Belo Horizonte: Del Rey, 1993.

CARDIN, Valéria Silva Galdino. *Da vulnerabilidade do filho oriundo da reprodução humana assistida em decorrência da ausência de parentalidade responsável*. Tese (Pós-doutorado) – orientação do Professor Doutor Jorge Alberto Altas Caras Duarte Pinheiro, Faculdade de Direito de Lisboa – FDL, 2013.

_____. *Do planejamento familiar, da paternidade responsável e das políticas públicas*. Belo Horizonte: IBDFAM. Disponível em: <http://www.ibdfam.org.br/>. Acesso em: 25 abr. 2016.

_____; ROSA, Letícia Carla Baptista. Do planejamento familiar e da parentalidade responsável na união homoafetiva. *XX Encontro Nacional do Conpedi*. Belo Horizonte/Florianópolis: Fundação Boiteux, 2011.

CARDOSO, Adnaldo Paulo; MACHADO, Carlos Dalton; OLIVEIRA, Denise Campolina de; FREITAS, Maíra de; MARIANO, Otenevidio. Redução embrionária. In: CLEMENTE, Ana Paula Pacheco (Org.). *Bioética no início da vida*: dilemas pensados de forma transdisciplinar. Petropólis: Vozes, 2006.

CARVALHO, Mario César. O cigarro. *Publifolha*, São Paulo, 2001.

CASABONA, Carlos María Romeo. *El derecho y la bioética ante los limites de la vida humana*. Madrid: Centro de Estudios Ramón Areces, 1994.

CHINELLATO, Silmara Juny de Abreu. *Comentários ao Código Civil*: parte especial: do direito de família (artigos 1.591 a 1.710). São Paulo: Saraiva, 2004. v. 18.

____. *Tutela civil do nascituro*. São Paulo: Saraiva, 2000.

COELHO, Mônica Gomes; ANDRADE, Lídio Brendo C. de. *Inseminação artificial na chegada de um novo ser*. Disponível em: <http://moniquitanet. blogspot. com.br/2012/04/ inseminacao-artificial-na-chegada-de-um. html>. Acesso em: 5 jun. 2016.

CORRÊA, Marilena Cordeiro Dias Villela. Ética e reprodução assistida: a medicalização do desejo de ter filhos. *Revista de Bioética e Ética Médica*, Conselho Federal de Medicina, n. 2, v. 9, 2001.

COULANGES, Fustel de. *A cidade antiga*. Trad. Pietro Nassetti. São Paulo: Martin Claret, 2002.

____. *A cidade antiga*. Trad. Heloisa da Graça Burati. São Paulo: Rideel, 2005.

CRUZ, Ivelise Fonseca da. *Efeitos da reprodução humana assistida*. São Paulo: SRS Editora, 2008.

DALVI, Luciano. *Curso avançado de biodireito*. Florianópolis: Conceito Editorial, 2008.

DELFINO, Lúcio. *Responsabilidade civil e tabagismo no Código de Defesa do Consumidor*. Belo Horizonte: Del Rey, 2002.

DELGADO, Mário Luiz. A responsabilidade civil da mãe gestante por danos ao nascituro. In: MADALENO, Rolf; BARBOSA, Eduardo (Coord.). *Responsabilidade civil no direito de família*. São Paulo: Saraiva, 2015.

____. Os direitos sucessórios do filho havido por procriação assistida, implantado no útero após a morte de seu pai. *Revista Jurídica Consulex*, ano VIII, n. 188, nov. 2004.

DIAS, João de Álvaro. *Procriação assistida e responsabilidade médica*. Coimbra: Coimbra Editora, 1996.

DIAS, Maria Berenice. *Amor não tem sexo*. Porto Alegre: Livraria do Advogado, 2001.

_____. *Manual de direitos das famílias*. 4. ed. São Paulo: RT, 2008.

_____. *Manual de direito de famílias*. 5. ed. São Paulo: RT, 2009.

_____. *Manual de direito das famílias*. 6. ed. São Paulo: RT, 2010.

_____. *Manual de direito das famílias*. 8. ed. rev., atual. e ampl. São Paulo: RT, 2011.

_____. *Manual de direito das famílias*. 11. ed. de acordo com a Lei n. 12.344/2010 (regime obrigatório de bens). São Paulo: RT, 2016.

DINIZ, Maria Helena. *Curso de direito civil*: parte geral. 17. ed. São Paulo: Saraiva, 2002. v. 1.

_____. *Curso de direito civil*: responsabilidade civil. 21. ed. rev. e atual. de acordo com a reforma do CPC. São Paulo: Saraiva, 2007. v. 7.

_____. *Curso de direito civil brasileiro*: direito das sucessões. 26. ed. São Paulo: Saraiva, 2012. v. 6.

_____. *Direito civil brasileiro*: teoria geral do direito civil. 28. ed. São Paulo: Saraiva, 2011. v. 1.

_____. *Manual de direito civil*. São Paulo: Saraiva, 2011.

_____. *O estado atual do biodireito*. São Paulo: Saraiva, 2001.

_____. *O estado atual do biodireito*. 2. ed. São Paulo: Saraiva, 2002.

_____. *O estado atual do biodireito*. 5. ed. São Paulo: Saraiva, 2008.

_____. *O estado atual do biodireito*. 7. ed. São Paulo: Saraiva, 2010.

_____. *O estado atual do biodireito*. 9. ed. rev., aum. e atual. de acordo com o Código de Ética Médica. São Paulo: Saraiva, 2014.

DOMINGUES, Maria de Fátima; FERMENTÃO, Cleide Aparecida Gomes Rodrigues. O reconhecimento das famílias homoafetivas como realização do princípio da dignidade da pessoa humana. *XXIII Congresso Nacional do CONPEDI*. 2014, João Pessoa. Direito de Família II. Net. p. 365-392. Disponível em: <http://www.publicadireito.com.br/artigos/?cod=7e4a87d1535b45ec>. Acesso em: 7 jun. 2016.

DONIZETTI, Leila. *Filiação socioafetiva e direito à identidade genética*. Rio de Janeiro: Lumen Juris, 2007.

DUARTE PINHEIRO, Jorge. *O direito da família contemporâneo*. 3. ed. Lisboa: AAFDL, 2010.

ENGELS, Friederich. *A origem da família, da propriedade e do estado*. Trad. Leandro Konder. 13. ed. Rio de Janeiro: Bertrand Brasil, 1995.

ENGISCH, Karl. *Introdução ao pensamento jurídico*. Trad. J. Baptista Machado. 6. ed. Lisboa: Fundação Calouste Gulbenkian, 1983.

EUSEBI, Luciano. La tutela penale della vita prenatale. *Rivista Italiana di Diritto e Procedura Penale*, ano 31, fasc. 3, 1988, p. 1.073, nota 61.

FACHIN, Luiz Edson. *Direito de família*: elementos críticos à luz do novo Código Civil brasileiro. 2. ed. rev. e atual. Rio de Janeiro: Renovar, 2003.

____. *Elementos críticos do direito de família*: curso de direito civil. Rio de Janeiro: Renovar, 1999.

____. *Estabelecimento da filiação e paternidade presumida*. Porto Alegre: Sergio Antonio Fabris, 1992.

FACHIN, Rosana Amara Girardi. Da filiação. In: PEREIRA, Rodrigo da Cunha; DIAS, Maria Berenice (Coord.). *Direito de família e o novo Código Civil*. Belo Horizonte: Del Rey, 2001.

____. *Em busca da família do novo milênio*: uma reflexão crítica sobre as origens e as perspectivas do direito de família brasileiro contemporâneo. Rio de Janeiro: Renovar, 2001.

FARIAS, Cristiano Chaves de; ROSENVALD, Nelson. *Direito das famílias*. 2. ed. Rio de Janeiro: Lumen Juris, 2009.

FARIAS, Edilsom Pereira de. *Colisão de direitos*: a honra, a intimidade, a vida privada e a imagem *versus* a liberdade de expressão e a informação. 2. ed. Porto Alegre: Sergio Antonio Fabris, 2000.

FENDERSON, Bruce A. Doenças do desenvolvimento e doenças genéticas. In: DAMJANOV, Ivan. *Segredos em patologia*: respostas necessárias ao dia-a-dia em rounds, na clínica, em exames orais e escritos. Trad. Cláudio S. L. de Barros. Porto Alegre: Artmed, 2005.

FÉO, Christina; VIEIRA, Tereza Rodrigues. Eugenia e o direito de nascer ou não com deficiência: algumas questões em debate. In: VIEIRA, Tereza Rodrigues (Org.). *Ensaios de bioética e direito*. Brasília: Consulex, 2009.

FERNANDES, Silvia da Cunha. *As técnicas de reprodução humana assistida e a necessidade de sua regulamentação jurídica*. Rio de Janeiro: Renovar, 2005.

FERRAZ, Sérgio. *Manipulações biológicas e princípios constitucionais*: uma introdução. Porto Alegre: Editora Sete Mares, 1991.

FONSECA, Almir Lourenço. *Medicamentos na gravidez e lactação*. Rio de Janeiro: Publicações Científicas, 1994.

FORNA, Aminatta. *Mães de todos os mitos*: como a sociedade modela e reprime as mães. Rio de Janeiro: Ediouro, 1999.

FRANÇA, Rubens Limongi. Direitos da personalidade: coordenadas fundamentais. *Revista do Advogado*, São Paulo: AASP, n. 38, p. 5.

_____. *Instituições de direito civil*. 3. ed. São Paulo: Saraiva, 1988.

FRANK, Anna Paula Almeida et al. Estudo comparativo das regulamentações de reprodução assistida e das leis de abortamento de Brasil, Alemanha, Colômbia e França. *Sociedade Brasileira de Reprodução Humana*, n. 2, v. 30, maio/ago. 2015, p. 77-82. Disponível em: <http://www.sciencedirect.com/science/article/pii/S1413208715000400>. Acesso em: 11 jun. 2016.

FREITAS, Douglas Phillips. *Reprodução assistida após a morte e o direito de herança*. Disponível em: <http://www.ibdfam.org/?artigos&artigo=423>. Acesso em: 1º jul. 2016.

FRITZ, Karina Nunes. Disponível em: <http://www.conjur.com.br/2015-mar-16/direito-civil-atual-tribunal-alemao-reconhece-identificacao-doador-semen>. Acesso em: 1º jun. 2016.

GAMA, Guilherme Calmon Nogueira da. *A nova filiação*: o biodireito e as relações parentais de acordo com o novo Código Civil. Rio de Janeiro: Renovar, 2003.

_____. Filiação e reprodução assistida: introdução ao tema sob a perspectiva do direito comparado. *Revista dos Tribunais*, São Paulo: RT, v. 776, jun. 2000.

_____. *O biodireito e as relações parentais*. Rio de Janeiro: Renovar, 2013.

GONÇALVES, Carlos Roberto. *Direito civil brasileiro*: direito das sucessões. 6. ed. São Paulo: Saraiva, 2012. v. 7.

GONÇALVES, Denise Wilhelm. As novas técnicas de reprodução assistida, clonagem terapêutica e o direito. *Juris Síntese*, n. 42, jul./ago. 2003.

GUERRA, Marcela Gorete Rosa Maia. *Dos limites bioéticos e jurídicos quando do exercício do planejamento familiar: uma análise da maternidade substitutiva e do bebê medicamento*. Dissertação (Mestrado em Ciências Jurídicas) – Unicesumar – Centro Universitário Cesumar.

GUIMARÃES, Ana Paula. *Alguns problemas jurídico-criminais da procriação medicamente assistida*. Coimbra: Coimbra Editora, 1999.

HINKELMANN, Jéssica Viana; LUQUETTI, Sheila Cristina; AGUIAR, Aline Silva de; TOFFOLO, Mayla Cardoso. *Diagnóstico e necessidades nutricionais do paciente hospitalizado*: da gestante ao idoso. Rio de Janeiro: Rubio, 2015.

HIRONAKA, Giselda Maria Fernandes Novaes. A incessante travessia dos tempos e a renovação dos paradigmas: a família, seu *status* e seu enquadramento na pós-modernidade. In: BASTOS, Eliene Ferreira; DIAS, Maria Berenice (Coord.). *A família além dos mitos*. Belo Horizonte: Del Rey, 2008.

_____. As inovações biotecnológicas e o direito das sucessões. In: TEPEDINO, Gustavo (Org.). *Direito civil contemporâneo*: novos problemas à luz da legalidade constitucional. São Paulo: Atlas, 2008.

_____. Do direito das sucessões (artigos 1.784 a 1.856). In: AZEVEDO, Antônio Junqueira de (Coord.). *Comentários ao Código Civil*: parte especial. São Paulo: Saraiva, 2003. v. 20.

_____. Família e casamento em evolução. *Revista Brasileira de Direito de Família*, Porto Alegre: Síntese, n. 1, abr./jun. 1999.

_____. O conceito de família e sua organização jurídica. In: PEREIRA, Rodrigo da Cunha (Org.). *Tratado de direito das famílias*. Belo Horizonte: IBDFAM, 2015.

_____. *Responsabilidade pressuposta*. Belo Horizonte: Del Rey, 2005.

_____. Sobre peixes e fetos: um devaneio acerca da ética no direito. In: PEREIRA, Rodrigo da Cunha (Org.). *Anais do V Congresso Brasileiro de Direito de Família*. São Paulo: IOB Thomson, 2006.

_____; TARTUCE, Flávio. Famílias contemporâneas (pluralidade de modelos). *Dicionário de direito de família*. São Paulo: Atlas, 2015. v. 1.

JORNAL O Estadão. *Turismo reprodutivo preocupa cientistas na Grã-Bretanha*. Disponível em: <http://www.estadao.com.br/vidae/not_vid211534,0.htm>. Acesso em: 5 jun. 2016.

KANT, Immanuel. *Fundamentação da metafísica dos costumes*. Trad. Paulo Quintela. Lisboa: Edições 70, 2007.

KIRCHENCHTEJN, Ciro. *Revista Diálogo Médico*, ago./set. 2002.

KRELL, Olga Jubert Gouveia. *Reprodução humana assistida e filiação civil*. 1. ed. 4. reimp. Curitiba: Juruá, 2011.

LANDO, Giorge André. *Responsabilidade civil da gestante por condutas prejudiciais à saúde do nascituro*. Tese (Doutorado) – apresentada na Faculdade Autônoma de Direito de São Paulo – FADISP. São Paulo, 2014.

LEI DAS XII TÁBUAS. Disponível em: <http://www.dhnet.org.br/direitos/anthist/12tab.htm>. Acesso em: 21 jan. 2016.

LEITE, Eduardo de Oliveira. *Grandes temas da atualidade*: bioética e biodireito. Bioética e presunção de paternidade (considerações em torno do art. 1.597 do Código Civil). Rio de Janeiro: Forense, 2004.

_____. *Procriações artificiais e o direito*: aspectos médicos, religiosos, psicológicos, éticos e jurídicos. São Paulo: RT, 1995.

_____. Reparação do dano moral na ruptura da sociedade conjugal. In: LEITE, Eduardo de Oliveira (Coord.). *Grandes temas da atualidade*: dano moral. Rio de Janeiro: Forense, 2002.

_____. *Temas de direito de família*. São Paulo: RT, 1994.

_____. *Tratado de direito de família*: origens e evolução do casamento. Curitiba: Juruá, 1991.

LITCHFIELD, Michel; KENTISH, Susan. *Bebês para queimar*: a indústria de aborto na Inglaterra. Trad. Euclides Carneiro da Silva. São Paulo: Paulinas, 1977.

LÔBO, Paulo Luiz Netto. A repersonalização das relações de família. In: BITTAR, Carlos Alberto (Coord.). *O direito de família e a Constituição de 1988*. São Paulo: Saraiva, 1989.

_____. Direito ao estado de filiação e direito à origem genética: uma distinção necessária. In: FARIAS, Cristiano Chaves de (Coord.). *Temas atuais de direito e processo de família*. Rio de Janeiro: Lumen Juris, 2004.

_____. Direito de família. Relações de parentesco. Direito patrimonial (arts. 1.591 a 1.693). In: AZEVEDO, Álvaro Villaça (Coord.). *Código Civil comentado*. São Paulo: Atlas, 2003. v. 16.

_____. *Direito civil*: família. São Paulo: Saraiva, 2008.

_____. *Direito civil*: famílias. 2. ed. São Paulo: Saraiva, 2009.

_____. *Direito de família e sucessões*. A nova principiologia do direito de família e suas repercussões. São Paulo: Método, 2009.

_____. Direito ao estado de filiação e direito à origem genética. *Revista Jus Navigandi*, Teresina, ano 9, n. 194, 16 jan. 2004. Disponível em: <https://jus.com.br/artigos/4752>. Acesso em: 2 mar. 2017.

_____. Entidades familiares constitucionalizadas: para além do *numerus clausus*. *Revista Brasileira de Direito de Família*, Porto Alegre: Síntese, n. 12, v. 3, IBDFAM, jan./mar. 2002.

LOPES, Adriana Dias. Gravidez a soldo: a barriga de aluguel tornou-se um negócio bem rentável no Brasil, apesar de proibido. *Revista Veja*, ed. 2059, ano 41, n. 18, 7 maio 2008.

LOPES, Claudia Aparecida Costa; SANHES, Pedro Henrique. *Do bebê medicamento: instrumento de dignidade familiar*. Disponível em: <http://www.publicadireito.com.br/ artigos/?cod=8ec959b57278128a>. Acesso em: 19 jun. 2016.

LOUREIRO, Cláudia Regina Magalhães. *Introdução ao biodireito*. São Paulo: Saraiva, 2009.

MACHADO, Maria Helena. *Reprodução assistida*: aspectos éticos e jurídicos. Curitiba: Juruá, 2009.

____. *Reprodução humana assistida*: aspectos éticos e jurídicos. 1. ed. 7. reimp. Curitiba: Juruá, 2012.

MACIEL, Kátia Regina Ferreira Lobo Andrade. A alienação da identidade familiar: os filhos do anonimato. In: SILVA, Alan Minas Ribeiro da; BORBA, Daniela Vitorino (Org.). *A morte inventada*: alienação parental em ensaios e vozes. São Paulo: Saraiva, 2014.

MADALENO, Rolf. *Curso de direito de família*. Rio de Janeiro: Forense, 2008.

____. *Curso de direito de família*. 5. ed. Rio de Janeiro: Forense, 2013.

MALUF, Adriana Caldas do Rego Freitas Dabus. *Curso de bioética e biodireito*. São Paulo: Atlas, 2010.

MARINHO, Angela de Souza Martins Teixeira. *Reprodução humana assistida no direito brasileiro: a polêmica instaurada após o novo Código Civil*. 227 f. Dissertação (Mestrado) – em Sistema Constitucional de Garantia de Direitos. Bauru: Instituto Toledo de Ensino, 2005.

MARTINS, Ives Gandra da Silva; SOUZA, Fátima Fernandes Rodrigues de. Os direitos fundamentais dos seres humanos na sua forma embrionária. In: PEREIRA, T. S.; MENEZES, R. A.; BARBOZA, H. H. *Vida, morte e dignidade humana*. Rio de Janeiro: GZ, 2010.

MEIRELLES, Jussara Maria Leal de. *A vida humana embrionária e sua proteção jurídica*. Rio de Janeiro. São Paulo: Renovar, 2000.

____. *Gestão por outrem e determinação da maternidade (mãe de aluguel)*. Curitiba: Gênesis, 1998.

MIRANDA, Adriana Augusta Telles de. *Adoção de embriões excendentários*. Tese (Doutorado) – apresentada perante a Faculdade de Direito de São Paulo – FDISO, sob a orientação do Professor Doutor Flávio Tartuce.

MONTEIRO, Juliano. *Savior sibling*: limites ao poder familiar? In: GOZZO, Débora. *Informação e direitos fundamentais*. São Paulo: Saraiva, 2012.

MONTENEGRO, Carlos Antônio Barbosa; REZENDE FILHO, Jorge de. *Obstetrícia fundamental*. 10. ed. Rio de Janeiro: Guanabara Koogan, 2008.

MOORE, Keith L. *Embriologia básica*. Trad. Ariovaldo Vulcano. Rio de Janeiro: Guanabara, 1988.

____; PERSAUD, T. V. N. *Embriologia básica*. 5. ed. Rio de Janeiro: Guanabara Koogan, 2000.

____; ____; TORCHIA, Mark G. *Embriologia básica*. Trad. Adriana Paulina do Nascimento. 9. ed. Rio de Janeiro: Elsevier, 2012.

MORAES, Benjamin. Aspectos legais do planejamento familiar. *Textos e documentos*, ano II, n. 11, nov. 1980.

MORAES, Carlos Alexandre. *Responsabilidade civil das empresas tabagistas*. Curitiba: Juruá, 2009.

____; MOCHI, Tatiane de Freitas Giovanni. *Da responsabilidade parental quanto aos embriões produzidos em um ciclo de reprodução humana assistida*: uma análise à luz do princípio da paternidade responsável. Florianópolis: FUNJAB, 2013. Disponível em: <http://www.publicadireito.com.br/artigos/? cod=864dc00769 bd 71 79>. Acesso em: 20 jun. 2016.

MORAES, Maria Celina Bodin de. O conceito de dignidade humana: substrato axiológico e conteúdo normativo. In: SARLET, Ingo W. (Org.). *Constituição, direitos fundamentais e direito privado*. Porto Alegre: Livraria do Advogado, 2006.

MORDEFROY, Laurent. *Le dommage génetique*. Bordeaux: Les etudes hospitaliéres, 1999.

MORI, Maurizio. *La fecondazione artificiale*: questioni morali nell'esperienza giurídica. Milano: Giuffrè, 1988.

NAKADONARI, E. K.; SOARES, A. A. *Síndrome de Down*: considerações gerais sobre a influência da idade materna avançada. p. 5-9. Arq Mudi. 2006, p. 9. Disponível em: <http://eduem.uem.br/ojs/index.php/ArqMudi/article/viewFile/19919/10813>. Acesso em: 19 abr. 2017.

NALIN, Paulo; SANTOS, Anassilvia. Direito de família e responsabilidade civil: objeções e hipóteses de ocorrência. In: NALIN, Paulo; VIANNA, Guilherme Borba (Coord.). *Direito em movimento*. Curitiba: Juruá, 2007.

NAMBA, Edison Tetsuzo. *Manual de bioética e biodireito*. 2. ed. São Paulo: Atlas, 2015.

NERY, Rosa Maria de Andrade. *Manual de direito civil*: família. São Paulo: RT, 2013.

NICODEMOS, Erika. Direito de família contemporâneo: novas entidades e formas de filiação. *Revista Jus Navigandi*, Teresina, ano 19, n. 3.849, 14 jan. 2014. Disponível em: <https://jus.com.br/artigos/26392>. Acesso em: 25 abr. 2017.

NORONHA, Edgard Magalhães. *Direito penal*. 21. ed. São Paulo: Saraiva, 1986. v. 2.

NUNES JÚNIOR, Vidal Serrano; SERRANO, Yolanda Alves Pinto. *Código de Defesa do Consumidor anotado*. São Paulo: Saraiva, 2003.

OLIVEIRA ASCENSÃO, José de. O início da vida. In: OLIVEIRA ASCENSÃO, José de (Coord.). *Estudos de direito e bioética*. Coimbra: Almedina, 2008. v. II.

OLIVEIRA, Deborah Ciocci Alvarez de. *Reprodução assistida*: até onde podemos chegar? Compreendendo a ética e a lei. São Paulo: Gaia, 2000.

OLIVEIRA, José Sebastião de. *Fundamentos constitucionais de direito de família*. São Paulo: RT, 2002.

_____. O direito de família e os novos modelos de família no direito civil e constitucional brasileiro. *Revista Jurídica Cesumar*, v. 5, n. 1, p. 99-114, 2005. Disponível em: <http://www.cesumar.br/pesquisa/periodicos/index.php/revjuridica/article/ viewFile/338/210>. Acesso em: 9 fev. 2016.

OLIVEIRA, Maria Auxiliadora; BERMUDEZ, Jorge Antônio Zepeda; SOUZA, Arthur Custódio Moreira de. Talidomida no Brasil: vigilância com responsabilidade compartilhada? *Cad Saúde Pública*, Rio de Janeiro, n. 1, v. 15, p. 99-112, jan. 1999.

OLIVEIRA, Maria Rita de Holanda Silva. Reprodução assistida e uma releitura das presunções jurídicas da filiação. In: PEREIRA, Rodrigo da Cunha (Coord.). *Família entre o público e o privado*. Porto Alegre: Magister/IBDFAM, 2012.

OLIVEIRA, Neiva Flávia de. A evolução da pesquisa genética e o novo conceito de família: limites bioéticos. *Revista dos Tribunais*, v. 777, p. 57-74, jul. 2000.

OTERO, Paulo. *Personalidade e identidade pessoal e genética do ser humano*: um perfil constitucional da bioética. Coimbra: Almedina, 1999.

PANASCO, Wanderby Lacerda. *A responsabilidade civil, penal e ética dos médicos*. Rio de Janeiro: Forense, 1979.

PAULA, Paulo Afonso Garrido de. *Direito da criança e do adolescente tutela jurisdicional diferenciada*. São Paulo: RT, 2002.

PAULICHI, Jaqueline da Silva. *Da responsabilidade civil dos bancos de sêmen*. Dissertação (Programa de Mestrado em Ciências Jurídicas) – Centro Universitário de Maringá, Maringá, 2015.

PAULO, Beatrice Marinho. Ser mãe nas novas configurações familiares: a maternidade psicoafetiva. *Revista Brasileira de Direito das Famílias e Sucessões*, Porto Alegre, Magister; Belo Horizonte, IBDFAM, v. 9, abr./maio 2009.

PEREIRA, Caio Mário da Silva. *Instituições de direito civil*. Rio de Janeiro: Forense, 2001. v. 5.

PEREIRA JR., Antônio Jorge. Comentários à Constituição Federal de 1988. In: BONAVIDES, Paulo; MIRANDA, Jorge; AGRA, Walber de Moura (Coord.). *Comentários ao artigo 226 da Constituição Federal*. Rio de Janeiro: Forense, 2009.

PEREIRA, Rodrigo da Cunha. Direito das famílias no século XXI. In: FIUZZA, César; SÁ, Maria de Fátima Freire de; NAVES, Bruno Torquato de Oliveira (Coord.). *Direito civil*: atualidades. Belo Horizonte: Del Rey, 2003.

_____. *Princípios fundamentais norteadores do direito de família*. Belo Horizonte: Del Rey, 2006.

PEREIRA, Tânia da Silva. *Direito da criança e do adolescente*: uma proposta interdisciplinar. Rio de Janeiro: Renovar, 1996.

PERLINGIERI, Pietro. *Perfis de direito civil*. Trad. Maria Cristina de Cicco. 2. ed. Rio de Janeiro: Renovar, 2002.

PINHEIRO, Jorge Duarte. *O direito de família contemporâneo*. Lisboa: AAFDL, 2013.

PINTO-BARROS, José. *Planejamento familiar*: aborto e o direito. Coimbra: Coimbra, 1992.

PIRES, Thiago José Teixeira. *Princípio da paternidade responsável*. Disponível em: <http://www.apmp.com.br/juridico/artigos/docs/2001/1206_andreluiznogueiradacunha>. Acesso em: 19 maio 2016.

PUSSI, William Artur. *Personalidade jurídica do nascituro*. 2. ed. Curitiba: Juruá, 2012.

QUEIROZ, Juliane Fernandes. *Paternidade*: aspectos jurídicos e técnicas de inseminação artificial – doutrina e jurisprudência. Belo Horizonte: Del Rey, 2001.

RAFFUL, Ana Cristina. *A reprodução artificial e os direitos da personalidade*. São Paulo: Themis Livraria e Editora, 2000.

RED LATINOAMERICANA DE REPRODUCCIÓN ASISTIDA. *Registro Latinoamericano de Reproducción Asistida de 1999: 10 años*. Disponível em: <http://www.redlara.com/aa_portugues/registro_anual.asp?categoria=RegistrosAnuais&cadastroid=23>. Acesso em: 21 abr. 2016.

REIS, Clayton. A dignidade do nascituro. In: CORREA, Elídia Aparecida de Andrade; GIACIO, Gilberto; CONRADO, Marcelo. *Biodireito e dignidade da pessoa humana*. Curitiba: Jurua, 2010.

_____. O planejamento familiar: um direito de personalidade do casal. *Revista Jurídica Cesumar*, Maringá, n. 2, v. 8, p. 415-435, 2008. Disponível em:

<http://periodicos.unicesumar. edu.br/index.php/revjuridica/article/view/890>. Acesso em: 7 jul. 2015.

REZENDE, Danúbia Ferreira Coelho de. *Direito e genética*: limites jurídicos para a intervenção no genoma humano. Belo Horizonte: Arraes Editores, 2012.

RIBEIRO, Gustavo Pereira Leite. Breve comentário sobre aspectos destacados da reprodução humana assistida. In: SÁ, Maria de Fátima Freire de (Coord.). *Biodireito*. Belo Horizonte: Del Rey, 2002.

RIZZARDO, Arnaldo. *Direito de família*. Rio de Janeiro: Forense, 2004.

_____. *Direito de família*. 8. ed. Rio de Janeiro: Forense, 2011.

ROCHA, Cármen Lúcia Antunes. O princípio da dignidade da pessoa humana e a exclusão social. *Revista de Interesse Público*, Rio de Janeiro, v. 4, 1999.

_____. *O princípio da dignidade da pessoa humana e a exclusão social*. (s/d), p. 5. Disponível em: <http://egov.ufsc.br/portal/sites/default/files/anexos/32229-38415-1-PB.pdf>. Acesso em: 2 fev. 2017.

ROCHA, Daniela da Silva; NETTO, Michele Pereira; PRIORE, Sílvia Eloiza; LIMA, Nerilda Martins Miranda de; ROSADO, Lina Enriqueta Frandsen Paez de Lima; FRANCESCHINI, Sylvia do Carmo Castro. *Estado nutricional e anemia ferropriva em gestantes: relação com o peso da criança ao nascer*. Disponível em: http://www.scielo.br/pdf/rn/ v18n4/25846.pdf>. Acesso em: 6 fev. 2017.

ROCHA, Renata da. *O direito à vida e a pesquisa com células-tronco*: limites éticos e jurídicos. Rio de Janeiro: Elsevier, 2008.

RODRIGUES JUNIOR, Walsir Edson Rodrigues; BORGES, Janice Silveira. Alteração da vontade na utilização das técnicas de reprodução assistida. In: TEIXEIRA, Ana Carolina Brochado; RIBEIRO, Gustavo Pereira Leite (Coord.). *Manual de direito das famílias e das sucessões*. Belo Horizonte: Del Rey/Mandamentos, 2008.

ROSA, Letícia Carla Baptista. *Da vulnerabilidade da criança oriunda da reprodução humana assistida quando da realização do projeto homoparental*. Dissertação – (Programa de Mestrado em Ciências Jurídicas), Centro Universitário de Maringá, Maringá, 2013.

ROSEMBERG, José. *Tabagismo*: sério problema de saúde pública. São Paulo: Almed, 1987.

SÁ, Maria de Fátima Freire de; TEIXEIRA, Ana Carolina Brochado. *Filiação e biotecnologia*. Belo Horizonte: Mandamentos, 2005.

SANTOS, Emerson Martins dos. O estatuto jurídico-constitucional do embrião humano, com especial atenção para o concebido *in vitro*. *Revista dos Tribunais*, v. 863, p. 57-95, set. 2007.

SAPKO, Vera Lucia da Silva. *Do direito a paternidade e maternidade dos homossexuais*: sua viabilização pela adoção e reprodução assistida. Curitiba: Juruá, 2005.

SARLET, Ingo Wolfgang. As dimensões da dignidade da pessoa humana: construindo a compreensão jurídico-constitucional necessária e possível. In: SARLET, Ingo Wolfgang (Org.). *Dimensões da dignidade*: ensaios de filosofia do direito e do direito constitucional. 2. ed. Porto Alegre: Livraria do Advogado, 2009.

_____. *Dignidade da pessoa humana e direitos fundamentais na Constituição Federal de 1988*. Porto Alegre: Livraria do Advogado, 2001.

_____. *Dignidade da pessoa humana e direitos fundamentais na Constituição Federal de 1988*. 4. ed. Porto Alegre: Livraria do Advogado, 2006.

SARMENTO, Daniel. *Direitos da personalidade nas relações privadas*. Rio de Janeiro: Lumen Juris, 2004.

_____. *Direitos fundamentais e relações privadas*. Rio de Janeiro: Lumen Juris, 2004.

SCALQUETTE, Ana Cláudia S. *Estatuto da reprodução assistida*. São Paulo: Saraiva, 2010.

SCANDELARI, Cibele. *A importância do pai na vida dos filhos*. Disponível em: <http://www.semprefamilia.com.br/a-importancia-do-pai-na-vida-dos-filhos/>. Acesso em: 27 nov. 2016.

SCARPARO, Mônica Sartori. *Fertilização assistida*: questão aberta – aspectos científicos e legais. Rio de Janeiro: Forense Universitária, 1991.

SCHÜNEMANN JÚNIOR, Eduardo et al. Neoplasias intraepiteliais cervicais e câncer do colo do útero durante a gestação. *Femina*, Rio de Janeiro, v. 33, n. 12, p. 943-947, dez. 2005.

_____ et al. Radioterapia e quimioterapia no tratamento do câncer durante a gestação – revisão de literatura. *Revista Brasileira de Cancerologia*, p. 41-46, dez. 2007, p. 45. Disponível em: <http://www.inca.gov.br/rbc/n_53/v01/pdf/revisao1.pdf>. Acesso em: 19 abr. 2017.

SETPAN, Yan. *Internacional survey of laws on assisted procreation*. Zurich: Schulthess Polygraphischer Verlag, 1990.

SILVA, De Plácido e. *Vocabulário jurídico conciso*. Rio de Janeiro: Forense, 2008.

_____. *Vocabulário jurídico*. 12. ed. Rio de Janeiro: Forense, 1993.

SILVA, José Afonso da. *Curso de direito constitucional positivo*. 16. ed. São Paulo: Malheiros, 1999.

SILVA, Paula Martinho. *A procriação artificial*: aspectos jurídicos. Lisboa: Moraes, 1986.

SILVA, Silvio Romero Gonlaves et al. Defeitos congênitos e exposição agrotóxicos no Vale do São Francisco. *Revista Brasileira de Ginecologia Obstetricia*, Rio de Janeiro, v. 33, n. 1, p. 20-26, jan. 2011.

SIMÃO, José Fernando. *O valor jurídico do afeto: a arte que imita a vida*. Disponível em: <www.ibdfam.org.br>. Acesso em: 31 maio 2016.

SOUZA, Carlos Reinaldo de; CORREIA, Luciana Cristina; MOREIRA, Lupércio Alaor. Gestações múltiplas. In: CLEMENTE, Ana Paula Pacheco (Org.). *Bioética no início da vida*: dilemas pensados de forma transdisciplinar. Petropólis: Editora Vozes, 2006.

SZANIAWISKI, Elimar. Considerações sobre a responsabilidade civil dos profissionais da saúde na atividade de reprodução humana assistida. In: LEITE, Eduardo de Oliveira (Coord.). *Grandes temas da atualidade*. Responsabilidade civil. Rio de Janeiro: Forense, 2006.

_____. *Direitos da personalidade e sua tutela*. São Paulo: RT, 2005.

TARTUCE, Flávio. *Direito civil*: direito das sucessões. 9. ed. Rio de Janeiro: Forense, 2016. v. 6.

_____. *Direito civil*: direito de família.10. ed. Rio de Janeiro: Forense: 2015. v. 5.

_____. *Direito civil*: direito de família. 11. ed. Rio de Janeiro: Forense: 2016. v. 5.

_____. Novos princípios do direito de família brasileiro. In: TEIXEIRA, Ana Carolina Brochado; RIBEIRO, Gustavo Pereira Leite (Coord.). *Manual de direito das famílias e das sucessões*. Belo Horizonte: Del Rey/Mandamentos, 2008.

_____. Princípios constitucionais e direito de família. In: SIMÃO, José Fernando; FUJITA, Jorge Shiguemitsu; CHINELLATO, Silmara Juny de Abreu; ZUCCHI, Maria Cristina (Org.). *Direito de família no novo milênio*: estudos em homenagem ao professor Álvaro Villaça Azevedo. São Paulo: Atlas, 2010.

TEPEDINO, Gustavo. *Temas de direito civil*. Rio de Janeiro: Renovar, 1999.

VARGA, Andrew C. *Problemas de bioética*. São Leopoldo: Unisinos, 1998.

VARGAS, Heber Soares. *Repercurssões do álcool e do alcoolismo*. São Paulo: Fundo Editorial Byk-Procienx, 1983.

VASCONCELOS, Cristiane Beuren. *A proteção jurídica do ser humano* in vitro *na era da biotecnologia*. São Paulo: Atlas, 2006.

VELOSO, Zeno. Livro V – Do direito das sucessões. Título I – Da Sucessão em Geral. In: SILVA, Regina Beatriz Tavares da (Coord.). *Código Civil comentado*. 10. ed. São Paulo: Saraiva, 2016.

VENOSA, Sílvio de Salvo. *Direito civil*: direito das sucessões. 14. ed. São Paulo: Atlas, 2014.

____. *Direito civil*: direito de família. São Paulo: Atlas, 2001.

VIANA, Jorge Cândido S. C. *A mulher grávida e os direitos do nascituro*. Disponível em: <https://www.jurisway.org.br/v2/dhall.asp?id_dh=1174>. Acesso em: 17 abr. 2017.

VIEIRA, Tereza Rodrigues. *Ensaios de bioética e direito*. Brasília: Consulex, 2009.

____; BOCCATTO, Marlene. Estudo com células-tronco e seus aspectos bioéticos. In: VIEIRA, Tereza Rodrigues (Org.). *Ensaios de bioética e direito*. Brasília: Consulex, 2009.

____; FÉO, Cristina. Eugenia e o direito de nascer ou não com deficiência: algumas questões em debate. In: VIEIRA, Tereza Rodrigues (Org.). *Ensaios de bioética e direito*. Brasília: Consulex, 2009.

VILLAS BÔAS, Regina Vera. A dupla maternidade garantida às companheiras em união estável homoafetiva criança concebida por inseminação artificial (paternidade desconhecida) por uma das companheiras e requerida em adoção unilateral pela outra companheira. *Revista de Direito Privado*, v. 55, p. 311-325, jul./set. 2013.

VILLELA, João Baptista. Desbiologização da paternidade. *Revista da Faculdade de Direito da Universidade Federal de Minas Gerais*, Belo Horizonte, UFMG, n. 21, ano XXVII, maio 1979.

____. Desbiologização da paternidade. *Revista Forense*, Rio de Janeiro: Forense, n. 271, p. 45-51, jul./set. 1980.

VITOLO, Márcia Regina. Aspectos fisiológicos e nutricionais na gestação. In: VITOLO, Márcia Regina. (Org.). *Nutrição da gestação ao envelhecimento*. 2. ed. rev e ampl. Rio de Janeiro: Rubio, 2015.

WALD, Arnoldo. *O novo direito de família*. São Paulo: Saraiva, 2002.

____. *O novo direito de família*. 16. ed. revista com a colaboração da professora Priscila M. P. Corrêa da Fonseca. São Paulo: Saraiva, 2005.

WELTER, Belmiro Pedro. *Teoria tridimensional do direito de família*. Porto Alegre: Livraria do Advogado, 2009.

Pré-impressão, impressão e acabamento

grafica@editorasantuario.com.br
www.graficasantuario.com.br
Aparecida-SP